体育运动学校教材

球类运动

体育运动学校《球类运动》教材编写组编

人民体育出版社

前　言

为适应我国社会主义市场经济体制和教育、体育改革的需要，进一步提高体育运动学校办学质量和效益，培养德智体全面发展的优秀体育后备人才和社会需求的中等体育专业人才，根据1996年全国职业教育工作会议有关精神和国家体委修订下发的《三年制中等体育专业教学计划》及体育运动学校教学大纲，从目前我国社会对中等体育专业人才的需求和体育运动学校的实际出发，我们在原体育运动学校教材及试用教材的基础上重新修订和编写了这套体育运动学校教材，供三年制体育运动学校学生使用，也适用于其他中等体育专业学校。

体育运动学校教材由国家体委群体司组织编写，编写领导小组组长：谢亚龙。副组长：裴家荣、田文惠。成员：李今石、丛明礼、史勇。

本书是在1990年6月出版的体育运动学校试用教材《球类运动》的基础上重新编写的。参加编写的有：北京体育大学武国政（篮球），南京市体育运动学校胡毅成（排球），成都体育学院余吉成（足球），北京体育大学苏丕仁（乒乓球），上海体育学院戴金彪。全书由武国政串编，并聘请了北京体育大学刘玉林教授、黄辅周教授、麻雪田教授、彭美丽教授，国家体委科研所吴焕群研究员分别对篮球、排球、足球、羽毛球和乒乓球审阅定稿。

体育运动学校《球类运动》教材编写组

1997.7

目　录

篮　球

排　　球

足　　球

乒乓球

羽毛球

附　　录

图　例

篮球图例

⑥	6 号进攻队员
❻	6 号防守队员
◬	教师
⊗	障碍物
——→	队员移动路线
- - -→	队员传球路线
〜〜〜→	队员运球路线
—‖→	队员投篮
——(	徒手掩护
〜〜→(	运球掩护
——┤	急停

排球图例

○	队员
⑥	6 号位队员
┬	拦网队员
- - -→	队员移动路线
——→	球飞行路线

足球图例

⑥	进攻队员
❻	防守队员
——→	球运行路线
- - -→	队员移动路线
〰〰→	运球路线
R	裁判员
L	巡边员

篮　球

第一章　篮球运动发展概述

篮球运动是将球投入对方球篮，以得分多少决定胜负的集体对抗项目。从它诞生之日起，就受到大众的喜爱，并迅速传遍全世界，成为人们娱乐、健身、竞技和友好交往的工具与桥梁。

第一节　篮球运动的特点与作用

一、篮球运动的特点

（一）场地、器材的简易性

篮球的场地面积不大，器材亦不复杂。除正规比赛需要标准的场地与器材外，世界各地的球篮、球场可说是五花八门，这也正是篮球颇受欢迎、易于开展的原因之一。在我国几乎所有工厂、学校、机关、部队，别的体育器材可能没有，但绝不会没有球篮和球场。篮球是我国人民极为喜爱的运动项目之一。

（二）游戏形式的大众性

尽管高水平的篮球运动多展示在技艺高超的竞技舞台，但其朴实的游戏健身的特点仍为广大群众所接受。无论是男女老少，亲朋好友，都可以到球场体验一下明星的骄傲，展示一下自己的风采。这也正是篮球运动可望又可及的特点和它独特的迷人之处，是篮球运动长盛不衰的原因之一。

（三）比赛因素的综合性

篮球运动是一项综合性的体育运动，队员必须在一系列跑、跳、投掷的能力基础上，掌握各种进攻和防守的基本技术，并在错综复杂的对抗中加以运用，才能争得比赛中控制时间和空间的主动权。因此，篮球运动不但在技术技能方面，而且在体能和智力方面，都对运动员提出了综合而非单一的要求。可见篮球比赛是运动员的思想作风、身体素质、技术战术、心理和智力等多方面的较量，是一个运动员或一个队的运动才华的综合体现。

（四）复杂激烈的对抗性

现代篮球运动是一项对抗性极强的竞技运动。目前，世界强队在交锋中双方比分都在百分以上已越来越多，这表明攻守都向着每次少于10秒的速度发展，对球的空中争夺基本在3.30米至3.50米的高度之间进行，在高速、高空中完成高难技术越来越普遍，双方比分胶着与此起彼伏状态越来越多，胜负更难于预料和出人意外。这些情况都表明现代篮球运动是双方身高与素质的对抗，技术、战术数量与质量的对抗，是把握比赛的智力与心理的对抗，以及克服困难、团结拼搏作风的对抗。而且这种对抗在数量和质量上日益向更高水平发展，并推动着篮球运动向着更精彩、更刺激、更扑朔迷离、更令人神往的境界发展。

（五）团结奋斗的集体性

篮球比赛虽是以五对五出场，却是12个人轮流作战，共同完成比赛任务。在比赛中既有个人的单兵作战，更有集体的绝妙配合，个人再强，若无同伴的牵制与配合，都将面临对方的集体攻击与防守；而集体配合方法再巧妙，个体的素质与技术如不过硬，合作也只能徒具形式，无所建树。个人的卓越表现只有得到集体的支持和鼓励，才能大胆作战，建立功勋；集体的战功卓著，又激励着每个人刻苦训练，向更高水平攀登。由此可见，篮球运动是一项全员训练、全员作战、荣辱与共、休戚相关的团结奋斗的集体对抗运动。

二、篮球运动的作用

（一）篮球运动对人们具有较大吸引力，参加者不受年龄和性别的限制，既能增强体质、促进健康，又能丰富人们的业余文化生活。

（二）篮球运动能培养人们团结友爱的协作精神，顽强拼搏、积极向上的集体荣誉感和严格的组织纪律性。

（三）从事篮球运动能促进运动素质的全面发展，提高神经中枢的灵活性及协调、支配器官的能力，改善内脏器官的功能。

（四）开展篮球运动对加强国际友好交往，加深各国人民之间的了解，增进友谊，交流球艺等都有着积极的意义。

思考题

谈谈你喜欢篮球运动的原因。

第二节　篮球运动的起源与发展概况

一、初创和萌芽阶段（1891～1929年）

近代篮球运动起源于美国东部地区的马萨诸塞州，是1891年由该州的斯普林菲尔德市基督教青年会训练学校体育教师詹姆士·奈史密斯博士设计和发明的。是为了改进体育课，吸引更多的人参加学习和活动，受青年会委托，设计一种不受时间、地点和气候影响，不枯燥而又文明的对抗，使不同年龄及性别的人，尤其是青年人所喜爱和接受的新型运动。他借鉴其他运动项目的方法，又从当地农民摘桃劳动中得到启发，创立了以足球为工具，以悬挂在10英尺高度的桃篮为目标的对抗性游戏。1891年12月25日的圣诞节前夜，奈史密斯先生主持了近代篮球运动史上的第一场比赛。

篮球运动诞生之后，受到人们的喜爱和支持，并很快由美国传向世界各国。1892年传入墨西哥，1893年传入法国，1895年传入中国，1896年传入巴西，1897年传入捷克斯洛伐克。

1898年美国成立了世界上第一个职业篮球组织——国家篮球联盟NBL，并开始了最早的职业篮球联赛。

1904年美国青年会篮球队在第3届奥运会上进行了篮球表演。1908年美国制定了全国统一的篮球竞赛规则，并用多种文字出版、发行于全世界，使中美洲、亚洲、欧洲、非洲和大洋洲的篮球运动迅速开展起来。

女子篮球运动也从1893年开始兴起。

早期的篮球技术，只有传球和投篮两类。1897年首次出现运球，但直到1928年才被规则承认。1910年出现了单手肩上传球；1928年出现单手肩上投篮和跳投等技术。

早期的篮球战术只有长传快攻和盯人防守两种。进攻原则是“在混乱中快速取胜”，防守原则是“像牛皮胶一样粘住对方”。以后逐渐出现了跳球快攻、中锋沉底、球在人前进攻、8字进攻，“三明治式”的防守等。

篮球比赛的原始规则为13条。1892年的比赛以两个15分钟进行，出现了裁判。1893年～1897年简化了竞赛规则，开始使用带网的铁制篮筐、木制篮板和结带球，场地规定三种规格。比赛出现了9人三区制和5人二区制。场上队员位置有了锋、卫分工。规定进攻投中得2分，增加犯规罚球，罚中得 1 分。

二、完善与发展时期（1930～1949 年）

篮球运动在世界范围内的迅速发展，迫切需要一个国际性的权威机构协调各国的篮球运动，以推动它的进一步发展。1932 年 6 月 18 日国际业余篮球联合会在瑞士日内瓦宣布成立，总部设在意大利的罗马，当时共有 8 个国家参加。国际篮联的第一件工作是统一世界各国的篮球竞赛规则，出版了第一本国际篮球比赛规则，并规定每四年修改一次。第二件工作是经过努力，使篮球在 1936 年第 11 届奥运会上被列为正式比赛项目。

国际篮联成立后，促进了各国家、地区以及国家地区之间的交往和比赛，也标志着世界篮球运动从此进入了一个新的时期。

这时的技战术随规则的不断修改而提高。1930 年出现了双手胸前投篮。许多单个技术逐步变为更符合对抗需要的综合动作。呆板单一的战术也逐步为更机动灵活的战术所取代。例如出现了 8 字掩护进攻、换位进攻，以及密集篮下防守战术的提高。另外在比赛的比分以及运动员身高上也有了很大提高。这些都表明篮球比赛技战术的逐渐成熟。

1932 年比赛规则增加 3 秒、5 秒、10 秒和球回后场的规定。确定了球场面积为 26×14 米，规定比赛为 2×20 分钟，正式确定每队上场比赛为 5 人，规定投中后由对方在端线外掷界外球继续比赛。

三、普及与发展时期（1950～1969 年）

50 年代以后，篮球运动在世界范围内广泛普及和发展，国际篮联会员国迅速增加。国际一些大型运动会都把篮球列为正式比赛项目。

1950年和1953年首届世界男女篮球锦标赛分别在阿根廷和智利举行。接着中美洲男女篮球锦标赛、地中海运动会篮球赛、泛美运动会、亚洲运动会、阿拉伯运动会、南太平洋运动会、欧洲俱乐部冠军杯赛、社会主义国家友军篮球比赛、世界大学生运动会，等等，都在50年代举行了首届比赛。

第15届至19届奥运会，第2届至第5届男子世锦赛以及第1届至第3届女子世锦赛也都在这期间举行。

在此期间，为促进篮球运动全面发展，国际篮联多次修改比赛规则，使得篮球运动高度与速度、进攻与防守获得均衡发展，攻守对抗趋于激烈并向高空发展，各队普遍重视地面与空间、高度与速度、进攻与防守的协调统一，尤其是防守有了新的发展和突破。改变了过去“以人为主”或“以区为主”的传统观念，提出了“以球为主，实现球、人、区的协调统一”。充分体现了防守的集体性、积极性、攻击性和破坏性。队员技术趋于全面，形成欧、亚、美洲的不同流派打法。

随着高大队员的出现，1956年以后，将罚球区扩大为5.8×3.6米的梯形，取消了中线，增加了一次进攻限30秒和持球队员在前场被严密防守5秒应判争球的规定。

四、全面提高时期（1970～1989年）

70年代以后，现代篮球运动进入全面提高时期。运动员身高迅速增长，一个队拥有五六名两米以上的巨人已司空见惯。身高的提高与身体素质、技术水平的发展相协调，逐渐形成高度、速度、技术的统一，组合技术与综合战术的统一，攻守对抗日趋激烈并向着既重力量又重技术，既有高度又有速度的方向发展。

比赛中出现了一些难新技术，如扣篮、后仰投篮和利用时间差投篮。阵地进攻以频繁移动进攻、连续进攻为主。出现了“抢攻”（“二次快攻”或“衔接段进攻”）的新概念，且被列入新的战术体系。

到了80年代，女子篮球向男子化方向发展；远投技术有了新发展，不仅远投次数增加，而且命中率也逐步提高；战术整体设计向大型化发展。全场区域紧逼被普遍采用。

在规则方面更有较大改动。增加了10秒钟规则，修改了对犯规次数的规定，增加“三代二罚球”规定，以及扩大场地面积和设立三分投篮区等。

五、创新攀高时期

90年代的现代篮球运动进入一个创新、攀高的新时期。1990年国际篮联取消了对职业篮球运动员参加国际大赛的限制，使篮球比赛更加精彩激烈，给国际篮坛带来了新观念、新技术和新战术。1992年第25届奥运会、1994年男篮世锦赛以及1996年第26届奥运会的冠军队美国“梦之队”的三次绝佳表演，寓竞技化、智谋化和艺术化于一体，标志着现代篮球运动发展的新趋势。篮球运动将由此向职业化、商业化和社会化的方向迈出新的一步。

这个时期，高大运动员的身体素质和技术水平大大提高，高空技术、高空战术有了新的发展。进攻技战术趋于简练而实用，防守技战术更具有攻击性、破坏性和集体性。攻守转换速度大大提高与加强。明星的作用成为世界强队取胜的保证。篮球比赛的比分也越来越高。女篮技术男子化，并随着美国女子职业队的出现，女子篮球运动将呈现出崭新的局面。同时篮球运动的新发展对运动员、教练员的文化层次、智能结构和智力都提出了更高的要求。

为了适应篮坛职业和业余并轨的新局面，篮球规则亦进行了修改，如对场地颜色、运动员及裁判员的服装颜色，以及对某些技术概念，某些犯规及违例都做了更加明确的规定。

随着篮球运动的发展，随着竞赛中出现的新问题，本着公正、合理的立场，着眼于现代和未来的发展趋势，规则将不断进行及时、合理的修改，也将推动篮球运动向着更完美的境界发展。

思考题

简述世界篮球运动发展情况。

第三节　我国篮球运动的发展概况

一、旧中国的篮球运动

篮球运动于 1895 年传入天津，并相继在天津、北京、上海及南京等地区传播开展。

1908 年上海青年会体育训练班把篮球列为教材内容进行了推广。

1910 年在南京举行的第 1 届运动会上，由华北地区队与上海地区队作了篮球表演。

1913 年中国组队参加了第 1 届远东运动会（篮球仅有中国、菲律宾和日本 3 个国家参加）。

1914 年篮球列为第 2 届全国运动会的正式竞赛项目；女

子篮球列为表演项目。

1921 年在上海举行的第 5 届远东运动会上，中国队获得篮球赛冠军。

在 1930 年第 4 届全运会上，女子篮球被列为正式竞赛项目。

1936 年，我国男子篮球队参加了在德国柏林举行的第 11 届奥运会。同年成为国际业余篮球联合会的会员国。

1946 年，菲律宾华侨“群声”篮球队回国访问，带来一些新的技术和战术，对我国篮球运动技战术的提高有一定影响。

1948 年，我国又参加在英国伦敦举行的第 14 届奥运会，有 23 个国家参加比赛，中国队获第 18 名。

篮球运动在旧中国虽有50多年的历史，但开展并不广泛，只在一些大中城市和一些大中学校以及军队中开展，大都作为体育课或文化娱乐的一种手段，极少有专门的篮球训练，也没有举办过全国性的篮球单项竞赛，篮球运动水平发展缓慢，在 10 次远东运动会篮球竞赛中，只获得过一次冠军。

在中国共产党领导下的革命根据地，为了活跃军民文化生活，也经常组织篮球比赛活动。抗日战争时期，延安等地的篮球运动也较为活跃。贺龙同志领导的 120 师的“战斗”篮球队和陕甘宁边区的“东干”篮球队，在广大解放区负有盛名，对开展体育活动，增强军民体质，鼓舞抗日士气，起到了积极作用。

二、新中国的篮球运动

新中国成立后，篮球运动得到了蓬勃发展。随着社会主义建设和体育事业的发展逐步建立了一套较为完善的训练竞赛制度，培养了一批优秀运动员、教练员和裁判员，在国际交往和大赛中也取得了一定成绩。

（一）学习、摸索、组队阶段（1949～1956年）

1949年新中国成立后不久，篮球的国际交往即频繁展开，从中学习苏联及东欧各国篮球运动训练的经验，1950年苏联国家队来我国访问，共进行了23场比赛，获全胜，比分差距很大。

从1951年开始，组建我国男、女篮第一支国家队，1952年组建了八一队，1954年组建了各大行政区队，1956年开始陆续组建各省市篮球队。

1954年国家体委制定并颁布了《中华人民共和国竞赛制度的暂行规定（草案）》，促进了篮球竞赛的制度化；1955年在天津召开的全国篮球训练工作会议，并由《新体育》杂志发起的“关于篮球战术指导思想问题的讨论”，初步明确了“积极、主动、快速”的篮球战术指导思想。

在学外国经验和确定训练指导思想的基础上，我国篮球运动的发展呈现出良好的形势，技战术水平有了很大进步，从1954年开始，在国际比赛中接近胜负相当的水平。

（二）逐步完善体制、迅速发展时期（1957～1965年）

这个阶段，在各省、市、部队健全队伍和竞赛制度化的基础上，开始组建青少年业余体校篮球班，从1957年起全国篮球开始甲、乙、丙分级比赛。陆续颁布运动员、教练员、裁判员等级制度。

1958年，我国篮球队伍蓬勃发展，甲级队男女有24个队；乙级队男女有23个队；丙级队男子102个队，女子90个队。

在此期间，我国篮球运动水平出现了两次鼎盛时期。

第一次是1957年到1959年，由于明确了指导思想，吸取了先进经验，我国篮球运动水平在广泛的群众基础上得到迅速提高。我国男女篮对外进行了 289 场比赛中，胜 169 场，平 7 场，负 113 场，女篮访欧两次战平保加利亚队（当时的欧洲冠军队）。

第二次是 1963 年到 1965 年，在批判了盲目照搬外国打法，坚持走自己的道路的训练指导思想下，显示了百花齐放、风格各异的特点，初步形成了“快、灵、准”的风格。在同欧洲强队的对抗中取得较好成绩。如中国女篮两次战胜获世界锦标赛亚军的捷克斯洛伐克队。我国的快攻、跳投和紧逼盯人被誉为制胜的法宝。这个时期我国篮球运动水平已跻身世界篮坛，与世界强队初步有了抗衡的能力。

（三）发展缓慢阶段（1966～1975 年）

由于“文革”带来的动乱，体育队伍解散，场地荒芜，训练、比赛停止，使我国篮球运动遭到灾难性冲击。等“文革”过去，重整队伍，再抓训练，已是青黄不接，难以为继了。在 1972 年，南斯拉夫男篮来华比赛，10 场皆胜，平均每场超出 34 分，但在 1957 年，我国家队、八一队和上海队都曾经战胜过该队。可见十年“动乱”大大加大了我国与世界篮球运动水平的差距。

（四）重新学习、发奋追赶阶段（1976 年至今）

国家政治局面的稳定，必定带来经济、文化、体育的繁荣。从 1972 年和 1981 年两次全国篮球训练工作会议，再次明确了我国篮球技术风格和努力方向，加强了对运动员、教练员基本素质的培养，开展了科学研究、建立和完善了我国篮球理论体系，提出“冲出亚洲、走向世界、勇攀高峰、为祖国争光”的口号。统一了认识，确立了“以小打大、以快制高、以巧胜大”，“女篮先上、男篮紧跟”，向世界先进水平进军的指导思想。

1975 年和 1976 年亚洲篮联和国际篮联相继恢复了中国在亚洲和国际篮坛的合法席位后，使我国篮球有更多的机会进行广泛的国际交往和学习，提高了水平，并在许多重要的比赛中取得了较好的成绩。

随着世界篮坛职业与业余比赛的并轨，又给篮球注入了新的发展动力。使篮球运动继续向高速度、高空优势和高超的技巧方向发展；比赛在高水平基础上，展开作风、身体、技术、战术、心理和智力等因素的全面对抗，并日益激烈；进攻技战术更加快速、准确、机动、灵活，防守技战术更具有攻击性、综合性和灵活多变性；世界篮球运动的发展趋势影响和推动着我国篮球运动的发展。目前，我国篮球训练体制开始尝试俱乐部制，比赛加进了主客场制，使我国篮球向社会化、职业化迈出了第一步，对运动员、教练员是个极大的鼓励，对青少年参加篮球运动具有更大的吸引力。可以预见，随着我国篮球训练、比赛和管理体制的全面改革，我国篮球运动必将进入一个新的发展时期。

思考题

1. 简述新中国篮球运动的发展情况。

2. 谈谈你在中国篮球运动冲出亚洲、走向世界的奋斗中做些什么工作。

第二章　篮球基本技术与教学方法

第一节　移　动

移动是篮球比赛中运动员为了达到进攻和防守目的而改变位置、高度、方向和速度时所采用的各种脚步动作的总称。

移动是篮球技术的基础，它与掌握和运用各项攻守技术都有着密切的关系，是教学中首先要抓好的关键环节。

进攻时运用移动技术的目的，是为了使自己或帮助同伴摆脱对手，从而获球完成攻击；防守时则是抢占有利位置，以便断球或阻挠对方的进攻行动。

移动技术包括跑、跳、急停、转身、跨步、滑步等动作。

一、移动技术分析

移动的形式表现为平动、转动和跳动，移动的动力来自人体肌肉收缩力和地面的支撑反作用力。运动员在球场上时动时停，其快慢取决于人体建立平衡与打破平衡能力的高低。要想站得稳，就要重心低，就要屈膝降臀，双脚间距大；要想起动快，就要使身体重心迅速移出支撑面，就要用力蹬地，上体迅速向移动方向倾斜。由此可见，重心高低、支撑面大小、肌肉力量强弱决定了人体稳定程度，而迅速转移重心，改变支撑面大小则是打破平衡的关键，其好坏则取决于肌肉力量大小和全身协调能力的高低。

二、移动动作方法

（一）基本站立姿势

基本站立姿势不是一个独立的技术动作，但它是各种攻防技术的准备与过渡姿势，运动员运用任何技术动作都必须从基本站立姿势开始与转换。因此，基本姿势的正确与否，直接影响各种技术动作的质量。

动作方法：两脚前后或左右开立，与肩同宽，两膝微屈稍内收，身体重心落在两脚之间，身体重量主要压在双脚前脚掌上，上体稍前倾，颈部放松，双眼平视前方，两臂自然弯曲垂于体侧（图 1）。防守时的基本站立姿势略有不同，两脚开立稍比肩宽，身体重心更低一些，两臂左右或向前侧张开（图 2①②）。

图 1

① ②

图 2

（二）起动

起动是队员在球场上由静止状态变为运动状态的一种动

作。是获得位移速度的方法。用于比赛中攻守双方的摆脱和防摆脱。

动作方法有两种：

1. 向前起动：向前起动时，后脚用力蹬地，上体迅速前倾，并用两三步短促而有力的步子把速度加大起来，如图 3 所示。

图 3

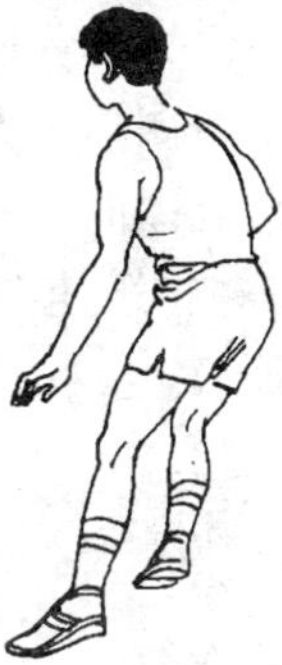

图 4

2. 向侧起动：向侧起动是用异侧脚的前脚掌内侧用力蹬地，同时上体迅速向起动方向侧转并前倾，起动后前两三步要短促有力（图 4）。

（三）跑

跑是为了完成攻防任务而争取时间和位置优势的动作方法。篮球场上的跑有直线、曲线、弧线、折线等形式，具有快速、多变的特点。

1. 侧身跑

侧身跑是为了便于观察场上情况，便于在接近对手、抢占有利的空间位置接侧方或侧后方传球的跑动方法。

动作方法：向前跑时，脚尖对准跑的方向，头和上体自然转向有球一侧，上体和两臂放松，既要注意场上情况，又要在快速跑动中做好接球的准备。

2. 变向跑

变向跑是队员在跑动中突然改变方向以摆脱防守或堵截进攻的一种方法。

动作方法：队员从右向左变方向跑时，最后一步用右脚前脚掌内侧用力蹬地制动，屈膝、脚尖稍向内扣，腰部随之左转，上体向左前倾、重心左移，同时左脚向左前方跨出一小步，右脚迅速向左腿侧前方跨出一大步，然后加速前进。如图 5 所示。

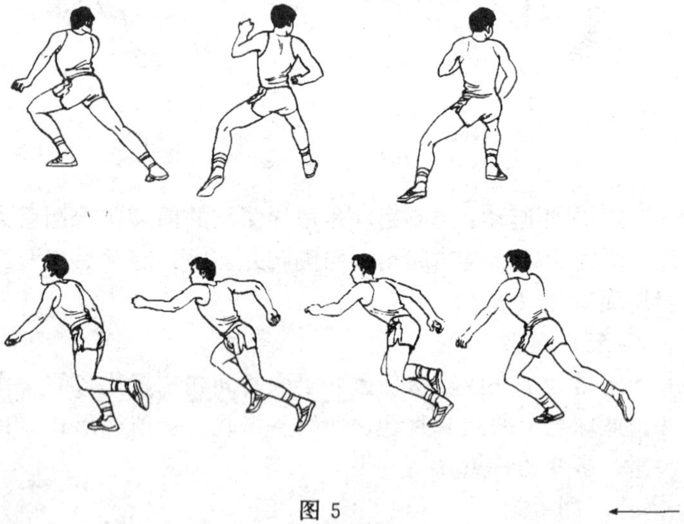

图 5

（四）跳

跳是队员获得高度和远度优势的一种动作方法。篮球场上的跳跃几乎都和球有密切关系，如跳投、行进间投篮、跳起抢篮板球、跳起盖帽、跳起抢断球等。篮球运动员必须掌握在对抗条件下的单脚跳、双脚跳、向不同方向跳和连续跳的能力，并且要跳得高、滞空时间长，以便更好地完成各种攻防技术动作。

1. 双脚起跳

起跳时两脚开立，迅速屈膝降臀，两臂相应后摆，上体前倾。其后，两脚用力蹬地、伸膝、提腰，两臂迅速向前上摆，使身体向上腾起。上体在空中要自然伸展、收腰，下肢放松。落地时，用前脚掌先着地，屈膝缓冲身体下落的冲击，保持身体平衡，以便衔接下一个动作。双脚起跳可在原地，亦可在上步、并步及助跑情况下运用。

2. 单脚起跳

起跳时，踏跳腿微屈前送，脚跟先着地，迅速屈膝过渡到前脚掌用力蹬地，另一腿提膝积极上抬，同时提腰摆臂，使身体腾起。当上升到最高点时，摆动腿向下与起跳腿自然靠拢，腰腹用力保持空中平衡。落地时，双脚分开，前脚掌先着地，并随之屈膝缓冲，以便迅速完成其他动作。单脚跳多在助跑情况下运用。

（五）急停

急停是在跑动中突然制动、停止的一种动作方法，也是衔接各种脚步动作的有效方法。比赛中急停常和其他技术结合运用。急停包括跨步急停和跳步急停两种。

1. 跨步急停

动作方法：在快速移动中急停时的第一步跨出稍大，上体后仰，重心后移，第一步用脚后跟先着地并过渡到全脚掌抵地，同时屈膝降重心，减缓向前的冲力。接着后脚要贴近地面向前移动完成第二步着地，其脚尖稍内转，用前脚掌内侧蹬住地面，两膝弯曲并内收，重心由后脚移至两腿之间，上体稍前倾，两臂曲肘并自然张开，帮助控制身体平衡，如图 6 所示。

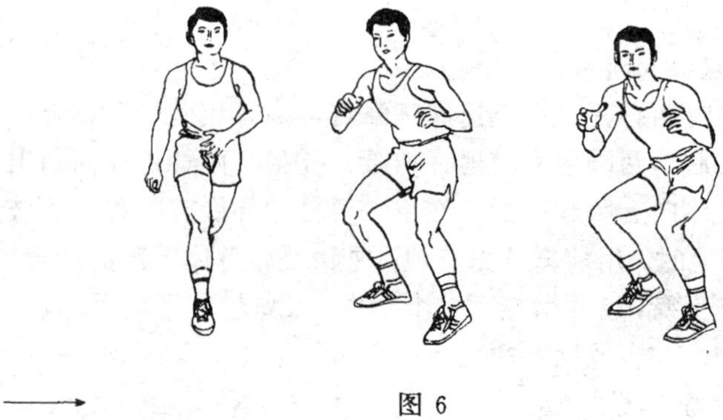

图 6

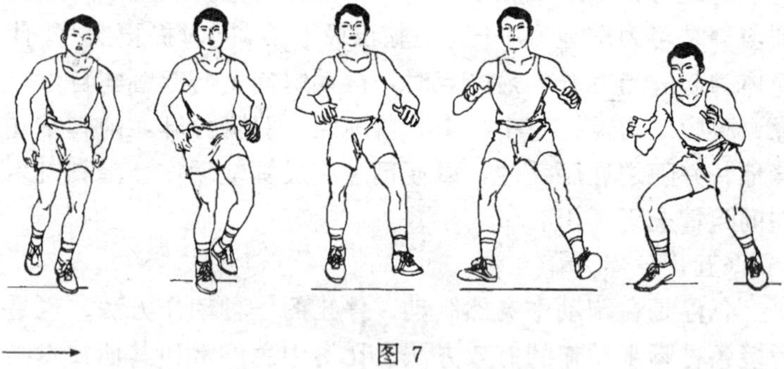

图 7

2. 跳步急停

动作方法：在跑动中急停时，用单脚或双脚起跳（一般离地面不高），上体稍后仰，两脚同时平行着地，略比肩宽，前脚掌用力蹬地，两膝迅速弯曲稍内收，重心落在两脚之间，两臂屈肘张开，保持身体平衡，如图 7 所示。

（六）转身

转身是以一脚蹬地向前或向后跨出的同时，另一脚作中枢脚进行旋转而改变身体位置和方向的一种动作方法。在比赛中，转身常与其他技术动作组合运用。转身分为前转身和后转身。

动作方法：转身时，重心移向中枢脚，另一只脚的前脚掌蹬地，同时以中枢脚前脚掌为轴蹍地，上体随移动脚转动，以肩带腰向前或向后改变身体方向。移动脚蹬地从中枢脚前（身前）进行移动的叫前转身，如图 8 所示；移动脚从中枢脚后方（身后）进行移动的叫后转身，如图 9 所示。在身体移动过程中，要保持身体重心的平稳，不要起伏。转身后，重心要转移到两脚之间。

行进间运用后转身，是在接近对手时，以靠近对手的脚为中枢脚，屈膝降重心，并将重心移向中枢脚，后脚蹬地，在转头转肩带动下向身后跨出，同时重心从中枢脚转向跨出脚加速前进。

——→ 图 8

图 9

（七）滑步

滑步是防守移动的一种动作方法。利用滑步移动有利于增大防守面积与保持身体平衡。常用在防运球、防切入等对抗行动中。滑步包括侧滑步、前滑步和后滑步等。其动作方法如下：

1. 侧滑步

两脚平行站立，两膝较深弯曲，上体微向前倾，两臂侧伸。向左侧滑步时，右脚前脚掌内侧蹬地，左脚向左（移动方向）跨出，在落地同时，右脚紧随滑动，向左脚靠近并保持一定距离，然后左脚继续跨出。滑步时，身体不要起伏，重心要低，且保持在两脚之间，眼要注视对手，如图 10 所示。向右侧滑步时脚步动作相反。

2. 前滑步

由两脚前后站立姿势开始，后脚前脚掌内侧蹬地，前脚向前跨出一小步，着地后，后脚紧随着向前滑动，并保持前后开立姿势，如图 11 所示。

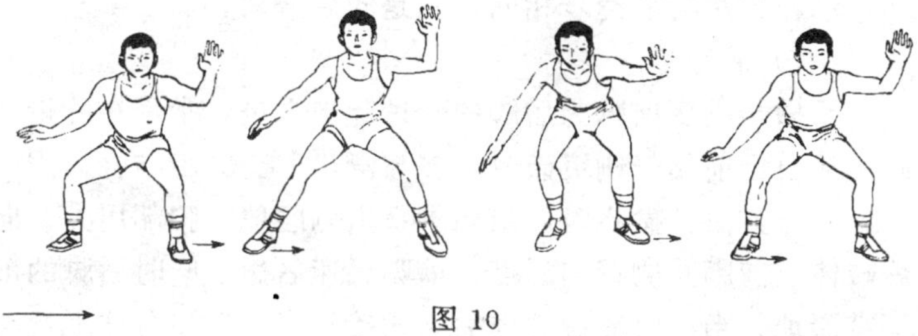

图 10

图 11

3. 后滑步

动作方法与前滑步相同，只是向后滑动。

（八）后撤步

后撤步是变前脚为后脚的一种起步方法，常用在防持球队员从自己前脚一侧突破时，多与滑步、交叉步结合运用。

动作方法：撤步时，用前脚掌内侧蹬地，腰部用力，向后转体，前脚同侧臂向后摆，前脚迅速后撤，同时后脚的前脚掌踝地，当前脚后撤着地后，紧接滑步，保持身体平衡与防守姿势。后撤角度不宜过大，身体不要起伏，如图 12 所示。

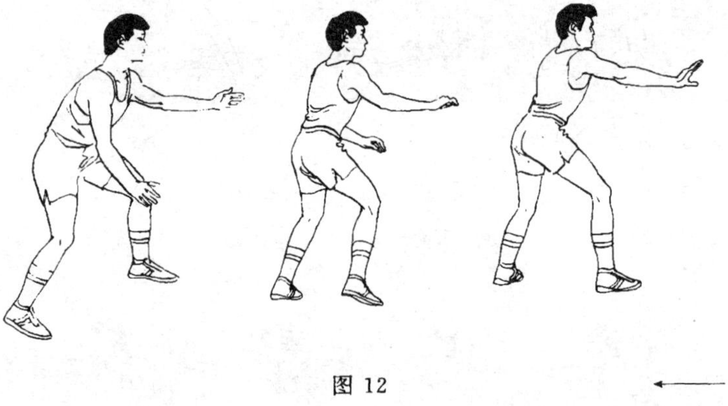

图 12

三、移动技术的教学方法

（一）教学顺序

移动技术的教学一般应在篮球教学的开始阶段进行，以便为学习其他技术打下基础。移动技术的教学顺序是先进攻脚步动作，后防守脚步动作，再攻防结合提高综合运用能力。

移动技术是其他技术的基础，虽集中进行了教学，但在技术或战术教学中仍应有该内容的复习与提高。本教材具体教学内容的顺序是起动、跑、跳、急停、转身、滑步、撤步。

（二）教法步骤

1. 讲解与示范

讲解移动技术与其他技术的关系，鼓励学生打好脚步基本功；讲解掌握移动技术的关键是重心的控制和转移，是身体姿势和用力与建立平衡和打破平衡的关系。

示范要使学生看清技术动作的全过程及关键环节。

2. 练习方法

(1) 起动和跑的练习

A. 从基本姿势开始，做面向、背向、侧向的听或看信号的起动练习。

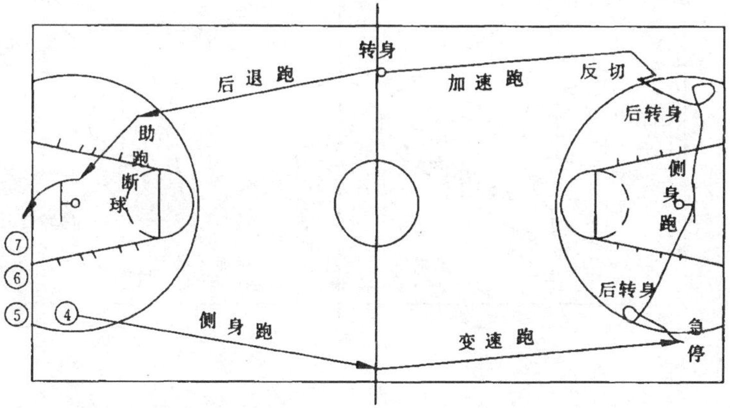

图 13

B. 在各种状态下（原地跑、连续跳跃中、滑步中、连续转动中）听或看信号向不同方向起动或追球一对一练习。

C. 利用端线——罚球线——中线——罚球线——端线做变速跑、折回跑、前进后退跑练习。

D. 在全场做听或看信号的变向跑、变速跑、折回跑及前进后退跑练习。

E. 两人一组做“跟我学”跑的练习。

F. 跑的攻守组合练习。如图 13 所示。

G. 进攻中跑动换位练习。如图 14 所示。

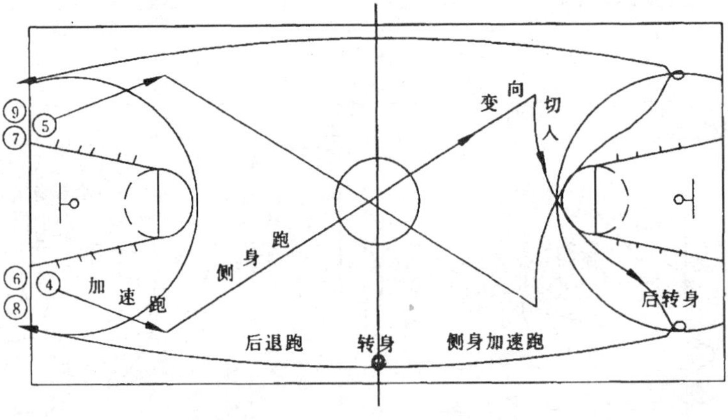

图 14

（2）急停练习

A. 慢跑或中速跑中听或看信号做跨步急停和跳步急停

练习。

B. 直线快速跑中听或看信号做跨步急停。

C. 听或看信号做急停、折线跑、急停转身折回跑。

D. 两人做急停动作的“影子”练习。

E. 跑动与急停的综合练习。如图 15 所示，两人从两侧同时开始。

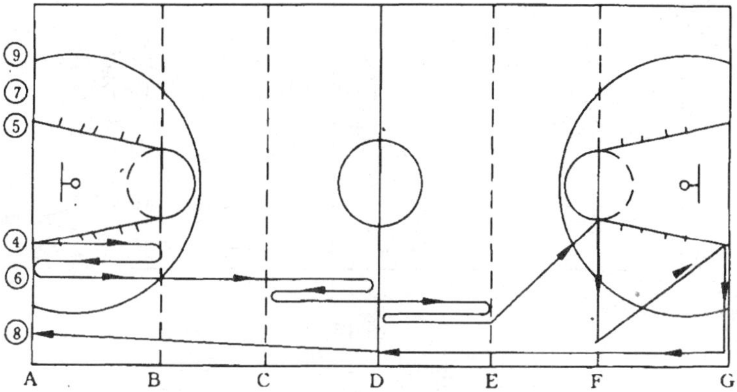

图 15

A—B 折回跑、A—D 变速跑、D—C 前进后退跑、D—E 折回摸线跑、E—F—G 变向跑、G—E 侧身加速跑、D—A 后退跑。

3. 转身练习

A. 原地做徒手和持球的前后转身练习。

B. 慢跑或疾跑中跨步急停或跳步急停后做前后转身练习。

C. 一人持球一人抢球，持球人利用转身保护球的练习。

D. 快跑中连续做后转身练习。

E. 跳起落地后，向左（右）做前后转身再起动跑练习。

F. 综合练习。如图 16 所示。

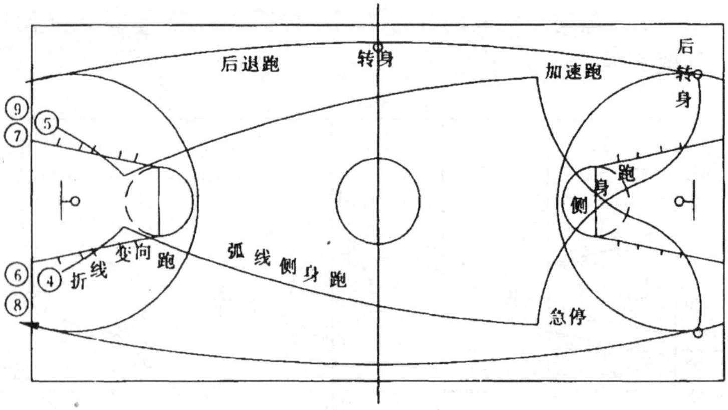

图 16

4. 跳的练习

A. 基本站立姿势的原地双脚起跳。

B. 在基本站立姿势下，向侧（向前）跨出一步的双脚起跳。

C. 从基本站立姿势助跑两三步单脚起跳。

D. 变方向跑两三步单脚起跳。

E. 后转身侧跨一步双脚起跳。

F. 后转身助跑两三步单脚起跳。

G. 向侧前上同侧脚或异侧脚接单脚或双脚向左右侧前起跳。

H. 向左（右）侧后退中单脚或双脚向右（左）侧后起跳。

I. 综合练习。如图 17 所示。

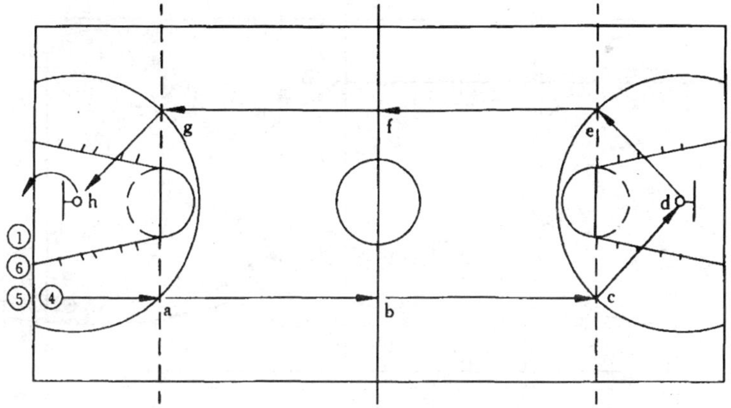

图 17

a. 上步双脚跳、b. 后转身侧跨一步双脚跳、c. 后退跑中单（双）脚跳、d. 助跑单脚跳、e. 后退单（双）脚跳、f. 变向上步双脚跳、g. 上步空中伸展跳、h. 助跑单脚跳。

5. 防守步法的练习方法

A. 在基本防守姿势下，分别练习滑步、后撤步和交叉步。

B. 向前、后、左、右滑步的组合练习。

C. 前滑步与后撤步的综合练习。

D. 向前、后、左、右侧滑步与撤步的结合练习。

E. 前、后滑步、撤步与交叉步的结合练习。

F. 向前跑接前滑步或后滑步，后退跑接侧滑步或前滑步练习。

G. 全场一对一徒手攻防练习。

H. 半场一对一有球对抗练习。

I. 综合练习。如图 18 所示。

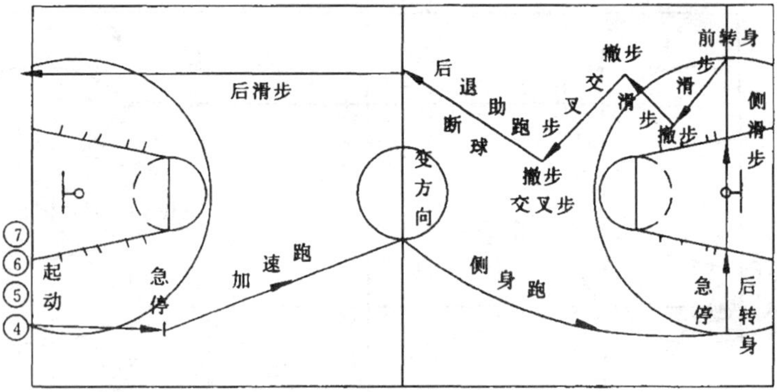

图 18

（三）易犯错误与纠正方法

1. 起动时重心高、起动慢：纠正方法是要求不允许弯腰不弯腿，应屈膝降臀才能降重心，要求起动时要把下肢蹬地和上体倾出紧密配合，再加上协调摆臂。

2. 急停停不住、急起起不了速：纠正方法是解决重心的控制和转移问题。急停时上体及时适当后仰，落地时重心及时下降，再配合脚步的蹬地“刹车”，使身体重心位置不超出前脚。急起时应将下肢蹬地和上体前倾结合好。急停急起是个连续的动作，孤立地分成两个动作做就会脱节。

3. 转身时重心起伏大，转动不稳：纠正方法要求在保持低重心下完成动作，转动时，蹬地脚要积极蹬地，跨出时要迅速着地。

4. 助跑单脚跳摆动腿勾小腿，上步双脚跳用不上劲：纠正方法是对单脚助跑起跳应强调摆动腿抬大腿及上体略后仰；上步双脚跳时，要求第一步要大些，跨出落地时重心低，第二步要跟得快，且要贴近地面，第二脚落地距离约与肩宽，与前脚基本平行，且落地时两脚要同时蹬地起跳，同时双臂由后向上快速摆振。

5. 滑步出现并步且起伏大：纠正方法是强调两脚要等距离移动，滑步时重心要平稳。

6. 后撤步时出现前后脚交叉跳：纠正方法是先将重心移到后脚上，再配合前脚蹬、后脚蹍再加转髋完成撤回前脚的任务。

思考题

1. 举例说明教师为什么经常提醒队员降低重心。

2. 篮球是用手来比赛的，而为什么说脚步移动是非常重要的基本功？

第二节　传、接球

传、接球是篮球运动的基本技术之一，是进攻队员之间有目的的转移球的方法，是进攻队员相互联系和组织进攻的纽带与桥梁。传、接球技术的好坏直接影响进攻战术的质量。因此，应重视传、接球技术的学习和训练。

传球应有明确的目的性，他不但要使球越过防守人，还要安全地被队友接住，使其顺利地完成下一个攻击动作。所以，传、接球必须贯彻快速、隐蔽、及时、到位的要求。

一、传、接球技术分析

（一）传球技术的分析

传球技术的运用应包括传球时机、传球动作方法和球的落点。

1. 传球时机：传球是发挥集体攻击力的纽带，当同伴处于最佳的攻击位置和攻击时机时，球就应及时传到他的手中。因此，观察、判断是发现和抓住传球时机的关键。队员在比赛中时刻要保持良好的观察角度和视野，将自己的传球和同伴的接球行动融会成一个恰当有利的攻击组合行动，达到进攻的根本目的。一般来说，当发动快攻、快下同伴已领先时；当阵地进攻防守在篮下漏人时；当同伴配合成功时；当同伴有一打一优势时；当本方投手摆脱防守时等等。这些都应作为良好的传球时机。

2. 传球动作方法：传球动作由持球方法和传球动作所组成，并直接影响球的飞行方式和落点。

(1) 持球方法：分双手持球和单手持球。双手持球较稳固，容易掌握，初学者应从双手持球练起。单手持球动作隐蔽多变，它是提高传球技术的必然发展。尤其是它便于和运球、投篮及假动作相衔接，更能发挥传球的妙用。双手持球和单手持球在运用中常常互相转换，所以在学习与训练中不可偏废。

持球的含义就是球在手里停得住，握得牢，能根据需要迅速改变手与球、球与身体的位置，以便及时、快速和隐蔽地将球传给队友。

双手持球应符合胸前、头上、反弹及低手传球的需要，并能互相转换；单手持球应符合肩上、胸前、体侧、背后等传球的需要。根据传球需要，双手持球和单手持球应能迅速转换。

随着篮球运动技术水平的提高，比赛中越来越多地出现几乎不带接球动作的“衔接式传球”技术。如快速运球中单、双手推拨和点拨传球，在行进中或空中将同伴传来的球直接拨、点给另一同伴，跳起抢篮板球时空中将球拨给同伴等等。这种和其他技术巧妙衔接而又省略接球动作的传球技术，在各类教科书中尚未明确归类，但从其非常显著的常有衔接和过渡的性质看，应在高水平篮球运动中推广运用，并应单独分类与进行专门训练。

（2）传球动作：一般来说，传球动作是在全身协调用力下完成的，但其关键乃是通过肩、臂、腕和手指屈伸、旋拨动作将球传出。传球动作幅度及用力大小决定着传球距离的远近。腕、指最后作用于球的力的方向，决定着球的飞行方向和运行轨迹。要传出直线球，球受的力的方向与飞行方向应一致；要传不同弧线球则取决于作用力与水平方向夹角的大小；要传反弹球，手对球作用力方向与地面夹角大小决定着反弹点的远近和反弹距离的大小。上述传球都是在上肢做离心伸展动作而完成，除此之外，上肢还可做环绕身体的动作，从而完成单手背后传球、颈后传球及臂下传球等更加隐蔽与巧妙的传球。总之，手臂的运动形态，与球所受作用力的大小和方向，是影响传球动作的重要因素，只有掌握和处理好这些因素之间的关系，才能掌握正确的传球动作。

（3）传球的落点：传球的落点不能算一个独立的动作环节，它是传球动作的延伸和结果。但由于传球的要求是安全、及时和有利，是人将其球攻击意图和行动合理地转移和传递，所以，有必要单独而具体的分析影响传球效果的落点问题。

第一是落点的安全性。影响传球安全性的是对抗因素即防止干扰问题。当一个持球者准备传球时，他必须寻求到用这种传球方式同时解决两个问题，一个是如何巧妙、安全地使球越过自己的防守对手的阻挠，另一个是确保接球同伴能够安全的接到球，也就是说传球人要确保球传到同伴远离防守人一侧，由接球同伴自己创造的良好的接球区域里。

第二是传球的及时性。传球的及时性首先是同伴强烈的接球愿望和明显的位置优势，但这种位置优势是短暂与变化的，防守者总是争取用最短时间内重新获得阻挠或抢断传接球的有利位置。更何况防持球人也决不会给传球人任意选择的时间或机会。这样，传球人和接球人随时处于防守人干扰阻挠之下，攻守双方在自己努力或集体配合中不断地改变自己的劣势，希望获得较持久的优势，从而也确定了传球机会的时限，使传接球配合双方都意识到必须在瞬间创造传接球的条件，否则将时不我待。

第三是传球的有利性。这种有利原则主要针对接球人获球后，能否将攻击意图变为攻击行动，尽管这在很大程度上取决于接球人的攻击能力，但球传得及时、到位，将更有利于接球人攻击力的发挥。

（二）接球技术分析

接球是队员控制球的开始，也是实施攻击的准备，是篮球运动中既重要又容易忽视的基本技术。

接球分双手接球与单手接球，按来球高度划分接球又分为接高球、接中路球、接低球和接地滚球。

1. 准备接球：准备接球是指接球队员已处于和抢占到有利的位置，并且用手势给出明确的传球目标。对于行进间要球者必须确保领先的位置优势；对于内线位置要球者一般应用背部和臀部贴住对手，并用远离防守一侧手臂做出要球手势。防守手臂在上部，接球人应做出要低位球的信号；防守手臂在下部的则要用高吊球，外围队员摆脱紧逼，接球时一般采用“V”形移动或“N”形反切的方法。

2. 接球动作：当球传来时接球队员必须保持已取得的位置优势，根据球的落点和力量，做出上步、原地或向后插步等动作，双手或单手迎向来球，接球后要将球引到安全位置，准备实施攻击。

3. 接球后的动作：及时恰当地传球，会使攻击行动直接延续下去，因此，接球人必须在确保接好球的瞬间，做出正确、合理的攻击行动。因为从传球方式与落点中，接球人已得到如何攻击的暗示，如球传到接球人左侧，表示防守人在自己右侧；如传球人用击地传球，表示防守人重点防上面；如球吊向高空，则暗示可以空中扣篮或空中投篮；如球往外传，则表示接球人需拉开作战等等。总之，传球人和接球人必须互相理解，心照不宣，才能使传接球变成配合攻击的纽带。

二、传、接球动作方法

（一）传球动作方法

1. 双手胸前传球

双手胸前传球是最基本、最常用的传球方法。其动作简单，便于掌握。可在原地、移动中传出不同方向与不同距离的球，而且便于和投篮、运球等技术结合运用。

动作方法：身体按基本姿势站立，脚分前后。双手持球于胸腹之间，两手五指自然分开，用指根以上部位持球，手心空出。两肘自然弯曲于体侧。传球时，后脚蹬地，并在身体重心前移的同时前臂迅速向传球方向伸展拇指用力下压，手腕前屈，食指中指用力拨球将球传出。出球后手心和拇指向下，其余四指指向传球方向。传球距离越近，手臂前伸的幅度越小；反之 则幅度越大，甚至需要增加蹬地以及全身协调用力相配合，如图 19 所示。

图 19

双手胸前传球只要改变一下手臂伸展方向，使球向前下方传出就完成了双手胸前反弹传球动作。反弹传球的击地点应在距传球人 2/3，距接球人 1/3 的那一点，并使球反弹到接球人腰部高度为宜。

跑动中双手胸前接球和传球是一个连贯动作。接球时，手脚动作必须协调配合。一般是左（右）脚上步接球后，右（左）脚上步，左（右）脚再次抬起并在落地前出球。手的动作过程是：双手接球后迅速收臂后引，接着迅速伸前臂，手腕前屈，手指拨球，将球传出。

2. 双手头上传球

这种传球方式由于持球位置较高，特别适合高大队员使用，并能与篮下投篮相结合，还可用于外围队员之间传递和向内线传球，以及高大队员抢篮板球后第一传。

动作方法：双手持球于头上，两肘微屈，持球手法与双手胸前传球相同。传球时小臂内旋并前挥，拇指、食指和中指用力拨球将球传出。随传球距离增加，适当增加脚的蹬地、腰腹和全身的协调用力，如图 20 所示。

→ 图 20

3. 单手肩上传球

单手肩上传球是单手传球中最基本的传球方法。它具有飞行速度快、传球距离远的特点。常用于中、远距离传球。但此种传球必须是在有利的位置和有充足的传球时间，且接球人有足够的空间时才能运用。

动作方法：以右手传球为例，双手持球于胸前，成基本姿势站立，传球时，左脚向传球方向迈出半步，转体使左肩对着传球方向，同时右臂引球至右肩上方，手腕微后屈托住球，上臂与地面近似平行，前臂与地面垂直，重心落在右脚上。接着右脚蹬地，同时转体并迅速向前挥臂，手腕前屈，最后食指、中指拨球，将球传出。身体重心移至左脚上，右脚随之向前跨出，使身体保持平衡，如图 21 所示。

4. 单手体侧传球

这是一种近距离的隐蔽传球方法，多用于向内线队员传球。如能与向传球异侧的跨步假动作相结合，则效果会更好。

图 21

图 22

动作方法：以右手传球为例，双手持球于胸前，传球时左脚向左跨出，左手向右加力推球，使右手引球至身体右侧。

此时，持球手的拇指向上，掌心向前，手腕后屈。右手引球经右侧向前画弧，并且急促用力向前扣腕，手指用力拨球，将球传出。如图 22 所示。

单手体侧传球还能变为反弹传球，其不同之处是向前下方做出传球动作。

（二）接球动作方法

1. 双手接球

（1）双手接胸部高度的球：这是最基本的接球方法。用这种方法接球稳固，并易于衔接投篮、传球和突破，所以也是比赛中运用最多的接球方法。

动作方法：两眼注视来球，并向来球方向伸臂迎球，两手手指自然分开，两拇指成八字形，手指向前上方伸出，两手成半球形。当球触及手指时，双臂顺势随球后引缓冲来球的力量，两手握球，置于胸腹前的部位，成基本站立姿势。如图 23 所示。

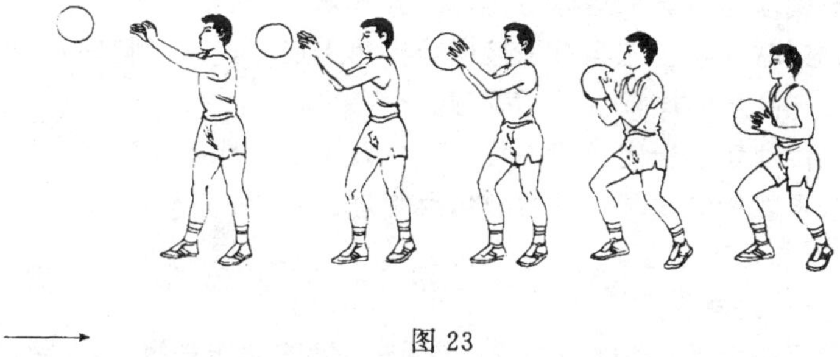

图 23

（2）双手接头部高度的球：动作方法和双手接胸部高的球相同，只是迎球时双臂向前上方伸出。

（3）双手接反弹球：接球时，跨步迎球，上体前倾两臂迎球向前下方伸出，掌心向前五指自然张开，球反弹起来后，两手顺势握球，上步或撤步保持基本姿势。如图 24 所示。

图 24

三、传、接球技术的教学方法

（一）教学顺序

传、接球教学应从持球方法教起，先教接球，再教传球，后把接球与传球、运球与传球结合起来。

接球教学应先学双手接球，再单手接球；先接胸部高度和头部高度的球，后接反弹球。

传球教学应先教双手传球，再教单手传球。先教传直线球，再教传弧线球，最后教传反弹球。

（二）教法步骤

1. 讲解与示范

应讲解传、接球的关系，讲明传、接球动作是肩、肘、腕、指的协调配合，关键是肘、腕关节的用力。

示范应采用侧面与正面相结合。

2. 练习方法

(1) 两人原地传、接球练习

如图 25 所示。两人一组，距离可根据教学目的而定（2～12 米），此种练习形式可练习各种传球，教师可巡视检查，学生可互相观摩学习。距离较近时，重点教学传、接球手法；距离较远时，重点提高传球时的全身协调用力。

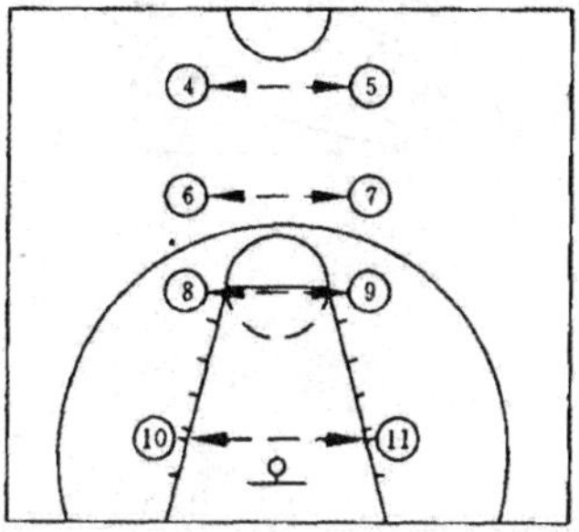

图 25

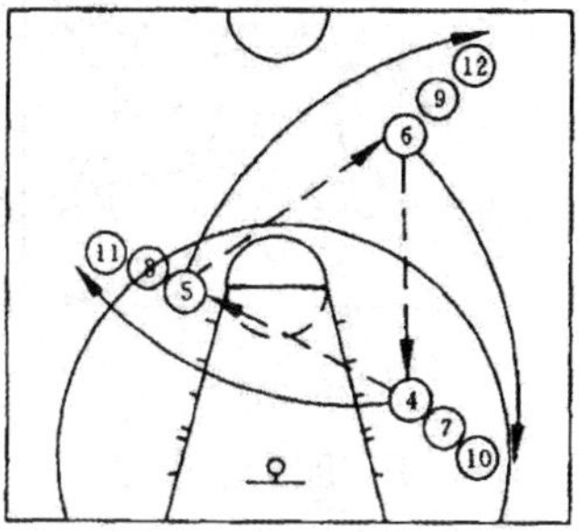

图 26

（2）三角传球跑动换位练习

如图 26 所示，运动员分三组站成三角形，练习可按顺时针顺序传球，也可按逆时针方向传球，传球人传球后跑到接球人队尾，依此循环练习。此练习可提高运动员传球与跑动相结合的能力，也提高了左接右传或右接左传的传、接球技术。练习时可采用双手胸前、双手反弹、双手头上等传、接球方式。

（3）五角传球跑动换位练习

如图 27 所示，运动员可站成五角形的五路纵队。练习开始持球人向右侧隔一人传球，传球后跑到接球人队尾。每个接球人都依此向右侧隔一人传球与跑动，练习不断循环下去。练习还可按向右侧隔一人传球而跑向左侧隔一人队尾的形式进行。可提高传球与视线分开的能力。接球人要上步接球并立即按要求方向传出。此练习可用双手胸前、双手反弹、单手体侧等传球形式。

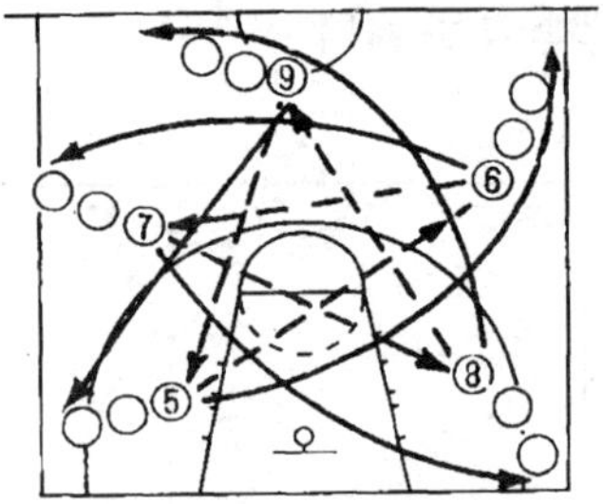

图 27

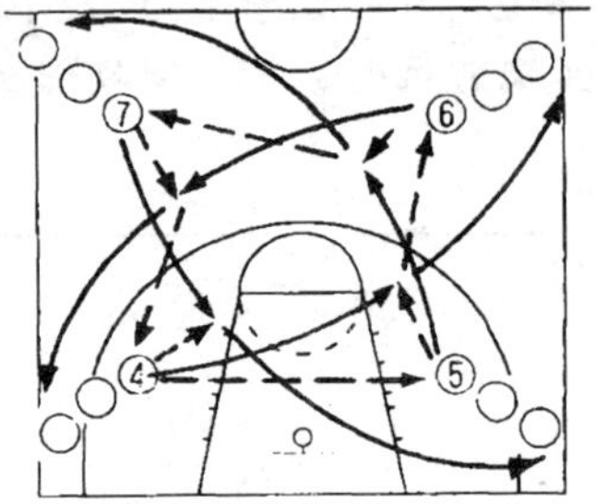

图 28

（4）四角传球练习

如图 28 所示。运动员站成四角形四路纵队。练习开始时由④传球给⑤后立即切入接⑤回传球，再传给⑥，然后跑到⑥的队尾。当⑤回传给④时，立即起动从④身后切入接⑥的传球给⑦，然后跑到⑦的队尾。⑥也在传给⑤后切入去接⑦的传球。依此连续练习下去。此练习还可进行难度较大的两球或三球练习，是颇受喜爱的练习形式。在学会行进间投篮技术后，还可加入行进间投篮内容，传球可采用双手胸前、双手反弹等多种形式。

（5）三角传中与换位练习

如图 29 所示，练习开始时④⑤各持一球，④与⑥互相传球，⑤与⑦互相传球，⑧与⑨各向限制区的对侧切入并进行策应要球，④或⑥向中锋⑨传球，⑤或⑦向中锋⑧传球。中锋接球后再传给外线队员，外线再互相传球，两中锋再向异侧切入。练习如此继续下去，外线之间传球用双手胸前传球，外线向内线传球用单手体侧传球，中锋向外线传球用双手头上或反弹传球。外线传球时，要用余光注视中锋移动，当中锋快跑到限制区腰线时立即传中，中锋要明确做出伸手要球信号。

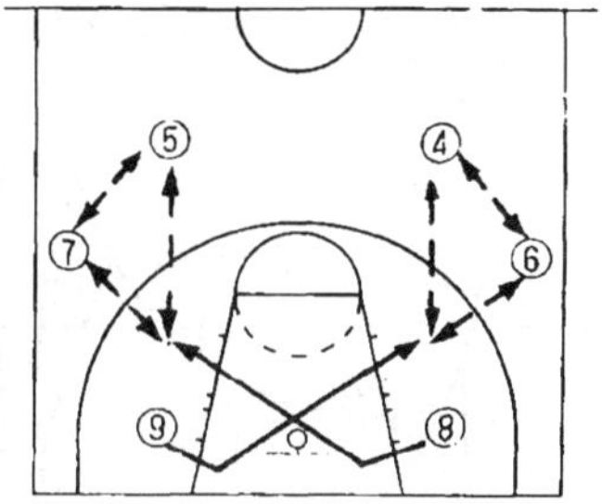

图 29

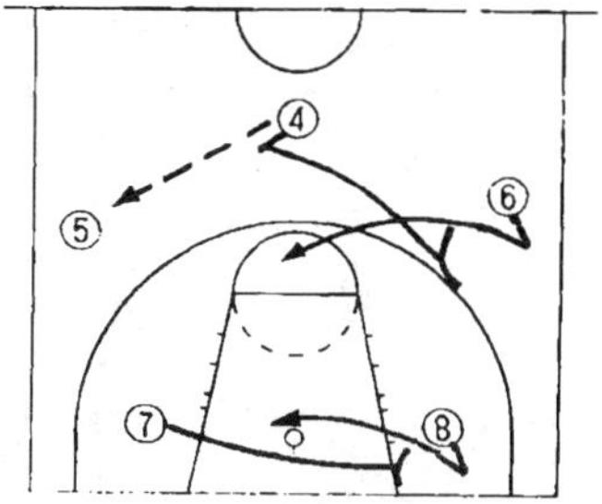

图 30

(6) 5 人传球换位 (反掩护) 练习

如图 30 所示，运动员按 1—2—2 阵型落位。练习时，每次传球后，近球人都背向球移动(反掩护)，与相邻同伴换位，球要在五个位置间不断传递，人也要按要求不断换位（掩护)。外线队员之间可用双手胸前、双手头上、双手反弹等形式传球，内外线队员传球必须用双手头上和单手体侧反弹形式。此练习不但能提高传、接球技术，而且还可提高战术意识，尤其适合青少年与身高和技术水平接近的队运用。

(7) 全场 (3 人或 5 人)“8”字围绕传球上篮练习

如图 31、32 所示，运动员 3 人或 5 人一组，站位于端线上，练习开始由中间人向左(右)侧同伴传球，然后从接球人背后向前超越(5 人练习则要超越 2 人)。第一接球人向右或左侧同伴传球，然后也从其后向前超越，如此继续到上篮为止。然后以同样的方法向相反方向继续进行练习。此练习对提高行进间传接球及移动与投篮的综合能力有较大作用。

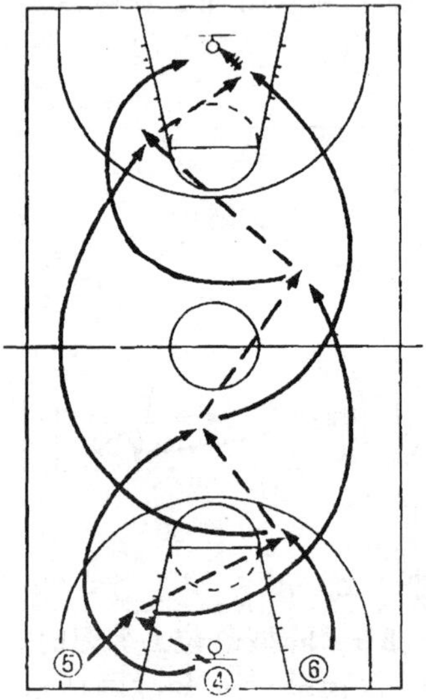

图 31

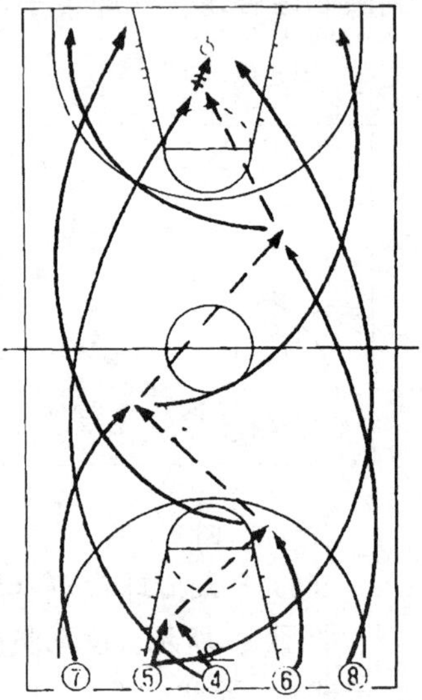

图 32

（8）3 人（5 人）围绕“8”字上篮变二攻一（三攻二）练习

练习开始和练习（7）相同，但从球场另一端返回时变成二攻一（三攻二）。投篮人（5 人围绕“8”字为最后两名触球者）变为防守人，用传球推进完成二攻一（三攻二）在学习运球后，二攻一（三攻二）可以用传、运结合进攻。

（9）接困难球练习

运动员两人一组一球，一人传球，一人接球。练习开始两人相距 2～3 米站好，接球人要采用基本姿势做好准备。传球人开始传出难度不大的球（难度指速度和远度），然后逐渐加大难度。接球人注视传球人动作，当传球人球出手后立即起动接球，接球后马上回传给传球人，且迅速恢复成基本姿势，准备接下一次传出的球，如此继续下去，教师可根据运动员体力安排完成接球次数。此练习对提高运动员反应能力及接球能力很有作用。

（三）易犯错误与纠正方法

1. 双手接球漏球或掉球：纠正漏球可要求双臂靠近，双手成半球形，两拇指成八字形，不可两手相距太远。纠正掉球应强调当指端接触球时，手腕迅速后屈且两手立即握紧球，并收回胸腹之间。

2. 双手胸前传球双肘过分外展：要求双肘自然下垂于体侧，教师可站在学生身后，用双手限制宽度，使其传球时不能外展。

3. 单手体侧传球时球失控：强调由双手变单手持球时，非传球手要加力推球，传球手迅速做弧形摆动，单手持球时间不能过长。

4. 单手肩上传球身体摆动大：强调单手持球高度不能低于肩，同时屈肘将肩拉开，传球时以肩带臂，加速送臂，腕指拨球。

5. 双手头上传球时用不上力，且球弧线过高：要求队员持球不能置于头后，传球时要向前振前臂，并翻腕拨球将球传出。

思考题

1. 完成一次好的传球需要考虑哪些因素？
2. 接球人怎样配合才能减少传球失误？

第三节 运 球

持球队员在原地或行进间用单手连续按拍借助地面反弹起来的球称运球。

运球是篮球运动中主要进攻技术之一，也是组织全队进攻战术配合的桥梁。熟练地掌握运球技术，是实现正确控制球、支配球的一个重要手段。因此，运动员应认真学习运球技术，并与投篮、传球紧密结合、合理运用，形成特点，以使其在进攻中发挥积极作用。尤其是随着攻击性防守的日益发展，单靠身前运球不仅施展不开，而且随时有丢球的危险。当前，一种以肩关节为轴、上臂发力，运球时臂、腕、指按拍球动作较大，球贴手时间较长的侧身提拉式运球被广泛采用，表明了运球技术的新发展。

运球和传球一样，它们虽是攻击的重要技术，但却不是直接得分的手段。运球只有和投篮相结合，才能提高投篮的机动性，运球只有和传、接球相结合，才能发挥篮球集体作战的优势。不讲时机，不懂结合技术的滥用运球，不仅会影响进攻速度、贻误战机，还可能导致被夹击或失误的不利局面。

运球技术的关键，在于运球时手按拍球的部位、手臂作用力的方向，球与身体的位置关系和保护球的意识。而能否始终保持抬头观察则是掌握运球技术关键中的关键。

一、运球技术分析

（一）身体姿势

运球时，身体要维持某种姿势，以适应手臂进行按拍球动作和快速运球的停起与保护球的需要。为此，运球时，有正对前方和侧对前方的姿势，有较高的姿势和较低的姿势。不管哪种姿势，都要头部抬起，目视前方，非运球手屈肘平抬，养成保护球的习惯。运球移动时，脚步移动的幅度和下肢各关节的屈度随运球的速度和高度的不同有所变化。慢速高运球时，脚步动作幅度小，膝、髋关节的角度大；快速高运球时，脚步动作的幅度大，膝、髋关节的角度小；而低运球时，脚步动作幅度和各关节角度均要减小。

（二）手臂动作

手臂动作是运球技术动作的主体，各种运球无不与手按拍球的不同部位，手臂动作的幅度、方向和力量的变化相关。

运球时，五指应自然分开，主要用指根以上部位按拍球，手心要空出。当低运球时，主要是以腕关节为轴，用手腕、手指的力量运球。当变向运球时，要突然改变手按拍球部位，使球从身前或身后拍向另一侧，并立即换另一只手运球。当对手近身防守时，应使用侧身提拉式运球。用另一手臂和身体保护球，伺机变速变向摆脱或及时传球。按拍球的部位取决于运球方向和速度变化的需要，按拍球的部位不同，球向地面运行的入射角不同，球的反弹距离也不同。入射角大时，球反弹后会离运球者较近；入射角小时，球反弹的距离则较远，这正是影响运球速度变化的主要技术因素。运球落点与运球速度、方向和攻守情况有关，速度越快，球落点越靠前，离自己越远，反之则越近。这就是说，在积极防守或变向过人时，球的落点应远离防守人或处于良好保护的范围内。运球时，手脚应协调配合，要保持适当的节奏。一般慢速运球时，手的按拍动作和脚步动作比例为一比一。运球速度越快，两次按拍球间的脚步移动次数越多。

二、运球技术动作方法

（一）高运球

高运球是指运球时身体重心较高，控制球的反弹高度也高的运球方法。高运球有利于加大每次运球距离，提高运球速度。因此常在远离防守及快速运球推进时运用。

运球时，两腿微屈，两眼平视，手按拍球的后上方（原地运球按拍球的上方），使球的落点在身体侧前方（速度越快，球落点越远）。球反弹的高度在胸腹之间，手脚积极配合，每次运球后的脚步移动步数随速度增加而增加，使人球有节奏地协调运行。如图 33 所示。

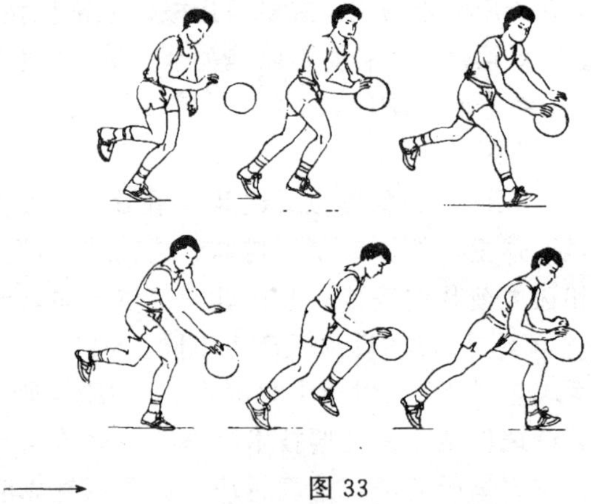

图 33

（二）低运球

低运球是指身体重心低、将球反弹高度也控制得较低的运球。这种运球不易被防守偷抢，因此，常用于对方紧逼或

变向超越防守时运用。低运球常和高运球及变速、变向运球

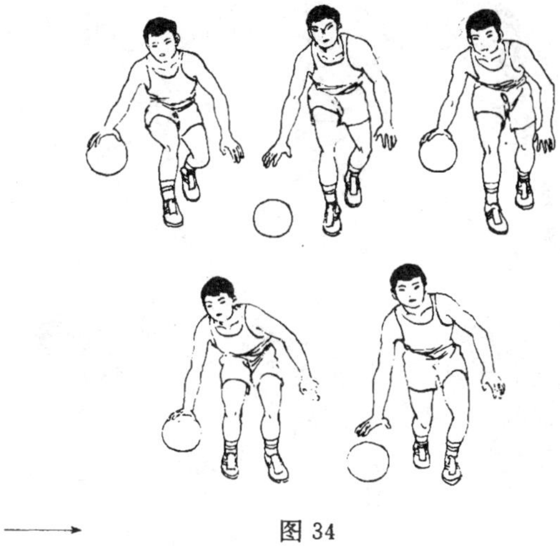

图 34

结合运用。如图 34 所示。

（三）运球急停急起

是一种使运球移动速度急剧变化的运球方法，也是摆脱和超越对手的有效方法。常用于破全场紧逼或扩大人盯人时运用。

在快速运球时的突然急停，应采用跨步急停。运球急停时，手按拍球的前上方，使球停止向前运行，并压低运球的高度；运球急起时，两脚用力后蹬，上体疾速前倾，迅速起动。同时，用力按拍球的后上方，使人、球同步快速前进。如图 35 所示。

（四）体前变向换手运球

是一种通过体前从一只手换到另一只手来改变运球方向的运球方法。它由于便于掌握而常用于摆脱对手的迎上堵截

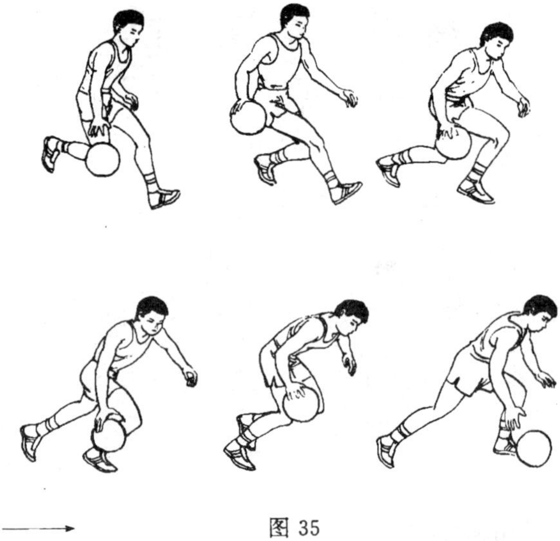

图 35

或变向突破上篮。

以右手运球为例，当运球人向防守人左侧运球接近，对手企图堵截而将重心向左移动时，运球队员应立即用右手按拍球的右上方，使球从右侧贴近自己的身体反弹到左侧，同时右脚迅速向左前方跨出，并落在对手右脚外侧。上体前倾，侧右肩挡住对手，左手及时按拍球的后上方，左脚用力蹬地，加速超越对手。如图 36 所示。

（五）侧身（提拉式）运球

以右手运球为例，运球时，身体侧对防守人，双膝弯曲，两脚开立略宽于肩，用身体左侧后部贴近防守者，左臂弯曲抬至胸高保护球，头向左转，从左肩上方观察前面情况。右手运球以肩关节为轴，按拍球动作就像往水中按葫芦一样，并

图 36

主动迎接反弹球，如同向上提拉东西一样。运球时的脚步可用滑步式，也可用正常前进步法。

这种运球的特点是动作幅度大、力量大、控球时间长，身体和手臂时刻处于良好的保护球状态，有利于向侧加速和衔接运球转身，也便于随时衔接传球技术。如图37所示。

（六）运球转身

以右手运球为例，当用右手向右前方运球接近防守人时，球要移近身体右侧。用左脚向前跨出作轴，并将身体重心移到作轴脚上，右脚前脚掌蹬地后撤，同时向后转头、转肩，用右手将球拉拍向后撤右脚的落地点外（或在身体后转同时用左手将球推向后撤右脚落地点外）。左手迅速拍球后上部加速前进。

图 37

此种运球保护性强，特别适用于贴近防守者变向摆脱，尤其是在篮下附近应用，能在摆脱防守的同时获得良好的攻击机会。如图38所示。

三、运球技术的教学方法

（一）教学顺序

运球教学应从原地运球开始，让学生体会运球基本动作和变向时手按拍球的部位。接着应进行高、低运球教学，再进行运球急停、急起以及变向运球及侧身运球。在掌握各种运球技术后应进行变向、变速及变换方式的组合动作教学。最

图 38

后进行运球、传球和投篮的组合技术教学。

（二）教法步骤

1．讲解与示范

应讲解运球的动作及运用时机。讲清运球技术主要是手与球、球与身体的关系，关键是手按拍的部位（注意要抬头运球）。示范应以正面为主，保证学生看到整个运球动作和关键动作环节。

2．练习方法

（1）原地运球练习

A．如图 39 所示，原地高运球和低运球：先按教师示范和要求，单独做高或低运球，运球时两只脚不时做出前后交替，接着可做高运球和低运球转换练习，同样也要在运球时

两只脚不时做出前后交替的情形下练习。练习中强调手臂的

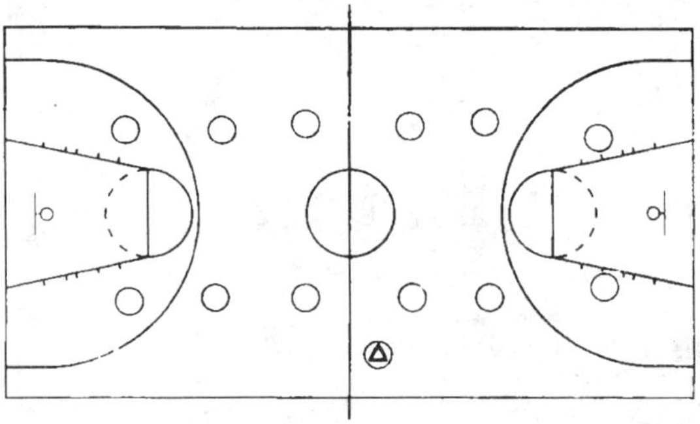

图 39

迎送动作，并要求时刻保持抬头观察。

B. 原地变换运球动作练习：按教师示范和要求先单独做左右或前后变向的单手运球练习，接着做单手左右变向与前后变向的综合练习。在练习中脚步亦应随之变换位置。最后再用左、右手连续完成上述练习。练习时始终要求抬头观察场上情况。

（2）十字运球练习：如图 40 所示，将四个标杆如图所示放置，标杆各距 5 米，发令后开始快速运球，其练习顺序是 A—B—C—D—A，从右手运球开始，每越过一个标杆后换另只手运球，运球时要保持抬头。

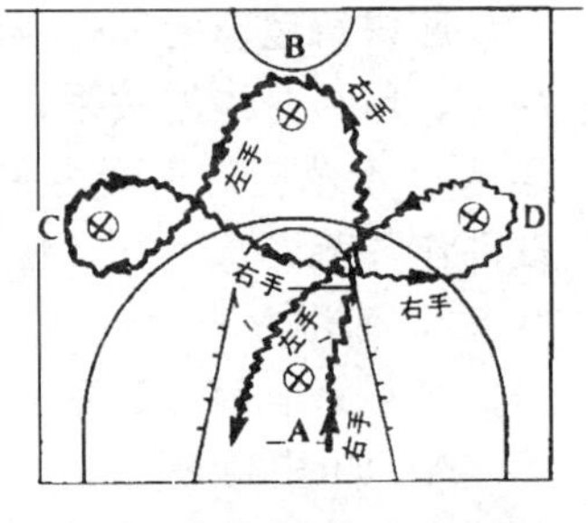

图 40

（3）圆圈低运球接力练习：如图 41 所示，学生听教师口令后用右手运球绕过圆圈，并手递手交

给对面同伴，对面队员接球后也用右手运球绕过圆圈，手递手交给对面下一人。每组都如此循环下去，看哪一组完成好，速度快。右手练完可换左手练习。

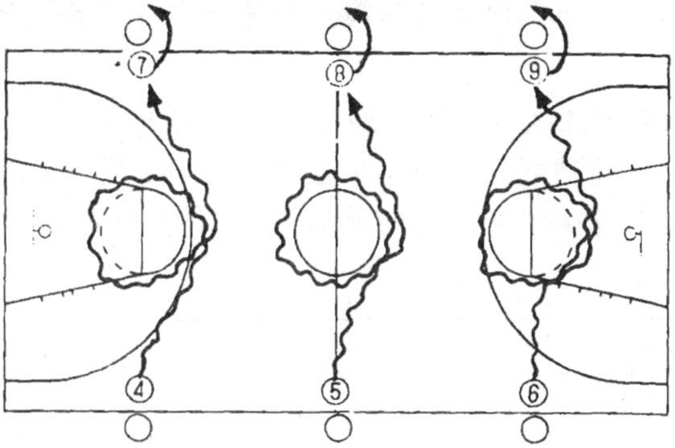

图 41

(4) 全场连续绕圆运球练习：如图 42 所示。学生在教师口令下迅速按逆时针运球绕过圆圈，绕圆运球时要始终保持面向对面端线，绕圆时，脚步动作有向前、横移、后退、交

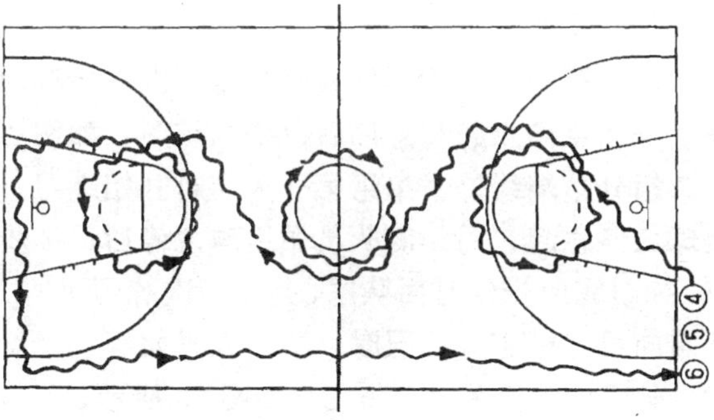

图 42

叉及侧身加速等移动步法。绕圆运球时有向前运球、横运球、后退运球、变向运球，之后再加速向下一圆圈运球（按顺时针），如此变换绕圆方向继续下去，最后从边线快速运球返回起点。当第一个人已开始向第二个圆运球时，下一个人开始练习。

（5）全场曲线变向运球练习：如图 43 所示，运动员分两组在两端线外站好，两组第一名运动员同时开始运球，在每个标志点前做体前变向运球（或侧身提拉式运球），练完排在

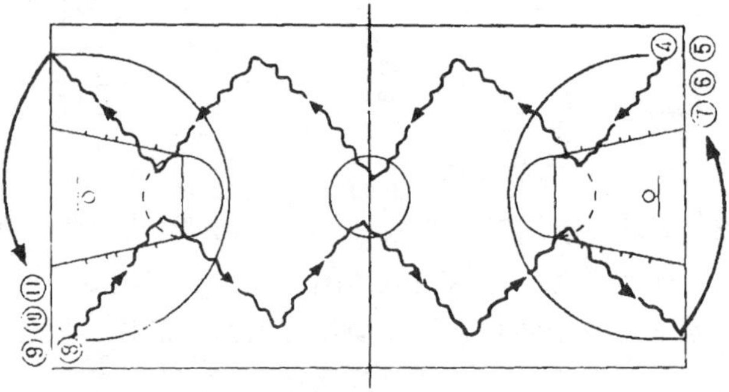

图 43

另一组队尾，第一人到达中场线时，第二人开始练习。

（6）全场急停急起与急停后退变向练习：如图 44 所示，队员成四组分站端线外，每组第一人同时开始练习。一侧队员做运球急停急起，另一侧队员做运球急停后退 3 步换手加速练习。练习完成排到对面队尾，并于下次练习另一方法。前面人开始向第二标志线练习时，下一人开始练习。

（7）全场折回换手运球练习：如图 45 所示，队员分三组位于端线外。练习时，队员在罚球线、中线、端线等处均要急停折回运球到起点，连续进行下去，直至从对面端线返回，

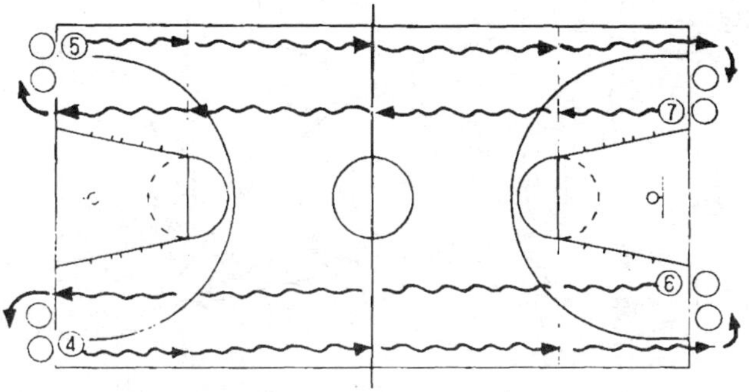

图 44

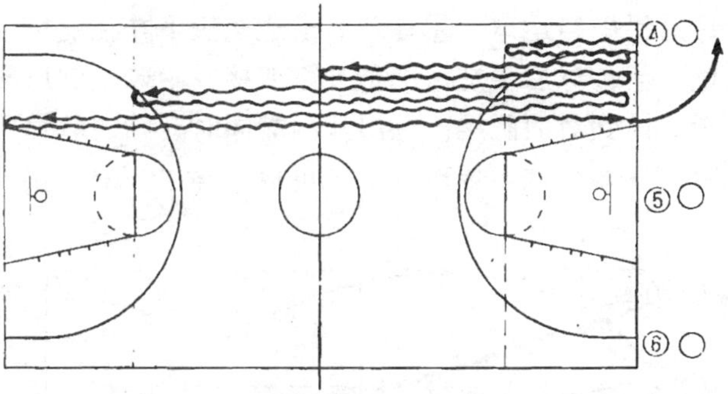

图 45

下一人才开始练习。三组同时练习，看哪一组先完成。

（8）四角传运球练习：如图 46 所示，练习时，④用弧线侧身跑接⑤的传球，⑤传球给④后立即从④后跑到对角队尾，④接球后要用左手运球两次（或运球变向）后将球传给⑥并跑到其队尾。⑦当⑥接球后也用弧线侧身跑接⑥传球，同样运球后传给⑧后跑到对角队尾。如此循环下去，教师可要求用不同传球和运球方法。

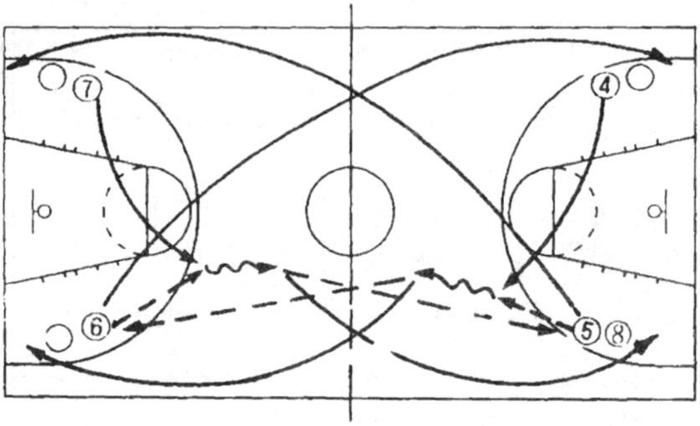

图 46

（9）全场交叉换位运传球练习：如图 47 所示，⑤插上接④传球后沿中路运球。④传球后沿边线快下并在前场接⑤传球上篮，⑤传球后要加速准备补篮或接投中球，然后两人交换位置，站到对面队尾。练习从两端同时开始。教师可令运传球距离逐渐增加，传球方法也可根据学生情况安排。

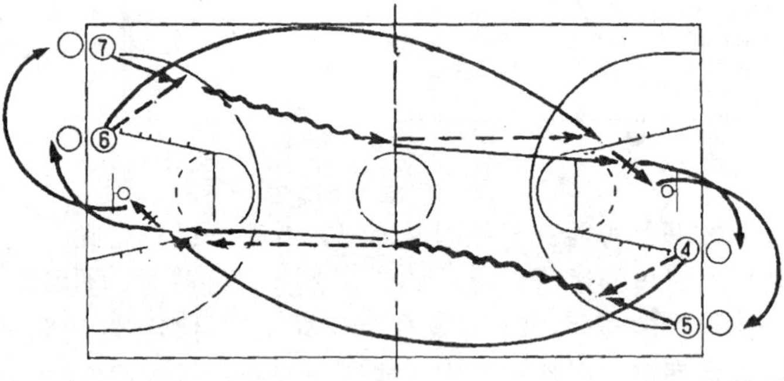

图 47

（10）半场五人“8”字运球战术练习：如图 48 所示，队员在外围位置反复进行“8”字运球掩护，无球队员不断进行徒手掩护换位。当④运球为⑤做运球掩护时，⑧同时为⑥做后掩护，⑤接球开始运球时，要保持向内线区域观察，以便及时将球传给获得机会的⑥。当在右侧外围进行运球掩护时，左侧也同样进行内线给外线做后掩护的配合，如此循环练习。

此练习主要是从提高运球运用意识和体会全队阵地进攻中通过运球和掩护如何获得战机。在这个阶段中，重点在运球掩护正确，运球熟练并能保持观察即可。

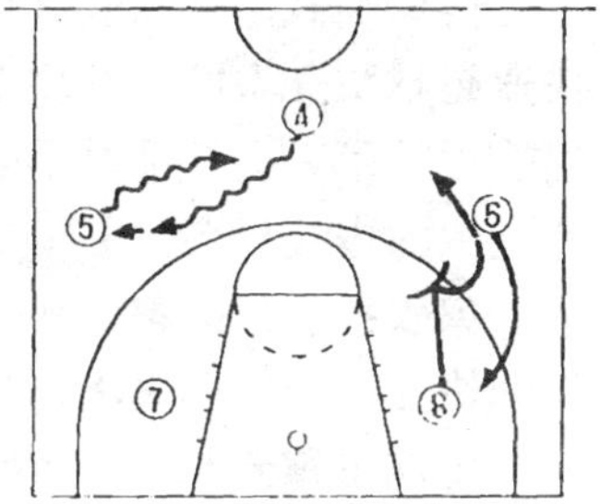

图 48

（三）易犯错误与纠正方法

1. 运球抬不起头来：是过分弯腰而不弯腿造成，要求学生先弯腿降重心，上体前倾幅度以既能抬头自然观察又不造成颈部紧张为宜。

2. 运球急停停不住、急起起得慢：这主要是重心偏高，停起时，重心转移不及时造成。要求学生急停时，重心后移及保持在两脚之间，上体不能过分前倾。急停脚要内扣，使膝关节成反关节状态；急起时应充分利用后脚蹬地和上体迅速前倾相配合完成起动。

3. 变向慢，加速慢：主要是手、脚、身体配合不当造成。应强调手变向、脚蹬地、身体带动加速。

4. 侧身运球时侧身不够，低头运球：应指出要以非运球手一侧身体接触对手，运球肩要放松，迎送动作幅度要大，增加球与手接触的时间。

思考题

1. 运球为什么不能低头？你对不低头运球有何体会？

2. 为什么不能过多运球？运球应和什么技术结合才能更积极发挥其作用？

第四节　持球突破

持球突破是持球队员将脚步动作同运球技术结合起来的快速超越防守人的一项攻击性较强的技术。恰当而熟练地运用这项技术，会打乱对手的防守布局，从而创造良好的个人和全队的进攻机会。

突破技术的关键，在于持球者与防守者的距离和突破动作的快速有力。而突破效果好坏又视其与投篮和传球（突破时的传球也称分球）技术结合的程度。所以，突破技术是移动与运球技术的发展，又是投篮和传球的媒介。要掌握和运用好突破技术必须有移动、运球、传球和投篮的坚实基础。

一、持球突破技术分析

持球突破由蹬跨、转体探肩、推放球和加速等环节组成。

（一）蹬跨：蹬跨是突破动作的起始和力量的来源。蹬地时，要屈膝降重心，上体前倾，重心前移。蹬地和重心前移的积极配合，能提高移动的水平速度。跨出的第一步应稍大些，脚尖向前，落在对手的脚外侧，以便抢占有利的突破位置。

（二）转体探肩：上体前移与转体探肩应同时进行。转体探肩是为了抢占空间位置，使突破者在地面和空间均取得有利位置。转体探肩有利于推放球和保护球。

（三）推放球：在转体探肩的同时，应积极迅速地将球推向地面，球的落点应在跨步脚的外侧稍前。推放球应做到两快，即肘关节伸展快，腕指推球快。推放球过慢常导致走步；推球过远不利于保护球，过近则不利于发挥突破速度。

（四）加速：在上述三个动作完成基础上，中枢脚（交叉步突破）或跨步脚（同侧步突破）的用力蹬地对突破加速超越对手起着决定性的作用。既要使第一次蹬跨步子大，又要使第二次蹬地充分起到加速的作用，必须做到重心低，蹬地快，四个动作环节协调连贯，实现摆脱超越的目的。

二、持球突破的动作方法

（一）原地交叉步突破

以右脚做中枢脚为例。两脚左右开立，两膝微屈，持球于胸腹之间。突破时，左脚前脚掌内侧迅速蹬地，上体稍向右转，左肩向前下压，重心向右前方移动，左脚向右侧前方跨出。双手引球于体右侧，左手在球前侧下，右手在球后侧上，接着用右手向前下方推放球，且右脚（中枢脚）用力蹬地，迅速超越防守。如图 49 所示。

（二）原地顺步（同侧步）突破

以左脚做中枢脚为例。准备姿势和突破前的动作要求与交叉步相同。突破时，左脚（中枢脚向后蹬地），右脚向右前方跨出一步，同时上体右转并探左肩，重心迅速前移，双手向右引球并由右手推放球，左脚前脚掌迅速蹬地加速，从防守者左侧加速超越。如图 50 所示。

三、持球突破的教学方法

（一）教学顺序

——→ 图 49

持球突破的教学应在移动和运球教学基础上进行。

先教交叉步突破，再教顺步突破；先教原地持球突破，再教移动接球突破。

（二）教法步骤

1. 讲解与示范

先讲解突破作用和运用时机，再讲清突破动作环节，并指出关键是重心低，突出一个“快”字。

示范要正面与侧面相结合，使学生看清完整动作及关键环节。

2. 练习方法

(1) 原地练习。主要体会突破的四个动作环节（左、右脚分别做中枢脚）。

A. 全体成体操散开队形，按教师要求进行突破的徒手模仿练习。

图 50

B. 在上一练习基础上，进行原地持球突破慢速练习。

C. 循环练习。主要提高动作的熟练程度及速度。

（2）全场练习。如图 51 所示，学生在每个障碍物前完成突破练习。

（3）全场自抛自接球突破练习。队员成两组分站两端线外，每人一球，练习时，自己抛球分别用跳步急停接球和跨步急停接球，接球后可向任一侧突破。两组同时开始，前一

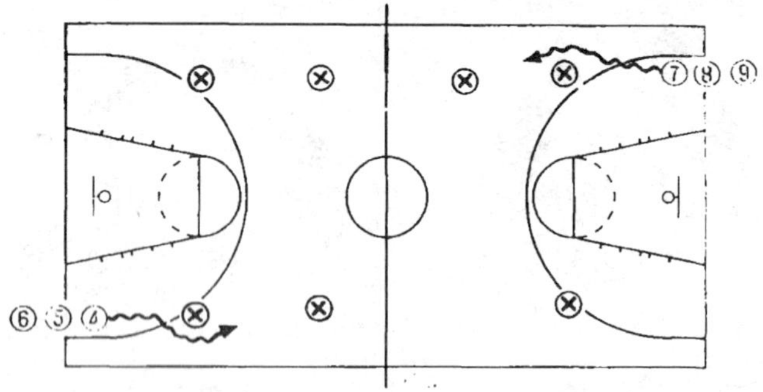

图 51

人进入第二次练习时，下一人开始练习。主要学习和掌握接球急停重心的控制，以及与突破动作的衔接。

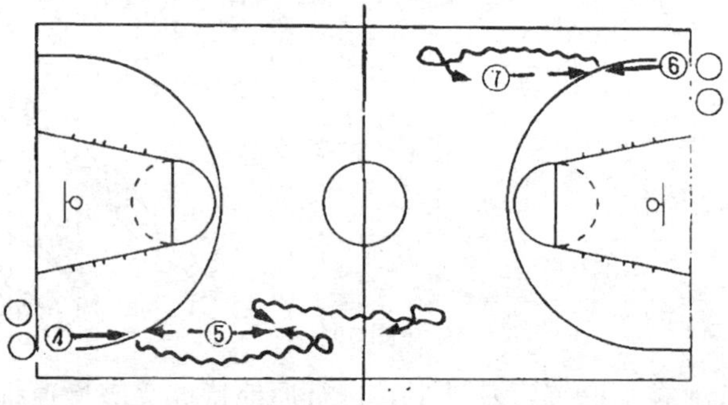

图 52

（4）两人交替突破练习。如图 52 所示，两人一组，轮流攻防。练习时，④将球传给⑤，慢跑到⑤面前接回传球，然后采用突破技术过人。突破后④急停接球转身，⑤上前急停接球突破，这样交替循环下去。练习从球场两端同时开始。主要提高接球急停时控制身体平衡和突破时用脚步卡位及压肩技术。防守时先消极后积极。

(5) 半场移动接球急停突破上篮练习。如图 53 所示，④传球给教练员△后变向移动到⊗前接球急停，并用交叉步（或用侧步）突破上篮，之后持球到队尾，如此循环练习。此练习主要提高接球停步与持球突破的衔接能力。

(6) 半场错位急停接球突破练习。如图 54 所示，练习时，④向右侧移动，⑦迎上防守，④接⑤传球并错位急停，用适当突破技术突破过人上篮。练习时可先用标志作防守人，后用队员防守，防守人不能断球，只能从消极到积极防守。如此循环下去。主要提高如何实现错位接球以及掌握突破时机。

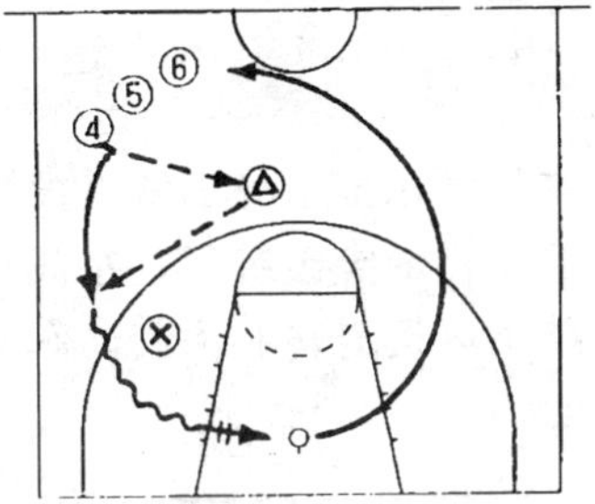

图 53

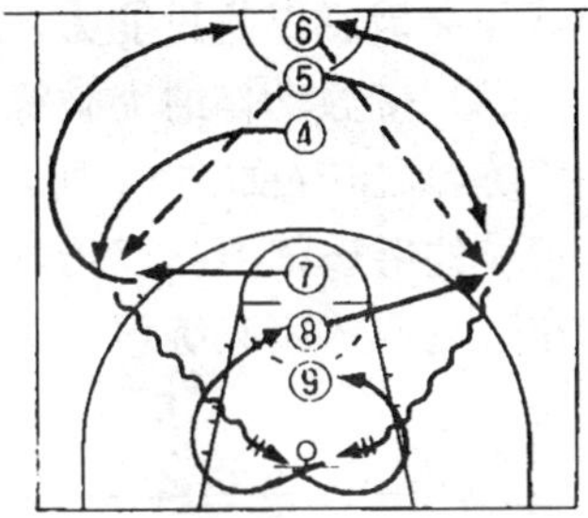

图 54

3. 组合练习

(1) 运球掩护与摆脱接球突破练习：如图 55 所示，④突破运球，在三分线处变向向罚球线为⑤运球掩护，⑤摆脱后向④移动，在④掩护下接球向篮下突破上篮或分球给④，④掩护传球后转身接⑤分球或抢篮板球。④转身切入不可太靠近⑤。之后④与⑤互换位置。

(2) 摆脱接球突破与急停跳投练习：如图 56 所示，除④外每人一球，④摆脱接⑤传球，从防守者右侧突破并急停跳

投。⑤传球后也作摆脱，并接⑥传球，做从防守人左侧突破急停跳投。投篮后到另侧队尾。此练习目的在提高摆脱跳步

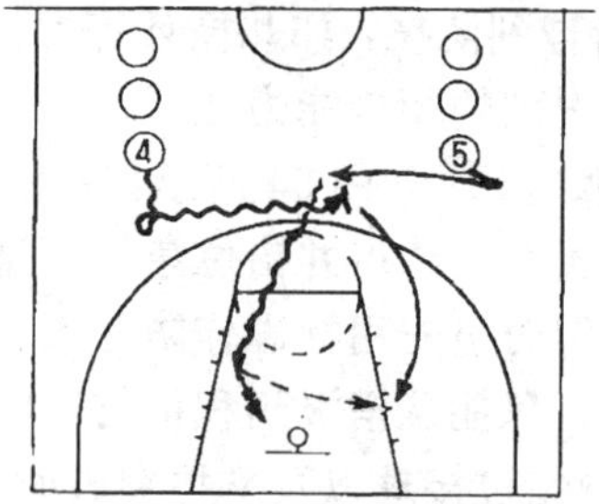

图 55

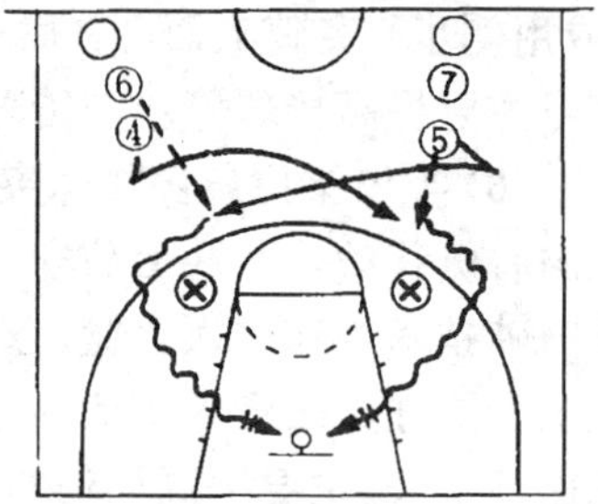

图 56

接球和突破急停跳投能力。

（3）带假动作的突破练习

练习之一：如图 57 所示，在教师示范下分别做以投篮为假动作的突破练习；以传球为假动作的突破练习；左假右真或左真右假的突破练习；背向持球以摆肩转头为假动作的突

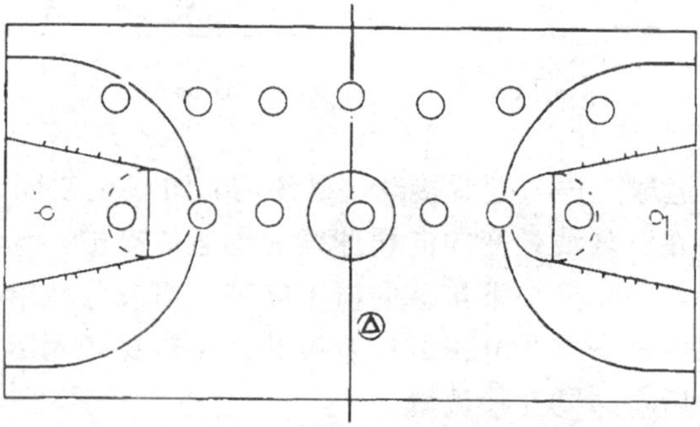

图 57

破练习；背向持球以前转身或后转身为假动作的突破练习。

练习之二：在掌握上述一个假动作基础上，还可适当练习两个假动作，并把假动作纳入到前面所列的突破练习中去。在有假动作的练习中，一要控制好重心和身体平衡，不要带动中枢脚移动形成带球跑；二要注意假动作幅度不能过大；三要注意假动作和真动作的节奏区别。这样才能收到引诱防守者上当，为突破创造有利条件。

（三）易犯错误与纠正方法

1．持球突破常出现带球走，尤其是跳步接球与顺步突破时更明显：这主要是对带球走概念不清，重心过高所造成。纠正方法要使队员明白如何确定中枢脚以及突破时中枢脚离地与球离手的关系，然后要求突破时重心要低，放球要及时。

顺步突破由于是中枢脚先蹬地，中枢脚离地时间比交叉步要早一些。所以要求放球应更快一些，一般在跨步脚着地时球要接触地面即可。

跳步接球突破时走步和重心较高，易形成中枢脚滑动。应要求跳步接球时重心应降下来，弄清哪是中枢脚，控制球离手和中枢脚离地时间。

2．运用突破却过不了人：首先要接近对手，在突破第一步要能用肩和脚压住对手，使其不能横向堵截；第二是要紧贴防守人突破，紧贴既能卡位，又避免“绕着走”现象的出现；第三是放球位置不好，突破放球要有利于加速，又要有利于保护球才行。所以一般应把球推放到跨步脚的外侧前。

思考题

1．持球突破动作结构包括哪几部分？分别说明其作用。

2．顺步突破为什么容易走步？

第五节 投篮

投篮是进攻队员为将球投入球篮而采取的各种专门动作的总称。

投篮是篮球运动中重要的进攻技术，是得分的唯一手段。攻守双方运用各种战术的目的，无不集中表现在得分与防得分之上。因此，投篮和防投篮就成为攻防双方争夺的焦点。

由于防守技战术的发展，以及运动员身体训练水平的提高和防守面积的扩大，促进了投篮技术的发展和提高。因此，正确和熟练地掌握投篮技术，提高投篮命中率对争取比赛胜利是极为重要的。

为了适应比赛的需要，对投篮的突然性要求越来越高，要求跳投的方式多，出手点高，距离远；要求篮下投篮方法多和变化大，不但能左右手投篮，而且能在空中做躲闪动作以摆脱防守的控制而投篮；现在更发展到空中接力扣篮的配合攻击。

投篮是篮球教学训练的重要内容，要求队员必须打好投篮基本功，并在熟练掌握几种最基本方式上，逐步掌握更多的投篮方法。首先要掌握准确的中投和突破后的各种投篮。

投篮技术较多，有原地投篮、行进间投篮和跳起投篮。又分为单手投篮和双手投篮。

一、投篮技术分析

（一）持球方法：正确的持球方法，有利于手对球的控制与形成正确的投篮手法，有利于和其他技术的衔接运用。持球有两种基本方法：

单手持球手法：这种持球方法一般适用于原地及跳起单手投篮。持球手五指自然分开，用手掌外沿和指根以上部位托住球的后下方，手心空出，手腕后屈，举球于头上或持球手同侧肩前方，左手手指分开，扶球侧方，使球的重心落在持球手食指和中指之间，持球手臂肘关节稍内收，并指向球篮。如图 58 所示。

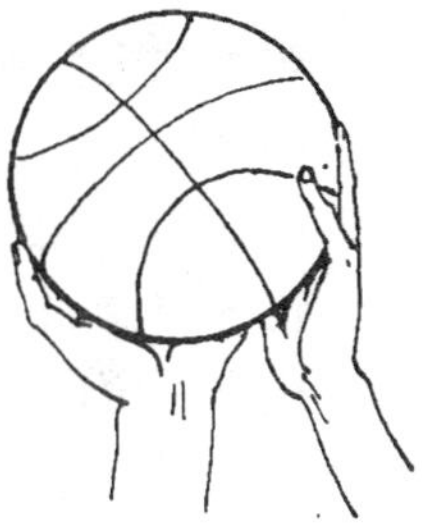

图 58

双手持球手法：这种持球手法一般适用于原地和跳起双手投篮。持球手法是两手手指自然分开，拇指相对成“八”字形。用指根以上部位持球的两侧后下方，手心空出。两臂自然屈肘，肘关节自然下垂，置球于胸与颚之间。如图 59 所示。

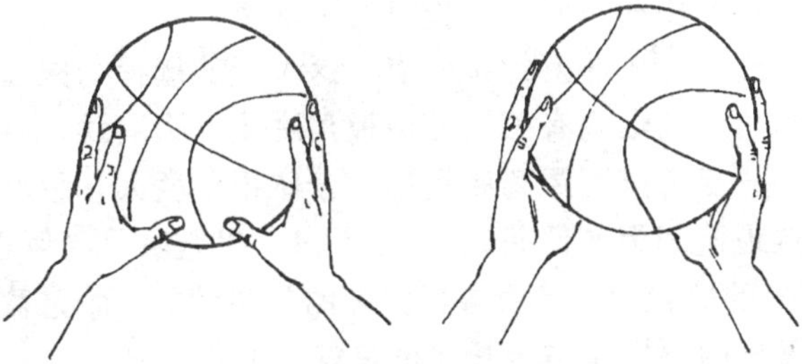

图 59

（二）投篮动作

正确的手臂动作和全身力量的协调运用，是准确投篮的关键。投篮是从准备姿势开始，用下肢蹬地发力，提腰展髋，手臂向前上方伸直，手腕前屈，手指拨球将球投出。原地投篮出手之际也是身体和手臂完全伸展完毕之时。而跳起投篮则是先完成起跳举球的身体腾空，再完成手臂的伸展动作。投篮距离较近时，以前臂及腕、指用力为主；投篮距离较远时，不仅要加强全身协调用力，而且对手指、手腕的调节能力提出更高的要求。

（三）瞄准点

瞄准点是指投篮时眼睛注视在篮圈或篮板上的某一点。瞄准点起着定向和定距的作用，也就是说运动中枢神经是按着视觉神经传递的信息，指挥着手臂将球以一定的速度和弧度掷向球篮的。由于投篮有直接命中和间接命中两种情况，所以瞄准点也有两种：

（1）直接命中的瞄准点：既可以是篮圈近沿中点，也可以是篮圈远沿中点。不论选择哪一点，都要固定下来，不能时常变换。

（2）间接命中即碰板投篮的瞄准点：是球飞行撞击篮板后产生变向而入球篮的某一点。这个点的选择与投篮位置及篮板的角度和距离有关，若碰板角度小，距离远，则瞄准篮板的那一点离篮圈距离高且远；若碰板角度大，距离近，则瞄准点距篮圈距离低而近。一般说来，投篮队员与篮板成15°～45°角的位置时，采用碰板投篮的效果较好。而且篮圈后篮板上画出的方框是碰板投篮的良好参照物。

（四）球的旋转

球的旋转是由于投篮出手时通过屈腕，使手指指端在一定弧度内拨动球面而产生的。球旋转的快慢、正偏都与腕指的作用力大小及偏正有关。一般来说，球旋转得过快与不旋转都不利于准确命中。这是因为腕指力量过分使球旋转，会削弱使球飞远的作用力；而球不旋转，球是从掌心滑出，没有利用感觉最敏锐的指端，不利于建立精确的出手感觉。

（五）抛物线

投篮出手后球在空中飞行的弧线轨迹叫投篮抛物线。抛物线的高低对投篮命中率有重要的影响。而抛物线的高低取决于投篮出手角度和出手力量。因此，投篮时必须根据不同的距离，使球按不同抛物线飞行。

投篮的抛物线归纳起来有低、高、中三种，采用低弧线投篮，球的飞行距离短，力量容易控制，但由于球入篮角过小，球入篮的可能性小。然而用这种方法投碰篮板却较适宜。采用高弧线投篮，虽然球的入篮角较佳，但由于球飞行距离过长而不易控制飞行方向，也会影响投篮命中率。采用中弧线投篮，既吸收了低弧线容易控制力量，又具有高弧线入篮角较适宜两方面优点，所以是投篮较理想的飞行弧线。这个弧线的最高点距篮圈约 1 米左右，其位置在投篮者与球篮距离约三分之二处。

二、投篮技术动作方法

（一）原地双手胸前投篮

这种投篮方法便于发挥手臂和身体的协调用力，所以适合于中远距离投篮，尤其适合于女队员使用，也适合于臂力不强的男女及儿童初学篮球时期运用。其不足之处是出手点低，准备时间长，易受防守干扰。

动作方法：双手持球于胸前颏下部位，持球方法与双手胸前传球的持球相同。肘关节自然下垂，两脚前后或左右开立，两脚间距离略窄于肩宽，两膝微屈，重心落在两脚之间，两眼注视瞄准点。投篮时，下肢蹬地发力，两臂向前上方伸出，两臂伸直的同时完成两手腕外翻，拇指向前压送，食指中指均匀用力将球投出。球出手时身体随投篮出手方向自然伸展，双手保持出手状态直至球入篮再收回。如图 60 所示。

图 60

（二）原地单手头上投篮

以右手投篮为例。这种投篮方法是最基本的单手投篮方式，由于和跳投的持球位置及手臂动作一致，故掌握了原地单手头上投篮技术动作，也就打下跳投的正确基础。尤其对少年儿童，更应以此作为学习投篮技术的开始。

动作方法：双脚开立，略小于肩宽，右脚稍领先于左脚（左手投篮左脚亦然），双膝微屈，上体微前倾，身体重量落在持球一侧脚上。右手手指自然张开，拇指食指成“U”形，手腕后屈，用指根以上部位持球，置球于头前与右眼上方。左手手指自然张开，扶于球侧，其四指向上，拇指向后（左手仅起协助持球作用）。持球手前臂垂直于地面，肘指向球篮，前臂、上臂和右腿在一条直线上。保持抬头，眼睛注视瞄准点。投篮时，双脚前脚掌蹬地，提腰展髋，身体与手臂的伸展同时完成，而手臂的伸展是以手腕前屈和指端拨球为结束。球出手后手臂应有跟随动作（指保持球出手刹那的状态，直至球落入球篮），这点对于初学者尤为必要。原地投篮动作环节中以膝和肘的伸展最重要，身体的稳定及动作的协调省力则是提高命中率的保证。如图 61 所示。

图 61

对于少年儿童或臂力不足者，持球位置降至脸前或颏下部位，肘关节弯曲使球保持靠近身体的位置，前臂、上臂和右腿依然保持在正对球篮的一条直线上。投篮时，用下肢蹬地发力，上肢随身体向上伸展，使球贴近脸前向上移动，直至眼睛从球下面看到球篮时，手腕急速向前翻转，并带动肘关节完全伸直完成投篮。如图 62 所示。

（三）行进间单手高手投篮

此种投篮方法适用于运球突破到篮下和运球突破跑投以及徒手向篮下切入接球投篮，由于其出手点高，不易封盖，并能在空中变换投篮方法或变换投篮手而具有较高运用价值。

图 62

动作方法：以右手投篮为例，当最后一次运球从地面弹起或同伴传球接近身体时，左脚蹬地，右脚向前跨出一大步，身体在腾空时接球。右脚落地后左脚向前跨一小步并用力蹬地向上起跳，同时，抬腿举球（右大腿迅速上抬，左手协助右手将球举至头前上方），当身体接近最高点时，右腿自然下落，右臂向前上方伸直，手腕前屈，食指中指拨球，通过指端将球投出。如在近篮 45°左右，投碰篮板会更适宜；如离篮稍远投篮（俗称跑投），则起跳时上体略有后仰，投空心篮更适宜。如图 63 所示。

（四）行进间低手投篮

这是一种在比赛中广泛采用的行进间投篮方法。它具有便于发挥速度和弹跳的优势，又具有伸展幅度大的特点，使防守者难于防守，且命中率高，常在快攻和切入篮下时运用。另外，在掌握此种投篮技术的基础上，还可为行进间反手和勾手投篮打下基础。所以行进间低手投篮既是初学者的入门基本功，也是高水平运动员不可忽视的基本技术。

图 63

动作方法：以右手投篮为例。左脚蹬地，右脚跨出一大步，使身体腾空时接球，右脚着地后，右脚跨出一小步并用力蹬地起跳，右腿提膝，左手辅助右手将球向头上方举起，当身体接近最高点时，左手离球，右臂向球篮方向伸展，接着向上屈腕，食指中指拨球，使球柔和地落入球篮。如图 64 所示。

（五）原地跳起单手头上投篮

简称跳投，具有突然性强、出手点高、不易防守的特点。可在原地或行进间急停时运用，还可以和传接球、运球及移动技术综合运用，是现代篮球运动中普遍运用的攻击技术。

动作方法：以右手投篮为例。双手持球于胸前，两脚左

图 64

图 65

右开立，距离略小于肩宽，右脚略领先于左脚，但最多不能超出一脚，两腿微屈，重心在两脚之间。起跳时，快速屈膝降臀，脚掌用力蹬地向上起跳，同时双手举球至额前，当身体接近最高点时，左手离球，右臂向前上方伸直，手腕前屈，食指中指拨球，通过指端将球投出。落地时，屈膝缓冲，形成下一行动的准备姿势。如图 65 所示。

三、投篮技术的教学方法

（一）教学顺序

投篮技术教学应先从原地投篮开始，接着学习行进间投篮，再学习跳起投篮。

在正确掌握投篮技术基础上，应进行结合移动、接球和运球技术的投篮教学。

（二）教法步骤

1. 讲解与示范：首先讲解投篮在篮球运动中的意义和作用，讲清投篮的共性和个性特点，讲清投篮动作要领，强调投篮的关键是手臂伸展和腕指用力的一致性。

2. 练习方法

(1) 原地（单、双手）持球投篮练习

A. 徒手做原地投篮动作模仿练习：应从掌握正确的持球手法练习，继而体会投篮动作。练习单手投篮时，可用左手掌竖立，投篮时对准球篮，并紧贴左手掌心运动。投篮手臂做抬肘、伸臂、压腕拨球动作及恢复持球位置时，右肘始终紧贴着左掌运动，以此克服肘关节外展的错误。

B. 持球练习：在徒手练习基础上，仍应该继续加深体会正确的持球及投篮动作，尤要注意避免肘关节的外展错误，继而体会投篮的全身协调用力，做到在身体和手臂伸展同时压腕拨球。

C. 仰卧单手投篮模仿练习：队员仰卧地上，左臂自然贴靠身体左侧，右手持球在脸上方10～25厘米高度，右上臂自然贴近身体右侧，右上臂和前臂亦应在垂直于地面的同一平面内。眼睛盯住右手手臂，向上做投篮动作。练习应保持手臂的伸展及拨球动作的协调，特别应注意避免肘外展错误动作。

D. 定点投篮练习

(a) 学生分布在球篮附近五个点上，从一端开始依次投篮。按教师要求定时或定数量进行练习。注意投篮距离，防止产生错误动作。如图66所示。

(b) 投篮晋级比赛：队员在上一练习基础上进行依次投篮。投中即可晋级到下一点投篮。还可以每点投两次，任何一次投中均可晋级。

(2) 原地接传球投篮练习

A. 原地接正面传球的投篮练习：由教师或学生传球，队员接球后立即投篮，提高队员合法停步与投篮技术的衔接能力。如图67所示。

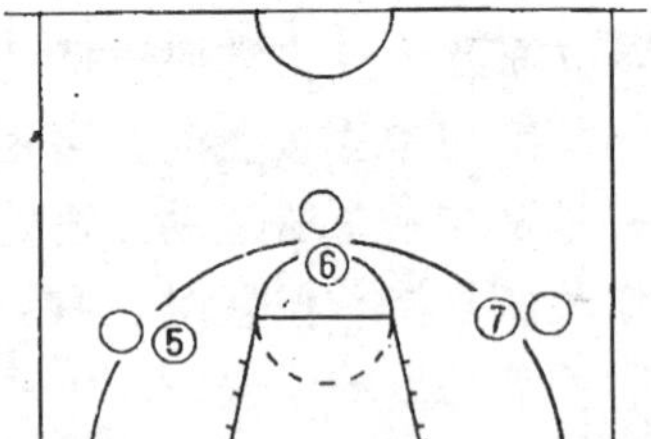

图 66

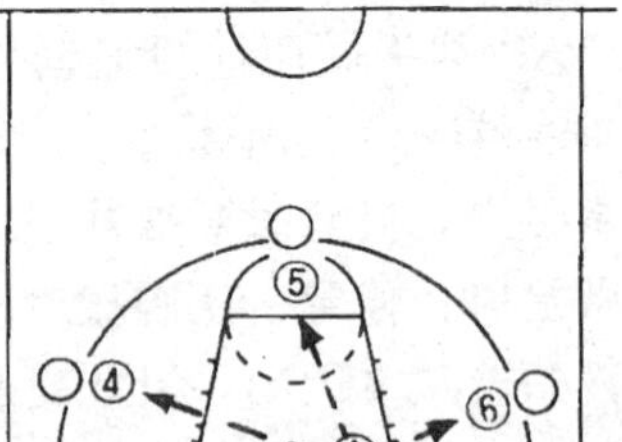

图 67

B. 原地接侧面传球的投篮练习：学生接侧面传球时，应保持低重心姿势，并要在此姿势下调整脚步，完成正确投篮动作。如图 68 所示。

C. 原地背篮接球转身投篮练习：学生接教师传球后成基本姿势。按合法中枢脚做持球前转身或后转身投篮。如图 69 所示。

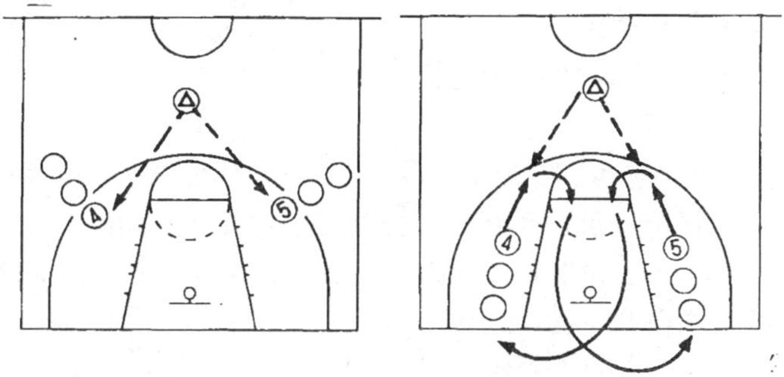

图 68　　　　图 69

（3）移动中接传球的投篮练习：在上述练习的基础上可进行移动中接球投篮（要注意两脚落地时间和位置）和进行原地投篮，亦可进行跳投练习。

（4）运球后投篮练习

A. 右（左）手向前运球跳步接球投篮：重点使队员掌握运球停止时正确持球（或起跳）与投篮动作。

B. 向侧运球跳步接球投篮：重点学习向侧运球急停与投篮动作的衔接。如图 70 所示。

C. 运球转身投篮：在上一练习的基础上，向左、右运球后转身投篮：重点学习掌握运球转身投篮的重心控制及完成投篮动作的协调能力。

（5）行进间投篮练习

A. 徒手模仿练习

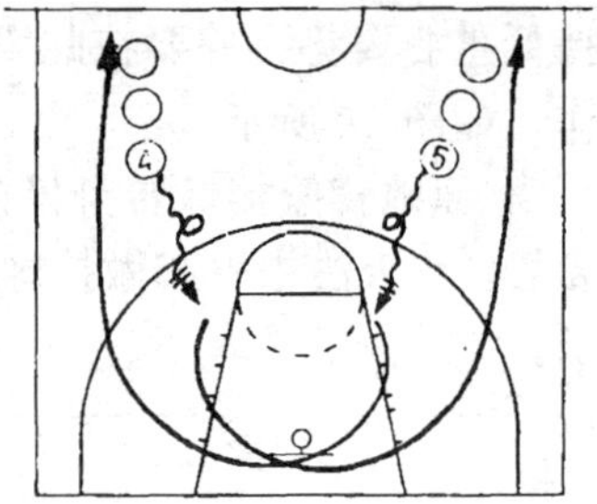

图 70

(a) 原地跨步与起跳模仿练习。

(b) 原地跨步接球与起跳投篮模仿练习。

(c) 慢跑中跨步接球与起跳投篮模仿练习。

B. 结合球的慢速行进间投篮练习

(a) 半场传、接球行进间投篮练习：队员先自己持球完成行进间投篮，再拉开距离做接球行进间投篮。如图 71 所示。

(b) 中、快速传切上篮练习：用外侧身（图 72）切入上篮或用内侧身（图 73）切入上篮。

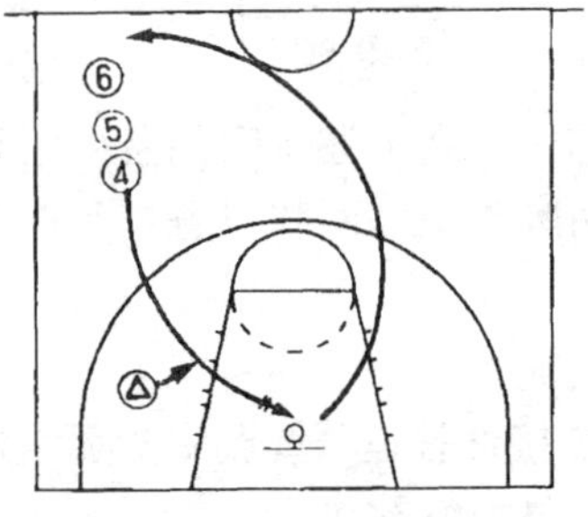

图 71

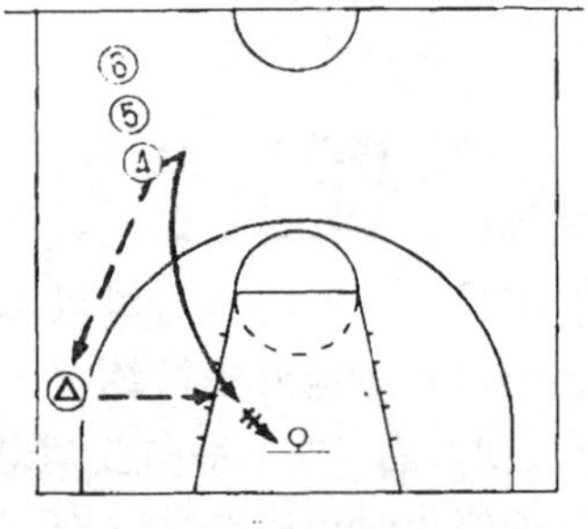

图 72

C. 运球变向行进间高手或低手投篮练习。如图 74 所示。

(6) 跳起单手投篮练习

徒手模仿练习

(a) 原地徒手跳投练习：练习者从胸前持球开始，先在教师“1—2”口令下完成练习，当教师喊出“1”时，队员要完

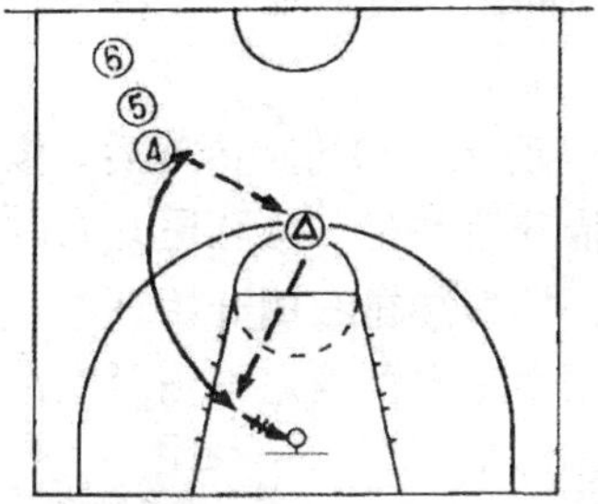

图 73

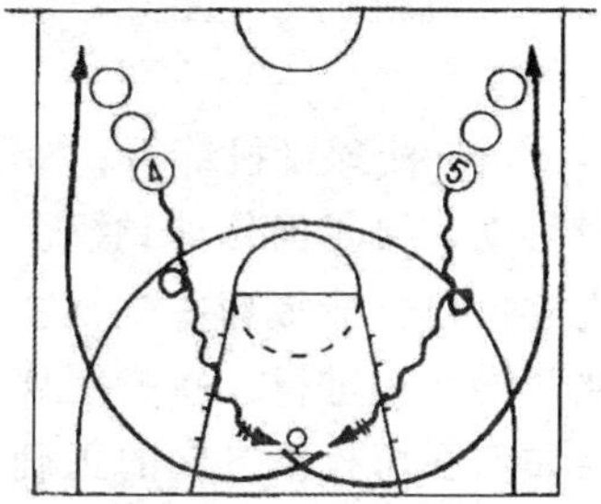

图 74

成蹬地举球腾空动作，蹬地和举球动作要同时开始；当教师喊“2”时，队员在空中完成抬肘、伸臂、压腕及食、中指指端拨球动作。手臂的投篮动作要保持到落地后才可放松降肘落下。

(b) 行进间徒手上步接球跳投模仿练习：练习可围绕球场顺序进行。队员可用跳步急停接球跳投，亦可用跨步急停接球跳投（右手投篮者如左脚第一步着地，右脚第二步着地要略领先于左脚，但右脚脚跟不能超出左脚脚尖；如右脚为第一步着地，则左脚着地时，应略落后于右脚，但其脚尖不能在右脚脚跟之后）。不论是跳步急停，还是跨步急停，都应做到蹬地迅速、起跳和举球同步完成。

(c)在徒手练习基本掌握了跳投动作节奏和协调用力后，可进行持球跳投练习、运球跳步急停跳投或跨步急停跳投以及跳步急停接球跳投、跨步急停接球跳投练习。在练习中，要保持举球的垂直性，要注意举球后能够从球下看到瞄准点即可开始做投篮的手臂动作。

(d) 由近而远的定点跳投练习：从不同角度，由近而远的定点跳投练习，重点体会在不同距离投篮如何保持适宜的弧线。

(e) 接球跳投练习：如图 75 所示，⑥向④传球后，做摆脱移动，接④回传球跳投。④传球后到另一队队尾；⑥跳投之后自己抢篮板球并站到⑨后；接着⑦在右侧开始练习，如此两侧交替进行。跳投距离根据学生水平确定本练习重点体会如何保持投篮方向的正确性。

(f) 运球急停跳投练习：如图 76 所示，④向右侧前方运球，至适当距离急停跳投，然后自己抢篮板球，到另一队尾。当④跳投时，⑤开始向左侧前运球急停跳投。⑤跳投完到④的队尾，如此循环下去。本练习重点体会运球与跳投的衔接。

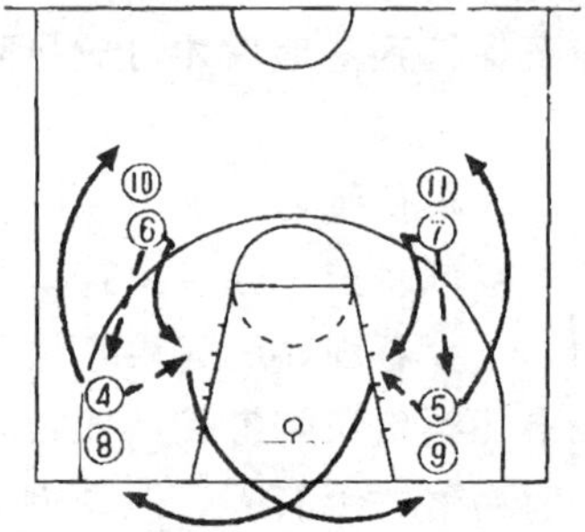

图 75

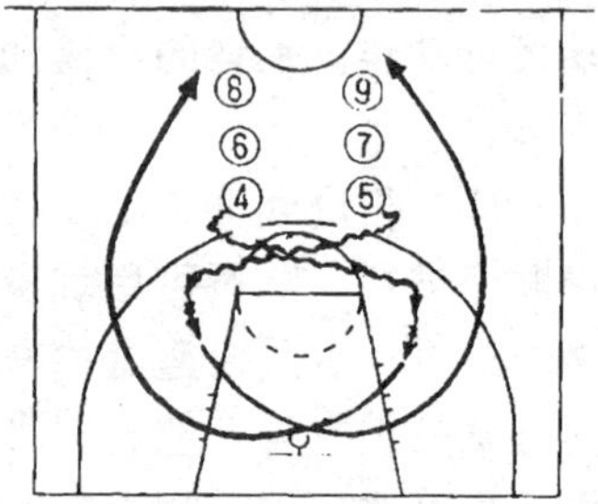

图 76

(三) 易犯错误及纠正方法

1. 原地双手胸前投篮易犯错误

(1) 球出手后产生侧旋：这是由于两只手用力大小不一或两手的手指末端拨球时间不一致所造成。

纠正方法是要求投篮队员练习投篮时做到双臂同时伸直、同样用力、两手手指同时拨球。

（2）球飞行弧线过低：这是由于投篮时，双手将球直接向球篮伸出，形成类似传球的动作。

纠正方法是要求投篮队员在做投篮动作时，首先是向上抬肘和伸臂，也就是球先向上移动，当球越过眼睛高度并能从球下看到球篮时，前臂向球篮上方迅速伸展，最后通过向外翻腕拨球出手。最初还可要求投篮出手后保持最后动作形态，直至球入球篮。

2．原地单手投篮易犯错误

持球肘关节外展：是由于双手平均持球或持球手臂肘关节没有适当内收所造成。

纠正方法是（以右手为例）：第一，端正脚步，要使左右脚距离等于或小于肩宽，且右脚要略领先于左脚（右脚脚跟不能超出左脚脚尖），并指向球篮，使右肩、右臂和右脚保持在同一垂直面内。第二，端正持球手法，应使球稳稳停在右手手中，且右手单独持球时能做上下移动而球不掉落；当左手辅助持球时，左手手指张开，扶于球侧，使球稳固地停在右手中，并能轻松做出投篮或突破假动作后迅速恢复正确持球的动作。第三，当摆好正确的右手持球姿势后，将左手手掌垂直贴在右肘内侧，以徒手或持球完成抬肘伸臂动作时不离开左手手掌。

3．行进间投篮易犯错误

行进间单手高手投篮时跳不起来、前冲过大：是由于未能处理好行进间投篮第一步和第二步的关系（第一步大、第二步小），以及和重心过高有关。前冲过大是由于没有将水平速度通过起跳转化为垂直速度，也和起跳时上体未能上抬以及不能较好地利用腰腹力量控制身体平衡有关。

纠正方法是反复强调第二步要小，并由脚跟过渡到前脚掌，同时配合摆动腿提膝帮助起跳，起跳后髋关节、手臂尽量向上伸展；还可用限制法纠正，即在适当距离上做出第一步、第二步标记，学生根据所标记的步幅及距离进行练习。在纠正前冲过大时，教师可站在篮圈下方，要求学生在完成行进间投篮后的落地不得冲撞教师。

4．跳起单手投篮易犯错误

肘关节外展；球不旋转或侧旋；投篮出手时，没有屈腕动作或前臂有旋外动作；起跳与举球动作脱节；投篮用不上力等。造成上述错误的原因是未能循序渐进地学习掌握投篮技术，在尚未建立正确的原地投篮动作规格节奏的情况下，过早地进入跳投教学。

纠正方法是对未掌握原地投篮技术动作（尤其是上肢动作）者应继续进行动作规格的学习，直至上述错误得到纠正。对起跳与举球脱节的学生，可采用面前放置适当高度障碍物，令学生必须跳起在障碍物上空时，完成在（右）额前上方举球的动作，并反复练习巩固；投篮用不上力主要是投篮动作过晚或肩、肘过分紧张造成的，纠正的方法是举球过眼后稍停即做抬肘、伸臂动作。另外，要求学生不能将力量全部用在起跳动作上，否则，就没有余力完成手臂伸展动作。

思考题

1．结合自身体会，谈谈如何更快、更好地掌握投篮技术。
2．为什么要左右手都能做行进间投篮？

第六节　防守对手

防守对手是指防守队员合理地运用各种防守动作，积极抢占有利位置，阻挠和破坏对手进攻，以争夺控制球权为目的的各种专门行动。

防守对手是个人防守行为，也是集体防守的基础。因此，在教学和训练中必须树立勇猛顽强的作风和“积极防御”的指导思想，努力提高和发展具有攻击性的防守技术，促进集体防守战术和进攻战术的学习与提高。

一、防守对手的技术分析

防守对手是一项多因素的防守行为，是防守者充分利用人、球、区和球篮四大因素之间的辩证关系，展开一系列以球为主，人、球、区兼顾的防守行动，最终目的是夺得控制球权，反守为攻。

（一）对区的控制

“区”是指攻守作战的战场。大可达全场，小可到半场有效攻击区（指某队能直接得分的最大范围）、篮下甚至某个位置或某条路线。防守区域的大小取决于战术目的，控制区域的目的是消除进攻威胁。因此，对全队要求首先应将进攻威胁最大的“篮下区域”防守好；其次要扩大控制范围，将外围的进攻制约住。对个人要求应在完成防守住自己对手的同时能及时协防或补防。总之，对“区”的防守应是有重点、有目标，既分工、又配合的联合行动。

（二）对人的防守

人是作战的主体，进攻技术、战术都是通过个人行动与集体配合实现的。只有阻止、干扰与减少对手的攻击行为，才能消除对方的攻击威胁。因此，对人的防守应根据对手身体条件及技术特长进行针对性防守。一般可分近距离短兵相接的防守与拉开距离的“遥控式”防守。近距离防守多用在对持球队员，尤其是投篮较准的队员，靠近球的徒手队员或篮下队员的防守；远距离防守多用在对无球队员、远离球或远离篮的队员的防守。由于人、球的不断转移，防守队员必须不断调整防位、防姿以及防守范围，并根据进攻队员的威胁性大小来随时变换防守策略及防守重点。

（三）对球的防守

篮球比赛从一开始就以跳球争夺对球的控制，表明了对球的争夺是篮球运动的核心。有能力控制球并更多向球篮攻击的一方获胜机会就大。防守必须贯彻在球上篮筐前就要将球夺取过来的“攻势防御”的指导思想。

完成“攻势防御”指导思想应处理好防守声势、防守范围及兵力布置等问题。对球要展开严密封锁与控制，扩大防守区域，切断进攻队员之间的联系。对球防守要以多防少、围堵夹击，对区防守要以少防多，大面积移动，控制球的落点区域，迫使攻方失误或违例，把控制球权夺取过来。

（四）掌握球、人、区、篮的辩证关系

球、人、区、篮是篮球比赛四大要素，四个要素之间存在着互相联系又互相制约的辩证统一关系。

防守队获得球，不但可消除对手得分的威胁，而且为己方提供了攻击的机会；每个防守者都防住了自己的对手，进攻一方将失去得分的能力；防守者控制住了对方的有效攻击区，对方将丢失有利的战场。总之，防守队阻止球入篮，封盖对手投篮以及由近及远地控制攻击区域，无不与球篮有密切联系。

防守队对四大防守要素的控制，始终应以球为主，做到“球、人、区”统筹兼顾。使球的落点和运行受到严重的干扰，使球的落区置于守方的控制范围内，最终实现获球转守为攻的目的。

二、防守对手的方法

（一）防守无球队员

篮球比赛中，进攻队员无球和有球是不断变换的，每当一个无球队员获得有利的位置和时机，他可能立刻得球进攻得分。可见，对无球队员的防守的重要意义，并不亚于对有球队员的防守。因此，阻止无球队员接球，应当成为防无球队员的首要任务。

防守队员应采用正确的防守位置、合理的防守姿势和积极的脚步动作完成对无球队员的防守任务。

1. 防守位置：及时抢占或保持有利的防守位置，是使防守变被动为主动作战的重要条件。防守队员位置的选择，应根据球、球篮和对手的位置与距离，根据对手的特长以及本队整体防守要求来确定。一般而言，防守队员应占据对手和球篮之间偏向有球一侧的位置上，即能够人球兼顾的防位上。对有球侧的防守距离要近些，对无球侧的防守距离可适当远些。对篮下队员的防守相对要逼近，甚至贴身或抢前防守。如图 77（1）（2）所示。

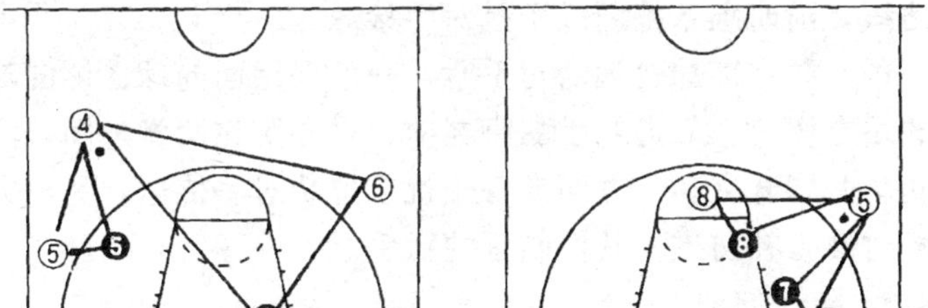

（1）　　（2）

图 77

2. 防守姿势：防守的基本姿势应是两脚平行或斜前开立，比肩稍宽。上体稍前倾，屈膝，身体重心在两脚前脚掌上。两臂屈肘侧举，目视前方。正确的防守姿势是既能扩大控制面积，又有利于向不同方向的移动。如图 78（1）（2）所示。

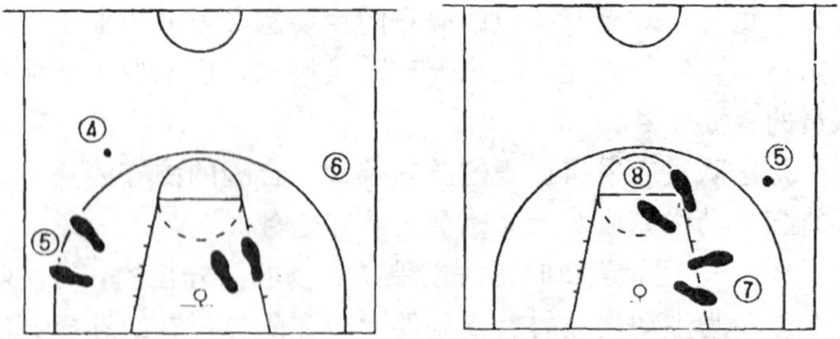

（1）　　　　　　　　（2）

图 78

（1）防守离球较近的对手时，一般采用面向对手侧向球的斜前站立姿势，靠近球的脚在前，重心落在两脚之间。靠近对手的手臂屈肘抬于胸前，另一只手（手心向球）伸向传球路线，随时准备抢断或干扰对手接球。

（2）防守离球较远的对手时，一般采用面向球、侧向对手的站立姿势。靠近对手的脚在前，重心落在两脚之间，两臂侧举两脚开立。一方面准备干扰或抢断对手传球，另一方面随时准备补防进入其控制区的对手。

3. 防守方法

（1）防摆脱接球：是指防守队员用合理的移动方法，破坏对方在其有效攻击区域内摆脱接球的防守方法。

A. 防纵向摆脱接球：如图 79 所示，④持球，❺采用左脚在前、左臂伸出的面向人、侧向球的防位和防姿。⑤向篮下压进并突然向外摆脱接球时，❺用后滑步随⑤向篮下移动，并保持对⑤的严密控制，当⑤突然急停向外摆脱时，❺应迅速用右脚蹬地，左手伸出用前滑步，保持正确防位并随时准备断球。

B. 防侧向摆脱接球：如图 80 所示，⑤企图通过向远球一侧移动，诱使防守发生错觉，突然变向快速摆脱接球。❺在⑤向远球一侧移动时，应以稍慢于对手的速度用后滑步随其移动，并适当向篮下收缩；当⑤变向摆脱时，❺立即用右脚蹬地，在上体配合下，以前滑步迅速向⑤的移动方向的前方移动，保持近球防位和随时准备断球。

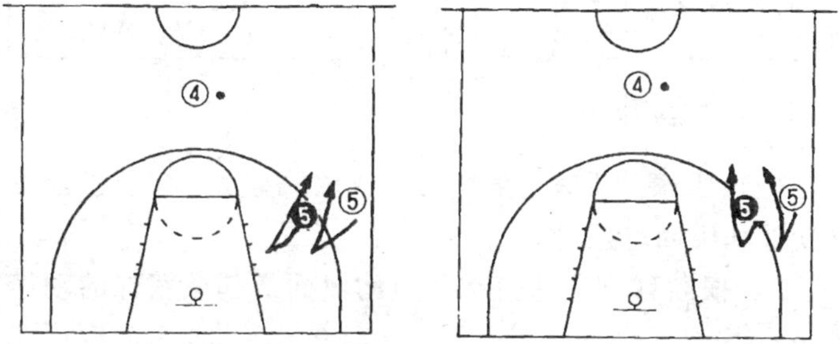

图 79　　　　图 80

C. 防纵切：如图 81 所示，当④以移动变向向篮下纵切时，❹先以后滑步后撤，再以前滑步堵截④切入的预定路线上。此时❹身体挡住对手前进方向（右脚在前、左脚在后），右手伸出控制其接球。当④不得不从防守者内侧向篮下继续切入时，❹则采用撤左脚向左转头、转体接前滑步（防近球队员）的方法，迫使④向远离球的一侧移动。

如图 82 所示，当⑤从远球侧做摆脱横切时，❺应以防远球一侧对手的正确位置、正确的防姿上开始移动，他先上右脚并接前滑步，保持合理的防位；当⑤变向从底线向有球侧移动时，❺用后滑步保持正确防位，他应当在球篮下方与⑤会合时，用前转身动作使自己保持进入有球侧防守的正确姿势。右手向前伸出干扰⑤接球，并迫使⑤向右场角移动。

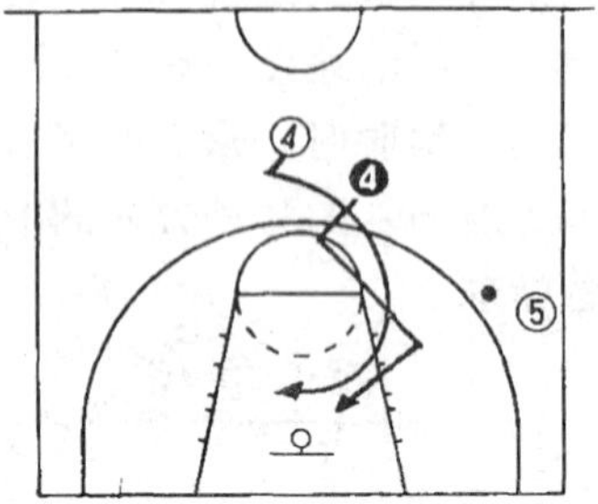

图 81

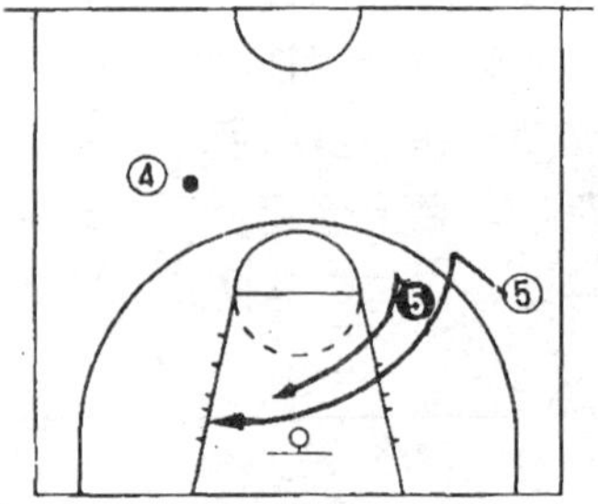

图 82

（2）断球：断球是截获对方传球的方法。常见的断球有横断球和纵断球两种。

A. 横断球：是从接球队员的侧面跃起截获球的动作方法。

如图 83 所示，当防守队员发现持球队员有传球企图时，立即做好位置调整和起动准备，当球从传球队员手中传出的一刹那，防守队员向传球落点起动，单脚或双脚用力蹬地跃起，身体伸展，两臂伸出，用双手或单手将球截获。

B. 纵断球：是从接球队员身后或侧后跃出截获球的动作方法。

如图 84 所示，当防守队员发现对方的传球企图并做好断球准备后，在持球队员传球出手的一刹那，如防守队员从接

图 83

球队员的右侧（或左侧）抢断球时，右脚（左脚）先向右（左）侧跨出半步，然后侧身跨左（右）脚绕过对方，同时重心前移，用力蹬地跃出，身体伸展，两臂伸出将球截获。

（二）防守有球队员

图 84

有球是进攻得分的唯一条件,对有球队员的防守质量,直接关系到比赛的胜负。

防守有球队员的主要任务是努力干扰和封盖对手的投篮，堵截其运球突破，封锁助攻传球，并巧妙运用抢球、打球等技术，以实现获得控制球权的目的。

1．防守位置：对有球队员的防守，应站在对手与球篮之间，并保持适当的距离。在对手投篮范围内的防守，应保持在一臂以内的防距；对善于突破的对手，应在一步以外防守。还可根据对手的动作习惯,适当调整自己的防守位置和距离。

2．防守姿势

（1）平步防守：当对手接球或运球停步一刹那，防守者突然接近对手，两脚平行站立（距离大于肩宽），两手臂侧伸挥摆，控制对手突破或传球。

（2）斜步防守：两脚前后开立，持球队员善于向右侧突破则防守者右脚在前，反之亦然。前脚同侧手臂向前上方伸出干扰对手视线，另一只手在侧阻止运球突破。

3．防守方法

（1）防投篮：当对手接球或运球急停刹那，防守队员应用平步或斜步靠近对手。应用平步应迫使对手无法举球起跳；应用斜步应以对方投篮手一侧脚在前，且同侧手应干扰对方举球或伺机打球。当对方强行跳投时，要用后脚上步起跳封盖，迫使对手改变投篮动作、球出手时间和球飞行弧线。落地后转身挡人，防止对手冲抢篮板球。

（2）防突破：在了解对手技术特点（中枢脚、突破方向、假动作等习惯）的情况下采取对策。如对手习惯以右脚为中枢脚，并常用交叉步突破，防守队员则应采用堵左放右的策略（左脚在前且落在对手右脚外侧）进行防守，迫使对方改变习惯动作。当对手开始突破时，防守者要通过滑步，领先抢占通向篮下的路线，迫使对手远离球篮；当对手采用运球急停跳投时，应及时停步并跳起封阻对手投篮。

（3）防传球：防守队员要根据对手的位置与视线，判断其传球意向，及时贴近对手，积极用手臂阻挠其传球。防外围队员应重点封锁其向内线传球。

（4）打球：打球是击落持球队员手中球的方法。打球可分为由下向上打、由上向下打和从侧面打三种方法。打球应在抢占有利防位的情况下采用，打球时亦不应失去重心与平衡。

A. 打持球队员手中的球：在进攻队员接球的一刹那，突然用攻击步上前打球。如进攻队员持球较高，一般采用由下向上的方法打球，如图 85 所示；如果持球队员持球部位较

图 85 ←

低，则多采用由上向下的方法打球。

B. 打运球队员手中的球：当运球队员用右手运球时，防守队员用右脚在前的向侧后滑步控制对手的运球速度，同时右手手臂伸向运球队员的膝前，防止对手用身前变向换手运球。防守队员在掌握对方运球节奏情况下，当球向下离开手时，防守队员及时向球的反弹方向伸展手臂，用手将球从侧面打向对手右侧，并迅速上步抢球。如图 86 所示。

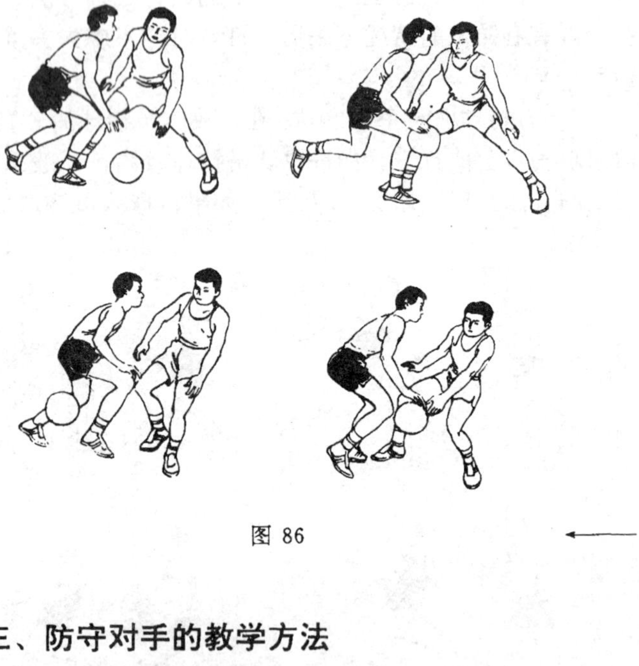

图 86

三、防守对手的教学方法

（一）教学顺序

防守对手的教学应先教防守无球队员，后教防守有球队员。先教会正确地选位、姿势、动作方法，再教断球和打球。

要先在消极对抗下练习，后在积极对抗下练习。教学中要始终贯彻破坏对方进攻，力争抢获球的积极防御指导思想。

（二）教法步骤

1. 讲解与示范：教师应讲解攻与守的辩证关系，再结合图示或沙盘讲清防守四要素“球、人、区和篮”之间的关系。要求学生破除消极等待的防守观念，提倡积极争夺球权的攻势防御思想。讲清防守选位、姿势及方法等环节。

示范应先单独做防守动作示范，后在进攻配合下完成示范，并突出关键环节。

2. 练习方法

（1）防守脚步练习

A. 如图 87 所示，④⑤⑥⑦相互传球，❹与❺要根据球的位置进行防持球队员、防近球的无球队员、防远离球的无球队员等防位、防姿及脚步移动的练习。

B. 在练习 A 的基础上，④和⑤增加横切练习，❹和❺既要随球调整防位、防姿，又要控制对手的移动。在练完防横切之后，可将练习转入防弧顶队员纵切的练习。

C. 如图 88 所示，进攻队员可随意选择传球，切入与换

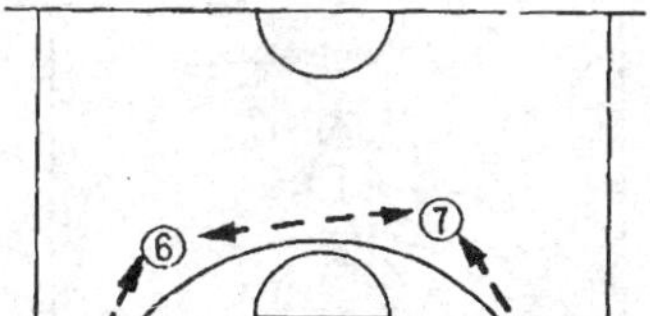

图 87

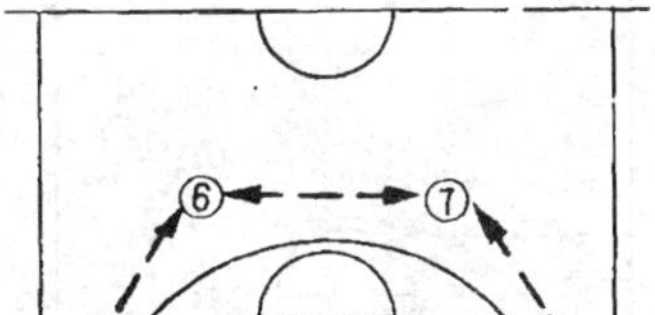

图 88

位；防守队员随之进行选位，防纵切、横切练习。

（2）打球练习

A. 打持球队员球的练习：两人一组相距 1.5 米面对站立。持球人将球传给另一人时，立即上步打球（由下向上或由上向下打），之后退回来，另一人将球传回后也上步打球，如此继续下去。

B. 打抢到篮板球队员的球：三人一组，第一人面向场内徒手站于篮下，第三人将球抛向篮板，第二人跳起抢球，当落地时，第一人根据其持球向下落的方向，采取自下向上打球。接着可由第一人抛球第三人抢篮板，由第二人打球，如此继续下去。

C. 打运球队员球的练习：两人一组，一攻一守，各组依次循环练习。防守人根据打运球队员要求进行打球练习。数次后攻守交换。

（3）断球练习

A. 纵断球练习：如图 89 所示，学生站在障碍物后，教师持球站在弧顶外。开始教师只做传球动作而不将球传出，学生根据教师动作练习纵断球中的绕步动作。随后教师

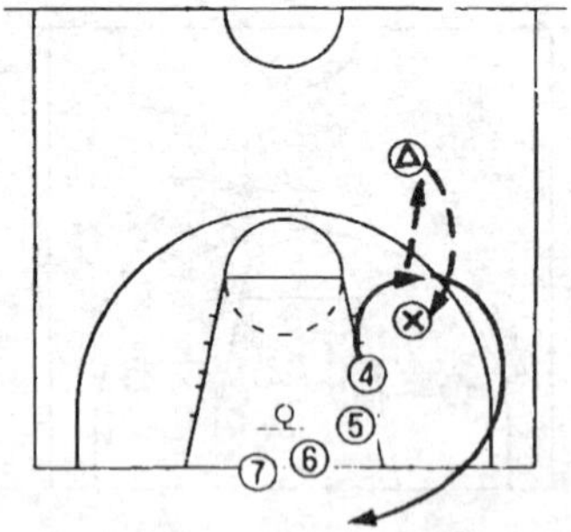

图 89

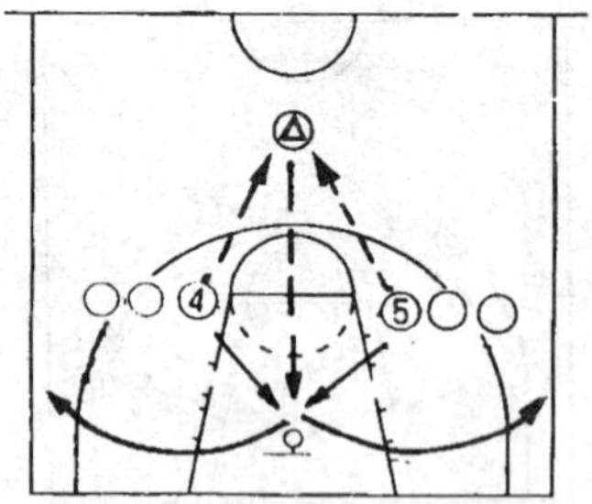

图 90

传球，防守者要将球断获，并立即传回教师手中，如此循环下去。

B. 横断球练习：如图 90 所示，教师站在中圈外，学生分两组持球分站在罚球弧顶两侧，④将球传给教师，教师接球后向篮圈方向传球，④向中间移动并跳起在空中截获球，并快速跑向另一队尾，接着⑤做同样练习后站到对面队尾。如此继续下去。教练员传球逐步增加难度。

C. 断球移动练习：如图 91 所示，三人一组，④和⑤互相传球，❹先站在④后面，当⑤把球传给④时，由④身后跃出断球，断球后立刻传给⑤，然后再跑到⑤身后，再断④传给⑤的球，如此连续进行练习，队员按逆时针转换。

D. 断球游戏：如图 92 所示，五人一组，三攻两守。攻方三人互相传球，守方两人在中间防守与断球。攻方开始不要站得过远，随防守能力提高逐步加大距离。两个防守人随球转移时，必须有人迅速靠近封阻持球队员，另一人则在后选位抢断，断球者和失误者交换位置。

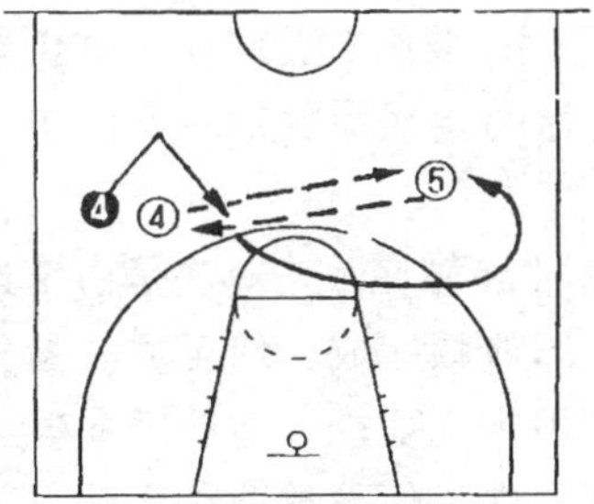

图 91

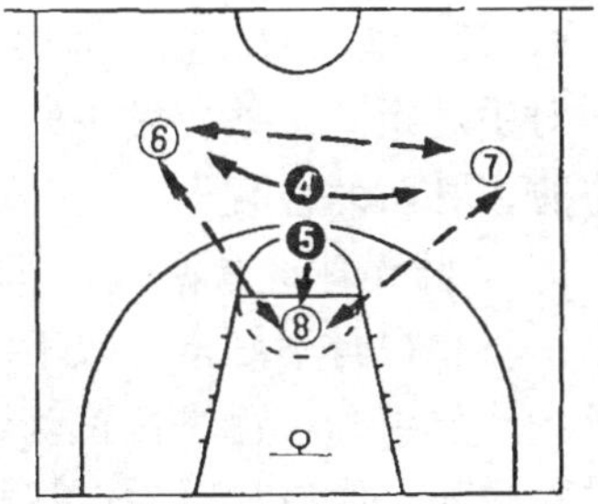

图 92

E. 断球结合反击练习：如图 93 所示，队员两人一组分站于弧顶外。④⑤传球推进到❹❺附近后停下来互相传球，❹或❺伺机抢断球，断球后快速向前推进到另一组附近停下传球，如此一组一组练习断球后迅速推进，循环练习下去。

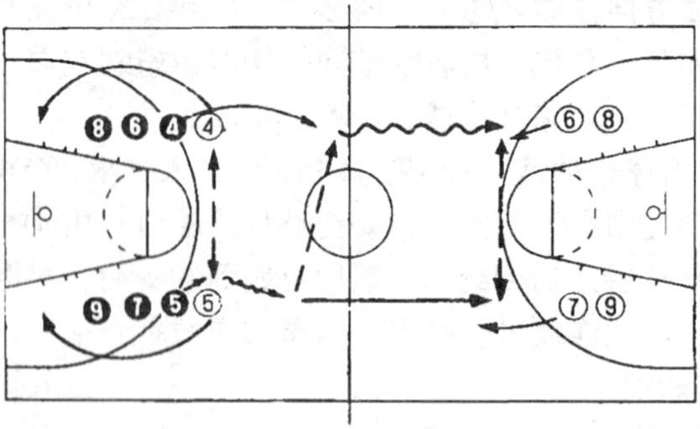

图 93

（三）易犯错误与纠正方法

1. 防无球队员选位不对。应使队员明白防无球要保持“球、我、他”的位置，并根据强侧、弱侧、近球和远球调整与对手的距离。他应站在既能抢断传给对手的球，又能进行协防、补防的位置上。

2. 防无球经常漏人，形成背插和溜底攻击。这是由于选位不对和视野不好，以致不能人球兼顾造成。纠正方法是先解决选位正确，再掌握正确地利用视觉功能。他应面向球与对手中间，使球和对手在视野范围内，随着球动或人动，不断转换自己的视野角度和范围。这样对手行动就逃不过自己的眼睛，避免了漏人错误。

3. 防持球队员不是被突破就是被投篮。纠正方法是一要提高脚步动作的速度；二要提高对真假动作的识别；三要能控制好身体的平衡；四要摸清对手动作习惯和技术特长；五要进行针对性选位和重点防守。对善投者要靠近防守，对善突者要拉开防距。

思考题

1. 请你谈谈防守与比赛胜负的关系。
2. 简述防守对手四大要素之间的关系。

第七节　抢篮板球

比赛中双方队员争夺投篮未中而从篮圈或篮板反弹出来的球的行动，称为抢篮板球。进攻队争抢本队投篮未中的球称为抢进攻篮板球；防守队争抢对方未投中的球称为抢防守篮板球。

抢篮板球是获得控制球权的重要手段之一，是攻守双方激烈争夺的焦点。进攻队抢篮板球占优势，不仅可以增加进攻次数，造成篮下直接得分的机会，而且容易造成对方防守犯规。防守时抢篮板球占优势，不仅能转守为攻，为发动快攻创造有利条件，而且能加重进攻队投篮的心理压力。所以，一个球队抢篮板球能力的高低对比赛中主动与被动，胜利与失败起着非常重要的作用。

随着现代篮球运动的发展和运动员身体条件的不断改善，使得争夺篮板球的制空高度与对抗程度都大大的增加，表现出拼抢积极、动作凶猛、起跳早、控制空间大、参加人数多的特点，并纳入了攻守战术的组成部分。

一、抢篮板球技术分析

尽管抢进攻篮板球和抢防守篮板球有各自的特点和方法，但从动作环节看都是由抢占位置、起跳动作、抢球动作和抢球后的动作所组成。

（一）抢占位置

抢占有利的位置是抢篮板球技术的关键。要抢占有利位置，就必须了解球从篮圈和篮板弹起的落点规律。如图 94 所示，第一球反弹的距离与投篮距离成正比，投篮距离远，球反弹也远；反之，球反弹距离也近。第二，球反弹方向随投篮位置、角度的不同而变化。从一区投篮时，球多数反弹到限制区两侧或弹回正面；从二区（三区）投篮多反弹到三区（二区），或弹回本区；从零度角投篮，球多弹到另一零度角或弹回；弧度较低的球大多反弹回投篮区，弧度较高的球多落在对侧；在篮圈上多次反弹的球不会落很远。比赛实践表明，绝大多数篮板球都落在 5.5 米的半圆（图 94 的阴影部分）内。

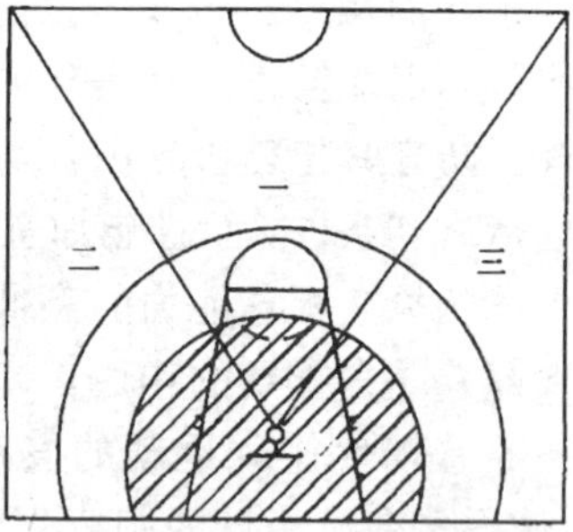

图 94

有了正确的位置概念，还需要有获得篮板球的方法和能力。抢占有利位置的方法有转身挡人抢位和跨步加插步抢位两种：

1. 转身挡人抢位：多用于抢防守篮板球。对方投篮时，如果防守者和对手距离很近，防守人根据对手动向采用后转身将对手挡在身后；如果对手距离稍远，则可先上一步挡住对手的移动方向再用后转身挡住对手的变换方向。转身挡人时，两脚开立较宽，重心下降，臀部用力，双臂屈肘在体侧张开，以增加阻挡面积。

2．跨步加插步抢位：多用于抢进攻篮板球或处于不利位置上的抢位。抢位时，第一步是以右（左）脚向同侧跨出，当达到和防守错开位置后，立即快速用左（右）脚插向防守者身前，将对手挡在身后。

（二）起跳动作

当抢占到有利位置，并保持强有力的稳定身体状态后，要抬头观察判断篮板球的落点，根据球的落点，采用不同脚步（防守队员多采用并步起跳、上步双脚起跳；进攻队员多采用助跑单脚起跳、上步双脚起跳或转身上步双脚起跳等）用力蹬地跳起，腰腹协调用力，两臂充分伸展，扩大制空范围，做好抢球准备。

（三）抢球动作

根据攻守队员的位置与球的落点，空中抢球可分为双手抢球、单手抢球和点拨球三种。

1．双手抢篮板球：起跳腾空时，身体充分伸展，两臂伸向球的方向，当指端触球的刹那，双手用力握球，腰腹用力，迅速屈臂将球拉至胸前部位，双肘外展保护球。

2．单手抢篮板球：起跳后，身体要充分伸展，用靠近球一侧手臂尽量伸向球，当手指触及球时，屈指、屈腕、屈肘，用力将球拉至胸前。另一手迅速协助，牢牢控制住球。

3．点拨球：和单臂抢球基本相同，只不过不是自己抢下来，而是有目的的将球拨给同伴。这种方法常在处于不利位置时或抢篮板球战术中才用。

（四）抢球后的动作

根据攻防目标不同，守方抢到篮板球应尽快将球传向前场或传给接应人，以便发动快攻；攻方抢到篮板球应争取迅速得分或造成犯规。

二、抢篮板球技术教学方法

（一）教学顺序

1．先教抢防守篮板球，再教抢进攻篮板球。

2．先教原地起跳抢球技术，再教移动抢位挡人及各种起跳抢球技术；先教双手空中抢球，再教单手抢球及点拨球；先教控制球，再教支配球。

3．在上述基础上，使抢篮板球技术和战术结合教学。

4．逐步加强对抗因素，提高抢篮板球能力及应变能力。

（二）教法步骤

1．讲解与示范：讲解争抢篮板球的重要性，讲解拼抢篮板球需要有强烈意识和顽强作风，以及抢篮板球技术的四个环节。示范可先在有对手配合下，演示如何争抢位置与落地保护与出球，后单独演示起跳动作、空中抢球动作与落地动作。

2．练习方法

（1）徒手练习

甲．上步起跳单双手摸篮板。

乙．前后转身接上步起跳单双手摸篮板。

丙．跨步斜插接上步起跳，单双手摸篮板。

（2）自抛自抢练习：先练习原地起跳后练习上步起跳，在最高点用双手或单手抢球。逐步达到四个环节的要求。

（3）挡人抢位与起跳练习：学生成甲、乙两列横队，两人一组相对站立，根据教师信号，甲排学生做前后转身挡人与上步起跳、跨步加斜插挡人上步起跳练习，甲乙两排轮换练习。

（4）如图 95 所示。两组队员分站于球篮两侧，第一个队员背篮站立，开始练习，队员将球传给教师，教师向篮板抛球。学生要先挡人后起跳抢篮板球，抢到球传给本组下一人，然后到另队队尾。当第一人起跳时，教师向另一队第一人要球，接着重复第一人练习方法，如此继续下去。教师可对转身空中抢球及抢球后动作提出不同要求。此练习还可转为抢进攻篮板球练习，队员前面加一障碍物即可。

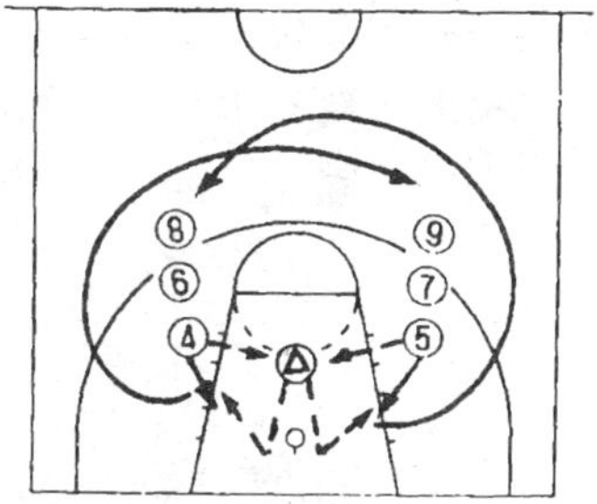

图 95

（5）半场三对三对抗性练习：规定抢到篮板球得 2 分，抢到篮板球立即投篮，中篮得 3 分，其他情况下中篮得 1 分。一方投中由对方在三分线外发球。规定若干分为一局。轮流进行练习。

三、易犯错误与纠正方法

1. 挡人不主动、不坚决、挡不住人。纠正方法是提高拼抢篮板球意识，重申抢篮板球挡人要领，多安排对抗性抢篮板球练习。

2. 抢到篮板球后被对方打落、逼死或盲目传球。这主要是保护球意识的能力差，以及抢球落地与传运结合能力不好造成。纠正方法是从触球开始就要确保球的安全、牢固，要清楚了解身边防守人情况，落地时不要将球暴露给对手，并且迅速从前场到后场观察，如对手贴近干扰，则要向两侧找接应同伴或采取运球突破摆脱。

思考题

1. 如何看待抢篮板球在少年比赛中的作用？

2. 少年能否学好抢篮板球？为什么？

第三章 篮球战术与教学方法

篮球战术是比赛中队员运用攻守方法的总称，是队员个人技术的合理运用和队员之间相互协同配合的组织形式。战术的目的就是扬长避短、掌握主动、制约对手、争取胜利。

篮球比赛的胜利，很大程度上取决于正确的战略与战术，战略是研究影响比赛全局的规律性问题；战术是研究比赛中具体的攻守方法问题。每个教练员、运动员都应正确掌握和灵活运用战略与战术。

根据我国篮球运动的具体情况，确立的战略指导思想是“以小打大”“以快制高”“以动制静”“攻守平衡”，概括为“快速、灵活、全面、准确”8个字。战术指导思想应突出一个“快”字，从战术配合、攻守转换、技术衔接等方面都反映出快的特点。

篮球战术组成的基本要素是技术、方法和形式。

技术是队员进行比赛的手段，是执行战术的基础，队员掌握的技术愈全面、熟练、准确、实用，战术的实施就愈有保证。从战术角度看，战术的质量愈高，要求队员的技术水平也愈高。所以，技术不仅是组成战术的基本要素，也是影响战术水平的基本要素。

方法是队员完成比赛任务时有组织的行动程序，是战术组成的核心。场上队员行动的有序化，目的是抓住和制造攻击机会，机会的特定环境又限定了技术的选择与运用，所以方法包括直接使球中篮得分的行动与配合方法，和使某个队员取得获球攻击时机与位置的方法。通常表现为发动战术时的落位、行动路线、技术的选择与运用，配合方法，攻击时间、区域、手段，以及反复运用的措施等。

形式是战术的外部表现。不同战术有不同的表现形式，反映不同的战术内容。如“∞”字进攻法，表现出队员移动路线的规律和连续创造攻击机会的特点；区域联防则有“2—1—2”“3—2”等多种形式。不同的布阵形式，体现出各种不同攻守战术的特点和配合方法。

在战术中，技术、方法和形式融为一体，相互依存，相互影响，紧密联系，缺一不可。

篮球战术是由参加比赛的队员去实现的。意识支配行动，行动反映意识，队员战术意识的强弱不仅影响着对战术的理解，还会影响战术行动的质量。因此，在篮球教学训练中，尤其是青少年及初学篮球者，必须注意战术意识的培养。

在战术选择上，要根据本队队员的具体条件（思想、意志、身体、技术等方面）正确地选择适合本队实际水平的攻守战术方法和形式。

在战术部署上，要合理安排队员位置，明确其职责与要求，使战术运用达到快慢结合，内外结合，点面结合，还要攻守平衡与转换迅速。

在战术实施中，要注意个人行动与同伴行动的协调一致，共同完成战术方法和要求。但也应允许队员在情况变化时，采取果断行动，以利于集体与个人两个积极性的发挥。

篮球战术分为进攻战术和防守战术两大部分。本教材是以部分基础配合为主，并在此基础上学习和介绍全队攻防战术。

第一节　基础配合

基础配合是两三人之间有目的、有组织的协调行动方法。是组成全队战术的基础，也是培养队员篮球意识的重要手段。只有熟练、扎实地掌握各种基础配合，才能保证全队战术配合更加灵活和有效。基础配合包括进攻基础配合和防守基础配合。

一、进攻基础配合

（一）传切配合：是队员之间运用传球、切入技术所组成的简单进攻配合。它包括一传一切和空切配合两种。这种配合在半场、全场均可使用，但不宜在人员密集处采用。

1. 配合方法

示例一：如图 96 所示，④传球给⑤后，向反方向移动以吸引防守，突然从近球一侧超越防守，向篮下切入，接⑤传来的球投篮。

示例二：如图 97 所示，④传球给⑤后，⑥趁❻转头看接

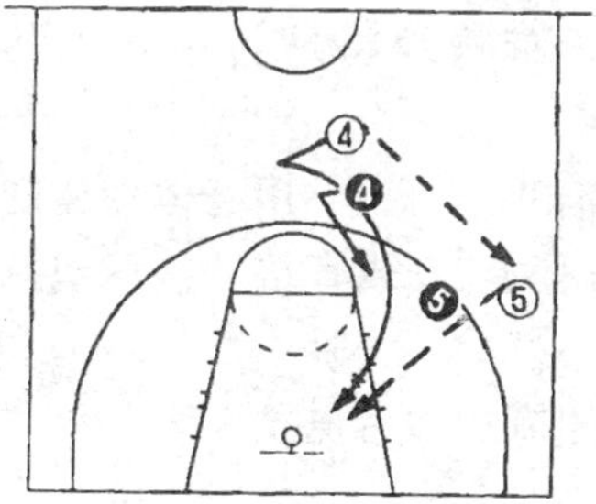

图 96

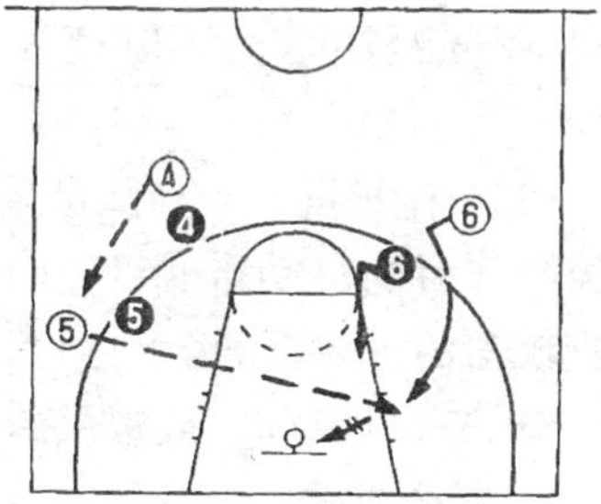

图 97

球队员⑤时，突然切向篮下接⑤的传球投篮。

示例三：如图 98 所示，⑤从后场运球接近前场时，将球传给④，防守队员❺去堵截④的运球，⑤迅速切向篮下接④传球投篮。

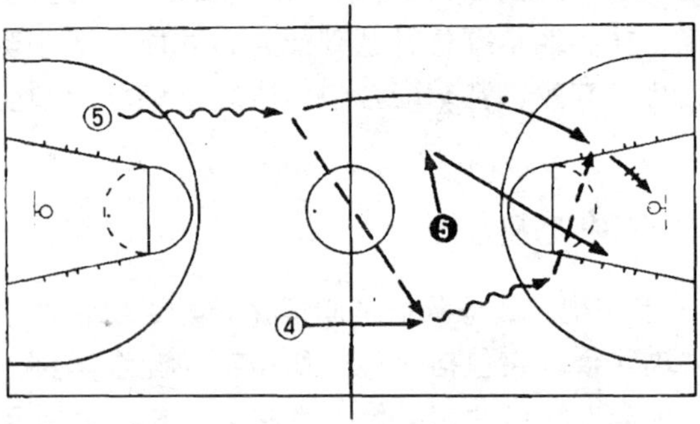

图 98

2. 配合要求

(1) 切入队员要把握好切入时机，起动迅速，变换突然，及时利用速度或假动作摆脱防守。

(2) 持球队员要发出攻击威胁，用投篮或突破动作吸引防守队员的注意力，以便及时、准确地将球传给切入的同伴。

(二) 掩护配合：是队员采用合理的行动，用身体挡住同伴的防守者的移动路线，使同伴摆脱防守或直接（接球或持球）攻击的一种配合。

掩护有很多种，最常用的有侧掩护和后掩护。

1. 配合方法

掩护时，掩护队员跑到同伴防守者的移动路线上，距对方约半步（对方视野内）到一步（对方视野外）距离时，两脚自然开立，两腿微屈，上体稍前倾，双臂屈肘，前臂上举且交叉于胸前（只作为保护自己，而不能推人），当和同伴的防守者发生接触时，他应是双脚着地的静立姿势。当同伴利用其掩护摆脱防守时，他应以靠近同伴切入一侧的脚为跨步脚，另一脚作中枢脚，完成后转身动作，并观察球和篮下情况，以便决定是跟进切入或是外移拉开。利用掩护的进攻队员，首先要吸引防守者的注意力，或是适当向另一侧移动，改变防守者的位置和视野，而当掩护同伴进入合理的掩护距离时，迅速贴近掩护同伴切入，使防守者落入掩护者的“陷阱”里，实现摆脱防守或获球攻击的目的。

掩护不是一厢情愿的个人行为，而是双方非常默契的配合行为。它既可以由掩护者发动而接受掩护同伴协同，也可以是接受掩护者发动而掩护同伴协同，还可以双方都采取主动行动。不管是哪种情况，掩护的成功取决于合理的掩护距离和姿势，接受掩护者的摆脱速度和距离，以及掩护者的攻击意识。

（1）侧掩护：是掩护队员在同伴的防守者侧面挡住防守者移动路线的掩护方法。

示例一：给持球者做侧掩护。如图 99 所示，⑤传球给④后跑到❹的侧面做掩护，④接球后做投篮或突破的动作，吸引❹进行防守，当⑤到达掩护位置时，④持球从❹的左侧突破投篮。⑤掩护后并转身移动到有利的位置上去接球或抢篮板球。

如果❺与❹换防，如图 100 所示，④接球后运球突破受到❺的阻拦，他要适时将球传给转身将❹挡在身后、迅速切向篮下的⑤，⑤接球投篮。

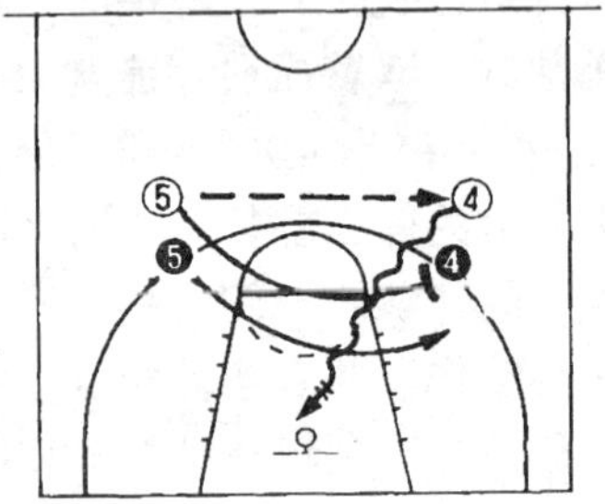

图 99

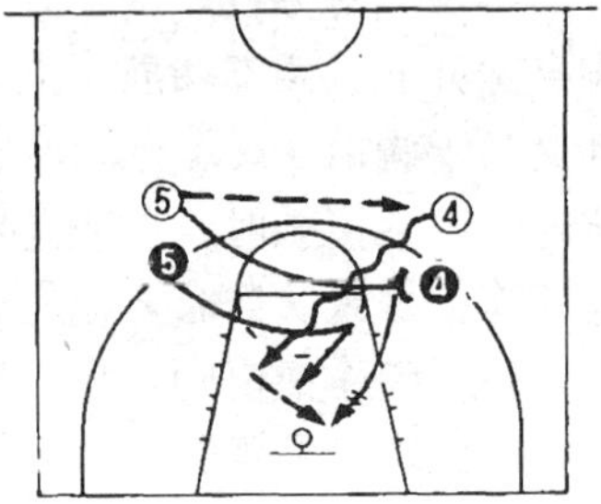

图 100

示例二：运球队员给无球队员掩护。如图 101 所示，⑤向❹运球，④在同伴向自己运球时，要配合做假动作吸引自己的对手，当⑤运球停在合理距离时，④突然向⑤移动，⑤在与④会合前，应以外侧脚为中枢脚做前转身，当④与⑤齐肩时，⑤将球传给④，④运球突破投篮，⑤运球掩护挡人传球后向篮下切入，准备接④分球或抢篮板球。

如果❺与❹换防，如图 102 所示，❺去换防④，则⑤在完成掩护后及时切向篮下，接④分球投篮。

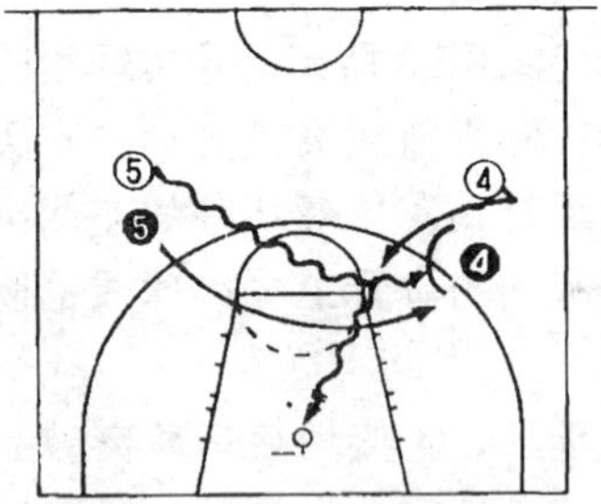

图 101

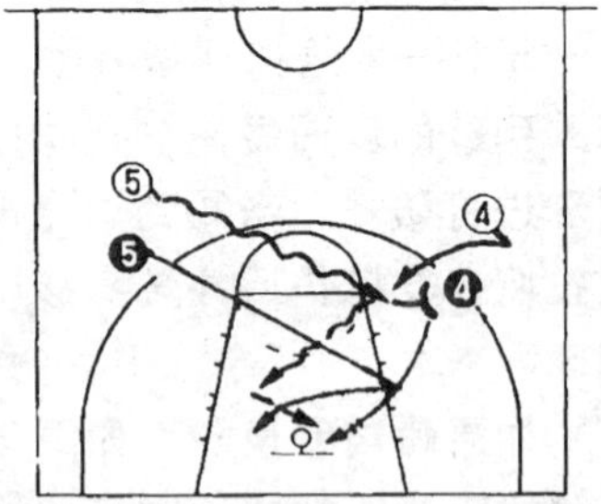

图 102

示例三：徒手队员为徒手队员掩护（也称作反掩护）。如图 103 所示，④向⑤传球后跑去给⑥做掩护，⑥要向另一侧移动以吸引防守者的注意力。当④距自己一步时，突然变向紧贴④向篮下切入，⑤接球后要用投篮和突破吸引防守，当⑥摆脱防守切向篮下时，及时将球传给⑥，⑥接球投篮。④掩护完后要转身切入抢篮板球。

如果❹和❻交换防守，如图 104 所示，如❹换防⑥，④则立即转身切入篮下，接⑤传球投篮。

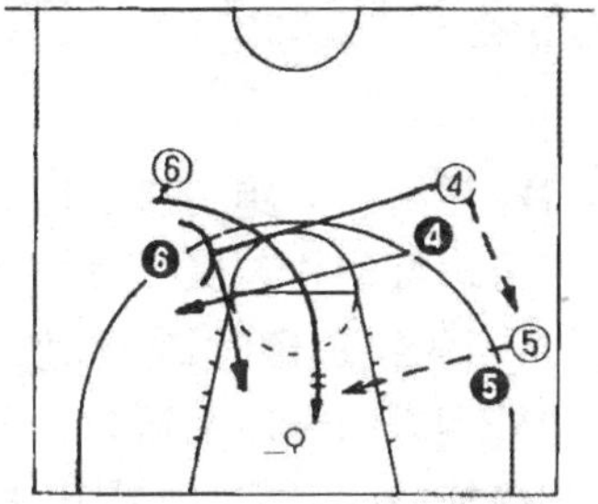

图 103

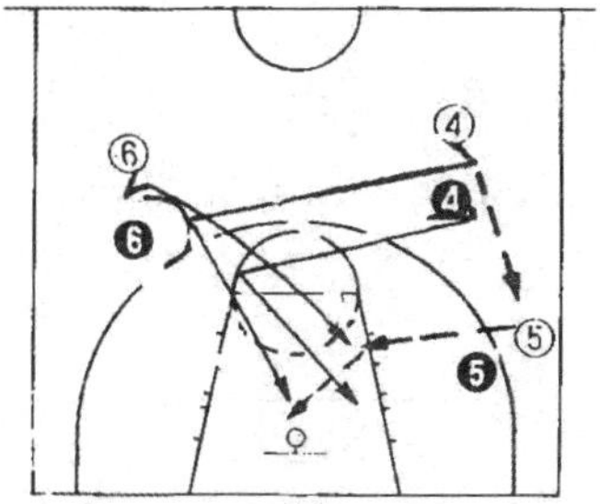

图 104

示例四：三人“∞”字运球掩护。如图 105 所示，④⑤⑥三人按“∞”字连续运球掩护，任何一人抓住机会均可运球突破投篮。本练习属运球队员给无球队员掩护，所以，每次都应贯彻示例二的攻击原则，但如果运球队员不能突向篮下，则掩护队员应向外围拉开，以便使下一次运球掩护获得成功，如此连续进行掩护。当熟练后便会发现不论是运球队员，还是无球队员，都可能在对手防守时的稍事疏忽中抓住适当的攻击机会。如图 105 所示中的⑥就获得这样的时机。

（2）后掩护：是掩护队员从同伴的防守者身后，挡住其移动路线，使同伴趁机摆脱防守的一种配合。

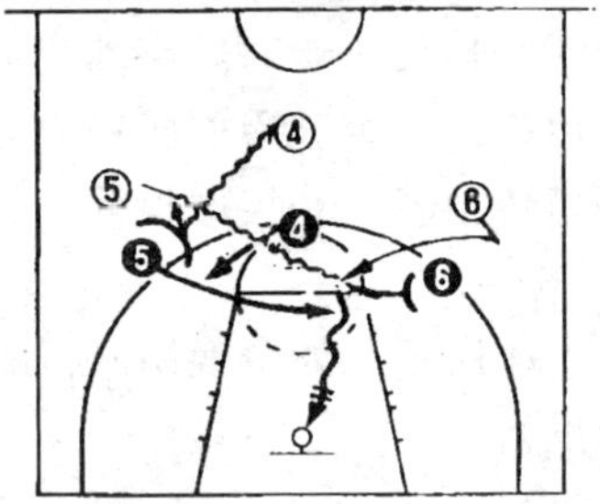

图 105

图 106

示例一：如图 106 所示，④将球传给⑤，跑到❺的后面做掩护，⑤接球后做投篮、突破或传球假动作，吸引❺的注意力，当④接近❺时，⑤迅速从掩护外侧方向突破上篮。如果❹与❺换防时，⑤突破受阻，他可向端线运球，④掩护后随即做后转身将❺挡在身后并向篮下移动，接⑤传球投篮。如图 107 所示。

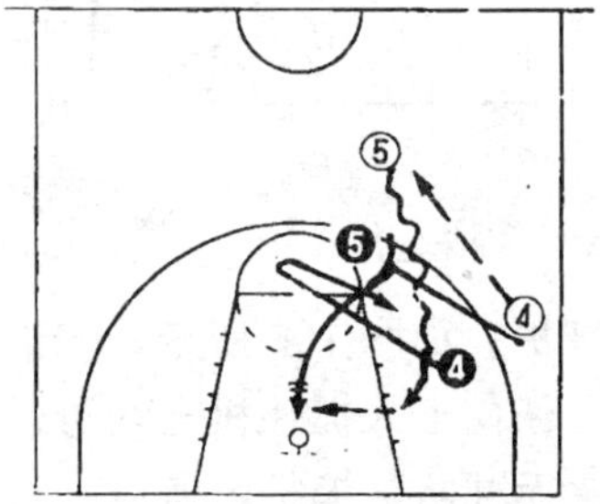

图 107

示例二：后掩护空中接力扣篮。如图 108 所示，⑤将球传给④，⑥向外移动给⑤做后掩护，⑤要吸引防守者注意，并在⑥掩护到位后立即迅速向篮下跑动，④接球后要以投篮、突破等假动作转移防守者的注意，当⑤已摆脱防守时，传高吊球使⑤在空中接球直接扣篮。如果⑤的弹跳不足以扣篮，④就应根据⑤的情况传出适当的高吊球，使⑤可以在空中投篮，也可接球落地后再投篮。如果❻与❺交换防守，⑥掩护后应根据情况，向罚球区或篮下移动，接④传球投篮。如图 109 所示。

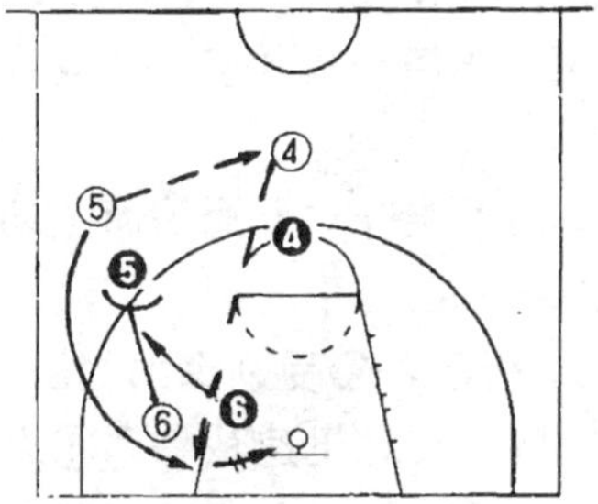

图 108

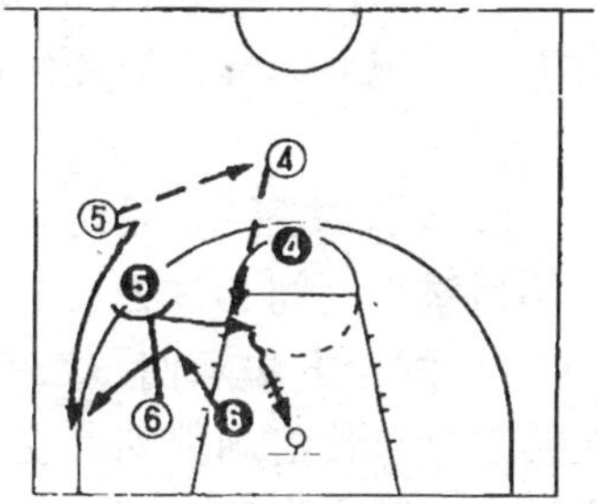

图 109

2. 配合要求

A. 掩护队员之间要默契，行动要一致，注意掩护配合的区域和时机。

B. 掩护者（有球或无球）要占据被掩护对手的移动路线上。掩护动作应正确，掩护后要注意自己的攻击机会或拼抢篮板球。

C. 被掩护者要吸引住对手，并要为配合后的攻击行动创造有利条件。

D. 要注意掩护配合的连续性和机动性。

二、防守基础配合

（一）挤过配合：是防守队员为了避开掩护而采取的从两个进攻队员中间挤过去，继续防守自己对手的配合方法。

1. 配合方法示例：如图 110 所示，④传球给⑥之后去为

⑤做掩护，❹应及时提醒❺，❺在④即将靠近的一刹那向④外侧抢步，并提腰侧肩便于从两进攻者中间挤过。❹应适当后撤准备同伴穿过或换防。

2. 配合要求：挤过时要贴近自己的对手，抢步要及时，有力。发现对方掩护要提醒同伴，选择好有利于协防或补防的位置。

（二）穿过配合：是防守队员为了避开对方掩护而主动从同伴和对手之间穿过去，继续防守自己对手的配合方法。

1. 配合方法示例：如图 111 所示，❺受到❹的提醒后，在④靠近自己的刹那间，主动后撤一步，迅速从❹和④之间穿过继续防守自己对手。而❹则要在④接近❺之际，迅速后撤一步，协助❺迅速穿过。

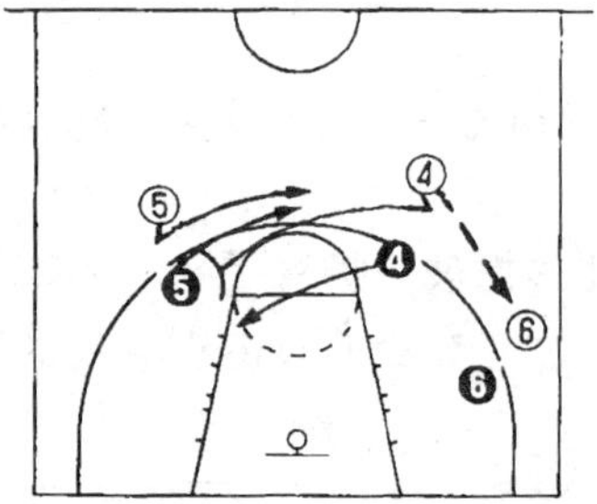

图 110

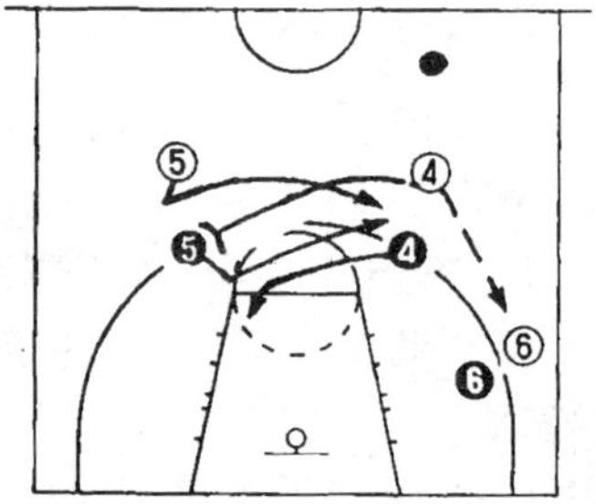

图 111

2. 配合要求：防掩护者要提醒同伴并主动让路，穿过队员撤步与穿过要迅速。

（三）交换防守配合：是防守队员之间破坏掩护配合及时相互呼应、果断交换防守对手的一种配合方法。

1. 配合方法示例：如图 112 所示，④向⑤传球后去为⑥

做掩护，❹要及时发出信号，提醒❻注意并做好换人准备。当④掩护到位时，❹应主动喊出换人并去迎堵⑥，❻应及时后撤防止④掩护后的第二次攻击机会。交换防守一般应持续到本次进攻结束。

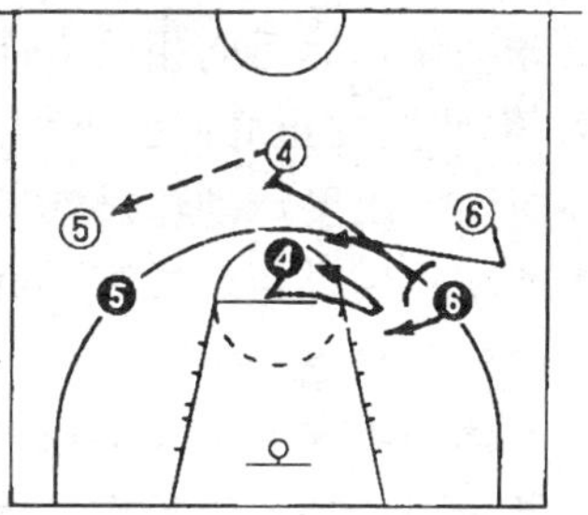

图 112

2. 配合要求：交换防守时，防掩护队员要主动发出换人信号，被掩护人在交换防守时要及时撤步防住同伴的对手。

三、教学方法

1. 教学顺序

(1) 攻防基础配合的教学，应放在攻防技术教学之后进行。先教进攻基础配合(先传切、后掩护)，后教防守基础配合(先挤过、穿过，后交换防守)，再教攻守结合，相互促进。

(2) 进行进攻基础配合教学，应先在没有防守情况下练习，后加消极防守，再加积极防守；进行防守基础配合教学时，开始就应在消极进攻配合下进行，以后逐渐加强进攻，直到攻守实战对抗。

2. 教法步骤

(1) 讲解与示范：教师应利用图示或沙盘进行讲解，讲清配合的方法及配合的运用。使学生对配合的位置、时间、攻击点以及配合的变化有正确的完整的认识。还要强调配合的协同性和时间性。

(2) 练习方法

A. 传切配合练习

练习一：徒手传切配合练习。如图113所示，④向⑤做出传球动作，然后向相反方向移动，突然变向压肩向篮下切入，并向⑤做出要球动作。⑤做出接球动作后，要在投篮、突破假动作后做出向内传球动作；接着再做出向④传球动作，然后做出与④相同的动作。依次练习下去。

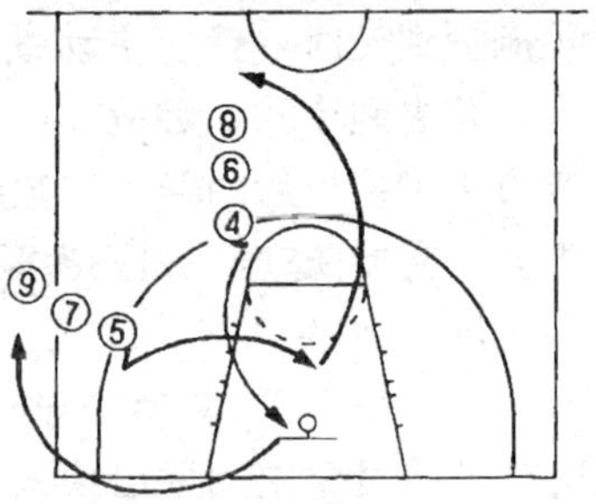

图 113

练习二：结合球的传切练习，在练习一基础上进行。④⑥⑧做纵切练习，⑤⑦⑨传球，然后互相交换位置循环练下去。练习若干次后，再练习⑤⑦⑨横切练习，④⑥⑧为传球人。

练习三：对抗中的传切练习。在练习二基础上，对传球人加一防守人。

练习四：在练习三的基础上，对传球人与切入人都加上防守。

练习五：在半场三对三中练习“一传一切”和“空切”。体会如何在动态情形下完成传切配合。

B. 掩护配合练习

练习一：掌握掩护动作练习。如图114所示，④⑤两列队员要分别到另一队前的障碍物前做侧掩护（后掩护）及转身切入练习。

练习二：掌握配合时间的练习。如图115所示，由④行队员给⑤行队员做侧掩护，要掌握好配合时间及④转身切入动作。再安排⑤行队员给④行队员做后掩护练习。

练习三：提高对抗下掩护配合能力的练习。如图116、117

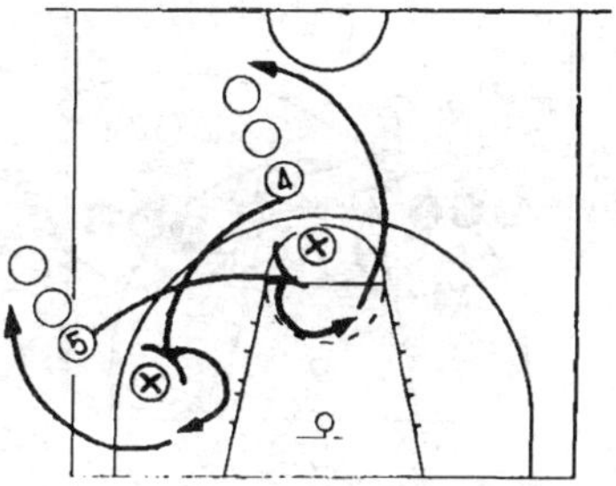

图 114

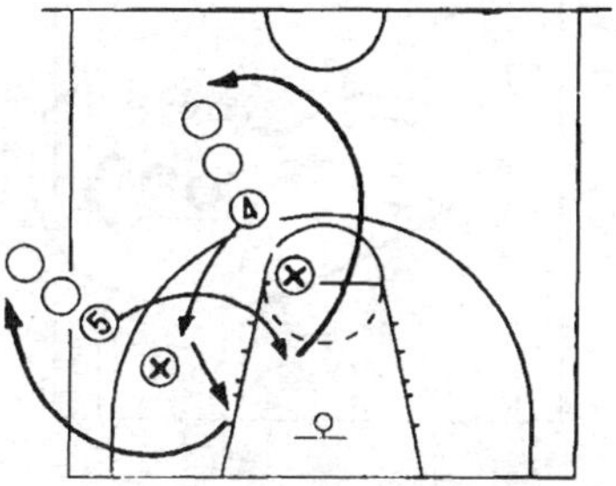

图 115

所示，④⑤⑥三人可任意选择侧掩护或后掩护配合（④可给⑤或⑥做侧掩护，⑤可给④做后掩护）。

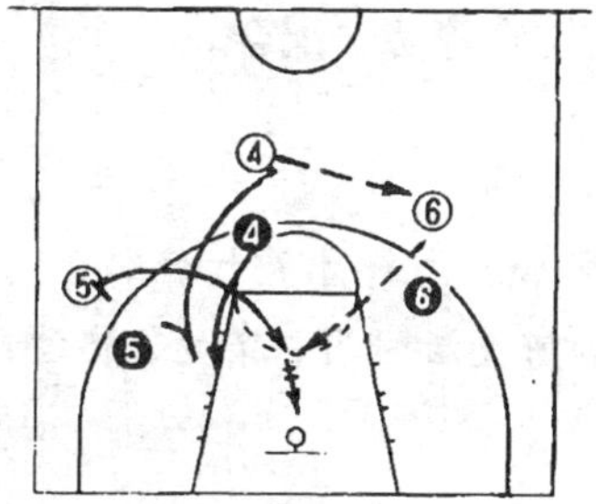

图 116

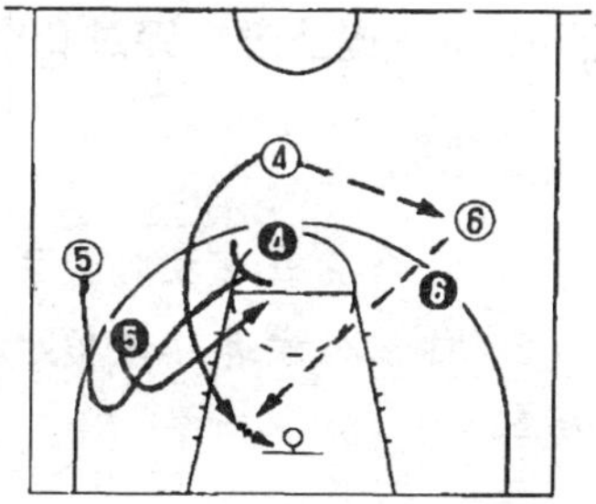

图 117

C. 穿过、挤过和交换防守配合练习示例

练习一：如图 118 所示，队员两人一组，一攻一守。进攻队员利用⊗作定位掩护，防守队员在形成掩护的刹那，利用挤过或穿过配合方法，破坏掩护，继续防守自己对手。完成练习后，攻守互换，循环下去。

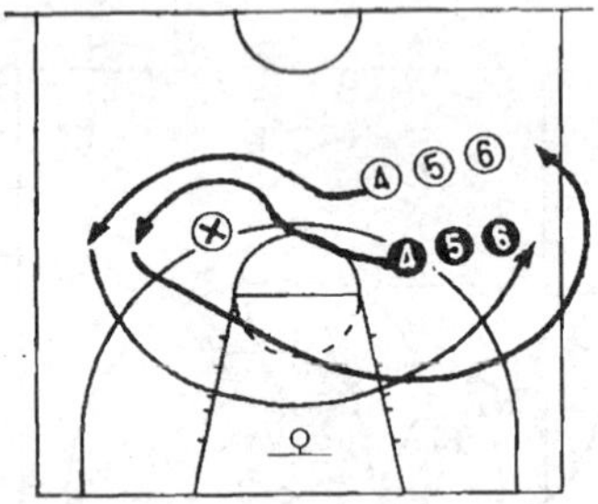

图 118

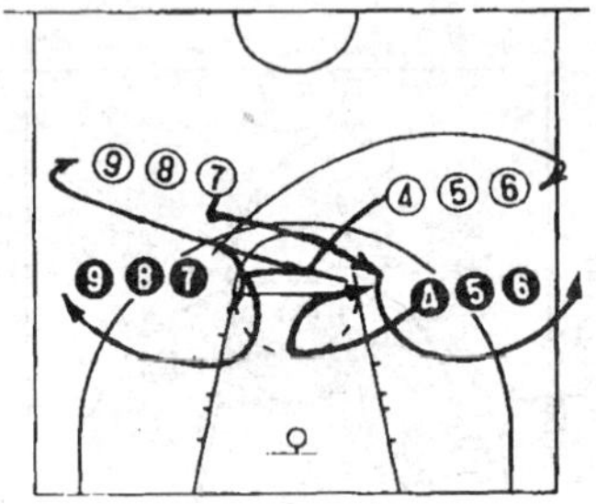

图 119

练习二：如图 119 所示，队员两人一组，一攻一守。④为⑦掩护，❼和❹可采用挤过、穿过或者交换防守配合，完成练习后，左右和攻守交换。

练习三：在进攻配合的三人 8 字运球掩护的形式上，重点学习和掌握挤过、穿过和交换防守等防守配合。

思考题

1．为什么在进攻时要讲究配合？怎样才能打好配合？

2．你在对方进行掩护时，如何灵活运用、穿过、挤过或换防配合？

第二节　快攻与防快攻

一、快攻

快攻是由守转攻时，以最快的速度和最短的时间，创造人数上及位置上的优势，果断而合理地进行攻击的一种速攻速决战术。

快攻是篮球进攻战术的重要组成部分，也是进攻战术中最锐利的武器。随着篮球运动的发展，规则的变化，以及篮球运动本身的规律都决定了篮球运动向快速方向的不断发展。

快攻对培养篮球运动员积极主动、勇猛顽强的作风，对提高身体素质水平，对形成快速、灵活、全面、准确的技术风格，都起着积极的促进作用。

（一）快攻配合的基本要求

1. 要有强烈的快攻意识，抓住一切快攻发动时机（抢到后场篮板球、跳球、抢断球及对方得分后抢发后场端线球等）发动快攻。

2. 第一个获球队员要敏锐观察攻守双方动态，以便及时安全、先远后近地传好第一传。

3. 快攻推进要保持适宜的分散队形，以便机动灵活的多手段、多方向的传球结合，使球快速推进到本队攻击范围内。

4. 最后攻击阶段要保持纵深队形，保持不停顿地快速而有效地结束攻击。通常应以突破分球或篮下强行攻击为主。

（二）快攻的组织形式和结构

快攻的组织形式有长传快攻和短传结合运球快攻。

快攻的组织结构分为发动与接应阶段、推进阶段和结束阶段。

1. 长传快攻的组织结构：通常有发动和结束两个阶段，它省略了推进阶段，以最快的方式，最有威胁的接应位置，给对手以最有力的打击。长传快攻的特点是突然性强、速度快、成功率较高。但取决于队员的长传能力和快下速度。

2. 短传结合运球快攻的组织结构：是获得后场篮板球后，全队严格分工，密切配合的攻击方法。它具有灵活多变、层次清楚、容易成功的特点。

（1）发动与接应阶段：这是争取时间优势和摆开快攻战斗势态的重要阶段。发动的含义包括球已被本方抢到，每个队员已按快攻要求开始行动，获球队员快速准确地将球传给接应队员（例如抢到篮板球的队员可用空中传球或落地后传球将球传出）。传出的球越接近对方球篮，威胁性越大。快攻的接应分固定接应（固定人、固定区、固定人不固定区、固定区不固定人）和机动接应（人区均不固定）两种。

（2）推进阶段：是指将球推进到本队攻击得分区域之前的阶段，也是突破对方中场防守的过程。推进的方法要符合时间短、速度快、推进技术和推进路线变换快的要求。应能传不运，传运结合。

（3）结束阶段：是指快攻推进使球进入本队攻击范围并完成攻击的最后阶段。它是决定快攻成败的关键。要充分发挥人数的优势和位置的有利条件，抓住对方立足未稳，果断而有配合的攻击。一般不应急于用外围投篮结束快攻。其余队员应迅速跟进补篮或拼抢篮板球。

（三）快攻的方法

1. 抢篮板球快攻：是指防守队抢到后场篮板球后发动的快攻。

示例一：抢篮板球长传快攻：如图 120 所示，⑧抢到篮板球后，及时观察到④和⑤快下，⑧根据情况，长传给④或⑤投篮，⑥⑦⑧应迅速跟进。

示例二：抢篮板球短传结合运球快攻：如图 121 所示，当⑧抢到篮板球，落地后面向左侧时，⑦拉边路接应⑧的传球，同时⑥插中接⑦传球，并迅速向前场运球推进，根据情况传给④或⑤投篮。

2. 跳球快攻：是通过跳球获得球后发动的快攻。

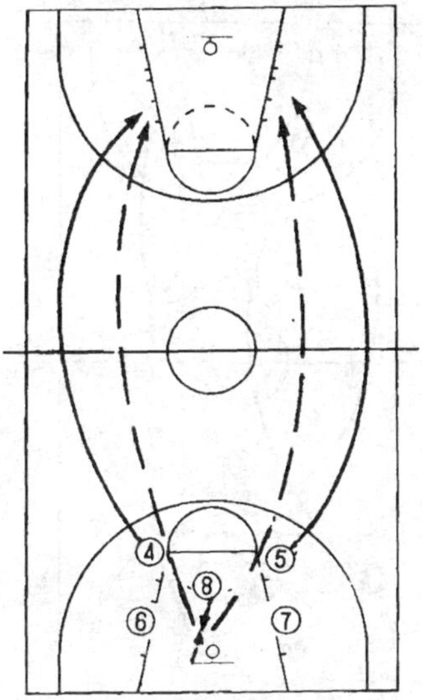

图 120

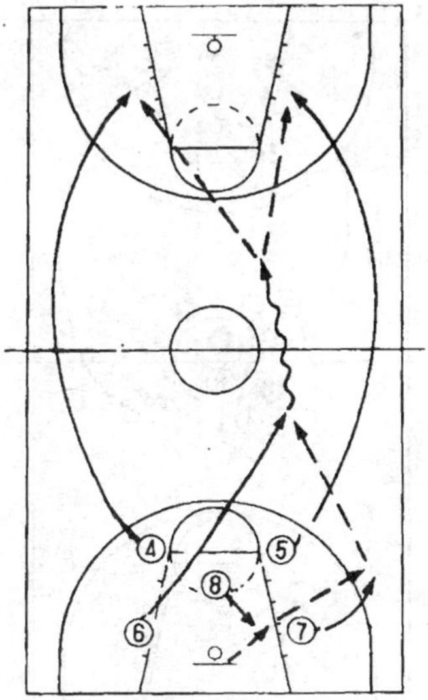

图 121

示例一：如图 122 所示。⑧跳球时将球拨给④，⑤与⑥明确跳球配合，及时快下，④接球迅速长传给⑤或⑥投篮。还可以在④接球后，⑥快下，而⑦给⑤做后掩护，⑤与⑥形成两个机会，④可根据情况传给其中一人投篮。

3. 抢断球快攻：是在断球后发动的快攻。

示例二：如图 123 所示，❻发现⑤横传球的企图，当⑤传球出手后立即起动断球，并立即沿边路快速运球，❹看到同伴断球，迅速从左路快下，❻根据情况传球给❹投篮或传给插中的❺，❺再传给❹上篮。

4. 快攻结束的配合方法

示例一：二攻一配合，如图 124 所示，⑤和⑥快速推进

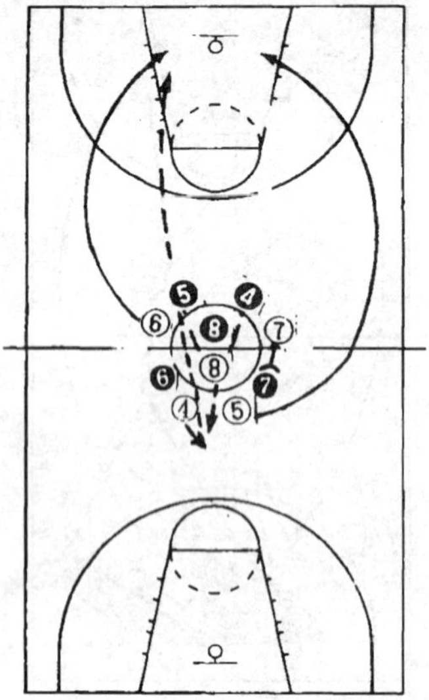

图 122

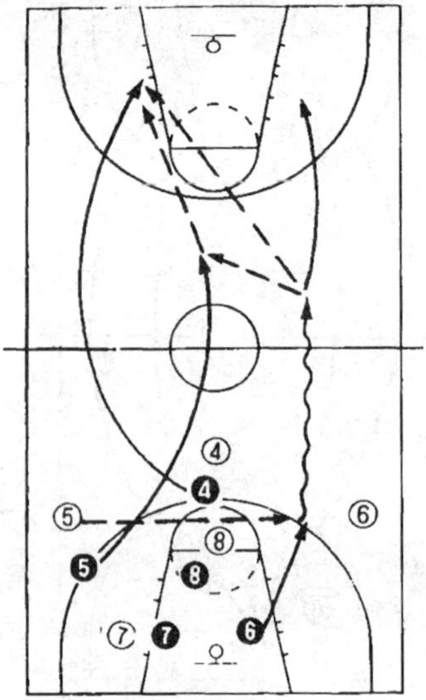

图 123

到前场，❹迎前防守⑤，⑥发现❹被⑤吸引过去，立即快速向篮下移动，⑤抓住机会传球给⑥上篮。

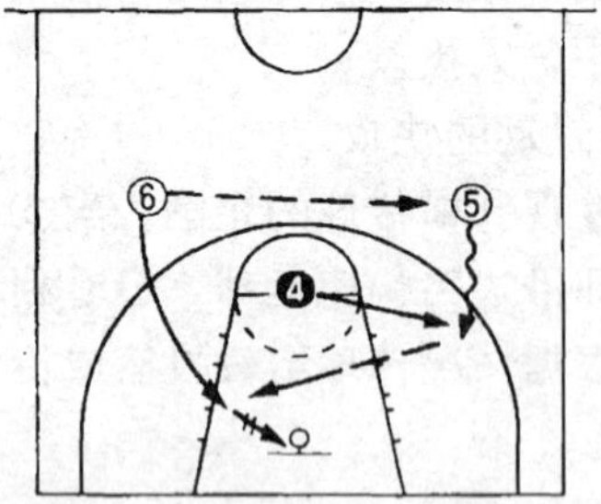

图 124

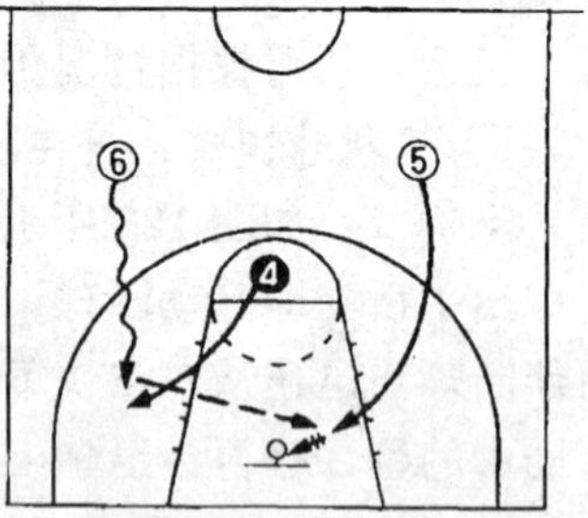

图 125

又如图 125 所示，❹回撤防守从左侧向篮下运球的⑥，⑤迅速从右侧移向篮下，⑥抓住机会传球给⑤投篮。

示例二：三攻二配合。如图 126 所示，当❹和❺平行防守时，④应先选择从❹❺中间突破上篮，⑤与⑥应加速超越❹和❺，④突破时把握时机，❹来堵防则传给⑤，❺上来防守则传给⑥上篮。如❹❺分别去防⑤和⑥，则④自己上篮。

如图 127 所示，如果❹和❺前后站立防守时，进攻队员应传给边路队员突破。如④运球吸引❹防守，④传给⑥从边路突破，与此同时⑤要加速移向篮下，当❺去防守⑥时，⑥应及时将球传给⑤上篮。如果❺防⑥同时❹退去防⑤，④要从中路切入，⑥要将球传给中路切入的④上篮。

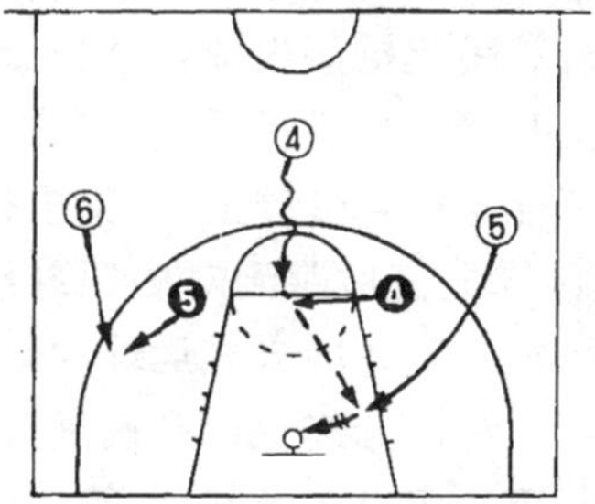

图 126

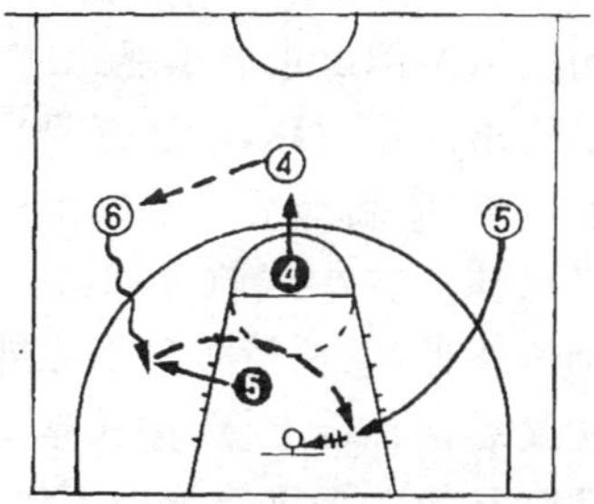

图 127

（四）快攻的教学方法

1. 教学顺序

（1）快攻教学应从篮板球快攻开始，以短传结合运球快攻的组织形式为基本教学内容，使学生建立快攻组织结构的完整概念。进而进行抢断球快攻和跳球快攻教学，并在此基础上提高发动速度和快下意识，为长传快攻创造条件。

（2）快攻教学还应以发动与接应阶段和结束阶段为主要内容，并从固定配合练起，进而达到自由组合。

（3）快攻发动与推进教学应从无防守开始，首先增加防守的是快攻结束阶段的教学，然后逐步在发动阶段和推进阶段也加入防守。

2. 教学步骤

（1）讲解与演示

教师应使队员明确快攻的意义和作用，并运用图示和沙盘讲清快攻的组织形式与结构，了解快攻三个阶段的作用和要求。在教学演示中，提出完成快攻配合的时间与技术要求。

（2）练习方法

A. 如图 128 所示，两人一组列队于端线外，练习开始④向篮板抛球出手后迅速跑向边线，⑤跳起抢篮板球，落地立即沿边路向前运球，④从⑤身后交叉并接⑤的反弹球，从中路向前运球，⑤传球后沿边线加速快下准备接④传球上篮。④根据自己能力在中线前传球给⑤上篮，⑤上篮后跑到对侧罚球线延长线处，④抢篮板球后立即开始按⑤开始的方式运球，两人交叉后又长传上篮，完成整个练习。练习始终保持高速进行，尤其是第一个人上篮后不能停顿。第一组过中场线后，第二组即开始，如此继续下去。教师对传球逐步增加远度要求。

B. 如图 129 所示，练习开始，⑤⑥同时向前跑动，④向⑤传球，⑤又传回向前跑动的④，④可运一次球过渡后长传给⑥上篮，④在球落地前要接到球，⑤要穿过限制区从另一侧返回，⑥上篮后到另一侧充当接应者，④接球立即传给⑥，并接其回传球长传给⑤上篮，④仍要在落地前接到球，⑥要在④接球时跑过端线。接着下一组开始。三个人在每次练习完都要交换位置。

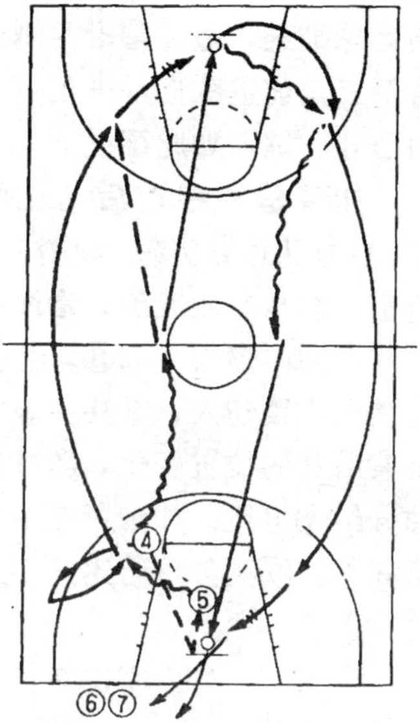

图 128

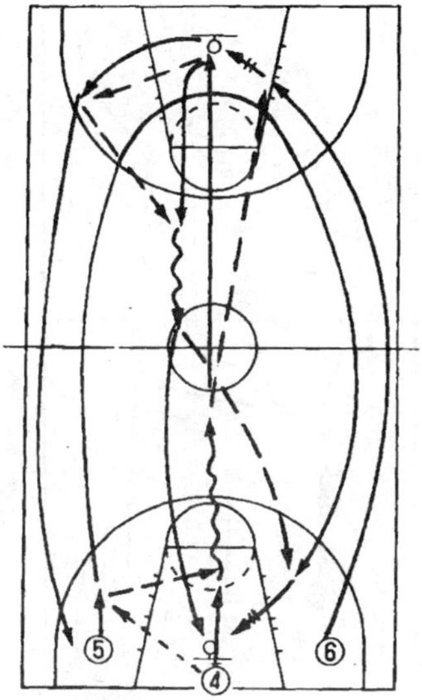

图 129

C. 连续二攻一。如图 130 所示，全队分成两人一组，④⑤站到另半场，练习从⑥和⑦传球推进开始，到前场进行二攻一配合，如④防⑦，⑦则传⑥上篮，然后④和⑤用同样的方式进行练习，④和⑤进攻⑧，然后⑧和⑨打过去，如此连续进行二攻一。

D. 连续三攻二。如图 131 所示，队员三人一组，第一组❹❺两人防守、❻站在边线外待机参加进攻。⑦⑧⑨按三线传球推进到前场，❹和❺平行站位防守，⑦从中路突破，无人防守则上篮，如❹迎前防守，⑦则将球传给⑧投篮，如❺上前防守，⑦则将球传给⑨上篮。攻方投篮后，❹或❺抢到

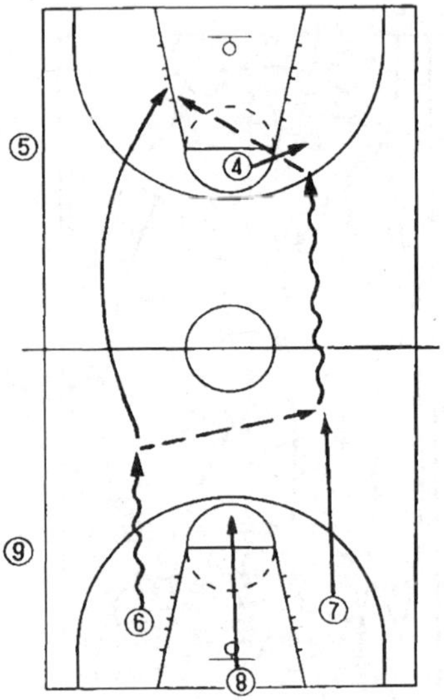

图 130

篮板球，❻插中接应接球从中路运球推进，❹和❺沿两侧保持倒三角前进队形，进攻下一组防守。练习如此继续下去。

如果❹和❺前后站位防守，攻方从边路突破。如图 132 所示，⑨从右侧突破，❺迎前防守，同时❹去防守⑧，⑦抓住机会中路切入，⑨在突破中观察敌我的位置变化，巧妙将球分给⑦上篮。如❹留在中路防守⑦，⑨则传球给迅速切入的⑧上篮。

E. 三人“8”字围绕传球上篮变二攻一练习。如图 133 所示，三人一组，第一组④⑤⑥用“8”字围绕传球推进上篮。投篮后成二攻一返回，由投篮者变防守人，其余两人要用最快速度完成追击式二攻一。各组依此继续练习。

F. 五人“8”字围绕传球上篮变三攻二练习。如图 134 所示，五人一组，按“8”字围绕推进方式上篮，返回时投篮队员④和最后传球者⑧防守，其余三人迅速分散，按三线快攻推进方式追击式完成三攻二配合。每次练习五人都要交换一次位置，各组如此继续下去。

二、防守快攻

防守快攻是防守战术的重要组成部分。针对当前篮球比

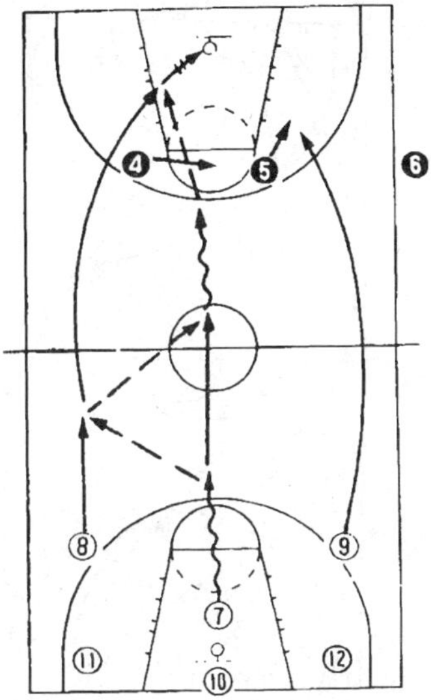

图 131

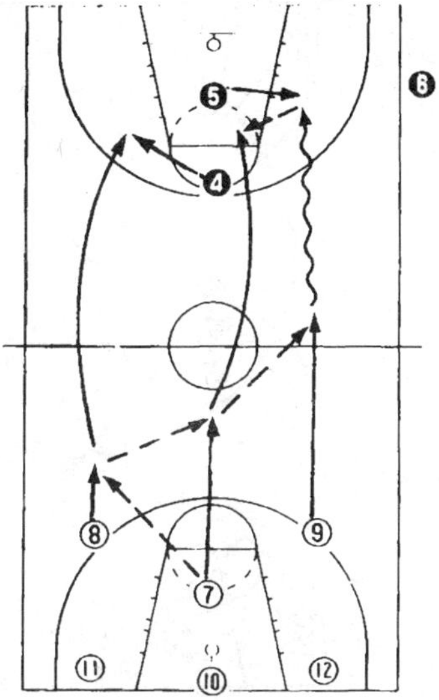

图 132

赛速度不断加快及发动快攻的次数不断提高的特点，提高防守快攻的能力，对减少对方快攻威胁、制约对方的进攻速度，为本队组织有效的防守创造有利条件。

（一）防快攻的基本要求

1. 必须提高攻守转换的快速意识，积极阻止和破坏对方可能发动的快攻。

2. 当攻守转换的瞬间，要积极贴近对方第一获球人，不使他有长传或顺利传给接应人的机会，同时快速退守控制快下对手，为其他同伴退守争取时间。

3. 以少防多时要沉着、冷静，重点防守篮下，伺机抢断，降低对方快攻成功率。

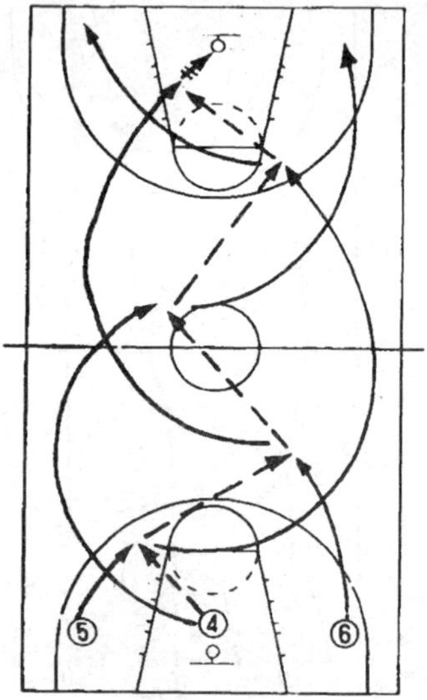

图 133

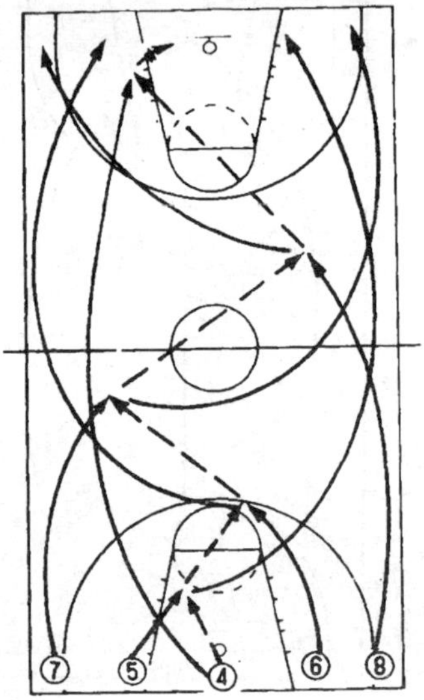

图 134

（二）防守快攻的方法

1. 提高进攻成功率：积极拼抢篮板球，减少对方发动快攻的次数。

2. 封堵第一传和接应：有组织地封堵快攻的一传和接应，是制止对方发动快攻的关键。如对方抢到防守篮板球后，就近的防守队员要迅速逼近防守，封堵其第一传路线，对插中接应的队员，应采用抢前防守，切断其接应传球的路线。对于断球者或跳球获球者都应及时贴近防守，消除和降低对方传球的威胁性。

3. 紧防快下队员：当进攻转入防守的一瞬间，外线队员要及时发现对方快下队员，并快速退守，控制其接球区域，切断对方传球路线。

4. 降低对方推进速度：当对方已展开快攻时，防守队员要积极退守，更要明确分工，积极切断对方传球路线，追防与堵截运球人，延缓对方的推进速度，以利组织全队防守。

5. 提高少防多能力：这是决定防快攻成败的最后决战，这时应身处劣势，谋略为先，真真假假，伺机抢断，防内"放"外，狠拼篮板。如一防二时，边防边退，欲堵又纵，使对方判断错误，延缓对方攻篮时间。对二防三，两个防守队员要努力完成三个防守行动，也就是两人要起到三人的防守作用，一般是第一个人破坏对方第一个攻击行动，同时第二个人去防另一侧进攻人，最后第一个人还要防住第三个进攻人的攻击。二防三时最重要的是在堵防中积极断球。

（三）防守快攻的教学方法

1. 教学顺序

（1）防守快攻的教学应采用分解教学法，把堵截快攻第一传和接应、防快攻推进、防结束阶段分别进行教学。在掌握各阶段防守方法的基础上，再进行整体防守战术的教学。

（2）防快攻各阶段教学应从进攻的诱导性练习开始，逐步提高攻守对抗性，最后展开全面对抗练习。

2. 教法步骤：

（1）讲解与演示：教师结合图示和沙盘讲解防快攻的各个环节及要求。尤其对封堵第一传和接应，把快攻威胁消除在"萌芽"状态，以及提高少防多能力，尽力降低快攻成功率的意义和组织方法讲透。

（2）练习方法

A. 二对二堵截快攻的发动与接应练习。如图 135 所示，㊀将球投向篮板，当❹抢到篮板时，④立即逼近防守，封阻❹

的传球。⑤则抢前防守切断❹的传球路线。

B. 三对三夹击第一传：如图 136 所示，❻控制篮板球时，⑥与邻近的⑤夹击❻，⑦放弃快下的❼而去堵截❺的接应。

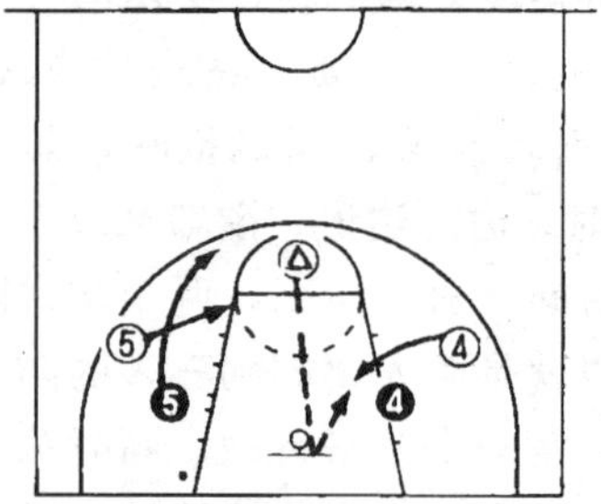

图 135

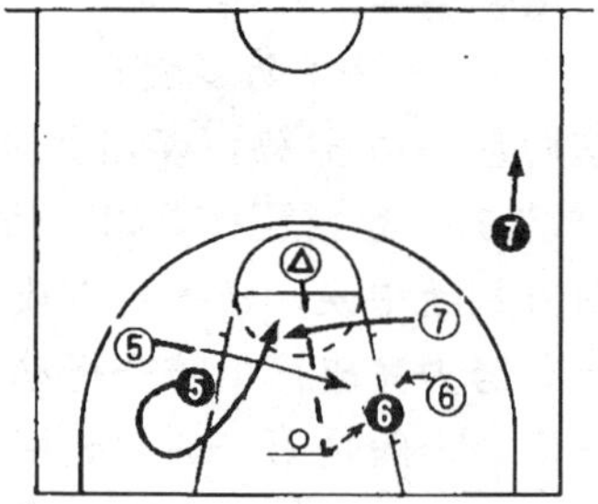

图 136

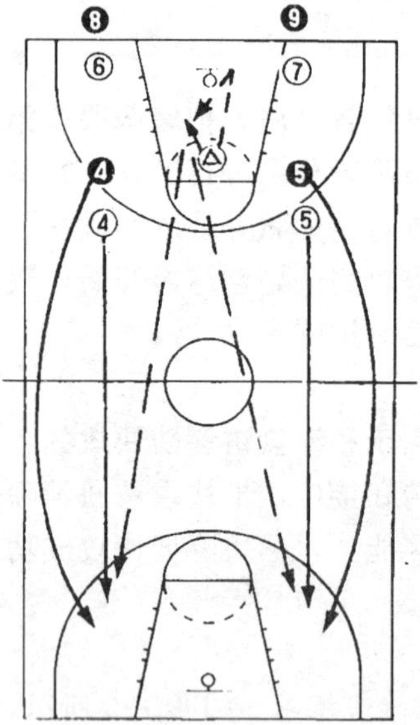

图 137

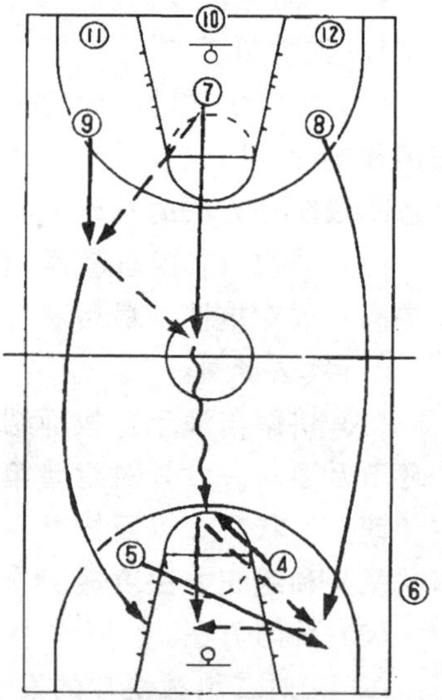

图 138

C. 防快下练习：如图137所示，四人一组，二攻二守，◬持球，❹❺防④⑤摆脱接球，当◬将球投向篮板时，❹❺立即沿边线快下，④和⑤快速退守，伺机断◬的长传球。

D. 少防多两人三动练习：如图138所示，当进攻推进到罚球区弧顶时，④堵防⑦，⑦传球给⑧，⑤去防⑧，这时⑨已处于良好攻击位置，④应及时去切断⑧给⑨的传球路线。

思考题

1. 为什么要重视快攻？你在快攻中如何做？
2. 在班级比赛中，你和你的队友如何防快攻？

第三节　半场人盯人防守与进攻半场人盯人防守

一、半场人盯人防守

半场人盯人防守是指由攻转守时，全队迅速退回后场，每人防守一个进攻队员的防守战术。

半场人盯人防守根据防守目的的不同，在防守范围和松紧程度上有所变化。在三分线以内盯人防守的称为半场缩小人盯人防守；控制在三分线以外附近的防守称为半场扩大人盯人防守。

随着篮球运动的发展，进攻队员三分球能力的提高，半场人盯人防守区域不断扩大，对持球队员的防守越来越严密。

（一）半场人盯人防守的基本要求

1. 由攻转守时，全队迅速退向后场，在控制对手及传球落点情况下组成集体防守。

2. 根据对手、球和球篮选择有利位置，做到有球紧，无球松；近球紧，远球松；近篮紧，远篮松；人向球走，我向球走；人背球走，我向篮下收缩，远控传球，近防抢位的防守策略。

3. 做到以球为主，人、球、区兼顾。对持球以多防少，对无球以少防多。做到防守时你中有我，我中有你，提高集体防守的互补能力。

（二）半场人盯人的防守方法

1. 选位与移动方法

防守时，应贯彻以球为主，人、球、区兼顾的原则，对强侧（有球侧）与弱侧（无球侧）采用不同的防守方法。强侧防守的任务是防突、防投及不让对手随意接球，以控制球为主。弱侧防守任务是向强侧和篮下收缩以控制防区和协防为主。

示例一：如图 139、140、141、142 所示，表明了球在不同位置时，防守队员在强侧与弱侧的选位及防守职责。

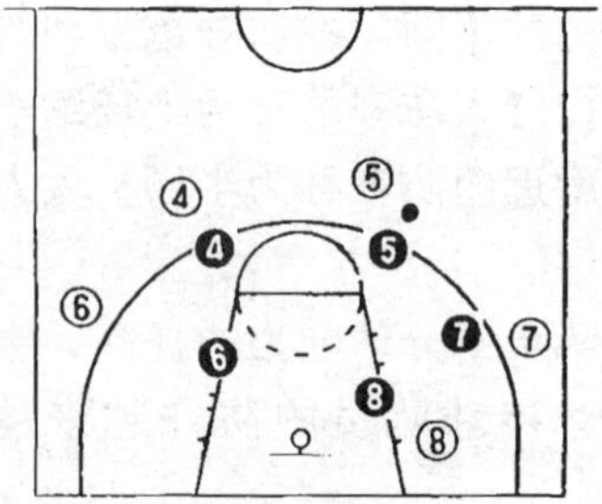

图 139

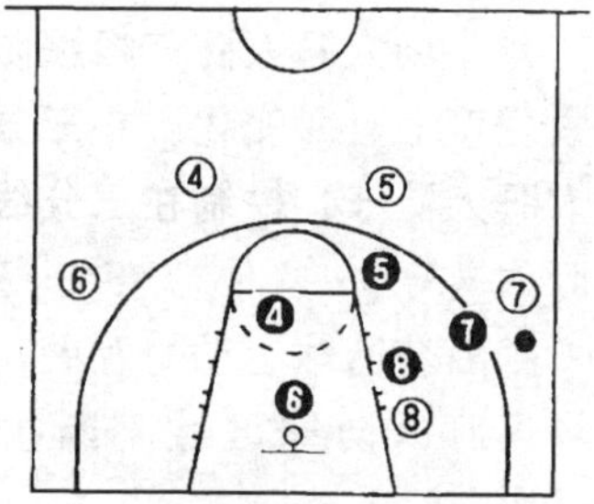

图 140

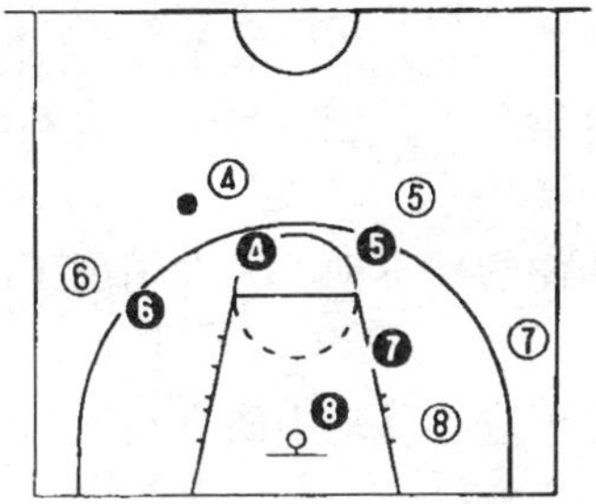

图 141

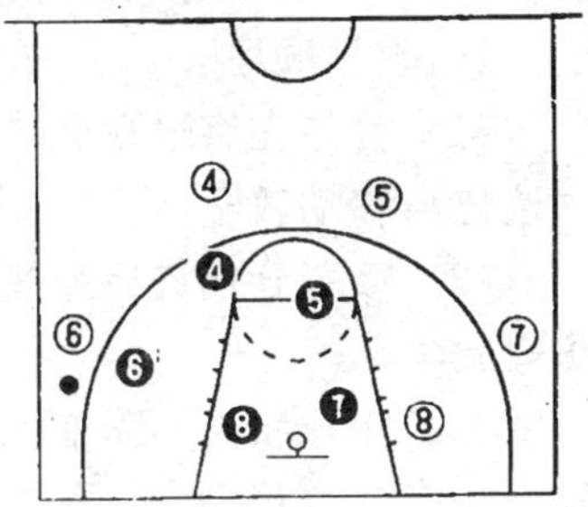

图 142

当⑤或⑦持球时，❹❺❼或❺❼❽的防守任务是破坏其一切有球攻击的行动；❻❽或❹❻要缩回，严密控制限制区，不使攻方队员在该区获球攻击。抢断球与抢篮板球是其主要任务，见图 139、140。

当④持球时，❹❺❻主要阻止有球的攻击；❼❽主要是控制篮下区域，防止对手在该区获球攻击，并伺机断球与抢篮板球。见图 141。

当⑥持球时，❹❻❽主要阻止有球的攻击，❺❼为控区协防并注意抢断与抢篮板球。见图 142。

2. 配合方法

(1) 对进攻队员的个人行动，要按防有球与防无球队员的防守要求进行防守。还要按全队防守要求与防守范围行动。

(2) 对进攻的配合行动，要按防掩护、防传切的配合要求进行防守。

(3) 在对全队配合的要求上，必须体现对有球要以多防少，对无球以少防多的防守原则，体现对球、人、区防守的主次与缓急的辩证关系。

（三）半场人盯人防守的教学方法

1. 教学顺序

（1）首先在有进攻队员配合情况下，进行球动、人不动的选位与移动教学。

（2）接着分别进行强侧或弱侧的球不动、人动情况下的防守教学。

（3）在球和人不断变换位置下进行移动中防守与配合的教学。

（4）进行针对特殊区域、特殊形式进攻配合的防守教学。

（5）教学要从进攻为诱导性的练习逐步过渡到对抗性较强的练习，最后在教学比赛中检验教学效果。

2. 教法步骤

（1）讲解与演示：教师可采用图示和沙盘进行讲解演示。讲清半场人盯人防守的原则和方法。重点突出防守应以球为主，人、球、区兼顾，既有分工，又密切配合的防守原则。

（2）练习方法

A. 通过半场或全场二三人对抗练习，提高配合方法的熟练程度。

B. 通过半场或全场四五人对抗练习，提高防球与防区行动的转换速度。

C. 对不同落位、不同配合方法进行针对性的练习。

二、进攻半场人盯人防守

进攻半场人盯人防守是进攻队在前场进行的有组织的进攻战术方法。

（一）进攻半场人盯人防守的基本要求

1. 进入前场后，应合理组织进攻队形，迅速落位。

2. 要充分发挥本队优势，做到正面与侧面进攻、内线与外围进攻、主动与辅助进攻相结合，扩大攻击面，增多攻击点，创造良好的攻击机会。

3. 在组织进攻中，要善于根据防守情况，攻其薄弱环节。并能保持有目的有节奏的穿插换位，造成防守的混乱和漏防。

4. 注意攻守平衡，加强拼抢篮板球，保证攻守转换速度。

（二）进攻半场人盯人战术的方法

1. 落位队形

（1）“2—1—2”队形，单中锋站在罚球线附近。

（2）“2—3”队形，中锋站在篮下附近。

（3）“1—3—1”队形，双中锋上下站位。

（4）“1—2—2”队形，双中锋篮下站位。

（5）“1—2—2”队形，无固定中锋的“马蹄”形站位。

2. 进攻半场人盯人配合方法

示例一：“1—2—2”移动进攻法。本战术适合身高相对平均，技术全面的球队运用。如图 143 所示，队员按“1—2—2”队形落位，战术的核心是通过频繁的反掩护来创造投篮和突破机会。当④控制球时，近球的⑤和⑥去给⑦和⑧掩护，创造出内与外攻击机会。此时⑤和⑥由于掩护后转身要球可以互相换位（图 143A）；当球传给⑦时，⑥和④分别从内和外进行反掩护，创造一内一外的攻击机会（图 143B）；当球传给⑤时，⑥和⑦分别去给④和⑧掩护，也创造一内一外两个机会（图 143C）；五个队员随着每次球的转移都有两对队员进行掩护配合，战术配合方法简单，易于保持进攻队形，创造进攻机会，是初学者学习全队进攻战术的首选方法之一。但要求每个队员都要有一定控制支配球的能力。

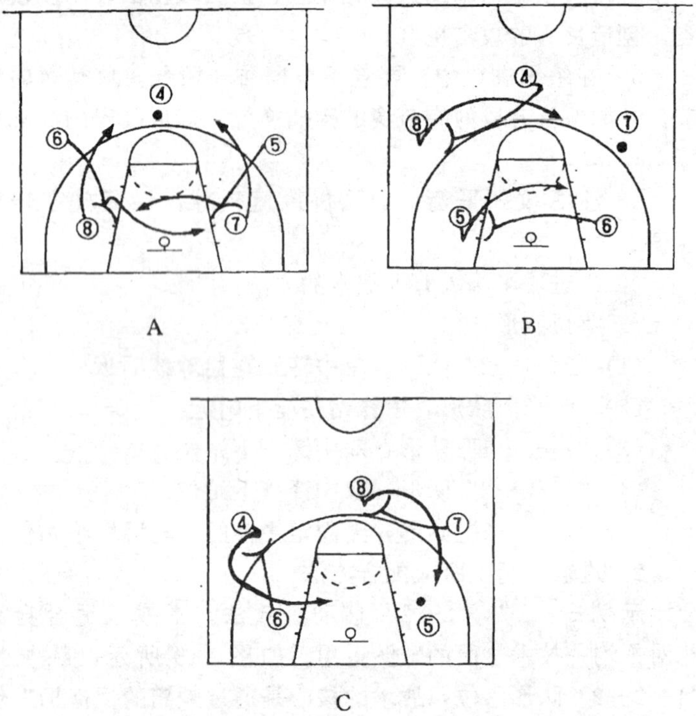

图 143

（三）进攻半场人盯人战术的教学方法

1. 教学顺序

（1）应先教落位队形、移动路线和配合方法，使队员懂得怎样和在哪里能获得攻击机会。

（2）在防守获球发动快攻反击中完成快速落位的移动配合，提高快攻与阵地的衔接意识及巩固配合方法。

（3）在逐步增加防守人数和对抗强度下提高配合的合理

与灵活程度。

(4) 用教学比赛检验战术配合质量。

2. 教法步骤

(1) 讲解与演示

教师可运用图示或沙盘讲解和演示进攻半场人盯人的基本要求、进攻队形及配合方法，突出配合节奏、配合质量、攻击的果断、灵活地应变以及个人与全队特长的体现。强调加强拼抢篮板，减少盲目失误。

(2) 练习方法

A. 在无防守或消极防守下进行战术分解练习，并逐步将各配合环节进行组合练习，不断提高配合质量。

B. 在无防守或消极防守情况下进行完整战术练习，以加深对落位队形、移动路线、配合时间、攻击机会及其变化的进一步理解。

全队战术首先从无防守跑位开始，在明确路线、方法及机会后，再在消极防守下练习。逐步增加防守积极程度，加大进攻难度。

C. 在半场积极对抗中增加快攻反击的练习，提高快攻和阵地进攻的衔接能力。

D. 通过全场比赛，检查和提高全队进攻战术运用的质量。

思考题

1. 在篮球比赛中，为什么会出现“漏人”现象？多发生在什么情况或什么位置上？

2. 进攻人盯人防守时，当你获球后你想怎样做？为什么？

第四节　区域联防与进攻区域联防

一、区域联防

区域联防是由攻转守时，防守队员迅速退回后场，每个队员负责防守一定区域，并用一定队形把每个防区有机联系起来所组成的全队防守战术。

区域联防防守的区域既分工明确又紧密结合，有利于内线防守、组织抢篮板球和发动快攻。适合于对方外围投篮不准或本队身高不足时采用。不足是薄弱地区明显，容易站"死"，往往会被对方在局部突破。

（一）区域联防的基本要求

1. 根据本队队员条件和技术特长，合理选择联防阵型和队员的防区。

2. 由进攻转入防守时，阻止对方快攻，使全队迅速退回防守及布阵。

3. 联防防守应划分防球和防区两部分，防球指通过二、三人组成一道防线，阻挠对方投篮与突破；防区则指通过二、三人控制一片区域，防止对方队员的抢位或接球。这种防线与防区的有机结合，能够有效地制约对方的攻击。

4. 防守队员要协同一致，随球积极移动，始终保持两臂上举、张开与挥动，增加防守密度，提高防守气势。

5. 积极拼抢篮板球，及时发动快攻。

（二）区域联防的形式

区域联防常用的形式有"2—1—2"、"1—3—1"、"2—3"和"3—2"等。

（三）区域联防的方法

“3—2”区域联防的方法示例：

1. 落位及队形变化

当由攻转守快速退回落位时，本方身高最高或弹跳最好的两名队员落位于球篮两侧，其他三人落位于罚球线外，形成“3—2”阵型。如图 144 所示，当④持球时，❹❺❻要组成以防球为主的防线，阻止④的突破与投篮，❼❽在防守⑦⑧的同时严密控制限制区，不让对手在该区获球进攻。

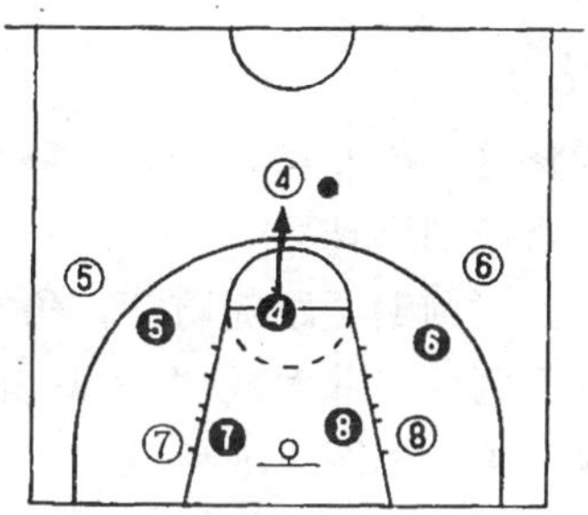

图 144

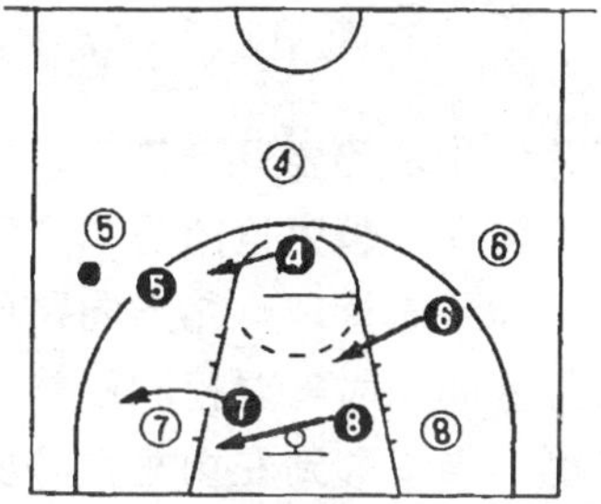

图 145

如图 145 所示，当⑤持球时，❹要向❺靠拢，❼要绕⑦前防守，❹❺❼组成防线。❽向❼移近，准备断传给⑦的高吊球，如⑦向上移则❽要跟随防守，❻要撤到限制区内，和❽共同控制远球区。

如图 146 所示，如果⑦拉到场角接球，❼要上前防守，❺要向❼靠拢，两人组成防球阵线，❽要移到❼的原位，❻移到❽的原位，❹向罚球线后退，❹❻❽控制远球区。

如图 147 所示，如果⑥斜插左场角，❻要堵截使其从底线移动，并且❽接替❻防⑥的溜底线，❼要绕前防⑦，❽

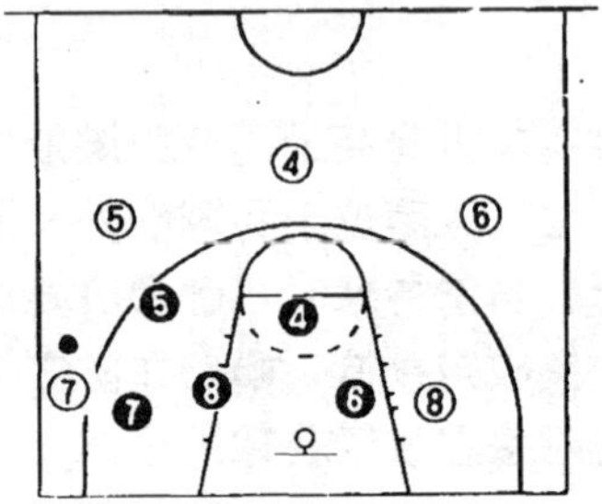

图 146

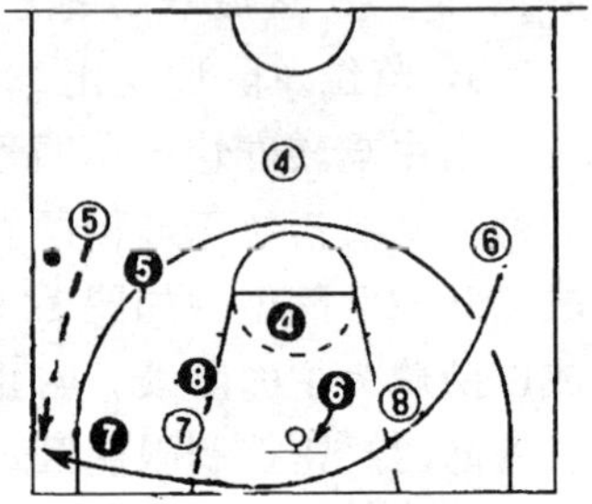

图 147

要移向⑦，❻要退到篮下，当⑤将球传给左场角⑥时，❼要上前防守，❽要抢前防⑦，❹与❻控制远球区。

如果④持球，⑦插向罚球线上，则❼要跟随防守，❽在防好⑧的同时，要控制好整个篮下区域，此时成“1—3—1”阵型，当⑤移到左场角，❺要跟下来。如图 148 所示。

一旦⑥斜插场角，则❻撤回篮下，并将❽顶过去防守⑥。如图 149 所示。

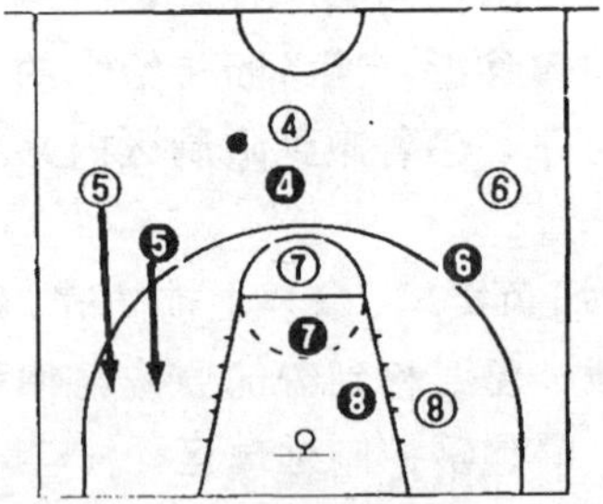

图 148

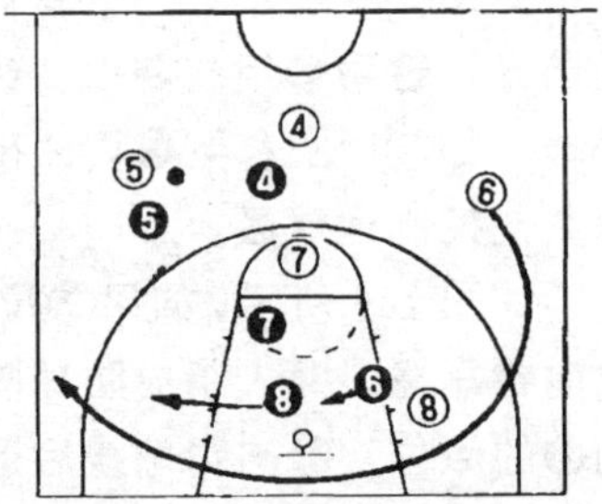

图 149

（四）区域联防的教学方法

1. 教学顺序

（1）在区域联防教学中，应先从防守队形变换教起，教会根据进攻落位，选择针对性防守阵型。

（2）接着教学如何在随球转移中做到防球与防区的分工与配合；再教当进攻队员移动造成局部负担过重时，联防队形的变换与配合。

（3）通过增加防守快攻反击的半场攻守联防练习，掌握如何控制对方快攻，而完成快速布阵联防的方法。

（4）在教学比赛或正式比赛中提高局部配合能力及整体防守效果。

2. 教法步骤

（1）讲解与演示：教师先讲清联防的运用时机及优缺点，结合图示或沙盘讲解联防阵型、队形变换、防守方法及防球与防区的分工等。还应对手臂运用、配合信号等加以说明。

（2）练习方法

A. 一防二随球移动防守练习，提高防守移动速度。

B. 二防二移动协防练习，提高两个人协同防守的配合能力。

C. 二防三移动补位练习，提高少防多配合能力。

D. 围守中锋练习，提高防守中的伸缩能力。

E. 五防四防守队形变换（“3—2”变“2—3”变“1—3—1”）练习，提高整体配合的应变能力。

F. 五防四防守职责（防球与防区）变换练习，重点提高防区队员对区、人的控制能力。

G. 半场五对五练习，提高防球与防区的综合防守能力。

H. 全场五对五练习，提高在防快攻基础上的退守与布阵速度。

I. 在教学比赛和正式比赛中检查和提高全队联防质量。

二、进攻区域联防

进攻区域联防是指针对区域联防的特点、队形、方法和变化所采用的进攻战术。

（一）进攻区域联防的基本要求

1. 由防守转入进攻时，积极发动快攻，趁对方立足未稳之际进行攻击。

2. 根据对方联防队形和本队特点，采用针对性落位队形，以利于对薄弱地区的攻击。

3. 通过球的转移和人的穿插，调动和牵制对手，创造攻击机会。

4. 通过准确的中远距离投篮，迫使对方扩大防区，以利于内外结合的攻击，并在防守薄弱地区制造以多打少的机会。

5. 注意拼抢篮板，保持攻守平衡。

（二）进攻区域联防的队形

进攻区域联防的战术队形有“1—3—1”、“1—2—2”、“2—1—2”和“1—4”等。

（三）进攻区域联防的方法

进攻“2—1—2”区域联防示例：进攻采用“1—3—1”队形。

1. 利用外围队员人数上的优势，通过传球调动防守，获得中远投机会。如图 150 所示，④和⑤通过传球将防守者❹和❺吸引过来，为⑥创造了良好投篮机会。

2. 通过中锋创造内外投篮机会。如图 151 所示，当❹和❺被调动开时，④传球给中锋⑧，⑧接球转身，⑦适时横切抢位要球攻击，⑧要及时传球。⑤也利用❼被牵制走的机会，迅速插到右侧篮下向⑧要球进攻或⑤插向右场角，接球投篮。

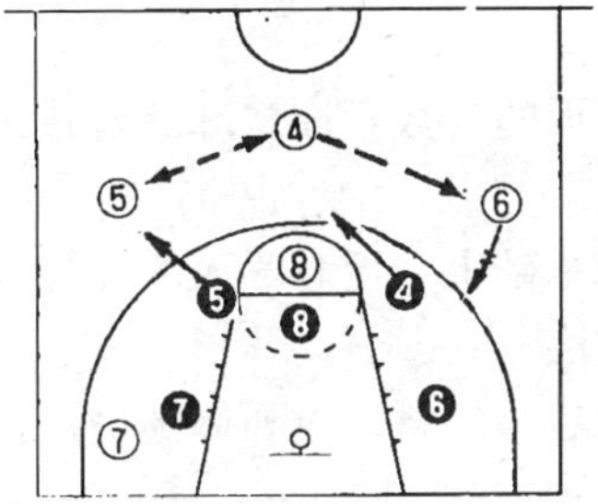

图 150

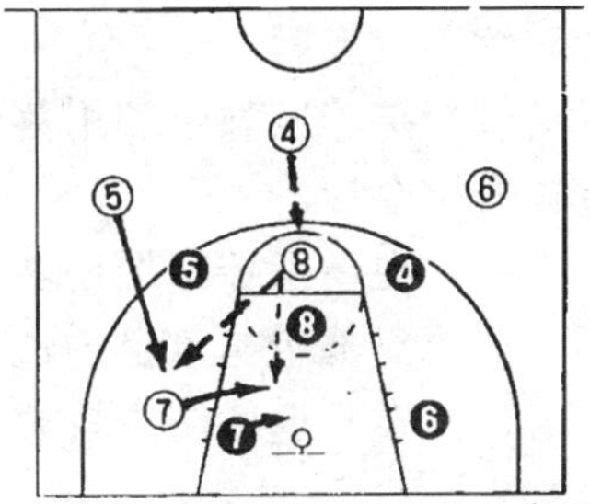

图 151

3. 通过中锋移动，造成罚球线以下的空当。如图 152 所示，当⑥获球后，⑧向篮下移动抢位要球进攻，❽随之防守，⑤乘机插向中间地带接球攻击。

4. 拉空篮下制造战机。如图 153 所示，⑦向外拉开，⑤向⑦传球后向篮下空切，⑧在⑤未获球之后向篮下抢位进攻，⑥在⑧拉空中间地带伺机插中接球攻击。

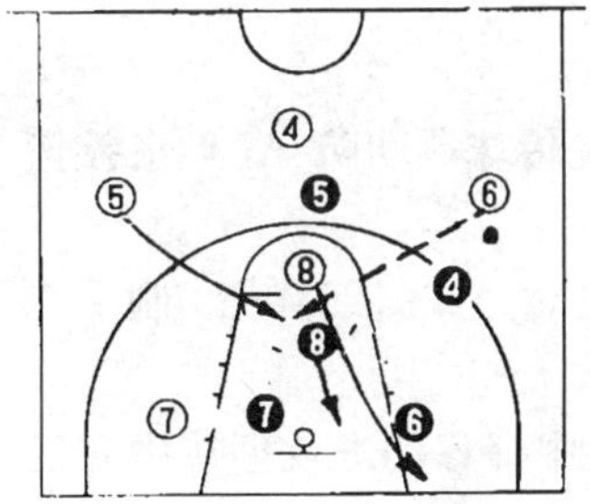

图 152

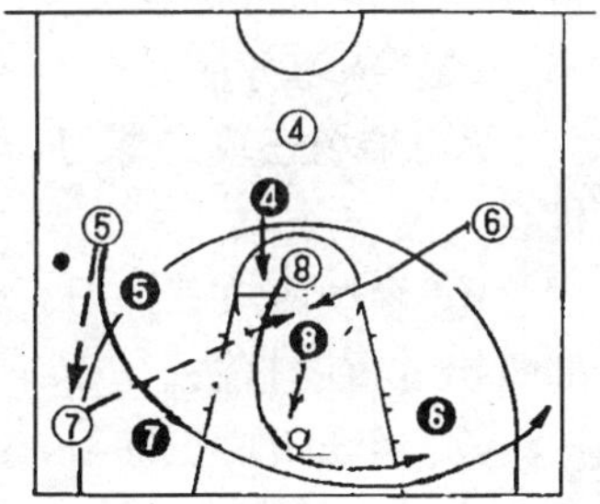

图 153

（四）进攻区域联防的教学方法

1. 教学顺序

（1）进攻区域联防的教学应从掌握各种进攻队形及进行针对性落位教起。

（2）接着应教学利用落位阵形的优势，通过球的转移创造攻击机会。

（3）在掌握传球调动防守的基础上，再教学人的穿插移动，造成局部负担过重的进攻方法。

（4）在掌握联防进攻方法之后，应将快攻和阵地进攻衔接起来。

（5）学习进攻区域联防应从无防守、消极防守到积极防守的顺序进行，最后通过教学比赛和正式比赛巩固和提高进攻区域联防的能力。

2. 教法步骤

（1）讲解与演示：教师应结合图示或沙盘讲清进攻区域联防的原则，讲清落位队形，职责分工及配合方法等。突出讲解“球动与人动、形成局部负担过重”，对进攻区域联防的重要作用。指出出现机会大胆投篮，组织好拼抢篮板球及保持攻守平衡的特殊意义。

（2）练习方法

A. 半场三攻二练习，学习通过传球调动防守，创造投篮机会。

B. 半场四攻三练习，学习通过对角或斜线穿插，制造局部负担过重的打法。

C. 半场四攻三练习，学习通过中锋移动进攻创造中间区域攻击机会的配合方法。

D. 半场五对五练习，先在消极防守条件下，后在积极防守条件下完成配合练习。提高配合质量及运用变化能力。

E. 全场五对五练习，将快攻与阵地进攻结合起来，掌握进攻节奏，注意内外结合，不断提高进攻区域联防的战术质量。

思考题

1. 比赛中什么时候采用区域联防？如何理解“防球”与“防区”的概念？

2. 举例说明为什么在进攻区域联防时采用针对性队形？

第四章　篮球竞赛规则与裁判法

第一节　篮球竞赛规则简介

一、竞赛场地和器材

1. 篮球场地应是一个长方形的坚实平面，其周围两米以内无任何障碍物，天花板或最低障碍物的高度至少 7 米。标准的球场尺寸为长 28 米、宽 15 米。球场有边线、端线、中

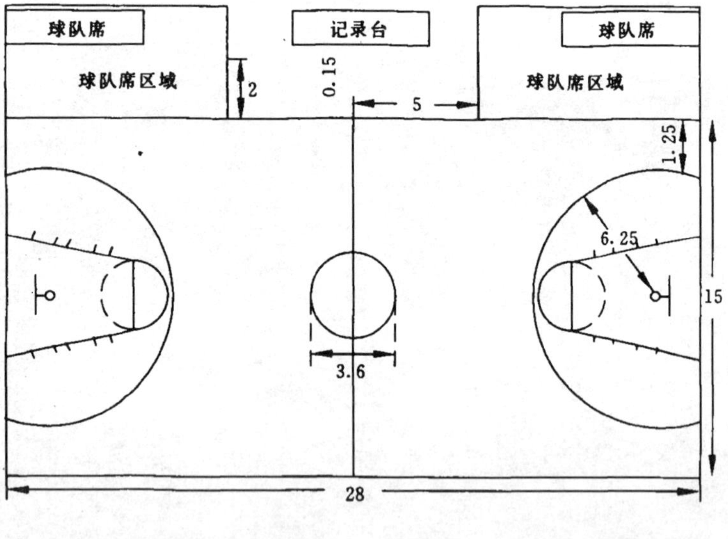

图 154　　　　（单位：米）

线和罚球线。有限制区、罚球区、罚球区两旁的位置区、三分投篮区、中圈跳球区和球场外的记录台与球队席。如图 154 所示。

2. 限制区：是从罚球线两端画两条线至距离端线中点各 3 米的地方（均从外沿量起）所构成的地面区域。如图 155 所示。

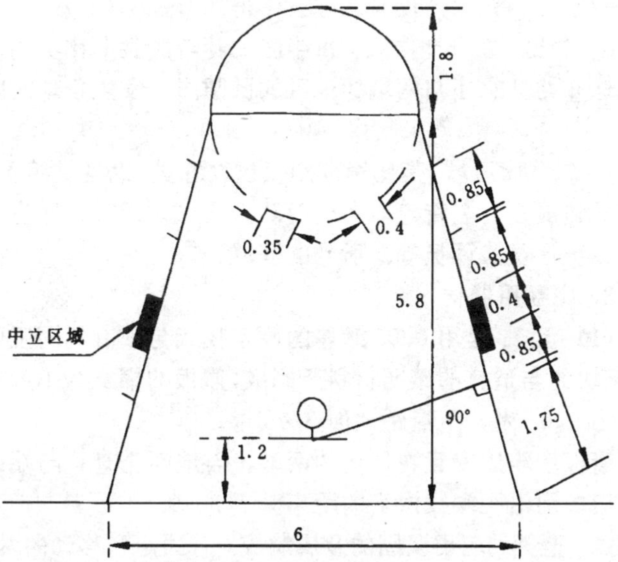

图 155　　　　（单位：米）

3. 罚球区：是以罚球线中点为圆心，以 1.80 米为半径，向限制区外所画出的半圆区域（见图 155）。

4. 罚球区两旁的位置区：是供罚球时两队队员站位使用

的。其站法是罚球队站两名队员，非罚球队站三名队员，其顺序是罚球队的队员站中间，非罚球队的队员站上、下两个位置。

5. 三分投篮区：分别从距边线 1.25 米的端线上引出两条垂线，再从对方球篮的中心垂直线与地面的交点上（该点距端线内沿中点的距离为 1.575 米），以 6.25 米为半径画一圆弧与两条垂线相交，所组成的区域之外的整个球场地区叫三分投篮区。在三分投篮区球投中得 3 分。

6. 中圈：在场地中央，每半时比赛与决胜期比赛均从中圈跳球开始。它还与两端罚球区的圆圈同为发生争球时跳球用。

7. 球队席区域：是比赛期间仅供教练员、助理教练员、替补队员和最多 5 名特定职务的随队人员（如领队、医生、按摩员、统计员、译员等）所坐的区域。

8. 比赛用器材

(1) 篮板：是用 0.03 米厚的硬木板或与其有相同坚硬度的、整块的与适宜的透明材料所制成。篮板的横宽为 1.80 米，竖高为 1.05 米，下沿距地面 2.90 米。

篮板应牢固安置在球场的两端，与地面垂直，与端线平行，篮板前沿距端线内沿的距离为 1.20 米。

(2) 篮架：应用坚固的金属制成，有固定和移动的两种，固定篮架至少要固定在端线外 2 米以外的地方。

(3) 球篮：包括篮圈和篮网。篮圈是用漆成橙色的实心铁条制成，内径为 0.45 米，圈下悬挂着 0.40 米的白色线网。其结构要能够使球穿过球篮时有暂时的停顿。见图 156、157。

9. 比赛专用器材

(1) 比赛计时钟和计秒表：计时钟供比赛计时用，放置

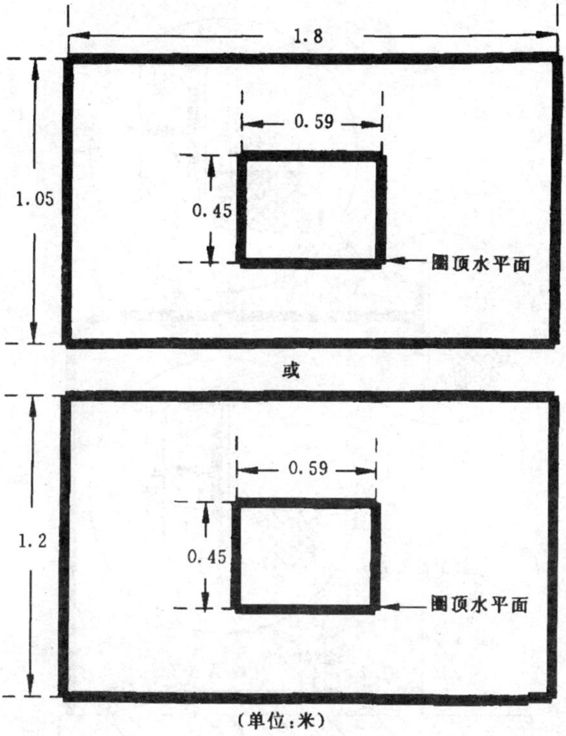

图 156

在赛场上每个人都能看到的地方；计秒表用来为暂停时间计时用，都归计时员用。

(2) 30 秒装置：由 30 秒计时员操纵，用于管理 30 秒钟规则。

(3) 信号：表示比赛时间终了的锣或电钟；在死球期间，请求暂停或替换的三音笛，以及 30 秒钟周期结束时自动发出

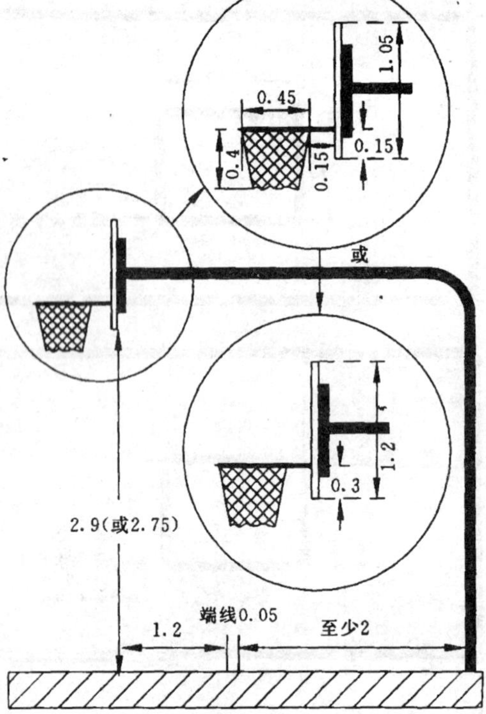

图 157

的声响。

（4）记分牌：记录双方比赛得分用。应让所有人都看得见。

（5）记录表：使用国际篮联批准并由记录员在赛前和赛中按规则规定填写。如图 158 所示。

篮球比赛记录表
(2×20分钟)

甲队:________________ 乙队:________________

比赛名称:__________ 日期:________ 时间:________ 主裁判员:__________

比赛编号:__________ 地点:__________ 副裁判员:__________

甲队:__________

暂停

□□ 上半时　　全队犯规 1 2 3 4 5 6 7

□□ 下半时　　全队犯规 1 2 3 4 5 6 7

□□□ 决胜期

队员证号码	队员姓名	号码	上场队员	犯规 1	2	3	4	5
		4						
		5						
		6						
		7						
		8						
		9						
		10						
		11						
		12						
		13						
		14						
		15						

教练员:

助理教练员:

乙队:__________

暂停

□□ 上半时　　全队犯规 1 2 3 4 5 6 7

□□ 下半时　　全队犯规 1 2 3 4 5 6 7

□□□ 决胜期

队员证号码	队员姓名	号码	上场队员	犯规 1	2	3	4	5
		4						
		5						
		6						
		7						
		8						
		9						
		10						
		11						
		12						
		13						
		14						
		15						

教练员:

助理教练员:

累积分

甲	乙	甲	乙	甲	乙	甲	乙
1	1	41	41	81	81	121	121
2	2	42	42	82	82	122	122
3	3	43	43	83	83	123	123
4	4	44	44	84	84	124	124
5	5	45	45	85	85	125	125
6	6	46	46	86	86	126	126
7	7	47	47	87	87	127	127
8	8	48	48	88	88	128	128
9	9	49	49	89	89	129	129
10	10	50	50	90	90	130	130
11	11	51	51	91	91	131	131
12	12	52	52	92	92	132	132
13	13	53	53	93	93	133	133
14	14	54	54	94	94	134	134
15	15	55	55	95	95	135	135
16	16	56	56	96	96	136	136
17	17	57	57	97	97	137	137
18	18	58	58	98	98	138	138
19	19	59	59	99	99	139	139
20	20	60	60	100	100	140	140
21	21	61	61	101	101	141	141
22	22	62	62	102	102	142	142
23	23	63	63	103	103	143	143
24	24	64	64	104	104	144	144
25	25	65	65	105	105	145	145
26	26	66	66	106	106	146	146
27	27	67	67	107	107	147	147
28	28	68	68	108	108	148	148
29	29	69	69	109	109	149	149
30	30	70	70	110	110	150	150
31	31	71	71	111	111	151	151
32	32	72	72	112	112	152	152
33	33	73	73	113	113	153	153
34	34	74	74	114	114	154	154
35	35	75	75	115	115	155	155
36	36	76	76	116	116	156	156
37	37	77	77	117	117	157	157
38	38	78	78	118	118	158	158
39	39	79	79	119	119	159	159
40	40	80	80	120	120	160	160

比分:上半时 甲___ 乙___

下半时 甲___ 乙___

决胜期 甲___ 乙___

最后比分: 甲队___ 乙队___

优胜队:__________

记录员:________

计时员:________

30"计时员:________

主裁判员:__________

副裁判员:__________

球队抗议队长签名栏:__________

图 158

（6）队员犯规次数标志牌：共5个白色标志牌，分别写上1至5的数字，1至4为黑色，5为红色。数字尺寸为长0.20米，宽0.10米。

（7）全队犯规标志：可用宽0.20米、高0.35米红旗或用电子的或灯光装置。

二、有关比赛的规定

1. 正式比赛分为2×20分钟和4×12分钟两种。每节、每半时、每决胜期的比赛均从中圈跳球开始。在打满规定时间后，得分较多的一队获胜。如比分相等，则要通过延长一个或几个5分钟的决胜期继续比赛，直到分出胜负为止。

在比赛开始时，某队上场队员不满5人时比赛不能开始。

2. 要登记的暂停

对2×20分钟的比赛，每队每半时准许请求两次暂停，每一决胜期准许1次。

对4×12分钟的比赛，每队每半时（两节）可以准许请求3次暂停，每一决胜期准许1次。

只有教练员或助理教练员有权请求暂停，但必须到记录台前按规定做出手势。每次暂停持续1分钟。

只有在球成死球并停止比赛计时钟时才能准许暂停。但当甲队在乙队投篮得分后，掷端线界外球时，裁判员可准许甲队教练提出的暂停请求。

3. 替换

当裁判员宣判犯规或某队暂停之后，双方均可替换。违例后只有掷界外球的队可以替换，只要掷界外球的队替换了，对方队也可以替换。

替换要由替补队员自己向记录员报告，并立即做好准备，直到裁判员招手示意进场。

4. 比赛告负

出现下列情况，判该队因弃权告负，第一，球队在主裁判通知后拒绝比赛；第二，球队以其行为阻碍比赛的进行；第三，在过了比赛时间15分钟，某队未出场或能上场的队员不足5名。这场比赛判给对方以20比0获胜。

如果在比赛过程中，某队场上队员少于两人，则该队因"缺少队员"而比赛告负。这场比赛如获胜队比分领先，则以比赛停止时的比分作为结果；如获胜队比分落后，则记录该队以2比0比分获胜。

5. 球的状态

（1）球进入比赛状态：当裁判员持球进入圆圈执行跳球时；当裁判员持球或不持球进入罚球区执行罚球时；当掷界外球队员可处理球时，均表明球进入了比赛状态。

（2）球成活球：在跳球中，球到达最高点后被一名或双方跳球队员合法拍着时；当裁判员将球交于罚球队员可处理时；当掷界外球后，球触及场上队员时，均表明球成活球。

（3）球成死球：任何合法中篮时；球成活球或球进入比赛状态，裁判员鸣哨时；当活球时30秒钟计时员发出信号时；每半时或每节时间终了时；每半时或每节时间终了或宣判犯规后，投篮的球在飞行中被任一队员合法触及等等，发生上述情况球成死球。

下列两种情况例外，第一，当罚球或投篮，球在空中时发生裁判员鸣哨，30秒钟发出信号或时间终了信号时球不成死球，投中得分有效。第二，当队员在做投篮动作并仍控制着球时，对方队员对他犯规，他继续完成对方犯规前的投篮连续动作，投中得分有效。

三、违例与罚则

违例是违犯规则的行为。罚则是该队失去球权，由对方在最靠近发生违例的地点掷界外球继续比赛。比赛中经常发生的违例有下列几种。

（一）带球走违例

当持活球的队员用一脚或双脚向任一方向移动超出规则规定的限制时，发生带球走违例。

1. 确定中枢脚：队员双脚着地接到球，可以用任一脚作中枢脚；队员在移动或运球中接到球，可以按下列情况停步并确定中枢脚：第一，如果一脚正接触着地面：（1）另一脚接触地面时，原先那只脚就成为中枢脚；（2）队员可以跳起那只脚，并双脚同时着地，则哪只脚都不是中枢脚。第二，如果双脚离地，并且队员是：（1）双脚同时着地，则任一脚都可以是中枢脚；（2）两脚分先后着地，则先触地的脚是中枢脚；（3）一脚着地，队员可以跳起那只脚并双脚同时着地，则哪只脚都不是中枢脚。

2. 确定中枢脚后，当队员传球或投篮时，中枢脚可以抬起，但在球离手前不可以落回地面；当队员运球开始时，在球离手前中枢脚不可以抬起。

3. 停步后当哪只脚都不是中枢脚时，在传球或投篮中，一脚或双脚都可以抬起，但在球离手前不可以落回地面；当队员运球开始时，在球离手前哪只脚都不可以抬起。凡不符合本条规则均为违例。

（二）非法运球违例

当已获得控制球的队员将球掷、拍或滚向地面，并在球触及另一队员前再接触球为运球开始。队员运球中，出现双手同时触球，或使球在一手或两手中停留的瞬间，运球即告完毕。运球完毕后再次运球，即为非法运球违例。罚则是对方在违例就近地点掷界外球。

下列情况后运球，不属非法运球：连续投篮；在运球开始或结束时，队员偶然出现漏接球；与对方队员在空中用连续挑拍抢球；拍击另一队员控制的球后获球；拦截传球并获得该球等等。

（三）球回后场违例

位于前场的控制球队的队员不得使球回后场。包括掷前场界外球。当控制球队的队员在球进入后场前是最后一个触球者并且他的同队队员首先触及已接触后场地面的球，或者该队员触及后场后又先触及球。即为球回后场违例（被防守队员断回后场的球可以被双方任一球队重新获得）。罚则是判给对方队员在违例就近的界外掷球继续比赛。

（四）掷界外球违例

队员掷界外球时不得违反下列规定：

1. 球离手前不得超过5秒，不得脚踏场地掷球，不得在裁判指定地点横向移动累计超过正常的一步（1米）。

2. 球离手后不得使球越过篮板，不得使球进入球篮，不得首先触及界外。

3. 在球掷过界线前，任何队员都不可以使身体任何部分越过界线。

违反上述规则为违例。罚则是将球判给对方队员在原掷界外球地点掷界外球。

（五）罚球违例

1. 罚球队员必须遵照下列要求执行罚球：

(1) 要在罚球线后半圆内就位，可以用任何方式投篮，球必须从球篮上方投入或触及篮圈，他必须在5秒钟内投球离手。

（2）罚球不得做假动作，当球正在飞向球篮途中不得触及球，在球触及篮圈前不得触及罚球线及前面的地面。

（3）当球与篮圈接触时不得触及球篮和篮板。

违反上述规定为违例。罚则是最末一次罚球不得分，将球判给对方队员在罚球线延长线部分掷界外球。

2. 其他队员

其他队员必须遵守下列规则：

（1）只有罚球队两名、对方三名队员可占据不同位置区，靠近端线的第一位置区由非罚球队两名队员占据，第二位置区由罚球队本方两名队员占据，非罚球方另一队员可任选一侧的第三位置区。他们不得占据他们无权占据的位置。

（2）在球离开罚球队员的手之前不可进入限制区、中立区域或离开位置区。

（3）当球正在飞向球篮途中，不得触及球，直到球触及篮圈或球显然不会触及篮圈。当球与篮圈接触时，不得触及球篮或篮板。

（4）当球在球篮中时，罚球队的对方队员不能触及球、球篮或用他的行为去扰乱罚球队员。

违反上述规定为违例。罚则是如果罚球中篮，对其他队员违例不究；如果罚球不成功时，同队队员违例，判给对方掷界外球；对方违例，判给罚球队员重罚一次；双方违例，判双方在罚球线跳球开始比赛。

（六）跳球违例

跳球时，队员应遵守下列规定：在球到达最高点之前，任一跳球队员都不得拍球，在球被拍击前不得离开自己的位置。

在球触及非跳球队员、地面、球篮或篮板前，任一跳球队员都不能抓住球或超过两次触球。在球被拍击前，非跳球队员不得进入圆圈（圆柱体）。

违反上述规定为违例。罚则是将球判给对方在违例地点掷界外球。如双方违例，应判重新跳球。

（七）时间规则上的违例

1．3 秒违例：某队控制球时，该队队员在对方限制区内持续停留超过 3 秒钟。

2．5 秒违例：有三种情况：第一，罚球队员在 5 秒内未把球投出；第二，掷界外球队员未在 5 秒钟内把球掷入场内；第三，持球队员被严密防守 5 秒内未能使球离手。

3．10 秒违例：控制球队未能在 10 秒钟内使球从后场进入前场。

4．30 秒违例：某队在场上控制球时，未能在 30 秒钟内完成投篮。

违反时间规则的违例判罚是由对方掷界外球继续比赛。

四、侵人犯规及罚则

侵人犯规是在活球、球进入比赛状态或死球时涉及与对方队员接触的队员犯规。这种接触是队员通过伸展臂、肩、髋、膝、脚或弯曲身体成不正常姿势，以阻挡、拉、推、撞、绊等动作来阻碍对方的行动，甚至使用粗野动作。

侵人犯规包括：阻挡、撞人、从背后防守、用手拦阻、拉人、非法用手、过分挥肘、推人、非法掩护、双方犯规、违反体育道德的犯规和取消比赛资格的犯规等。

对侵人犯规的罚则，在所有情况下都要登记犯规队员一次侵人犯规，并累计到全队犯规次数中去。并按下列情况处理：

（一）对控制球队队员的犯规，如该队员正做投篮动作，则投中得分有效并加罚1次。如未投中，则判给两次或3次罚球；如侵犯的是无球队员，则应由被侵犯的队掷界外球。

（二）对非控制球队队员犯规，应由被侵犯队在犯规地点掷界外球。

（三）当某队全队犯规累计已达7次，其后该队在没有控制球权情况下队员发生侵人犯规，被侵犯队员将获得两次罚球的机会。

（四）双方犯规由双方犯规队员在最近圆圈内跳球。

（五）对违反体育道德的犯规（或取消比赛资格的犯规）的罚则是登记队员一次违反体育道德的犯规（或取消比赛资格的犯规，令其离开赛场去该队休息室），判给罚球再加一次球权。判给的罚球次数要按下列规定：

1. 如被侵犯的队员未做投篮动作，则判给两次罚球。

2. 如被侵犯的队员正在做投篮动作，如投中则得分算再判给1次罚球。

3. 如果被侵犯的队员正在做投篮但未投中，则根据投篮地点判给两次或3次罚球。

4. 罚球时，其他队员要位于罚球线延长线以外部分和三分线的后面。掷界外球时两脚应骑跨中线延长线。

五、技术犯规与罚则

任何故意和一再违反与比赛各方面完美与真诚的合作，或表现出违背体育道德精神和良好的比赛作风的行为，视为技术犯规。可表现为：

（一）同裁判员谈话或接触没有礼貌，或使用可能引起冒犯的语言和行动。

（二）戏弄对方或在对方眼睛附近摇手妨碍其视线。

（三）妨碍正常掷界外球，影响比赛进行。

（四）没有通知记录员、裁判员擅自更换号码。

（五）没经裁判允许，擅自进行替换。

（六）队员擅自离开场地去获得不正当的利益。

（七）队员抓住篮圈，把整个身体悬挂在篮圈上。

（八）被裁判员警告过的队，重犯类似行为。

罚则是登记该队员犯规次数、累计全队犯规次数内，判给对方队员两次罚球。

对行为十分恶劣或屡次违反此条规定的队员要取消其比赛资格。

对教练员、替补队员或随队人员的技术犯规，要登记教练员一次技术犯规，并判给对方队员两次罚球和随后的球权。

比赛休息时间内的技术犯规罚则是对犯规队员或教练员进行登记，判对方在比赛重新开始前罚球两次。

队员在 2×20 分钟比赛中，侵人犯规或技术犯规共达 5 次；或在 4×12 分钟比赛中，队员侵人或技术犯规已达 6 次，在得到通知时必须自动退出比赛。

教练员因其本身违反体育道德的行为而被登记了两次技术犯规时，或因他自身、助理教练、替补队员或球队席上的随队人员的违反体育道德的行为累积在教练员名下，登记了 3 次技术犯规时，他将被取消比赛资格。令其去该队休息室，由被登记在记录表上的助理教练员代理，如没有助理教练员，则由队长代理。

第二节 篮球竞赛裁判法简介

一、临场裁判员的职责

一场篮球比赛需要两名裁判员，称作主裁判员和副裁判员。主裁判员要检查和批准比赛使用的所有器材，主持中圈跳球开始比赛，决定中篮是否有效，确定剩余的比赛时间，对出现问题经协商后由他作出最终决定，审查记录表及决定规则没有明确规定的事项。

副裁判员应协助主裁判组织好比赛并与主裁判员共同履行规则，使比赛按规则进行。

比赛中，位于进攻队的前方的裁判员叫前导裁判，位于进攻队后面的称作追踪裁判。在执行跳球、执行罚球和执行掷界外球的裁判员为执行裁判，和执行裁判员保持一定距离或角度并照顾全场的裁判为配合裁判。

二、区域分工与移动路线

（一）全场区域分工与移动路线

如图 159 所示，A 裁判负责 ab 边线和 bd 端线，B 裁判负责 cd 边线和 ca 端线。其移动路线如图 159 所示。

（二）半场区域分工与移动路线

如图 160A、B 所示，将半场划分为 6 个区，前导裁判 A 负责④⑤⑥区与 bd 端线和 be 边线；追踪裁判 B 负责①②③区与 df 边线和 ef 中线。裁判 A 主要在端线一带移动与观察，并负责端线和罚球线延长线到端线之间边线外的掷界外球；追踪裁判员 B 主要在沿边线和中线一带移动与观察，当不影

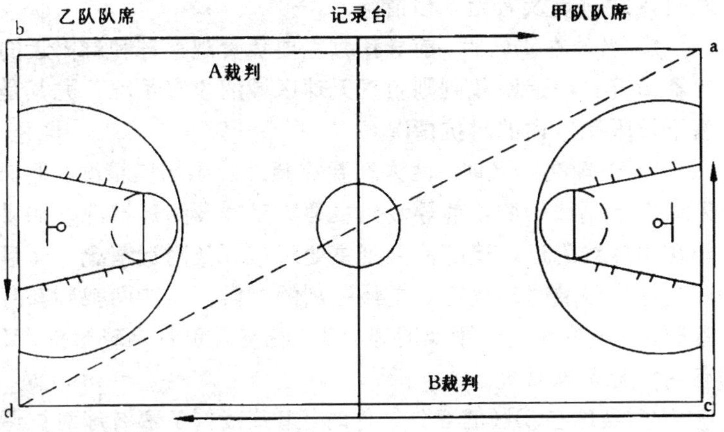

图 159

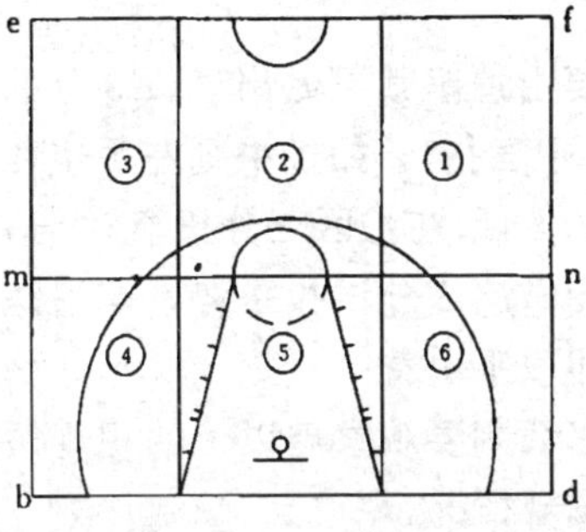

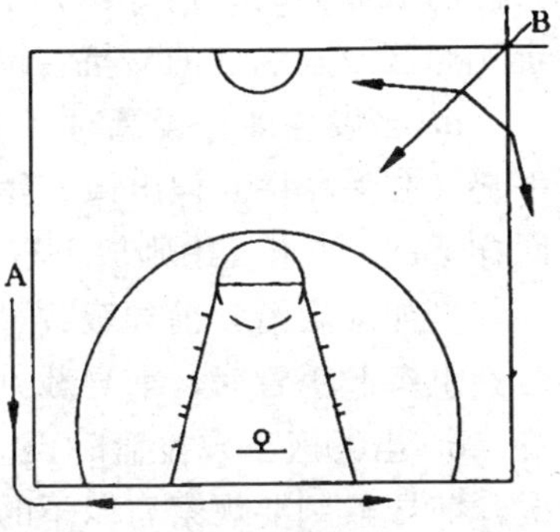

图 160A　　　　图 160B

响比赛情况下，可向场内深入，还负责他所负责的 df 边线外和 em 边线外的掷界外球。

⑤和⑥区为共管区。

1. 当球在①②③区时，追踪裁判主要观察球与靠近球的比赛情况；而前导裁判则主要负责无球区域的攻守情况，尤其是内线对抗及有无 3 秒情况。

2. 当球在④区时，前导裁判主要负责观察球和球附近的比赛情况，而追踪裁判则负责无球区域的攻守情况，尤其是篮下及限制区内的对抗情况。

3. 当球在⑤区时，两人都要注意球及球周围情况，但如果球靠近端线一侧，前导裁判主要观察球及附近情况；如果球在罚球线附近，追踪裁判则主要观察球及附近情况。而且球在这个区域时是攻守对抗最激烈的时候，不能两裁判都盯着球，一定按球的位置及明确分工，既有人负责有球对抗，又有人负责无球对抗。

4. 当球在⑥区的 3 分线外时，追踪裁判负责有球对抗情况，前导裁判负责无球区尤其限制区内的无球对抗。当球在⑥区的 2 分区时，前导裁判主要负责有球对抗；追踪裁判负责无球区及限制区的对抗情况。

5. 当发生 3 分投篮时，主要由追踪裁判做出试投 3 分的手势（右手高举并伸出拇、食、中三指）。如投中则左手也要同样举起；如未投中则放下右手。如果在④区三分投篮时，追踪裁判如未看清，前导裁判可先做出 3 分试投手势，等追踪裁判也举起手臂时，前导裁判即放下手臂。

6. 当⑤区出现投篮时，追踪裁判要观察肩以上的犯规情况，前导裁判要观察肩以下的犯规情况。

三、几种特定情况下的分工与配合

（一）跳球时的分工与配合

每半时开始比赛或每次发生争球，都要以跳球开始和继续比赛。跳球时，执行跳球的裁判永远要面向记录台。当他看到双方队员已落好位并与配合裁判进行视线交流后，立即

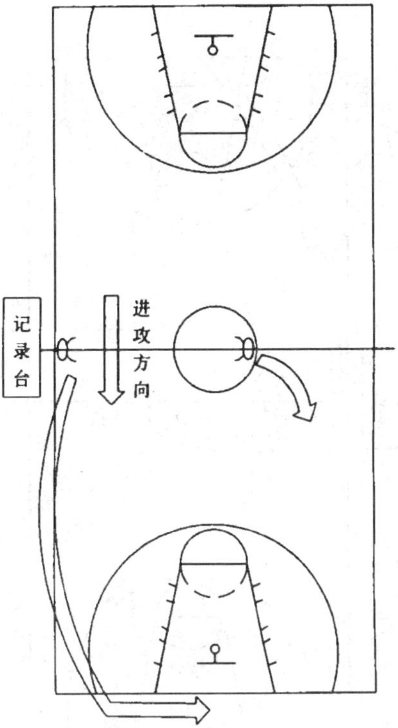

图 161

进入圆圈开始跳球。抛球可用双手或单手，球抛起要正与直，高度应略超过跳球队员能达到的高度（男子比赛可抛至篮圈高度，女子比赛可略低)。抛球后他应在原位不动，观察比赛动向，直到身边队员都已离开，然后移到追踪裁判的位置。配合裁判在执行裁判对面边线处，而且在跳球后他总是担任前导裁判的职责。如图 161、162 所示。

(二)罚球时的分工配合

每当宣判犯规罚球时，两个裁判员要交换位置，新的追踪裁判执行罚球。他应让队员按规则规定在位置区站好，然后进入限制区内，做出几次罚球的手势，并从配合裁判（新的前导裁判）手中接过球递交给罚球队员，之后退出圆圈按规定举起手臂，且用一只手做出计秒手势。配合裁判应先将球拿过来，等执行裁判做完罚球次数手势后将球传给他，然后他退到限制区底线外和执行裁判斜线相对的位置，做出相应手势。

执行裁判主要观察罚球队员有无罚球违例以及罚中做出

得分手势。配合裁判主要观察位置区双方队员有无违例或犯规。

(三)暂停时的分工与配合

当记录台发出某队请求暂停的信号时，靠近记录台的裁判应立即鸣哨并做出准许某队暂停的手势。暂停期间，他应站在靠近中圈附近以便于和记录台的联系；另一裁判应持球站在暂停后比赛重新开始的地方，待暂停时间到时主持比赛开始。

(四)掷界外球时的分工与配合

所有掷界外球（球中篮后的掷端线界外球除外）都要经裁判递交球，当发生违例或其他应掷界外球的情况后，执行掷球的裁判应站在掷球位置附近，将球递交给掷界外球的队员后，举起一只手臂准备做出开表手势，另一只手在体侧摆动做出计秒手势。

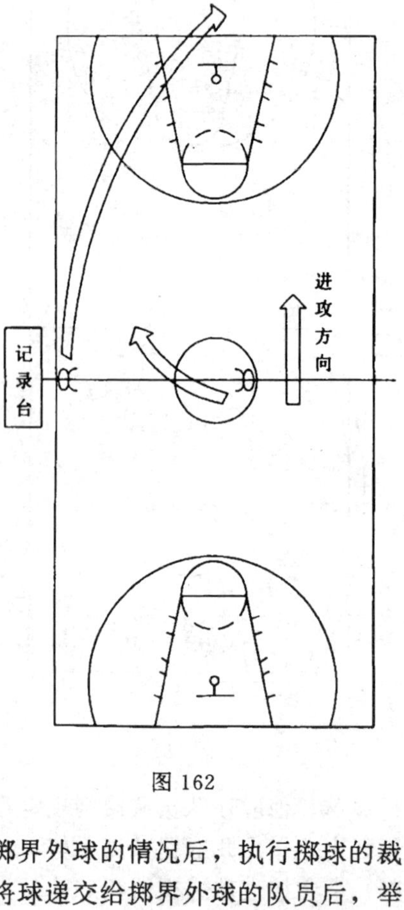

图 162

执行裁判主要观察掷界外球队员及附近队员有无违例，配合裁判站在相应位置并观察其他队员的情况。

（五）替换队员时的分工与配合

当记录台发出某队请求换人信号时，靠近记录台的裁判应鸣哨并做出换人手势，然后用手势招呼替补队员进场，并注意被替换队员是否下场。另一裁判员站在比赛重新开始的地方，协助观察替换是否正确执行或默查人数。

（六）决胜期和比赛结束时的分工与配合

当下半时比赛结束时两队比分相等，主裁判应检查核对记录表无误后，宣布增加决胜期比赛，并立即召集双方队长重新选择球篮，待休息两分钟后，在中圈跳球开始比赛。之后，每增加一个决胜期都要交换球篮。

当计时员发出比赛结束信号时，主裁判应立即鸣哨停止比赛。如果比赛时间终了的锣声响前，投篮的球已在空中，追踪裁判应注意有无干扰球出现。如果是防守队员干扰球，不管中篮与否都算得两分或三分；如果进攻队员接触球判违例，中篮无效，比赛结束。

第三节　记录台工作

规则规定记录台的工作人员为 4 人：计时员、记录员、助理记录员和 30 秒计时员各 1 人。篮球比赛的记录和计时工作是裁判工作的一个重要组成部分，是裁判员工作的助理。

为了配合裁判员组织和管理好比赛，为了记录员、计时员准确无误、默契配合完成记录与计时工作，规则规定了记录台、替补队员席和球队席的位置。如图 163 所示。

一、计时员的职责

计时员要按规则规定掌握比赛时间的运行和停止；计时

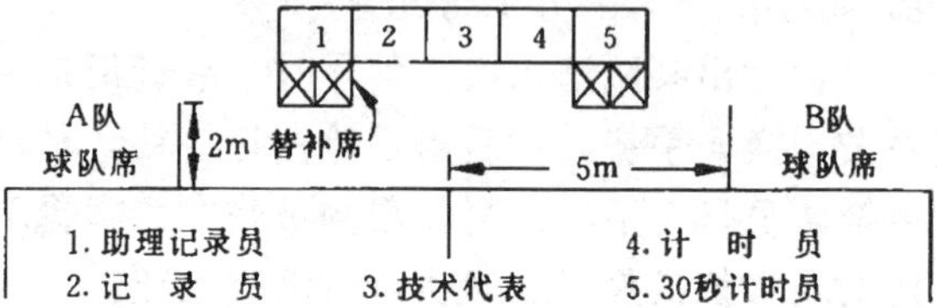

图 163

员要在比赛开始前 3 分钟通知主裁判员，以便主裁判员可以通知球队做好比赛上场准备；每次暂停，计时员要开动计秒表，并在持续 50 秒时通知记录员发出暂停时间到的信号；计时员的信号使球成死球，并停止比赛计时钟；计时员要用非常响亮的信号表示每半时和决胜期时间终了。

二、30 秒钟计时员的职责

30 秒钟计时员要按规则规定操纵 30 秒钟装置。30 秒钟计时员的信号使球成死球，并停止比赛计时钟。

当一名队员在场上已获得控制活球的刹那，30 秒钟计时员应开动 30 秒钟装置。一旦控制球结束（队员投篮离手时；对方队员获得控制球时；球成死球时），该装置就要停止（而不是复位）；只有当队员在场上重新控制球，新的 30 秒周期开始时，30 秒钟计时员才要使该装置复位和重新开始。

但是在下列情况下，不重新设定 30 秒周期：第一，球出界；由原控制球队的队员掷界外球时；第二，裁判员中止比赛以保护控制球队的受伤队员时；第三，由于控制球队的行为而停止比赛时。30 秒钟计时员在该队掷界外球后重新控制球时，从时间中断处继续计时。

任何其他原因，要判给控制球队一个新的 30 秒周期。

三、技术代表的职责

技术代表主要是监督记录台人员的工作，协助主裁判员和副裁判员使比赛顺利进行。

四、记录员和助理记录员的职责

（一）记录员职责

1. 记录员要在比赛前登记上场队员和所有替补队员的姓名和号码，并要教练员核定与签字。

2. 记录两队累积分数；记录投篮和罚球得分。

3. 记录每一个队员及教练员的侵人或技术犯规次数，当队员 5 次犯规或教练员 2 次本人（或 3 次累计）技术犯规时，立即通知主裁判员。

4. 记录每队请求暂停次数，并在最后一次暂停后通过裁判员通知教练员。

5. 出示每个队员犯规次数的标志牌，并要双方教练员可见。

6. 管理全队犯规标志，当某队每半时第 7 个队员犯规后，在球进入比赛状态的一瞬间，放上该标志牌。

7. 按规定实施替换。

8. 记录员信号既不能停止比赛计时钟，也不能使球成死球，他只能在死球或停止计时钟后发出信号。

（二）助理记录员要操纵记录板。其职责不得妨碍其他记录台人员的职责或与其相冲突。

（三）如何使用记录表

1. 赛前应填写好的内容

比赛名称、比赛的日期、时间和地点、主裁判员和副裁判员的姓名、两队队员的姓名、队长名字后面标上CAP，教练员和助理教练员的名字、在首先上场的5名队员号码旁边画上⊗、在开赛前10分钟要A队和B队教练员确认名单与号码并签字。

2. 比赛中应填写的内容

（1）某队请求暂停准许后，在相应空格内登记一个大“×”。

（2）记录犯规

A. 队员犯规登记在该队员名下。

B. 教练员、助理教练员、替补队员和随队人员的犯规是技术犯规或取消比赛资格的犯规，要登记在教练员名下。

C. 侵人犯规用“P”表示；违反体育道德的犯规用“U”表示；取消比赛资格的犯规用“D”表示；技术犯规用“T”表示；教练员自身犯规用“C”表示；因其他原因判给教练员的犯规用“B”表示。涉及罚球的犯规要在英文字母后加上罚球次数，如P_1、P_2、P_3、U_2、D_2、T_2、C_2、B_2等。

D. 全队犯规

在每半时比赛里每当队员发生犯规时，都要用“×”划掉“全队犯规”中的一格。

（3）累积分的记录

在累积分栏内，在每次得分的累积数字上划一斜线，并在旁边写上得分队员号码，如投中3分，要把队员号码圈起来；如罚球得分则涂掉数字。

在每半时结束时，要用粗线画一圆圈套住该队最后得分分数，在其下画一粗横线，下半时或决胜期比赛得分继续累积下去。比赛结束时要在最后得分下面画两条粗横线，并且用一条斜线将剩余分数划掉。

3. 比赛结束后的记录内容

（1）上半时结束，应将比分记入表下端适当区间内；

（2）比赛结束要填写最后比分和胜队队名；

（3）记录员、30 秒计时员、副裁判员依次签名，最后主裁判员审查该表填写无误后签名。

思考题

1. 违例和犯规有哪些？罚则各是什么？

2. 如何判定带球走？

3. 如何判定对投篮队员犯规？罚则是什么？

4. 裁判员全场和半场如何分工？如何移动？

5. 当发生对投篮队员犯规时，裁判员应如何宣判和执行罚则？

附图　　裁判员手势

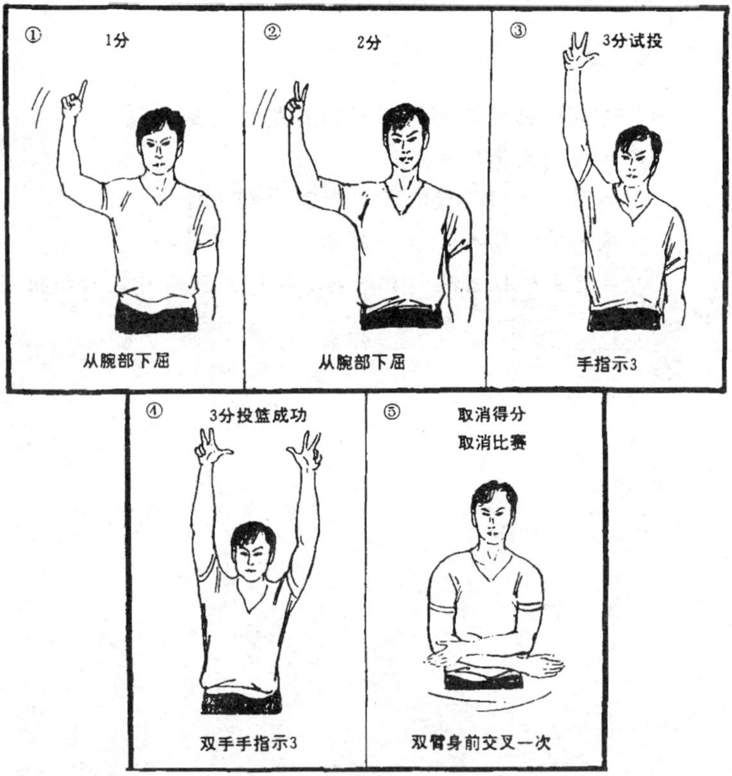
①
1分
从腕部下屈
②
2分
从腕部下屈
③
3分试投
手指示3
④
3分投篮成功
双手手指示3
⑤
取消得分
取消比赛
双臂身前交叉一次

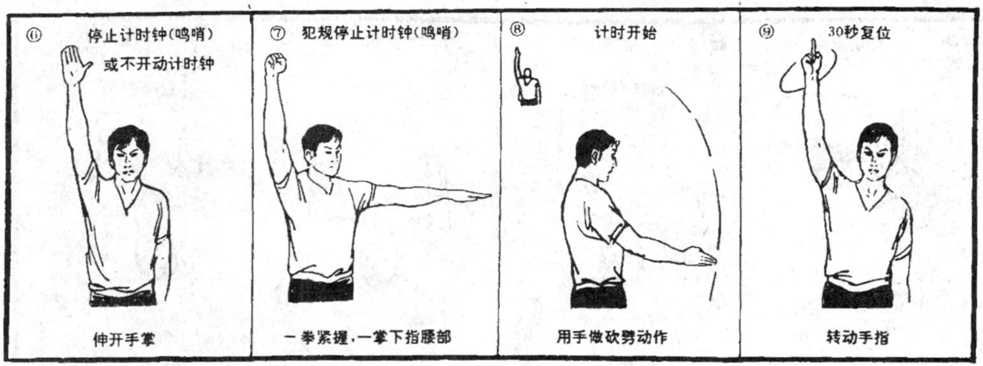
⑥ 停止计时钟(鸣哨)
或不开动计时钟
伸开手掌
⑦ 犯规停止计时钟(鸣哨)
一拳紧握，一掌下指腰部
⑧ 计时开始
用手做砍劈动作
⑨ 30秒复位
转动手指

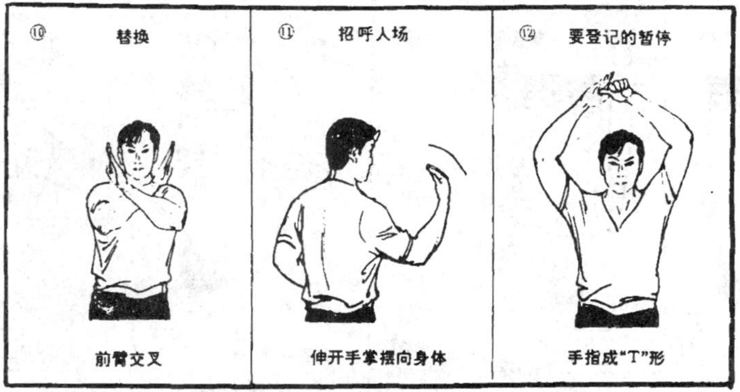
⑩ 替换
前臂交叉
⑪ 招呼人场
伸开手掌摆向身体
⑫ 要登记的暂停
手指成"T"形

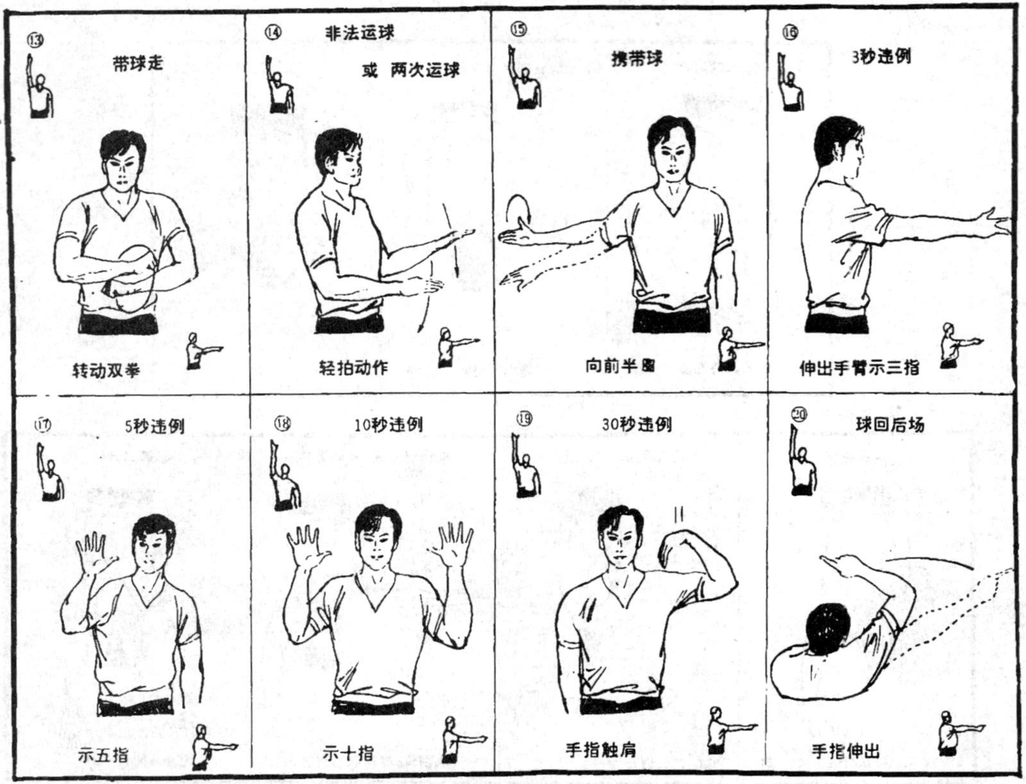
⑬ 带球走
转动双拳
⑭ 非法运球
或 两次运球
轻拍动作
⑮ 携带球
向前半圈
⑯ 3秒违例
伸出手臂示三指
⑰ 5秒违例
示五指
⑱ 10秒违例
示十指
⑲ 30秒违例
手指触肩
⑳ 球回后场
手指伸出

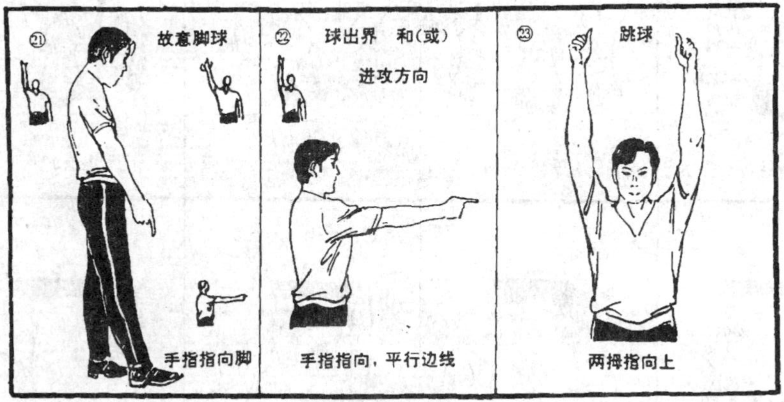
㉑
故意脚球
手指指向脚
㉒
球出界　和(或)
进攻方向
手指指向，平行边线
㉓
跳球
两拇指向上

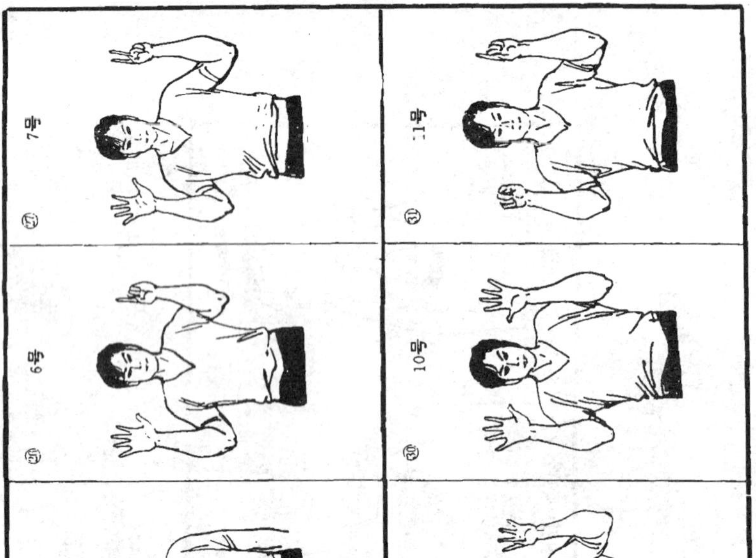
4号
5号
6号
7号
8号
9号
10号
11号

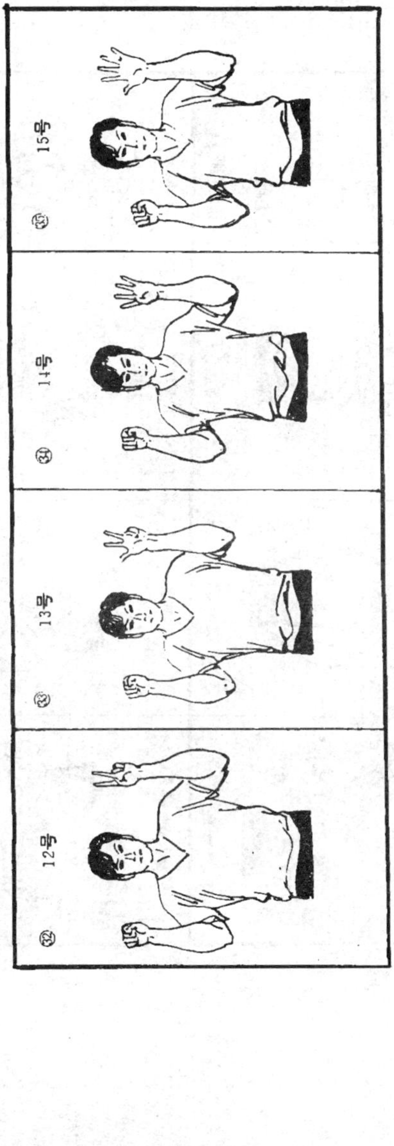
㉜ 12号
㉝ 13号
㉞ 14号
㉟ 15号

㊱ 非法用手
击腕
㊲ 阻挡
（进攻或防守）
双手置髋部
㊳ 过分挥肘
向后摆肘
㊴ 拉人
抓住手腕
㊵ 推人或徒手撞人
模仿推
㊶ 带球撞人
握拳击手掌
㊷ 控制球队
犯规
握拳朝向犯规队的球篮
㊸ 双方犯规
挥动双拳

㊹ 技术犯规

手掌成“T”形

㊺ 违反体育道德的犯规

抓住手腕

㊻ 取消比赛资格的犯规

紧握双拳

㊼ 一次罚球

举起一指

㊽ 两次罚球

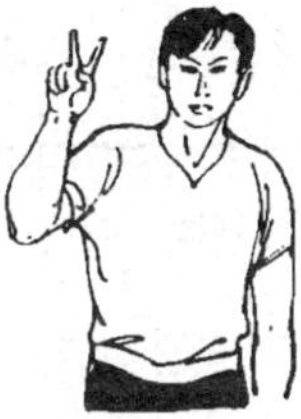

举起两指

㊾ 三次罚球

举起三指

㊿

手指指向，平行边线

(51) 控制球队犯规后

握拳平行边线

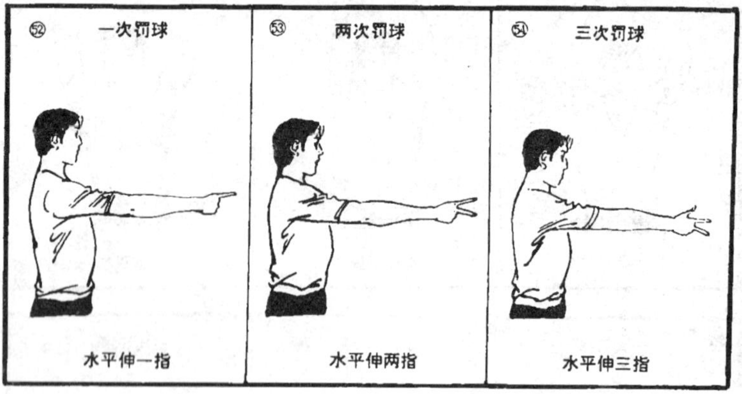
52 一次罚球
水平伸一指
53 两次罚球
水平伸两指
54 三次罚球
水平伸三指

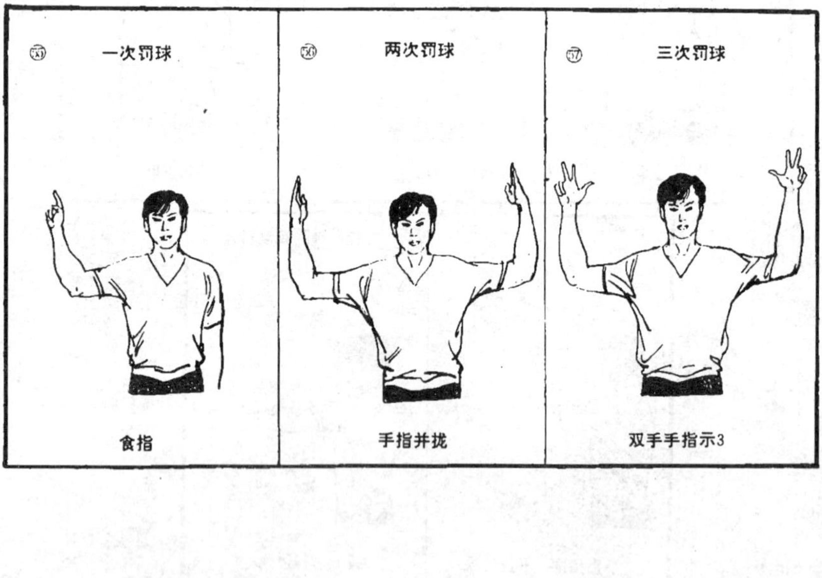
55 一次罚球
食指
56 两次罚球
手指并拢
57 三次罚球
双手手指示3

排　球

第一章　排球运动概述

第一节　排球运动简介

排球是一项深受广大群众喜爱的体育活动。排球比赛是在长 18 米、宽 9 米，中间用网隔开成两个均等的场地上进行的。比赛时双方各站一边，每队上场 6 名队员分前后两排站立。

排球比赛是由后排右边的队员在端线后用一只手将球直接发过网开始，然后双方运用垫球、传球、扣球、拦网等基本技术进行攻防对抗，不使球落在本方场地内。每方最多击球三次（拦网击球除外）就必须将球击过球网，不得连击和持球，不能触网和越过网下中线。

正式比赛采用五局三胜制。非决胜局的比赛只有取得发球权的队胜球时才能得分，否则换由对方发球，取得发球权队的队员要先按顺时针方向轮转一个位置才能发球。每局比赛时先得 15 分的队为胜一局。如遇双方均得 14 分时，某队必须先得 2 分方算胜一局，但最高限分为 17 分（即 15：13、16：14、17：15、17：16）。

决胜局的比赛（2：2 平局后）则采用每球得分制，即失误一方无论是否拥有发球权均失一分，并从下一球开始均由胜方发球。决胜局的比赛某队先得 8 分时，双方队员还要交换场地，场上位置不变。决胜局的比赛两队的得分在 14 平以后，某队必须先得 2 分，才为比赛结束。

第二节　排球运动发展简介

一、排球运动的起源与传播

根据史料记载，19 世纪就出现了与排球运动相似的游戏。1895 年美国霍利约克市的青年会干事威廉·莫根将这种游戏加以总结和整理，并制定了简单规则。开始是用篮球胆当球，参加者在高约 2 米的球网两侧从网上拍来拍去，使球不落地的一种集体游戏。作为一种消遣娱乐活动，人数和击球次数都不受限制。以后随着场地、器材、比赛方法以及规则不断演变，并逐步提高完善，最终发展成为今天的排球运动。

美国通过传教、军事等活动，将排球运动传向世界各国。但长期以来，美国的排球运动没有被列为正式体育竞赛项目，因此，发展速度也较为缓慢。直至 70 年代以后美国才开始跻身于世界排球强队之列。

排球运动约在 1900 年才传到亚洲。首先传到印度，1905 年传到中国、1908 传到日本、1910 年传到菲律宾等国。欧洲的排球运动起步更晚，约在 1920 年才相继传到苏联、法国等国家。

亚洲早期的排球比赛为 16 人制。如 1913 年在菲律宾举行的第 1 届远东运动会上的排球比赛即为 16 人制。后来演变成为 12 人制和 9 人制。而排球传入欧洲后即为 6 人制。苏联 1925 年就规定排球运动为全民项目，1932 年第 1 届全苏联运动会就有排球比赛，因此欧洲的排球运动开展得比较普及，水平较高。

二、世界排球运动发展简况

1947年国际排球联合会在法国巴黎正式宣告成立，排球运动从此成为一项世界性的体育项目。1949年在捷克斯洛伐克举办了第1届世界男子排球锦标赛，1952年又在苏联举办了第1届世界女子排球锦标赛，当时规定以后每隔4年举办一届比赛。从此，排球运动在世界各地日益发展起来，各国在技术上和战术上互相交流，互相影响，因而促进了整个排球技术水平的迅速提高。

50年代初，东欧一些国家在世界性比赛中一直处于领先地位。他们在打法上多采用上手发球、上手传球、高举高打及单纯防御性拦网，进攻多采用“中、边一二”阵形和“两次球”战术，防守多运用双人拦网和“心跟进”形式。由于受我国参加世界比赛战术运用的影响，50年代后期，欧洲各国也开始采用快攻打法。

60年代初，日本女排一跃夺得世界女子排球锦标赛冠军，打破了欧洲国家独霸排坛的局面。日本女排的崛起，使垫球和发飘球技术得到发展，滚动摔救的防守技术被普遍采用，女排也开始进入快攻打法的阶段。我国独到的扣“平拉开快球”和“盖帽”拦网技术，对世界排球运动的发展也起到了积极的推动作用。世界上逐渐形成了以苏联为代表的力量派，以捷克斯洛伐克为代表的技巧派和以亚洲为代表的快攻战术派三种基本类型的打法。

70年代初，日本男排在学习我国扣“平拉开快球”的基础上，发展了“短平快”，首创了“时间差”“位置差”等自我掩护的进攻打法，与高打强攻、个人变化和快攻战术相结合，出现了既有强攻、又有积极快攻战术配合的综合打法，使整个排球运动的技战术水平向前发展了一步。

80年代前后，我国首创“空间差”的自我掩护的进攻打法，世界排坛又出现了后排进攻、跳发球等新的打法。运动员优良的身体素质，全面娴熟的基本技术、快速多变的战术，将排球运动提高到一个更新更高的水平。

当今世界排坛赛事十分活跃。除世界排球锦标赛、世界杯排球赛和奥运会排球比赛外，双边、多边访问赛和各种联赛也日益增多。这些都有力地推动了排球运动向纵深发展，促进了排球技术、战术水平日臻完善，世界排坛又进入了多强鼎立的新时代。

三、我国排球运动发展简况

排球运动约于1905年首先传入我国广东等地。当时的比赛是采用16人制，队员在场上站成四排，每排4人，比赛场地长28米、宽14米。1913年，我国首次参加在菲律宾举行的第1届远东运动会的16人制排球比赛。到1934年共举行了10届远东运动会，我国男排共获得5次冠军。1919年改为12人制，分站三排，每排仍为4人；1925年改为9人制，分三排站立，每排3人。9人制排球运动在我国开展历史较长，技术也有相当的进步，战术配合方法也较多样和精彩。排球比赛对群众有较大的吸引力，所以在全国开展得比较普及。

从1914年起，排球已列入了全国运动会比赛项目，对排球运动的发展起了一定的促进作用。

新中国成立后，排球运动和其他运动项目一样，有了较快的发展。为了适应国际比赛的需要，1950年介绍了国际排联制定的6人制排球竞赛规则，继而在国内正式采用6人制排球。我国6人制排球的发展，大致可分为三个阶段：

第一，学习和推广普及阶段

50年代初至50年代后期，主要是继承我国9人制排球技、战术打法，学习苏联和东欧的先进技术，逐步推广6人制排球运动。

首先继承了我国9人制排球的上手传球、勾手大力发球、正面及勾手扣球、快球和拦网等技术，以及快球掩护进攻和集体拦网等战术。同时，学习了东欧的高打强攻，倒地防守等技术和“二次球”的进攻战术，对发展我国6人制排球起到了一定的作用。1951年全国比赛中正式实行6人制排球比赛规则，年底组建男、女排国家队参加了在柏林举行的世界大学生运动会，并赴各地进行巡回表演，系统地推广了6人制排球的技术、战术和竞赛规则。至此，6人制排球在全国范围内广泛地开展起来。

第二，发展和提高阶段

1956年我国开始实行全国等级联赛和等级运动员、裁判员制度。为了吸取国外有益经验，聘请了苏联专家举办教练员训练班及培养研究生，并提出了“技术全面、战术多样”的技、战术训练指导思想，明确了我国排球运动发展与提高的方向，使排球训练工作有了很大的改进。同年，在巴黎举行的世界排球锦标赛中，我国女排获第6名，男排获第9名。比赛中，我国男排发扬了快攻战术特长，受到了世界的关注。但比赛中也暴露了攻强守弱、一传和拦网水平不高的弱点，找到了与世界强队的差距。

50年代后期至60年代中期，是我国排球运动发展较快的阶段，也是开始摸索走自己技术发展道路的阶段。各队根据自身特点，开始形成各自不同的技术风格和打法。如广东男排发展了快攻；上海男排体现了战术的灵活多变；解放军女排发扬了勇敢顽强的作风；北方各队发展了高打强攻；四川男女排则表现了细腻稳健的打法。

60年代初，日本女排的崛起受到世界排坛的关注，并促使了我国排球训练作风的转变。对当时排球运动的发展起到了积极的推动作用。在此期间，有分析地学习了日本女排的勾飘、垫球和滚动防守等先进技术，总结了结合自身特点和排球运动发展规律的创新经验，研究排球运动的新规则，摸索适合我国特点的成功之路，从而开创了我国排球训练工作的新局面。如“盖帽拦网”和“平拉开”快攻等新技术的出现，发展了我国传统的快攻特点。在国际比赛中也取得了好成绩。

第三，停顿后的再发展，冲出亚洲走向世界阶段

60年代中期，由于十年动乱的干扰和破坏，致使排球队伍训练停顿，运动队伍青黄不接，运动技术水平普遍下降。

1972年开始恢复国内比赛，同年召开了三大球训练工作会议，对建国二十年来三大球的训练工作进行了系统的总结，明确了训练的指导思想，并决定建立漳州排球训练基地，开始有组织、有计划地短期集中冬训。这对恢复良好的训练作风，提高技战术水平，迅速培养后备力量起到了保证作用。

在开始恢复阶段，运动队积极带头贯彻严格训练、严格要求的方针，促进了集训的效果，不论是技术、战术水平，还是思想作风都有了明显的提高，为以后继续发展和提高，特别是为我国女排的迅速成长和荣获世界冠军，打下了良好的基础。

我国男排不但学习了日本的“时间差”“位置差”等符合我国快攻特点的先进打法，而且加以提高，创造了“前飞”“背飞”“空间差”等快攻打法，这些对迅速提高我国排球运

动的技、战术水平，无疑起到了积极的作用。

1976 年重新组建国家男、女排球队，经过短期集训，在 1977 年世界杯比赛中，女排取得第 4 名，男排取得第 5 名。1979 年我国男女排双获亚洲冠军，并取得了参加奥运会的资格。1981 年又双获世界杯亚洲预选赛的冠军。特别是男排在先输两局比分落后的情况下，反败为胜，淘汰了对手，为振兴中华、振奋民族精神起到了很大的鼓舞作用。同时也标志着我国男子排球发展到具有世界强队先进水平的阶段。

中国女排坚持高标准严要求，树立了良好的训练作风和顽强的拼搏精神，在技术全面的基础上，发展了我国快速多变的进攻战术，运用了全攻全守型的先进打法。在 1981 年第 3 届世界杯女子排球比赛中，以七战七胜的成绩压倒群芳，登上了世界冠军的宝座，给中华民族带来了第一个排球世界冠军。继而在 1982 年至 1986 年的国际比赛中，实现了“五连冠”，为祖国争得了极大的荣誉，在世界排球发展史上谱写了新的篇章。

第三节　排球运动的锻炼价值

排球运动在我国是一项开展得比较普遍的球类运动。由于排球运动的规则比较容易掌握，场地设备简单，且运动量和运动强度易于调整，因此，它适合不同年龄、不同性别、不同体质和训练程度的人，故具有较广泛的群众性。同时，排球运动又具有技术的全面性，激烈的对抗性，高度的技巧性，严密的集体性和攻守技术的两重性的特点。因而，排球运动具有增强人体的神经、呼吸、血液循环等系统的机能，发展爆发性的力量和速度，提高弹跳力和弹跳耐力；培养人们在短暂时间内迅速集中与转移注意力，全面观察环境，思维敏捷进行准确判断与反应能力；培养人们机智灵活，勇敢顽强，奋发向上的拼搏精神和组织纪律性，团结协作密切配合的集体主义思想等锻炼价值。也就是说，经常参加排球运动锻炼，不仅能提高人们的力量、速度、灵敏、耐力、弹跳、反应等身体素质和运动能力，而且可以改善身体各器官、各系统的机能状况，使身体得到全面的锻炼。还能培养人们的机智、果断、沉着、冷静的心理品质。通过排球的比赛和训练，可以培养团结战斗的集体主义精神，锻炼胜不骄、败不馁、勇敢顽强、克服困难等良好作风。因此，排球运动已成为广大群众特别是青少年喜爱的并积极参加的体育活动。

第四节　沙滩排球和软式排球

一、沙滩排球

沙滩排球自 70 年代风靡欧美后，现已传遍全世界，并越来越受人们的喜爱。国际奥委会第 101 次全会决定将沙滩排球作为奥运会的正式比赛项目。

我国开展沙滩排球运动较晚，1989 年 7 月我国首次组队参加了沙滩排球国际邀请赛。几年来沙滩排球运动在我国发展较快，并从 1997 年开始列为全国运动会的正式比赛项目。

沙滩排球比赛，每队有两人组成在由球网分开的沙地上进行，可以用身体的任何部分进行击球。

在沙滩排球比赛中有两种“比赛方式”：

方式 A：一局制

一个队获得 15 分同时超过对方 2 分时即取得这局和这场比赛的胜利。当比分为 16：16 时，先获得 17 分仅领先 1 分的队即取得这局和这场比赛的胜利。

方式 B：三局两胜制

先获得 12 分的队胜一局。胜两局则取得一场比赛的胜利。

决胜局：当前两局比分为 1：1 时，一个队须获得 12 分同时超过对方 2 分才能胜第三局（即决胜局）。当比分为 11：11 时，比赛继续进行直到某队领先 2 分为止，没有分数限制。决胜局采用每球得分制，即某队胜一球时也得一分。

二、软式排球

软式排球是正规排球和沙滩排球之后又一项新的排球运动项目，80 年代起源于日本。由于软式排球既有竞技的特点又符合健身的要求，故在亚洲和欧美国家开展软式排球深受广大群众喜爱。我国 1995 年开始起步，近年来派队伍参加世界和亚洲儿童软式排球比赛，取得较好成绩。

软式排球竞赛方式较多，分成年组、家庭组、儿童组。成年组分铜组 30～40 岁，银组 41～50 岁，金组 51 岁以上。队伍必须男女人数相等组队参赛。家庭组必须是夫妇和两名 12 岁以下儿童组成。儿童组分 12 岁以下组及 10 岁以下组，10 岁以下组可以男女混合组队参加比赛。

软式排球是用柔软的特种材料制成，球体柔软、有一定弹性。成人和儿童使用的球大小不同。

软式排球在室内室外都可进行，比赛场地长 13.40 米、宽 6.10 米（儿童组赛场上有距中线 1.98 米的短发球线，少儿可在短发球线后发球）。

软式排球比赛为三局两胜制。每局先得 15 分（每球得分制）并同时超过对方 2 分的队为胜队，但最高分亦为 17 分。当局数打成 1 比 1 时，要进行决胜局的比赛。决胜局进行至 8 比 8 时要交换场地。

第二章　排球基本技术与教学方法

排球运动的基本技术包括准备姿势、起动和移动，垫球，传球，发球，扣球和拦网。现代排球运动要求运动员掌握技术要全面、熟练、准确、实用。

第一节　准备姿势、起动和移动

准备姿势、起动和移动是完成各项击球技术的前提和基础，并对各项击球技术动作的运用起串连作用。

一、准备姿势的动作要领

准备姿势分为半蹲、稍蹲和低蹲三种，其中半蹲准备姿势运用最为广泛。

（一）半蹲准备姿势

两脚左右开立略比肩宽，一脚在前，两脚尖适当内收，脚跟稍提起（图 1），两膝自然弯曲；上体前倾，重心稍靠前，两眼注视球，两脚保持微动状态，两臂在腹前自然屈肘（图 2①）。

图 1

口诀：

两脚自然开立，双腿适当屈膝；
收腹重心前移，放松微动身体。

（二）稍蹲准备姿势

稍蹲姿势的身体重心比半蹲姿势稍高，动作方法相同。稍蹲准备姿势通常用于不需要快速反应起动的情况下（图 2②）。

（三）低蹲准备姿势

身体重心比半蹲姿势更低，主要用于防守和接拦回球等。

低蹲准备姿势，两脚左右、前后的距离都要更宽些，膝部弯曲的程度大于半蹲准备姿势，身体重心要更靠前，手臂置于胸腹之间（图 2③）。

①　　②　　③

图 2

二、起动和移动的动作要领

起动就是移动的开始动作和发力动作。移动是起动的继续。起动和移动的快慢，取决于正确的准备姿势、反应能力、腿部和腰腹部的力量。在练习中，必须强调根据来球的方向、弧度、速度和落点，及时地做出向前、后、左、右的起动和移动，使身体快速接近来球，并处于合适的位置，然后做出各种相应的击球动作。要防止只伸手不动脚的现象。

一般在起动之后有以下的移动步法：

（一）并步与滑步

移动时，一脚先向前或向侧方迈出一步，另一脚迅速跟着滑动（图 3）。在滑动中应保持正确的准备姿势。

（二）侧交叉步

向左侧移动时，左脚支撑并蹬地，右脚迅速向左侧方交叉跨出（从左脚前交叉），左脚随即左移跟上（图 4）；向右侧移动时，动作相同，方向相反。

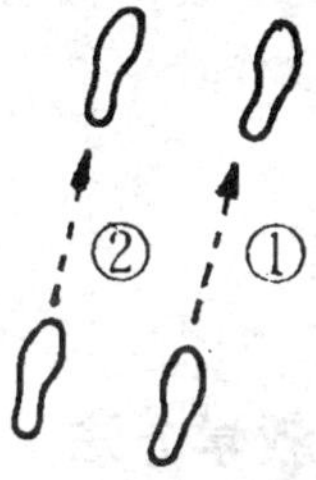

图 3

图 4

（三）跨步（弓箭步）

移动时，一脚支撑并蹬地，另一脚向前或侧方跨出一大步。前腿的膝部要深蹲，上体前倾，重心移至前脚上，胸部几乎贴近大腿，臀部下降，后腿自然伸直或随着重心前移而跟着上步（图 5）。

（四）跨跳

移动时，两脚用力蹬地向前跳出（两脚有一腾空阶段），同时两臂迅速摆动，以带动身体更快更远地跳出。接着使重心下降，成低蹲姿势。

图 5

（五）后退

移动时，身体保持较低的准备姿势，两脚交替快速向后退步，重心应保持在前面。

（六）跑步

如果球落点距身体较远，可在准备姿势的基础上，身体迅速转向球的落点，快速奔跑；接近球时，要降低重心，控制冲力，身体进入球下，做相应的击球动作。

口诀：

判断及时反应快，抬腿弯腰移重心；

关键快蹬第一步，制动稳准步法灵。

三、准备姿势、起动和移动的教学方法

（一）教学步骤

1. 示范讲解：一般采用从下向上，一个部位一个部位地边讲，边做。

2. 模仿教师动作，做全身处于微动状态的正确准备姿势。

3. 原地做准备姿势，原地走步、跑步或跳跃等，看到教师的信号后，立即做好准备姿势。

4. 两人一组，一人做半蹲准备姿势，另一人纠正其错误动作，两人交换进行。

5. 看教师的手势，向前、后、左、右做各种移动。

6. 结合球的移动练习：

（1）两人一组，一人将球抛向另一人的前、后、左、右3米地方，移动对准球并将球在面前接住。

（2）两人一组，相距6米左右，同时抛地滚球于对方的前、左、右方，移动接球。

（3）在练习垫球、传球中，要求运动员合理运用准备姿势、起动和移动。

（二）常犯的错误与纠正方法

1. 姿势死板，身体太直，臀部后坐，全脚掌着地等。纠正方法是明确动作概念，重复示范。练习中强调含胸、收腹和上体前倾。学生可互相纠正错误动作。

2. 上体前倾、两腿弯曲不够，重心过高。纠正方法多做低姿势移动练习。

（三）教学中应注意的事项

1. 教学中要反复强调，使运动员在思想上有对准备姿势、起动和移动正确的认识，并给予足够的重视。

2. 掌握正确要领，熟练各种步法。

3. 结合小学教学的特点，练习方法要多种多样，采取对抗性、游戏性的形式。

4. 徒手与带球的练习结合进行，提高判断能力。

思考题

1. 半蹲准备姿势的动作要领是什么？

2. 移动步法有哪几种？各有什么用途？

第二节　发球

发球是比赛的开始，也是进攻手段之一。发球可以直接得分，可以破坏对方战术组成，可以起到先发制人的作用，从而为本方反击创造有利的条件。

发球技术可分为：正面下手发球、侧面下手发球、正面上手发球、上手飘球、勾手飘球、勾手大力发球、高吊球和跳发球等。

一、发球技术的动作要领

发球的方法很多，不管采用哪种发球，要想把球发好，必须注意这样几点，即：抛球要稳，击球要准，手法要正确。

（一）正面下手发球

这种发球动作简单，容易掌握，准确性大；但球速慢，力量小，攻击性差。适合于儿童初学者。

1. 准备姿势（以下均以右手发球为例）：面对球网，两脚前后开立，两膝微屈，上体略前倾，身体重心稍偏后，左手持球于腹前。

2. 抛球：左手将球轻轻抛起，距右臂前约 40 厘米，抛球高度约 20～30 厘米，同时右臂伸直后摆。

3. 挥臂击球：右臂以肩为轴，由后下方向前上方摆动，身体重心也随之前移，在腹侧前以手掌击球的后下方。手触球时，手指手腕紧张，手成勺型（图 6)。

口诀：

抛球右上方，摆动肩为轴；

击球不屈肘，掌根来击球。

图 6

（二）侧面下手发球

这种发球，可以借助转体的力量带动挥臂击球，便于用力，但攻击性差，适合于儿童初学者，特别是女同学。

1. 准备姿势：左肩对球网，两脚左右开立约同肩宽，两膝微屈，上体前倾，左手持球置于小腹前。

2. 抛球：左手平稳地将球由腹前垂直上抛在身体的正前方约 40 厘米处，抛球高度约 30 厘米，同时右臂伸直摆至身体的右侧后下方。

3. 挥臂击球：抛球同时，右臂摆至右侧后下方，接着利用右脚蹬地向左转体力量，带动右臂向前上方摆动，在腹前

图 7

用掌根击球的右下部（图 7）。

口诀：

腹前低抛一臂远，摆臂要靠身体转；

掌根击球右下部，控制角度和路线。

（三）正面上手发球

这种发球面对网站立，便于观察对方，发球的准确性大，易控制落点，能充分利用转体收腹的力量和运用手腕推压的作用加大力量和速度。

1. 准备姿势：面对球网两脚自然开立，左脚在前，左手托球于身前。

2. 抛球：用抬臂和手掌平托上送，将球平稳地垂直抛于右肩的前上方，离头部约 1 米高。在抛球的同时，右臂抬起，屈肘后引，肘与肩平，抬头、挺胸、展腹，上体稍向右侧转动，身体重心移至右脚上。

3. 挥臂击球：利用蹬地转体和迅速收胸收腹的动作带动手臂迅速而猛烈地向前上方挥动，重心随之移至左脚，手臂伸直在右肩上方，以全掌击球的后中下部，手腕应有向前推压的动作，使击出的球呈上旋飞行（图 8）。击球后迅速进入场地（图 9）。

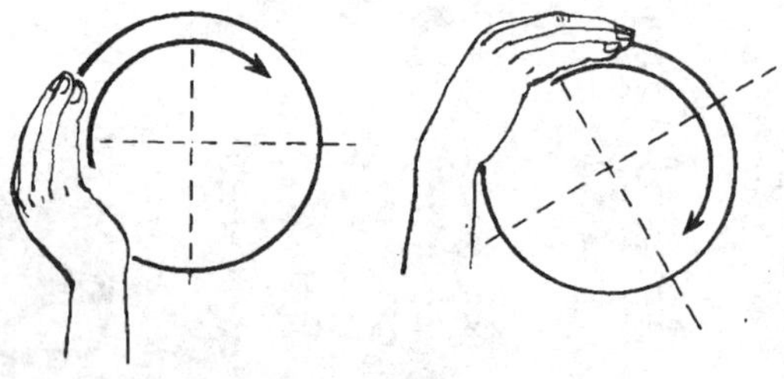

图 8

图 9

口诀：

球抛右肩前上方，高度离头 1 米远；

转体收腹带手臂，弧形鞭打用力量；

全掌击球中下部，手腕推压上旋转。

（四）侧面勾手发飘球

飘球特点是球体不旋转，在空中飞行时飘荡不定，使对方较难判断，容易造成错觉。

1. 准备姿势：左肩对网站立，两脚左右开立，约与肩同宽，左手托球置于胸前。

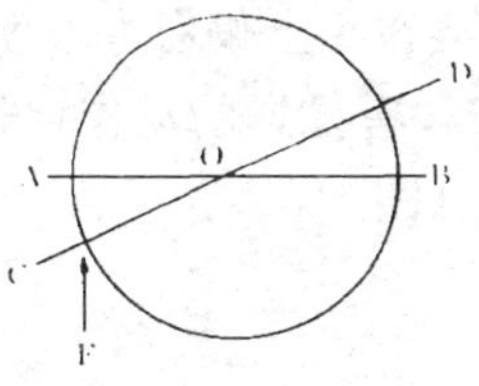

图 10

2. 抛球：左手将球平稳地抛在额的左上方，约一臂的距离，同时右臂向后摆动。

3. 挥臂击球：击球时，右脚蹬地，利用转体的力量带动手臂，迅速而放松地向左上方挥动。触球时，手臂要伸直，在右肩前上方触球，手腕要保持紧张，形成一个坚硬的平面，以掌根击球的中下部（图 10）。AB 为水平轴，O 为球的重心，CD

为作用力的方向，E 为击球的部位。手触球瞬间，用力要迅速集中，动作要突然、短促。击球力量要通过球的中心。击球后要有突停动作，使球不旋转并不规则的飘晃飞行（图 11）。

图 11

（五）正面助跑跳发球

站位于距离端线 3～4 米处，单手或双手向前上方将球抛起，球的高度根据发球者的动作快慢和身材高低有所不同。一般抛至离地 3.5～4 米的高度，落点在端线附近，随着抛球离手向前跑动，采用两步助跑。右手击球者，右脚为最后一步，左脚跟上踏地起跳。起跳时两臂的摆幅要大，击球时手臂伸直，全手掌击球，击球的一刹那，球保持在头上偏右方，发力时腰腹和手臂协调用力，击球的中下部，有推送的动作，发出的球为上旋球，借前冲力在场内落地（图 12）。

二、发球技术的教学方法

小学生学习发球一般是男同学从正面下手发球开始，女同学从侧面下手发球开始，再学习正面上手发球及其他发球。

（一）教学步骤

图 12

1. 讲解：讲述发球技术的动作要领，要注意技术环节（准备姿势、抛球、挥臂击球部位等）的要求。

2. 示范：要做准确完整的发球动作示范，也可边讲解边做分解动作的示范。如准备姿势，抛球的位置与高度，挥臂路线与用力方法，击球手型、击球点和击球部位等。

3. 徒手模仿练习：教师可根据动作的结构及要领，用口令控制学生练习。如正面上手发球的徒手练习，喊“一”数时，做准备姿势；“二”数时，做抛球和引臂动作；“三”数时，做挥臂击球动作等。再做完整的动作。

4. 抛球练习：左手持球，反复做抛球动作，要求掌心向上，平稳地向上抛球，使球不旋转。

5. 击球练习：近距离对墙或二人对发球。体会抛球与击球时的手臂挥动配合。体会击球用力和动作的连贯性。

6. 发球练习方法

（1）二人隔网对发球，将球发过网，距离逐渐加大。

（2）站在端线外发球，每人发 5 个球，比赛谁发好球多。

（3）在场地上画出前、后、左、右四个区，要求学生将球发向指定的区内，提高其对球的控制能力。

（4）发球与垫球、接发球结合练习。

（二）常犯的错误与纠正方法

1. 抛球不准、不稳。纠正方法是再次明确概念，强调手臂手腕的托送动作，多做向固定目标抛球练习，提高抛球的控制能力。

2. 击球不准，做不出推压带腕动作。纠正方法是强调眼睛看准球，多做轻发练习，体会手掌包住球的动作。

3. 挥臂动作不协调、动作不连贯。纠正方法是做徒手模仿动作、击固定球及轻力量的发球练习。

（三）教学中应注意的事项

1. 在发球教学中，要善于抓住技术关键。抛球和击球动作很重要，其中击球是关键。

2. 发球练习必须认真，对关键技术要反复练习，做到准确熟练。

3. 在成功率前提下，提高攻击性，在攻击性前提下提高准确性。

4. 介绍发球心理训练。

5. 对少年儿童的发球教学训练，要根据个人特点，做到固定方法、固定位置、固定抛球、固定击球点和固定力量。

思考题

1. 要想发好球，必须注意哪三点？

2. 正面下手发球的动作要领是什么？

第三节　垫球

垫球是排球基本技术之一，是接发球和接扣球的主要方法。垫球的基本技术简单易学，便于儿童掌握。

垫球技术按动作方法可分为正面双手垫球、侧面双手垫球、跨步垫球、低姿势垫球、背垫球、单手垫球、前扑垫球、滚翻垫球、侧卧垫球、鱼跃垫球和挡球等。但最基本的是正面双手垫球。应首先学习正面双手垫球技术，才能进一步掌握和运用其他各种垫球技术。

一、垫球技术的动作要领

（一）正面双手垫球：正面双手垫球是各种垫球技术的基础。

1. 准备姿势：经判断和移动对准来球，成半蹲姿势站立，两臂自然伸直、并拢、含胸收腹，做好垫球的准备。

2. 击球手型：两手抱拳互握，两拇指平行朝前（图 13）。两臂自然伸直，前臂稍外展靠拢，手腕下压，手腕关节以上

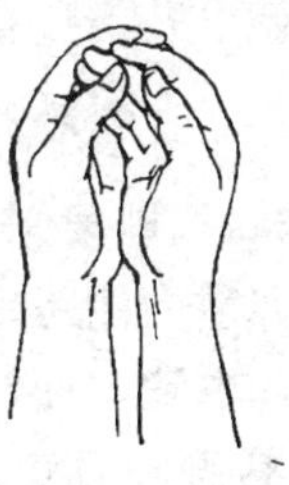

图 13

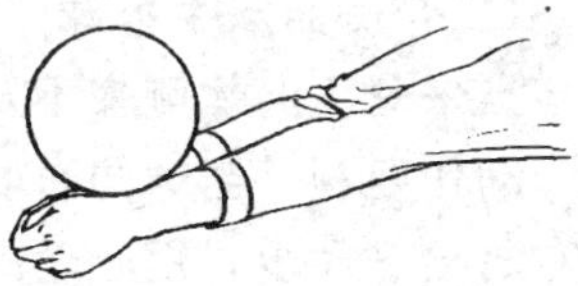

图 14

的前臂形成一个垫击的平面。

3. 击球点和击球部位：通常在来球于腹前约一臂距离时，两臂夹紧前冲，插入球下，使击球点保持在腹前，用前臂腕关节以上 10 厘米左右桡骨内侧平面触球为宜（图 14）。将球垫出（图 15）。

图 15

根据垫球动作要领按连贯动作的顺序可概括为一插、二夹、三抬臂三个动作要领。

口诀：

身体对准球，手臂插球下；

两臂全伸直，前臂紧相夹；

蹬地提腰并抬臂，协调用力作用大。

（二）侧面双手垫球

当来球飞向体侧来不及移动对正来球时，即要采用侧垫。

动作要领：当球向右侧飞来，左前脚掌内侧蹬地，右脚向右跨出一大步，重心随即移到右脚上，右膝弯曲，两臂夹紧向右侧伸出，左肩微向下倾斜，用向左转腰和收腹动作，配合两臂自右后方向前，用前臂垫球的后下部（图 16）。

图 16

（三）背垫

背垫就是背向出球方向的垫球。一般为了接应同伴打飞的球，或第三次处理过网的球时采用。少年儿童比赛中用得较多。

背垫时，要判断好球飞行方向，迅速移动到球的落点上，背向出球方向。来球时，两臂夹紧伸直，击球点应高于肩。用力时要抬头后仰、展腹挺腰，向后扬臂（图 17）。击球点要适当，一般击球点高，垫出的球弧度平；击球点低，则垫出球弧度较高。如果是第三次击球，距离较远，则需要用手臂多向后抬送，并借助于腿和腰的协调力量。

（四）单手垫球

当来球低、球速快、在体侧距离远来不及用双手垫球时，则用单手垫球。

来球在右侧远处时，迅速移动接近球，最后右脚跨出一大步，上体向右倾斜，右臂伸直自右后方向前摆动，用前臂内侧、掌根或虎口处击球的后下部（图 18）。

（五）滚翻垫球

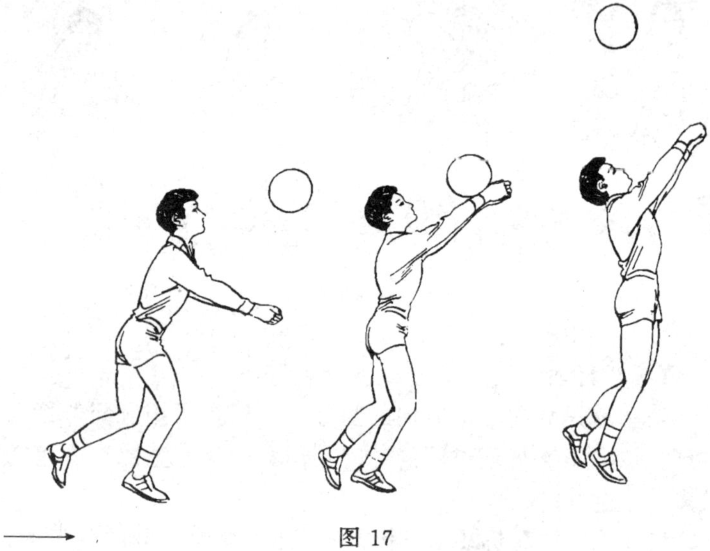

图 17

图 18

滚翻垫球是用来防救低远球的垫球技术，它可以充分发挥移动速度，控制的范围大，能保护身体不受伤，女子队运用较多。

接球时，迅速向来球方向移动，跨出一大步，身体重心逐渐下降，完全落在跨出的脚上，上体前倾，让胸部尽量接近大腿，两臂伸向来球方向。同时两脚用力蹬

图 19

地，使身体向来球方向腾出，前臂直插球下，用双手或单手击球的后下部。击球后脚尖内转，大腿外侧、臂部侧面、背部、肩部依次着地。然后顺势低头、收腹、团身，向异侧方向做一滚动动作再迅速起立（图 19）。

（六）接发球垫球

1. 准备姿势：面向发球者，双脚开立稍宽于肩。两脚尖内收，身体稍前倾，双脚保持紧张的起伏状态，全身着力于两脚前掌内侧。

2. 击球动作：垫球时，两臂夹紧，手腕下压，直臂插入球下，利用蹬腿、抬臂和身体的协调动作将球准确地垫在双手前臂的前半部，手臂要保持平稳固定，将球垫至二传手的位置。

（七）防守垫球

1. 准备姿势：双脚开立稍宽于肩，脚跟提起，低姿势，双膝弯曲内收，双手自然下垂时能触及地面。身体前倾，收腹。双脚微动以碎步保持起动状态。

2. 击球动作：快速取位，垫球时手腕不下压，不屈臂，屈肘插入球下，以上体与手臂的协调动作击球，将球垫在前臂或腕部。

二、垫球技术的教学方法

在基本掌握正面双手垫球后，可进行接发球垫球和防守垫球的教学。

（一）教学步骤

1. 示范讲解：主要讲解正面双手垫球动作要领，完整动作示范，给学生建立正确的技术概念。也可采用边讲边做慢动作的示范。

2. 徒手练习：按教师口令做原地双手垫球动作，再看教师手势做向前、后、左、右移动垫球动作。

3. 垫固定球练习：击固定球体会手臂用力和送肩、抬臂动作和击球的部位。

4. 垫球练习方法

（1）自抛自垫，或对墙自垫，手臂控制好球。

（2）两人一组，一抛一垫。先下手抛准，过渡到用上手抛，加快球速。

（3）两人一组对垫，结合移动进行。

（4）三人组三角变方向垫球（图 20）。

（5）四人组三角移动垫球（图 21）。

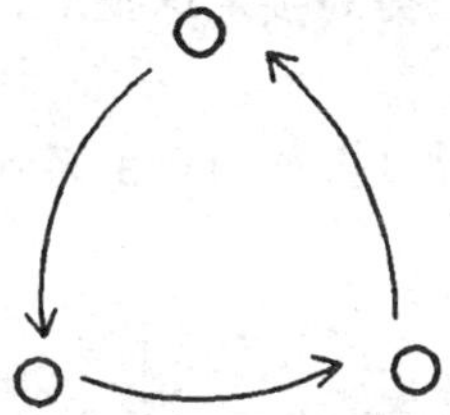

图 20

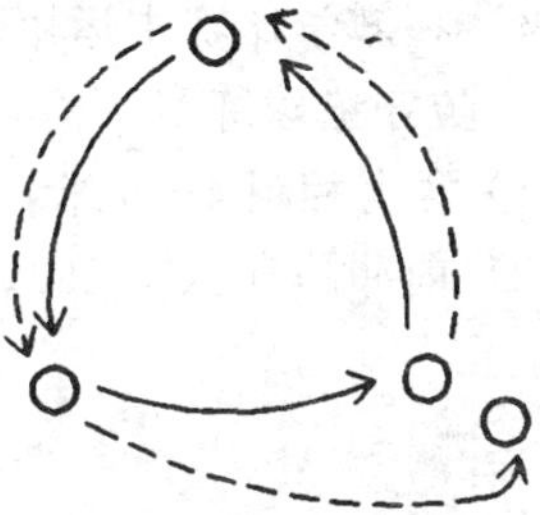

图 21

（6）垫球后退至端线再向前移动 2～3 米垫球（图 22）。

（7）集体垫球（图 23）。

5. 接发球练习

（1）两人一组，近距离一人发球，另一人垫球。

（2）发、垫、传练习（图 24）。

（3）结合场地、球网做接发球练习。

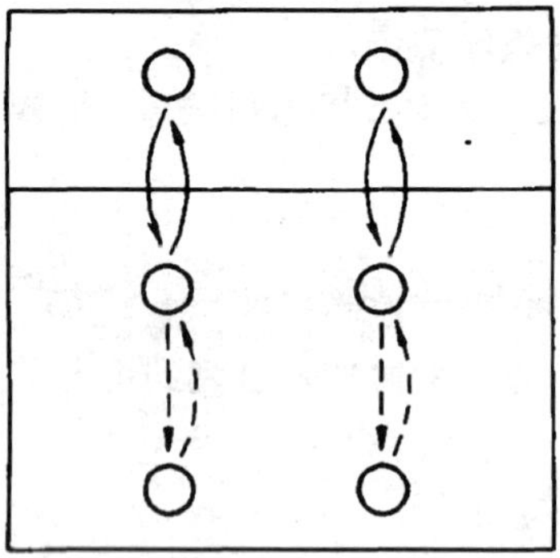

图 22

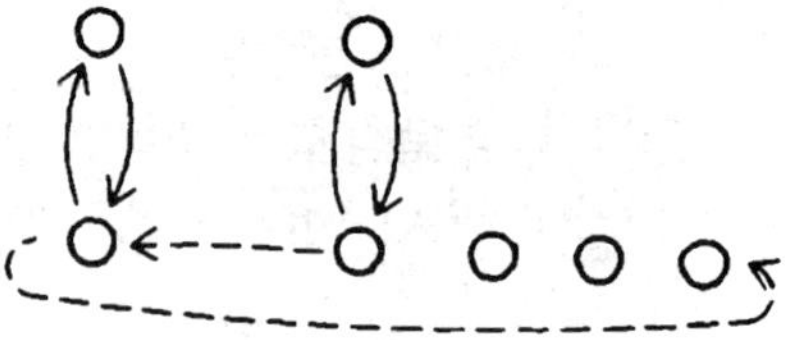

图 23

（4）在教学比赛中运用、巩固、提高接发球技术。

6. 防守垫球练习

（1）两人相距 4～5 米，一掷一垫（掷球力量由轻到重）。

（2）前冲防守（图 25）。

图 24

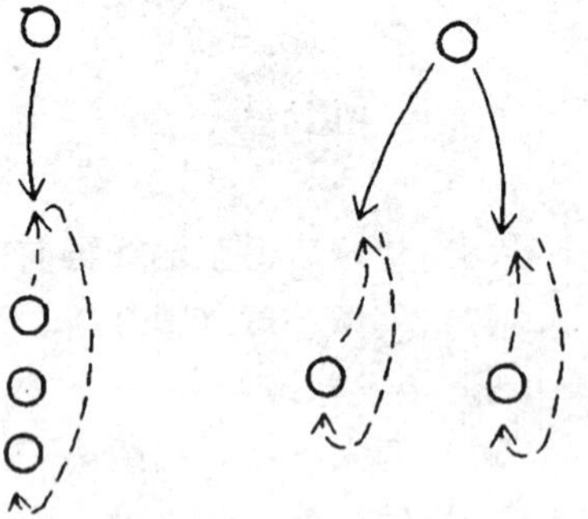

图 25

(3) 三人组扣、垫、传。

(4) 两人轮流移动防守（图 26）。

（二）常犯的错误与纠正方法

1. 身体重心过高。应注意做好准备姿势，多练垫低弧度的球。

2. 击球时屈肘，两臂并不拢。多做击固定球的练习。多做自垫。要求直臂上扬。

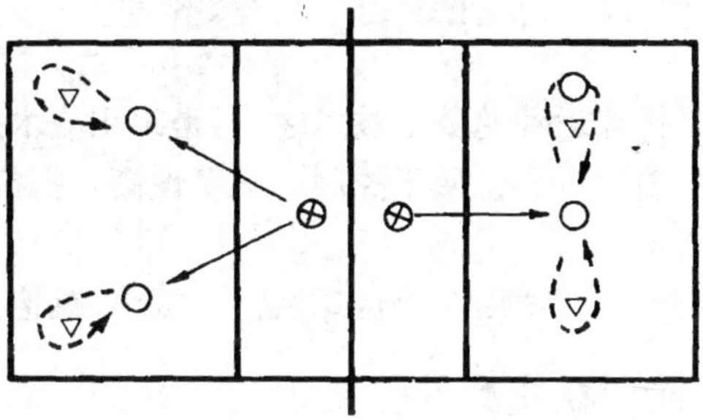

图 26

3. 用力不当，动作不协调，击球时身体后坐。多做徒手模仿动作。连续垫抛来的球。

4. 抬臂动作过大，用力过猛。采用连续自垫或对墙自垫练习。

（三）教学中应注意的事项

1. 学会一般垫球技术后，再分别进行接发球和接扣球的练习。

2. 加强准备姿势、预判、反应能力、起动和移动步法的练习，防止重手法轻步法和意识的学习方法。

3. 加强接发球预判能力练习，要求尽量快速移动，正面对准来球。

4. 接发球努力达到"自信果断，注意判断，垫面稳准，始终不乱"。

思考题：

正面双手垫球的动作要领是什么？

第四节 传球

传球是排球运动的基本技术之一，是组织战术的基础。传球技术的主要特点是：便于控制，准确性高，把握性大，有利于组织战术。

传球技术包括正面双手传球、背传、侧传、跳传和二传等。

一、传球技术的动作要领

(一) 正面双手传球

正面双手传球是掌握和运用其他各种传球技术的基础。

1. 准备姿势：正面对准来球方向，双脚前后开立，屈膝下蹲（稍蹲或半蹲），上体前倾，双手自然抬起置于脸前。

2. 击球点：当球接近额前时，开始蹬地、伸膝、伸臂，两手微张从脸前向前上方迎球，在额前上方约一球处击球。

3. 手型：当手触球时，两手自然张开成半球型与球体吻合，小指在前，拇指相对（图 27）。传低球或背传球时，需要运用翻腕动作，两拇指则相对成倒八字状。

4. 击球动作：传球前，手腕和手指应放松自然，以便能灵活地掌握球。传球时，手腕和手指应紧张用力，利用手腕和手指的弹击力和手臂（主要是前臂）的迎击动作，加上蹬腿及腰腹等身体的协调力，将球传出（图 28）。

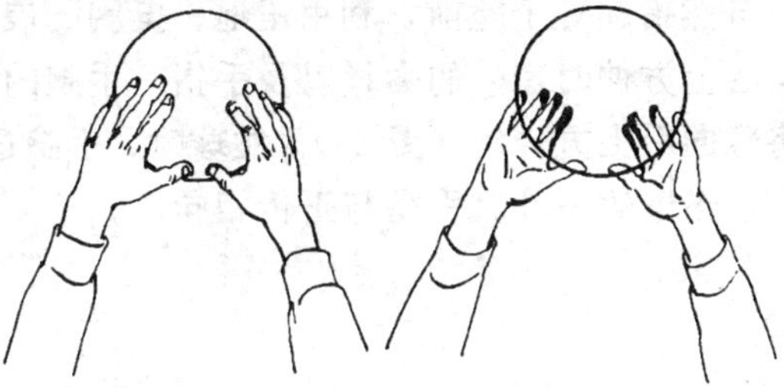

图 27

图 28

口诀：

击球靠近额上方，传球手型半球状；

伸臂充分加蹬腿，指腕缓冲控方向。

（二）背传

向后上方传球称背传，是传球的基本方法。

移动插到球下做好准备姿势，上体比正传稍直，不要前倾，双手自然抬起置于脸前，利用蹬地、挺胸、展腹、上体后屈和向后上方伸时产生的力量以及手指、手腕的弹力，在额上方将球向后上方传出（图 29）。触球时，手腕适当后仰，掌心向上，击球的下部。手型与正传相同。

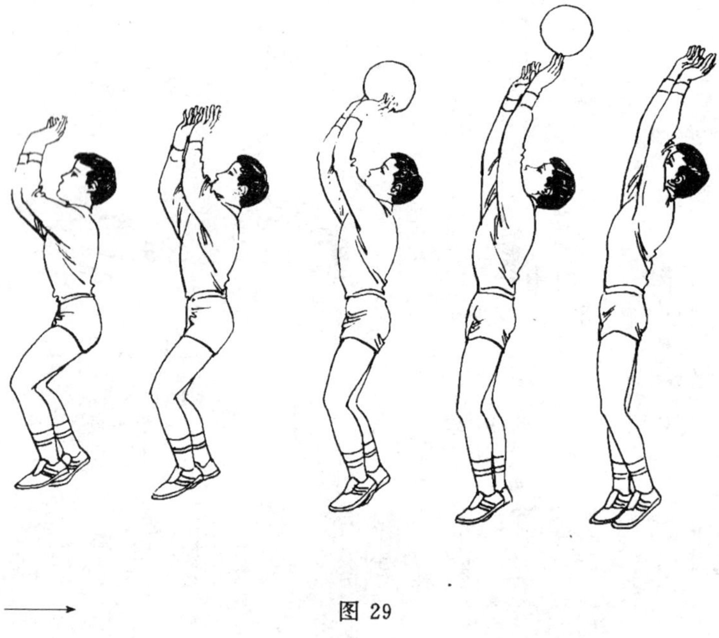

图 29

（三）侧传

身体不移动，用双手向身体侧方的传球方法叫侧传。

准备姿势与迎球动作和正面双手传球基本相同，仅是击球点稍偏向传出的一侧。手型和正传相同。用力时，两臂同时向传出一侧方向伸展，传球方向的异侧手臂动作幅度要大些，同时上体也应主动向传出球一侧倾斜，配合伸臂动作将球传出（图 30）。

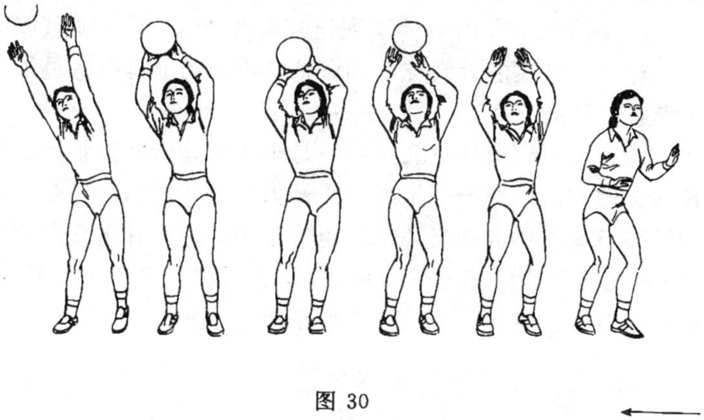

图 30

（四）跳传

根据来球快速移位，准确地选择起跳位置和起跳时间；起跳后，要保持在额前或额上方击球，利用前臂的主动迎击动作和手腕、手指的弹击力，将球传出。应注意在跳起最高点击球，控制好身体平衡，掌握传球的稳准程度。

（五）二传

传球技术主要运用于二传，比赛中要通过二传组织各种进攻战术。二传是由防守转入进攻的桥梁和纽带。

二传技术种类繁多，最基本最常用的有顺网正面二传（一般二传）和调整二传。

1. 一般二传：是指二传队员在网前，将一传到位的球，用正传和背传的方法，以一般的高度将球平行球网传至 2、3、

4 号位，便于进攻队员扣球。可传落点距二传队员近的集中球，也可传落点在标志杆附近的拉开球。

二传队员传球前的取位，应是侧身向来球方向和传球方向，靠近网的一侧脚稍前，并随球身体转向传球方向。

2. 调整二传：将一传不到位并离网较远的球，调整成便于扣球队员进攻的近网球，叫调整二传。场上每个队员都有做调整二传的任务。

调整二传时应注意几点：一是迅速移动选好位置，身体转向传球方向，充分利用身体协调力量将球传出。二是传球的路线与球网形成的夹角越小越便于扣球，不宜垂直向网传球。三是传球路线与网的夹角越大，或传球人离扣球人越近，传球的弧度应越高，一般要求调整传球不要太拉开。

二、传球技术的教学方法

传球的教学应放在无球技术之后进行。重点学习正面双手传球，开始应传中距离、高弧度的球，然后再逐渐增加难度。

（一）教学步骤

1. 示范讲解：先完整动作示范，再分解示范讲解。可以脚的站法、下肢、身体动作、手臂的位置、手型及用力等顺序依次进行。

2. 徒手练习：按教师的口令，做原地、各种移动步后的传球模仿练习。

3. 传球练习：

（1）自己向上抛球，接着用传球动作将球接住，然后检查手型是否正确。

（2）两人一组，做好传球的准备姿势，一人双手持球于脸前，另一人做传固定球的练习。体会手型、击球点、伸臂动作以及全身协调用力。

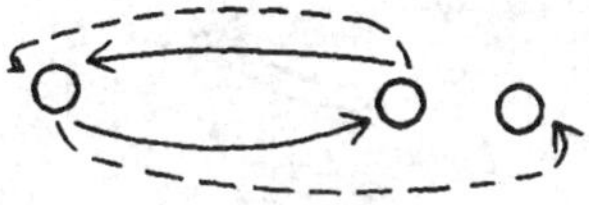

图 31

（3）两人一组，自抛自传给对方。

（4）将从地面反弹起来的球传给对方。

（5）两人对传，先原地传，再移动传。

（6）三人跑动传球（图 31）。

（7）多人跑动传球（图 32）。

（8）三人一组，一人固定向两边传球，二人左右移动轮流传球（图 33）。

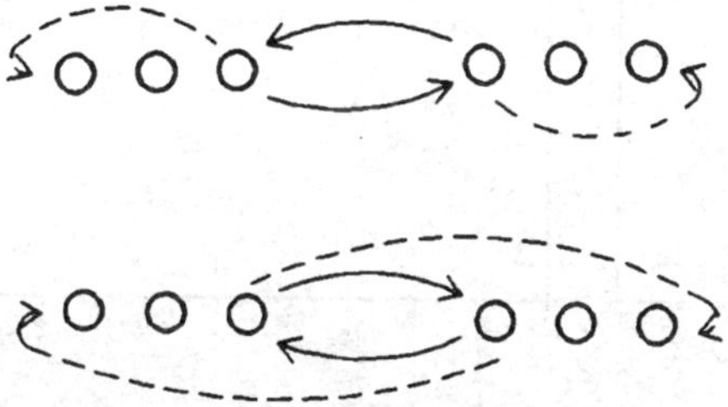

图 32

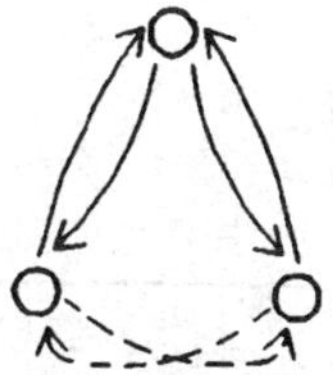

图 33

（9）三人一组，中间队员做背传（图 34）。

（10）四人三角移动传球（图 35）。球传到哪一点，就随球跑到哪一点上。

（11）二传练习：

① 顺网做正传和背传练习（图 36）。

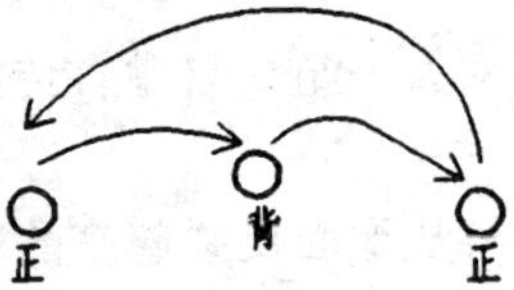

图 34

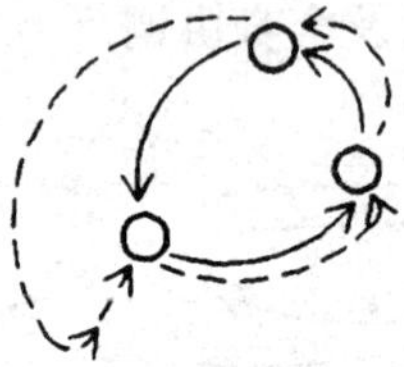

图 35

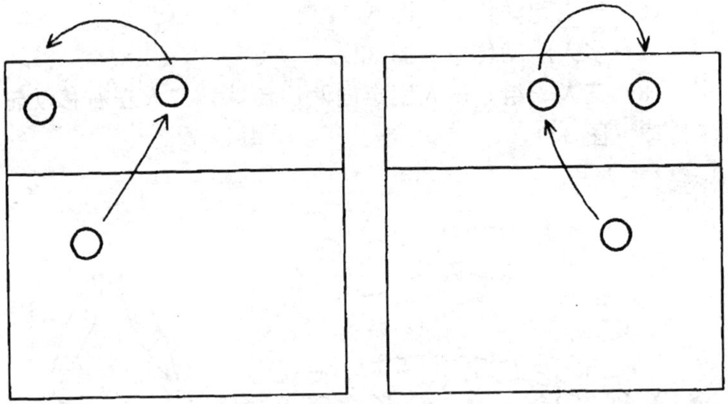

图 36

② 3 号位向 4 号位正传、向 2 号位背传（图 37①）。

③ 2 号位向 3 号位传一般球，向 4 号位传集中球（图 37②）。

（二）常犯错误与纠正方法

1. 拇指前伸。可用拇指和食指两个手指做近距离传球或用小实心球做近距离对墙传球，检查拇指是否前伸。

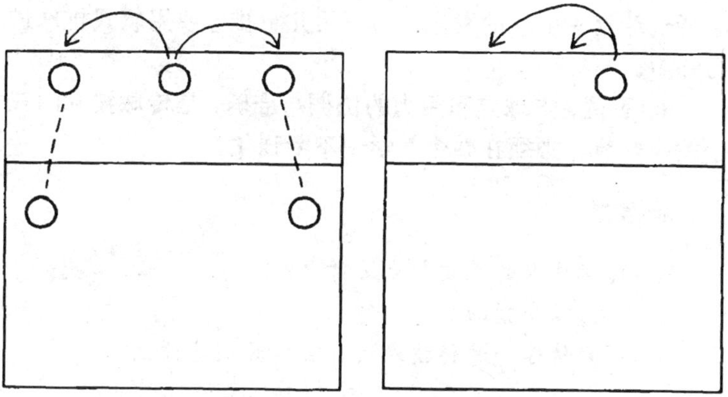

①　　　　②

图 37

2. 击球点过高、过低，或击球点过远等。可用自抛低球的方法，找好正确击球点做较长距离的传球练习。

3. 用力不协调，正传时上体后仰或臀部下蹲。可用背靠墙做传球练习。

4. 背传时击球点过前或过后，身体用力不协调。可用多做向上自传和自抛背传。要求头后仰、挺胸、展腹向后上方用力。

5. 两肘外撇过大。可用绳子固定两肘的距离练习传球。

（三）教学中应注意事项

1. 传球教学用完整的教学法较好，有利于给学生建立完整的传球技术动作概念。

2. 要介绍少年儿童在初学传球时，可能由于手指、手腕力量较弱，感到传球手疼和顾虑挫手所以害怕传球。对少年儿童教学中要反复示范，强调传球的正确手型，尽量避免初学者传球挫手事故的发生。可采用儿童排球或用软式排球进行练习。

3. 手型、击球点和用力的协调与准确，是传球技术的三个关键环节，必须在整个教学中不断强化。

思考题

1. 传球技术的主要特点是什么？
2. 对传球手型的要求是什么？
3. 正面传球和背传技术动作主要区别是什么？

第五节　扣球

扣球是排球的基本技术之一，是得分、得发球权的主要手段，也是进攻中最积极有效的武器。

随着排球运动的发展，扣球技术也在不断创新和提高。目前，扣球技术正向着高度、速度、变化、力量、突然性及各种假动作的方向发展，女队向男队的方向发展。已打破了专位、三点固定进攻、前后排分工的限制，充分利用网的全长和纵深，运用各种变化的步法和方向的助跑起跳，采用多点的立体的进攻。

扣球技术可分为正面扣球、调整扣球、勾手扣球、扣快球和自我掩护扣球等。

一、扣球技术的动作要领

（一）正面扣球

正面扣球按其动作结构包括准备姿势、助跑、起跳、空中击球和落地几个互相衔接的部分。

1. 准备姿势（以右手扣球为例）：扣球助跑前采用稍蹲姿势，两臂自然下垂，观察判断来球。

2. 助跑：助跑可根据人与球的距离，采用一步、两步、三步或多步法。

以两步助跑为例：助跑时，左脚先迈出一步，这一步要小，接着右脚再迅速跨出一大步（图38①②），以脚跟外侧着地制动，迅速过渡到前脚掌，左脚及时并上，踏在右脚之前，两脚尖稍向右转（图38③）。

3. 起跳：在助跑跨出最后一步的同时，两臂绕体侧后引（图38①②），左脚在并上踏地制动的过程中，两臂自后积极向前摆动（图38②③），随着两腿猛力蹬地向上起跳，两臂也配合有力地向上摆动。

4. 空中击球：起跳后，挺胸、展腹，上体稍向右转。右臂向后上方抬起（图38④），肘部自然弯曲略高于肩，五指微张成勺形。左臂自然置于胸前。击球时，以迅速向左转体，收腹动作，带动手臂向前上方挥动，在手臂挥直的最高点击球后中部（图38⑤⑥⑦）。击球瞬间，全掌包满球，主动用力屈腕屈指向前推压，使扣出的球加速上旋。

5. 落地：双脚落地时，前脚掌先着地再过渡到全脚掌着地，并顺势屈膝收腹，以缓冲下落的力量（图38⑧），并立即做好下一个动作的准备。

口诀：

助跑节奏慢到快，一步定向二步迈；
后脚并上猛蹬踏，两臂协调向上摆；
腰腹发力要领先，协调挥臂如挥鞭；
击球保持最高点，满掌击球要上旋。

图 38

（二）调整扣球

调整扣球是在一传或防守不到位的情况下，通过后场的二传把球调整到网前所进行的扣球。调整扣球的技术要领和正面扣球相同，但难度较大。要求队员能适应来自后场不同方向、角度、弧度、速度和落点的球，并以灵活的步法和空中动作，及时调整好人与球的位置，并根据球与网的距离，灵活地运用不同手法，控制扣球的力量、旋转、弧线、路线和落点。

（三）近体快球

在二传队员体前或体侧约 50 厘米处扣的快球，统称近体快球。快球是我国的传统打法，最大的特点是速度快、突然性强，因而有实扣效果和掩护作用。

扣近体快球要随一传的球同时助跑到网前，助跑路线与球网的角度要小，在二传出手的同时或之前迅速起跳。击球时，利用快速含胸动作带动前臂和手腕迅速挥甩，以全手掌将刚刚传出网口的球扣过网去。

（四）单脚起跳扣球

单脚起跳扣球的助跑角度要小，有时可以顺网助跑，单脚起跳的动作是：以扣球手臂异侧的一脚蹬地踏跳，同侧腿迅速向上摆动，带动身体上升。即在助跑过程中，右脚落地时，左脚向前跨出一大步并蹬地起跳，右脚向上摆动，同时配合展腹和两臂的挥摆，帮助起跳并提高弹跳高度，起跳后保持好击球点，按正面扣球动作挥臂击球（图 39)。

图 39

二、扣球技术的教学方法

扣球教学应在初步掌握传、垫球之后开始学习。先学正面扣 4 号位一般球。扣球技术比较复杂，可用分解和完整动作结合的教学方法。

（一）教学步骤

1. 示范讲解：先做完整技术动作的示范，再分解动作边讲边做慢动作的示范。

2. 徒手练习

（1）一步、两步及多步助跑起跳练习。

（2）原地挥臂击球徒手模仿练习。

（3）结合网，徒手助跑起跳扣球动作。体会完整技术动作过程。

3. 扣固定球练习

（1）原地扣固定球练习。

（2）一人持球固定，一人原地徒手挥臂击球，球不击出。

（3）扣固定球——吊球。体会完整动作。

4. 扣球练习方法

（1）上旋球手法练习。离网 3 米，网高 1.80 米，原地自抛自扣过网。要求打出上旋球。

（2）原地对墙或两人一组，自抛自扣练习。

（3）教师在 3 号位向 4 号位抛一般球，学生用一步助跑起跳扣球动作，在最高点将球接住，要注意网、球、人的关系。

（4）教师手托球在网口，学生一步助跑起跳挥臂击球过网。

（5）助跑起跳自抛自扣过网。

（6）轮流扣教师抛出的一般球。

（7）3 号位传球，4 号位扣球练习。

（8）教师站在球场中间，向 4 号位传调整球，运动员学习扣调整球。

（二）常犯的错误与纠正方法

1. 助跑起跳最后一步太小，起跳时制动动作不充分，前冲力过大，造成近网扣球时碰网或过中线。纠正时可做徒手、跨大步起跳练习和扣吊球练习，并在地上画线，规定起跳点和落地点；还可对墙做助跑起跳轻扣球练习，克服前冲碰网的错误。

2. 助跑冲过了合适的击球点，造成球落在扣球人的头后。纠正方法可采用助跑起跳在正确的部位将球接住。

3. 起跳过早或过晚。教师可发出信号，协助运动员助跑起跳找球。

4. 挥臂动作僵硬。纠正方法可原地用中等力量放松鞭甩扣球；掷小皮球等。

5. 击球不准，手腕控制能力差，常扣球不过网或出界。可用多做原地隔网扣球和远网自抛自扣练习；也可对墙扣球，要扣长线。

6. 起跳和挥臂动作不连贯。可采用将球抛得低些，使扣球时动作容易衔接；或多扣快球，体会动作的连贯性和协调性。

（三）教学中应注意的事项

1. 抓住技术关键进行教学。扣球技术的关键在于起跳和击球手法，而起跳中的关键是起跳时间和起跳地点；击球手法中的关键是前臂加速度动作与手控制球的能力。

2. 在掌握正面扣球的基础上，再学习其他扣球技术。

3. 助跑起跳可在教传、垫、发球的同时进行教学，为学习扣球技术做好准备。

4. 扣球教学要从实际出发，注意循序渐进，防止伤害事故。

思考题

1. 正面扣球的动作结构包括哪几部分？

2. 如何进行正面扣球的教学？

第六节　拦网

拦网是排球的基本技术之一，是防守的第一道防线。现在已成为得分的重要手段之一。

拦网包括单人拦网和集体拦网（双人拦网和三人拦网）。

一、拦网技术的动作要领

（一）单人拦网

单人拦网是初学者的基本拦网形式。水平高的队在来不及组成集体拦网的情况下，也经常运用单人拦网。

1. 准备姿势：面对网两脚平行开立，约与肩同宽，离网30～40厘米。两膝稍屈，两臂在胸前自然弯曲（图40①）。注意观察和判断对方场上队员的行动和球的飞行情况，随时准备移动和拦网。

图40

2．移动起跳：根据对方二传球的飞行方向和距离，采用并步（图 41)、交叉步（图 42）跑步移动方法，选择起跳点。起跳时，两膝弯曲，重心下降，两腿用力蹬地，并配合两臂胸前划小弧摆动使身体垂直起跳（图 40①～④)。

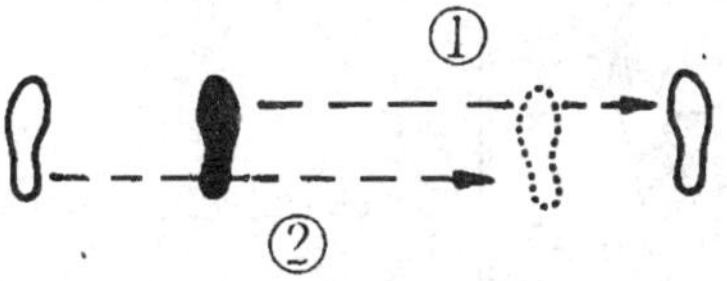

图 41

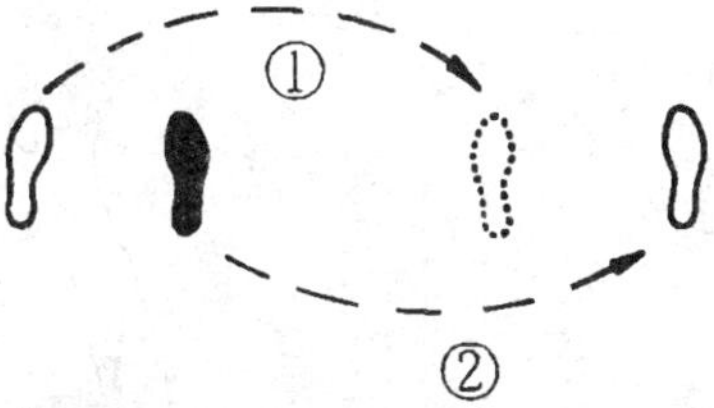

图 42

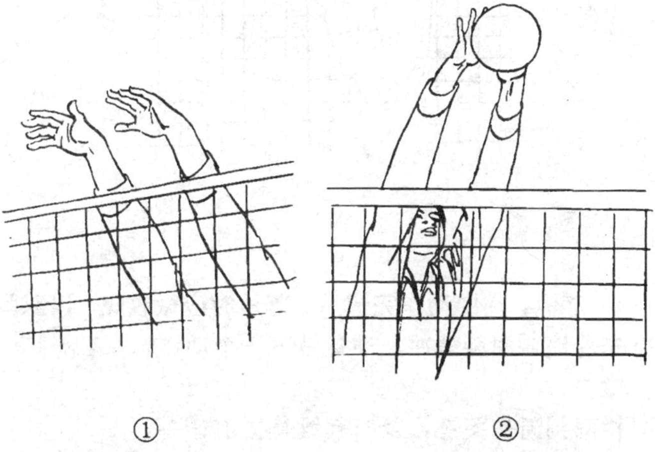

图 43

3．空中动作：起跳后，两手从脸前贴近并平行球网向两上沿的前上方伸出（图 40②③)，两肩上提，两臂伸直保持平行。拦网时，两臂尽力过网伸向对方上空，两手自然张开，屈指屈腕呈勺型接近球（图 43①）。当两手触球时，要突然紧张，手腕用力下压盖住球的前上方（图 43②）。2、4 号位队员的外侧手掌心要内转（图 44），防止打手出界。

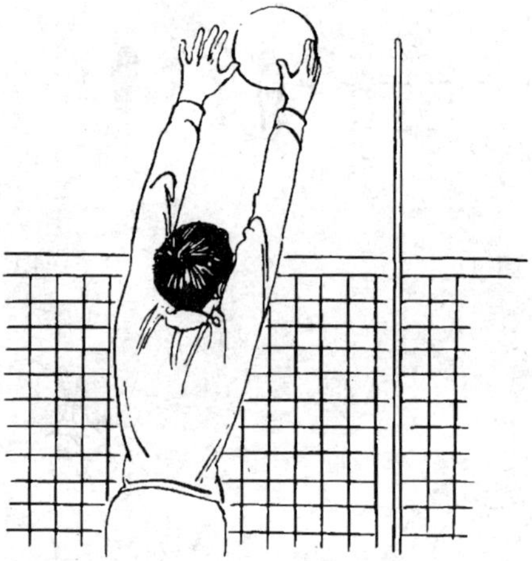

图 44

4. 落地：空中动作完成后，落地时应微收腹，以双脚前脚掌先着地，屈膝缓冲，准备做下一个动作。

口诀：

拦网判断是关键，及时起跳莫提前；

提肩压腕张手指，看清动作拦路线。

二、拦网技术的教学方法

拦网技术的教学，应在掌握了扣球技术后进行。拦网教学采用分解与完整相结合的方法。先分开学习手型与移动起跳，然后再掌握完整的拦网技术。

（一）教学步骤

1. 示范讲解：先完整动作示范，再分拦网手型、移动、起跳、空中动作及落地分别讲解示范。示范时，教师要隔网对学生，以便使其看清动作。

2. 徒手练习

（1）原地做拦网手型、摆臂、伸臂和拦击球的动作练习。

（2）原地起跳和各种步法移动起跳的拦网练习。可在网前进行。

（3）两人隔网相对站立，做原地起跳、移动起跳或一主动一被动的移动起跳在网上拦击对方的手。

3. 拦固定球练习

（1）在网上沿约20厘米的高度上，教师站在高台上举固定球，学生练习跳起双手做拦网的捂球动作。

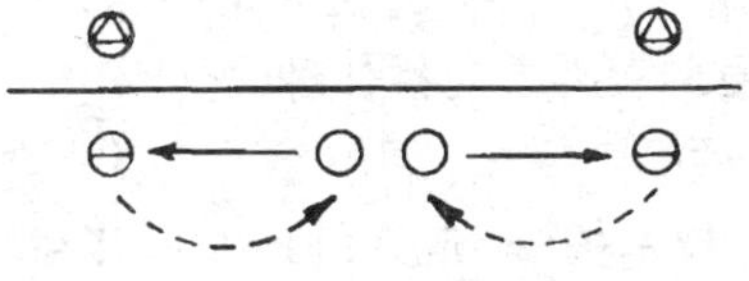

图 45

（2）二人或三人轮流原地或一步侧移动起跳拦固定球练习（图45）。

（3）移动连续拦两个固定球、三个固定球（图46）。

4. 拦网练习方法

（1）两人隔网站立，一人抛探头球，一人跳起拦网。

（2）两人隔网站立，一人自抛自扣，一人跳起拦网。

（3）教师站在高台上扣自抛球，学生隔网进行拦网练习，体会完整的拦网动作。

（4）2、4号位扣球，进行拦网练习。

（5）在对方组织进攻战术条件下拦网练习。

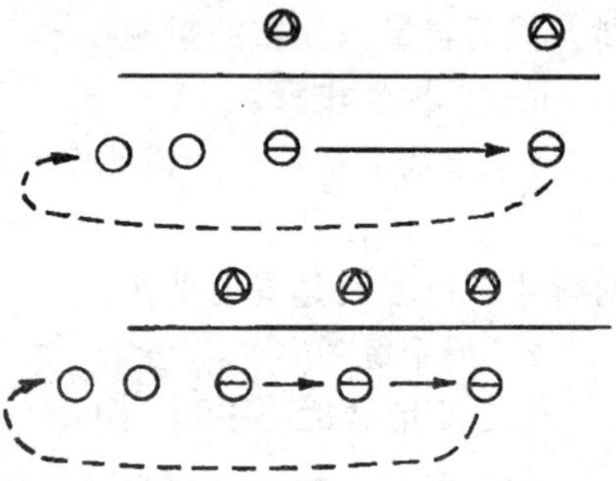

图 46

（二）常犯的错误与纠正方法

1. 拦网时起跳过早。教师可用信号控制运动员动作节奏，判断起跳时间。

2. 碰网、过中线。主要是压腕时，前臂有扑打的动作；起跳时前冲力过大或起跳点离网过远。可多在网前或对墙做起跳练习，克服前冲的缺点，或降低球网，原地拦轻重结合的扣球，体会压腕提肩（不压臂）的动作，要求不许碰网。

3. 拦网时低头闭眼。可用一扣一拦，先拦固定吊球，然后拦教师由轻到重的扣球。强调看准方向拦住球。

（三）教学中应注意的事项

1. 对初学者来说，要抓好技术关键。应熟练地掌握移动、起跳、伸臂和手型等基本功。

2. 在教学中要强调拦网的实效，特别是对运动员要及早防止重攻轻守、重扣轻拦的现象。

第三章　排球基本战术与教学方法

排球技术是运动员在比赛中根据排球规则、排球运动的规律，及彼我双方的具体情况和临场的发展变化，有意识的运用技术配合，所采取的有目的、有预见性的行动。

排球技术是战术的基础，技术只有通过战术才能得到充分发挥和运用。战术的组成和使用，又促进技术的发展和提高。战术的发展是随着技术的不断提高，身体素质的逐步改善而逐渐完整起来的。

一个队在选择战术时，要从实际出发，根据本队的技术水平和特点，身体条件和素质情况加以选择。

我国排球运动的技术战术指导思想是："在技术全面的基础上，向全攻全守发展。坚持快速，发展高度，准确熟练，配合多变，实现全、快、高、准、变。"这是经过长期的实践，特别是经过国际排球大赛锻炼，在总结经验的基础上提出来的。

根据排球运动攻防结合，攻防转化快及比赛中从对方来球（发球、扣球、拦回球、传垫过来的球）的规律和特点，形成了四种战术系统。即接发球及其进攻、接扣球及其进攻、接拦回球及其进攻、接传垫球及其进攻四种战术系统。我国习惯的简称为"一攻"、"反攻"、"保攻"、"推攻"。除"一攻"外，其余三种又称为"防反"。

排球战术无论是进攻和防守，都包含着个人战术和集体战术两大部分。

个人战术是指个人根据临场情况有目的地运用技术动

作，它是集体战术的组成部分，包括：发球、一传、二传、扣球、拦网和后排防守等。

集体战术是个人战术的综合。集体战术是按比赛中出现的四种不同的来球情况和接这四种不同来球，并组织相应的四种不同的进攻战术系统来分的。集体战术分为：接发球及其进攻等四种。接发球、接扣球及其进攻的基本阵形是教学重点。

第一节　阵容配备、交换位置

一、阵容配备

阵容配备就是合理地使用本队队员的一种组织手段。在于把全队的力量有效地组织起来，充分地发挥每个队员的特长和作用。

（一）阵容配备主要有“四二”配备、“五一”配备和“三三”配备。

1.“四二”配备：四名扣球队员（两名主攻、两名副攻），两名二传队员分别安排在相应对称的位置上（图 47）。这种配备可使每个轮次都能保持有两名扣球队员，便于发挥进攻力量，这是一种最经常使用的配备形式。

2.“五一”配备：由五名扣球队员和一名二传队员组成场上阵容（图 48），采用这种配备，二传队员在前排时，打“中、边一二”战术；在后排时，则采用“插上”战术。这种配备优点是增强了进攻力量；但当二传在后排没有机会插上时，前排与二传对称位置上的扣球队员常常要充当一名“接应二传”。

图 47

图 48

由于场上只有一名二传队员，因此要求他必须传球技术全面，移动接应迅速，战术意识强。而担任“接应二传”的队员也应具有一定水平的二传技术。

3. “三三”配备：三名进攻队员和三名传球队员分别间隔站位的阵容配备（图 49）。这种形式便于组织进攻，但在前排只有一名进攻队员时会减弱进攻的力量，故多用于初学者。

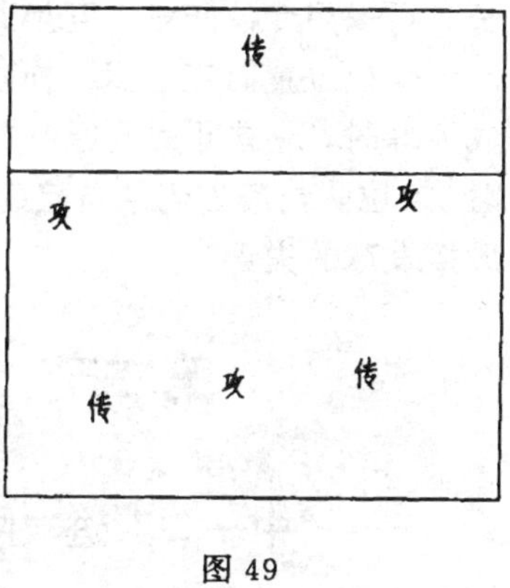

图 49

初学者和基层的排球队，应根据本队队员掌握技术的实际情况，合理的搭配，均匀的布局，以减少失误，充分发挥自己的长处。

二、交换位置

为了最大限度地发挥队员的特长，调动一切积极因素，加强攻防力量，以及弥补由于队员身体、技术发展不平衡所带来的阵容配备上的缺陷，比赛中，在规则允许的条件下，可以采用交换位置的方法。

当发球击球之后，双方可以在本场区内采用前排队员之间、后排队员之间互相交换位置的方法。

前排队员之间的换位：为了加强进攻力量，可将主攻队员换到 4 号位，将善于扣快球的副攻队员换到 3 号位，将二传换至 2 号位。

为了加强拦网力量，可将拦网好的队员换到 3 号位或与对方主攻队员相对的位置上。

后排队员之间的换位：为了加强后排防守，发挥个人专长，可采用专位防守，互换到各自专守的区域内。

交换位置时应注意：换位前要按规则要求站位，换位后成死球时，应立即回到原位置，防止“位置错误”。对方发球时，换位队员应首先准备接起对方的发球，不要盲目换位，造成接发球的失误。

第二节　战术阵形

一、“中一二”进攻阵形

由 3 号位队员担任二传，其他 5 人接发球后，将球传给了 3 号位，二传队员将球传给 4 号位或 2 号位队员进攻（图 50）。

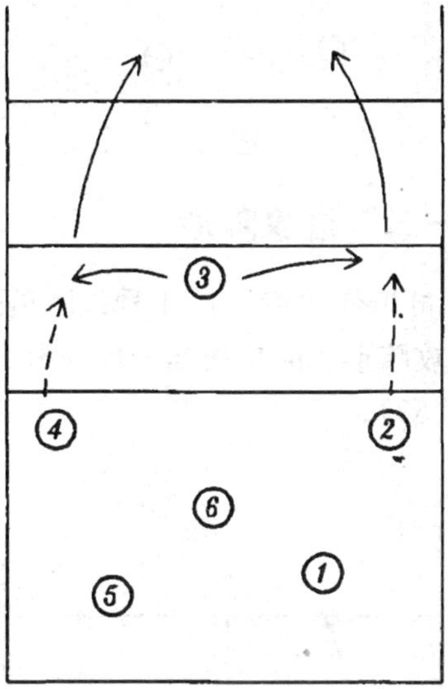

图 50

在这种阵形的基础上，有“一快一高”（图 51）、“交叉换位”（图 52）等进攻配合。

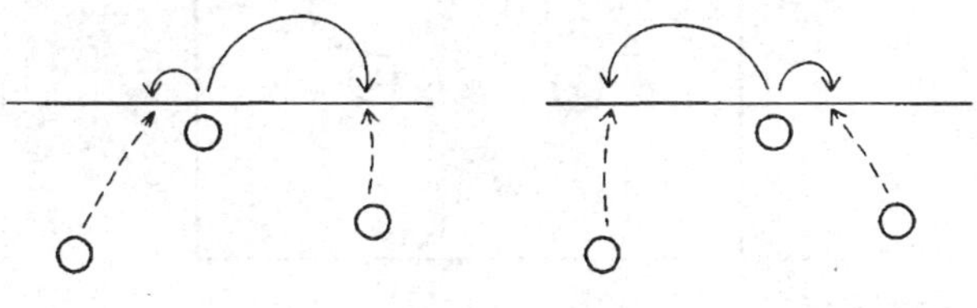

图 51

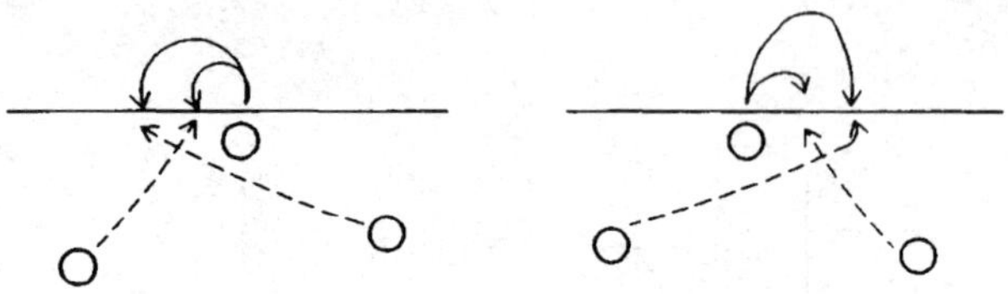

图 52

二、“边一二”进攻阵形

由 2 号位队员担任二传，3、4 号位队员进攻的配合，称为“边一二”进攻阵形，也是基本进攻阵形之一。多在一攻、反攻中采用（图 53）。

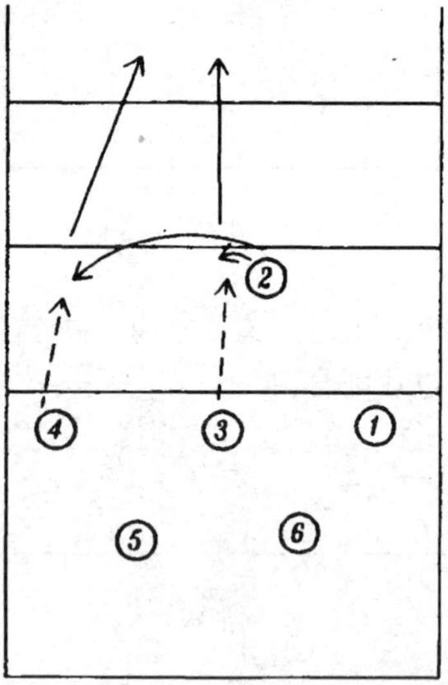

图 53

在这个基本阵形的基础上，有“一快一慢”（图 54）、“交叉换位”（图 55）等进攻配合。

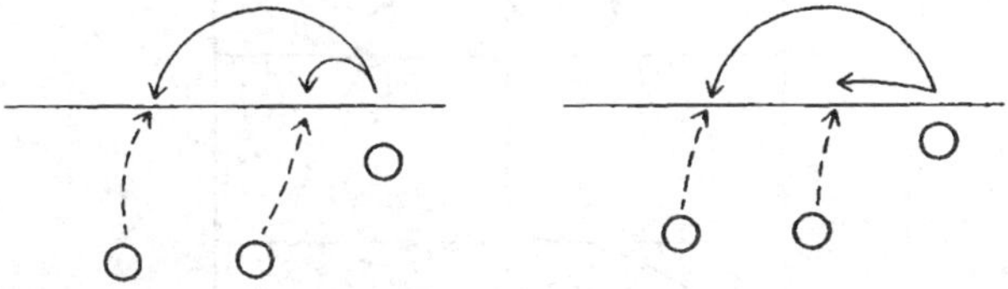

① ②

图 54

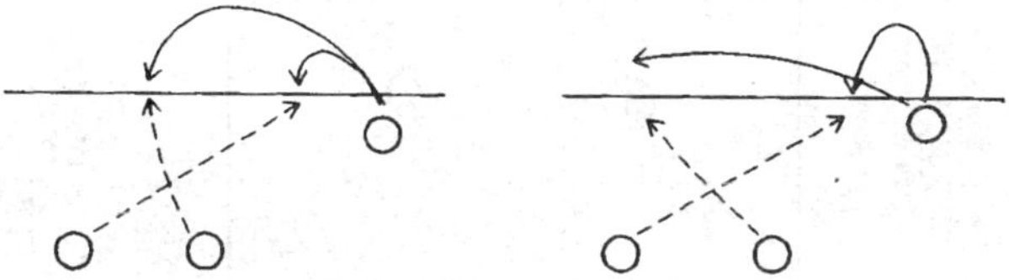

① ②

图 55

三、“插上”进攻阵形

由后排队员“插上”到前排担任二传，组织前排 2、3、4 号位队员参加进攻的配合，称为“插上”进攻阵形。

可以从 1 号区插上组织进攻（图 56），也可以从 6 号区和 5 号区插上组织进攻。由于能发挥前排三个队员的进攻力，故被广泛采用。

前排三点进攻有许多变化：

中间快两边拉（图 57）；双快（图 58）；前后交叉（图 59）。

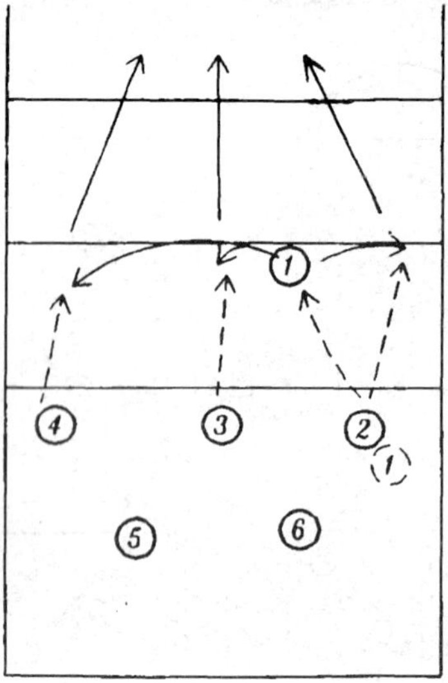

图 56

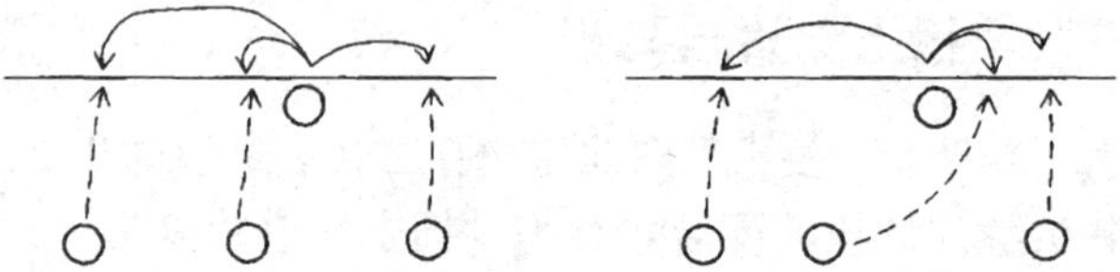

图 57

四、五人接发球站位阵形

接发球站位阵形与进攻战术的基本阵形有密切的联系。事实上绝大多数接发球站位阵形就已经决定了进攻战术的基本阵形。这里介绍的是五人接发球站位阵形（图 60）。

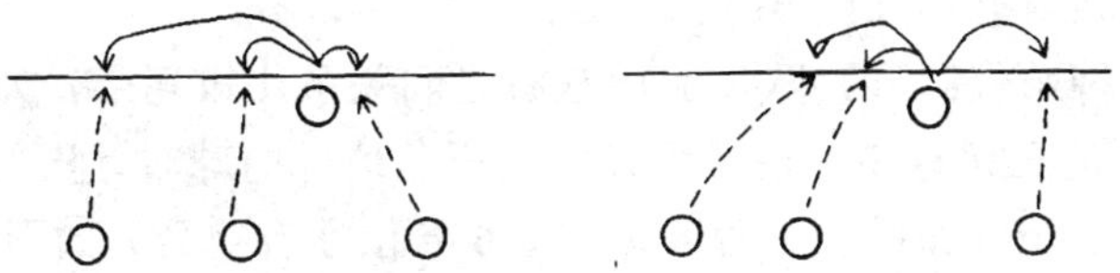

图 58

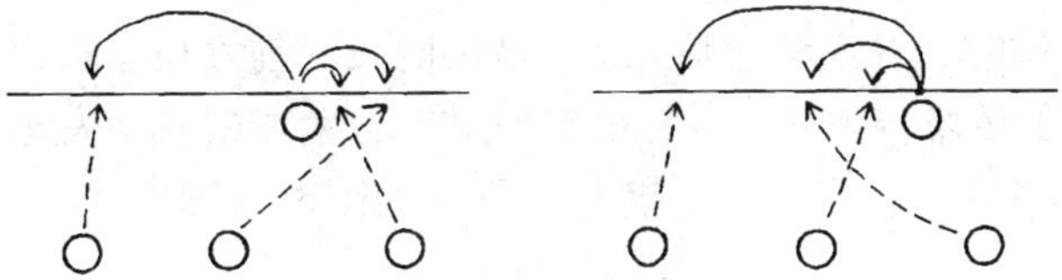

图 59

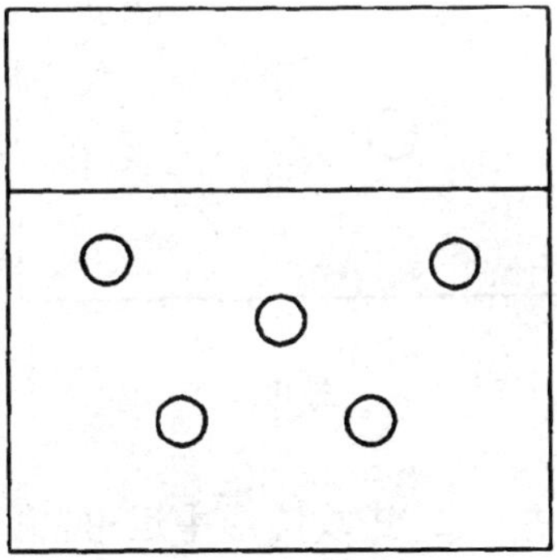

图 60

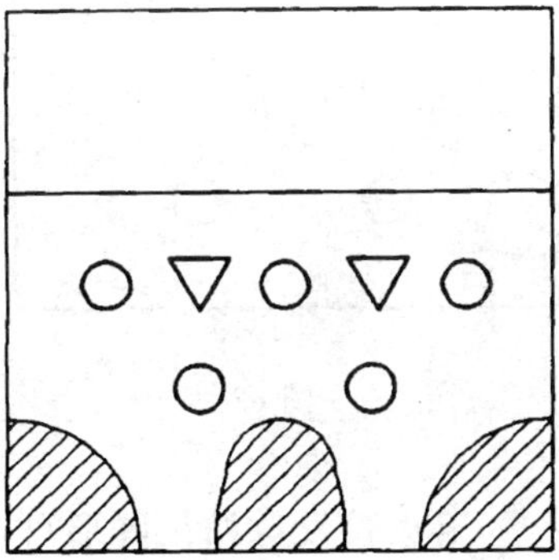

图 61

5个队员前三后二分两排站在对方发球落点最密集的地区。由于参加接球的人数多，且分布基本均匀，每个人负责接球区相对缩小（图61）。

这种站位阵形，队员前后左右之间关系比较复杂，如图61之中的三角地带，在接对方发到三角地区的球时，队员间容易相互干扰和抢让；后区1、5、6号位亦有空当，如图61的阴影区。

五人接发球站位阵形可随对方发球特点不同而变化。当对方发球落点分散时，可将队形稍加扩大；当对方发球落点多在后排时，五人都应后撤，6号位队员向前站位，形成二、一、二的阵形（图62）；当对方采用大力发球或平冲发球时，落点也多偏后，因而要压缩前后排间的距离（图63）。

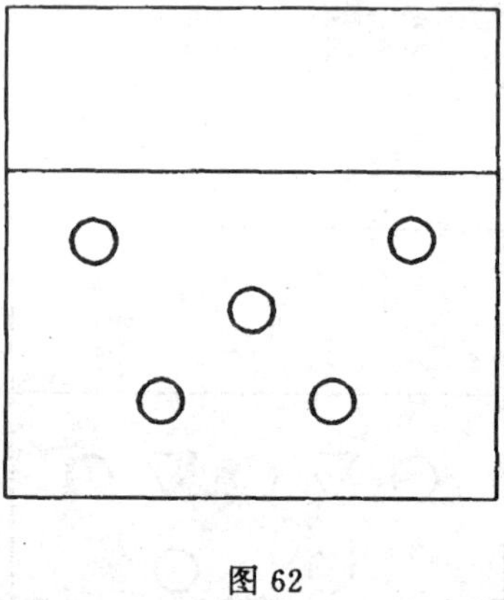

图62

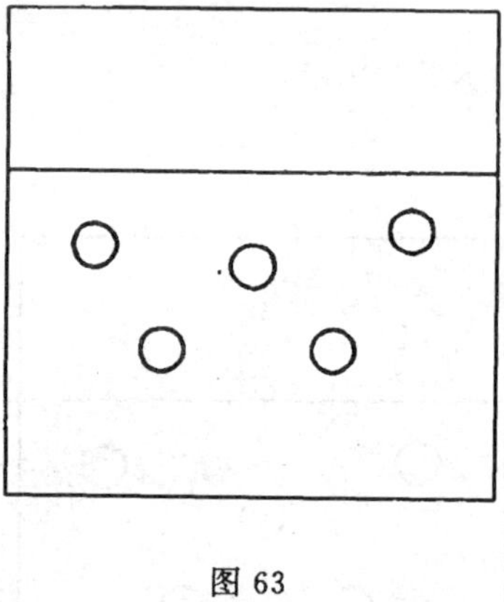

图63

五人接发球站位阵形可在“中一二”进攻阵形中运用，也可以在“边一二”进攻阵形中运用，同样可以在“插上”进攻阵形中运用。图64所示为从后排三个位置“插上”的站位阵形。

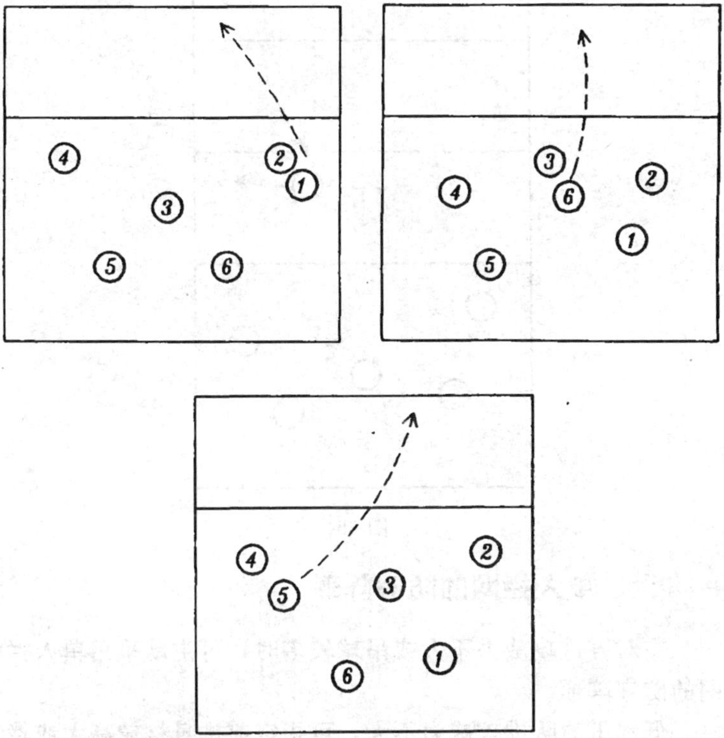

图 64

五、不拦网的防守阵形

在对方扣球威力差，没有必要拦网时，可采用不拦网的防守阵形。

一般可以采用接发球的站位阵形，后面两个队员可以适当后撤，防后场的球，二传队员在网边准备接应（图 65）。

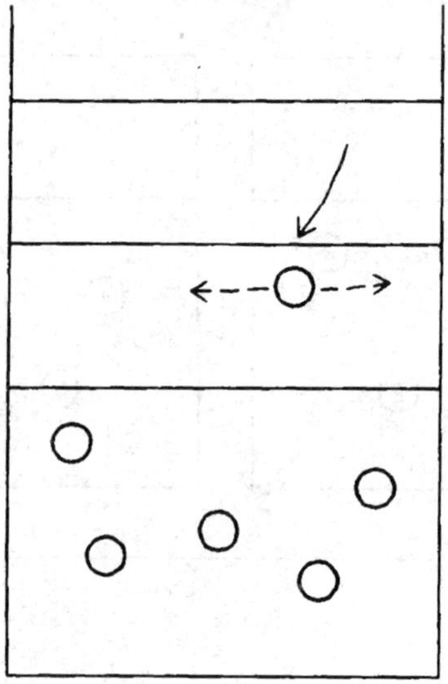

图 65

六、单人拦网的防守阵形

在对方进攻威力不大或吊球较多时，可主动采用单人拦网的防守阵形。

低水平的队进攻威力不大，可指定前排身材较高大或拦网较好的队员去拦网，邻近拦网队员退后防吊球或防拦网后落在前场的球。另一前排队员撤下与后排三人组成“马蹄形”防守阵形（图 66）。

高水平队的集体拦网布局常被对方快速多变的进攻战术破坏，被迫采用单人拦网的防守阵形时，对方在哪个位置进攻，相对应的拦网人就是当然的拦网者。前排不拦网的两个队员，要积极后撤防守，如果对方进攻速度极快或被晃而来不及后撤时，也要转身对球，积极准备防守身体附近的球。后排三人仍形成“马蹄形”站位。

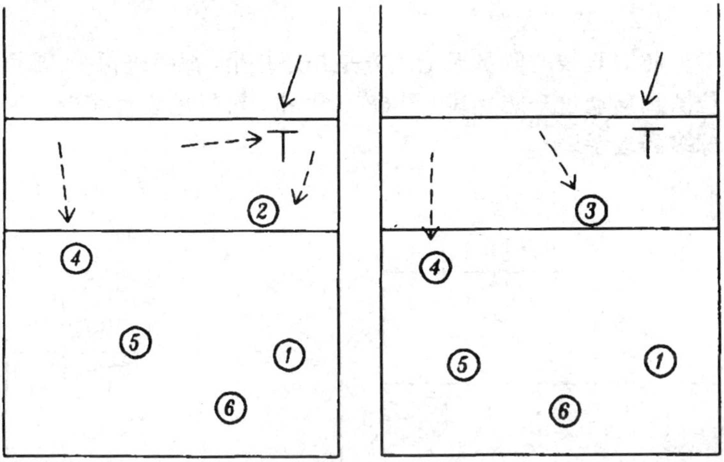

图 66

七、双人拦网边跟进防守阵形

这是当今世界强队广泛采用的防守阵形。

当对方进攻时，防守一方采用邻近位置的两人配合组成双人拦网，另一侧不拦网的队员撤下防守，后排防直线的队员跟进负责防前区的球。这是跟进防守的基本阵形。根据对方扣手的变化不同和本方防守水平不同，还可以采用下列灵活变化：

（一）边“活跟”

攻方能灵活地运用扣、吊相结合的打法时，防直线位置的队员要通过自己的判断决定是防后场还是跟进防前场。当其跟进时，6 号位队员应向跟进队员一侧移动补位，防止对方推吊空当（图 67）。

（二）边“死跟”

防守直线的队员无论攻方是扣还是吊，都跟进保护，6 号位队员移动过来防直线（图 68）。常用于对付进攻直线少而吊球多的攻手。

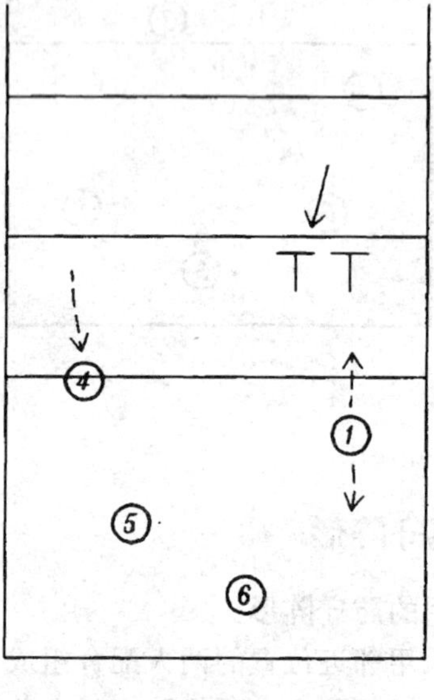

图 67

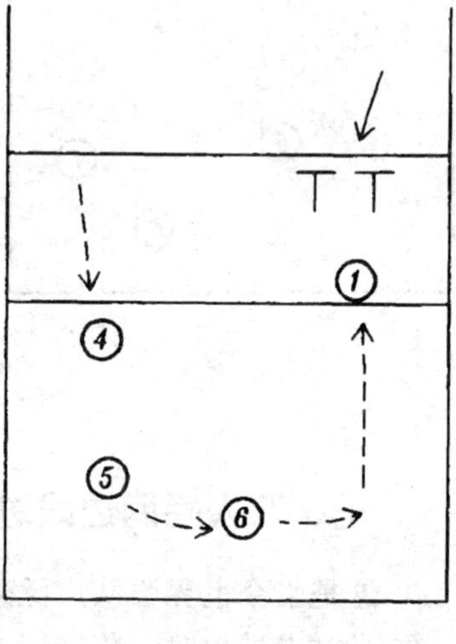

图 68

（三）“内撤”防守

采用“活跟”防守时，为了加强防前场的吊球，不参加拦网的 2（4）号位队员内撤至进攻线附近进行防守（图 69），称为“内撤”防守。

（四）“双卡”防守

攻方灵活运用扣、吊结合打法，守方在采用“死跟”防守时，让不拦网队员内撤防中场即为“双卡”防守，后排二人压住底线（图 70）。

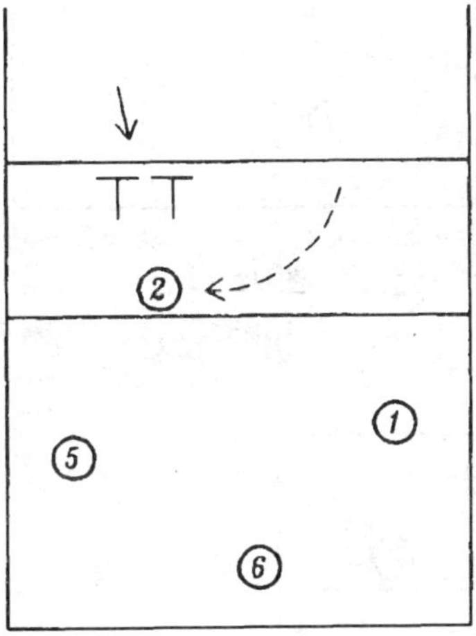

图 69

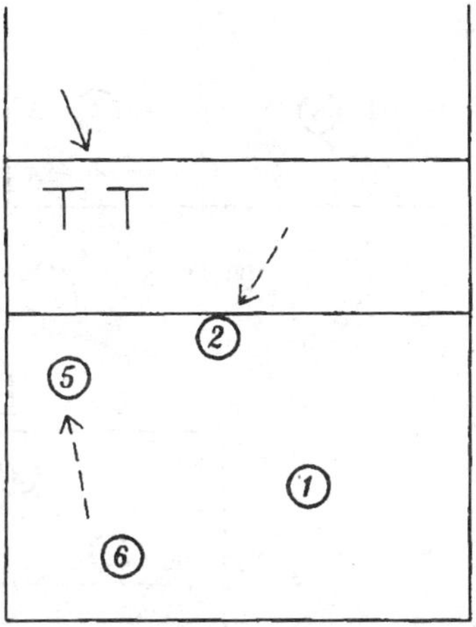

图 70

八、双人拦网“心跟进”防守阵形

又称“6 号位跟进”防守。即 6 号位队员上去负责防前区，其他两名后排队员防 1、5 号位两角，不拦网队员后撤防守（图 71）。

这种阵形多在本方 6 号位队员防守能力差而拦网能力强，较有把握拦住扣向 6 号区的球时采用。

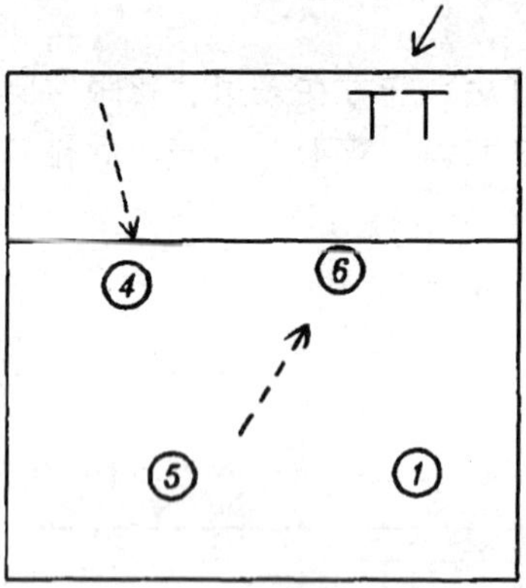

图 71

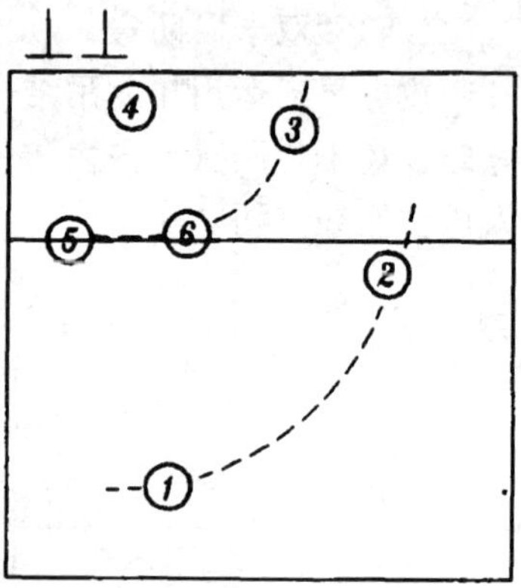

图 72

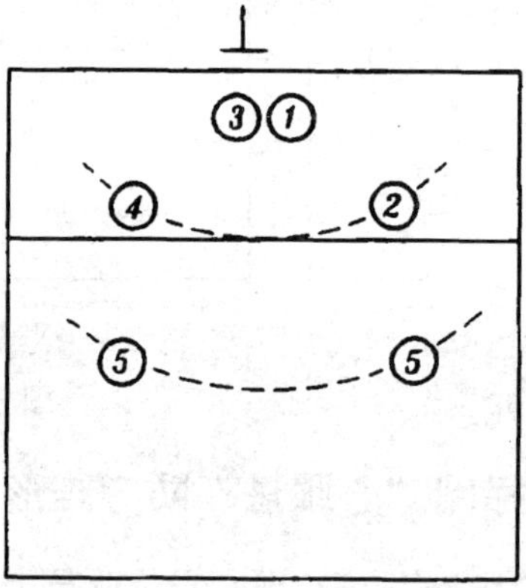

图 73

九、4 号位强攻时的保护阵形

当攻方 4 号位队员进行强攻时，3 号位、6 号位及 5 号位队员在其周围形成第一道防线，1 号位、2 号位队员形成第二道防线进行保护（图 72）。

十、3 号位扣快球时的保护阵形

当本方组织快球进攻，特别是二传跳传的快球进攻被拦回时，扣球人和二传人常常来不及参加保护。因此，2、4 号位队员应尽快内撤形成第一道防线；5、6 号位队员跟上形成第二道防线进行保护（图 73）。

第三节　排球战术的教学方法

一、战术教学原则

（一）战术教学必须在掌握一定技术的基础上进行。

（二）战术教学由简到繁、由易到难、由分解到完整、分练与合练相结合。

二、战术的教学步骤

（一）确定所学的战术形式，要根据掌握技术情况来定。

（二）采用挂图、沙盘摆位，球场站位和徒手移动等方法，使队员明确各自的位置、职责及基本活动路线及范围。

（三）看录像或优秀队的比赛所采用的战术，如何站位，如何跑动和配合等，加深对战术的理解。

（四）进行技术串连与小配合练习，在掌握小配合的基础上，进行全队战术的教学。

（五）练进攻战术时，教师抛到位的一传，练习无拦网的进攻，熟习跑动路线和加强传、扣之间的配合。

练防守时，则由教师抛球代替进攻，防守一方按规定阵形分工布防。主要任务是明确防守职责和范围，体会分工与合作的实际问题。

（六）发轻球或扣轻球来练习所学的接发球和防守战术阵形，以及一攻和防反战术等。

（七）六对六的攻防对抗。运用所学的攻防战术。

（八）分队比赛。比赛中运用所学的战术。

第四章　排球竞赛规则简介

第一节　比赛的特性

排球比赛是两队在由球网分开的场地上进行比赛的集体项目。它可以有多种比赛方式，以适应各种不同性质比赛的需求，从而不断推动该项运动的广泛开展。

比赛的目的，是各队遵照规则，将球击过球网，使其落在对方场区的地面上，而防止球落在本方场区的地面上。每队可击球三次（拦网触球除外）将球击回对区。

比赛由发球开始。发球队员击球使其从网上飞至对区，比赛由此连续进行，直至球落地、出界或某一队不能合法地将球击回对区。

排球比赛中只有发球队可得分（决胜局除外）。接发球队胜一球时，获得发球权（决胜局中亦得分），同时队员按顺时针方向轮转一个位置。

第二节　比赛

一、器材与设备

（一）比赛场地（图 74）

比赛场地为 18 米×9 米的长方形，所有的界线宽 5 厘米。四周至少有 3 米宽的无障碍区。空间从地面量起至少高

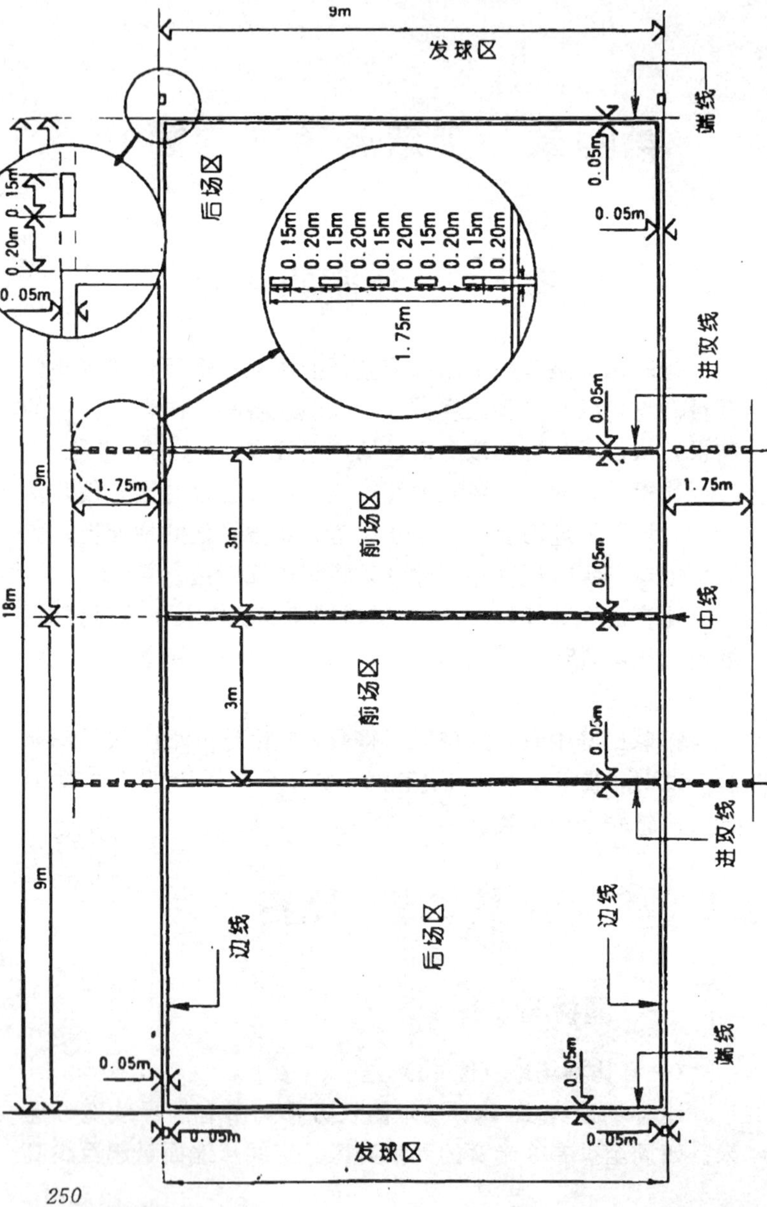

图 74

7 米，不得有任何障碍物。发球区宽 9 米，位置在端线后（不包括端线）。

（二）球网和网柱（图 75、76）

球网长 9.50 米、宽 1 米，网眼直径 10 厘米。

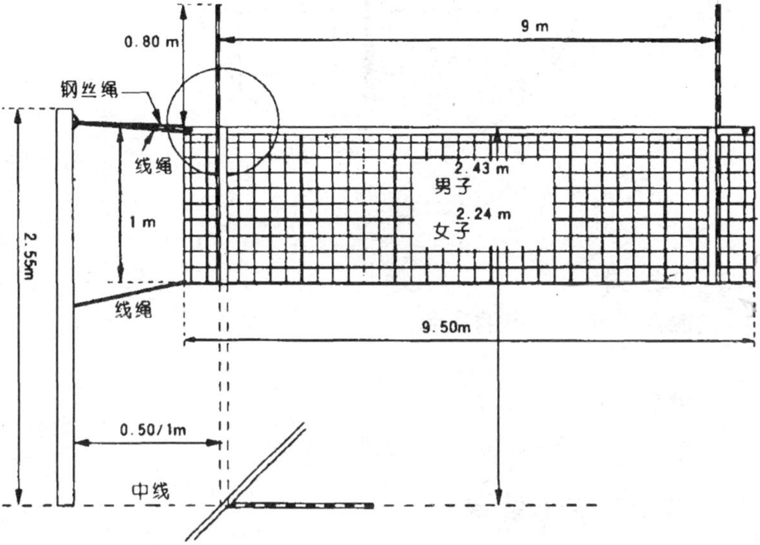

图 75

两条宽 5 厘米、长 1 米的白色带子为标志带。

标志杆长 1.80 米、直径 10 毫米，由玻璃纤维或类似质料制成。

网柱架设在两条边线外 0.5～1 米处。网高 2.55 米，最好可以调节高度。

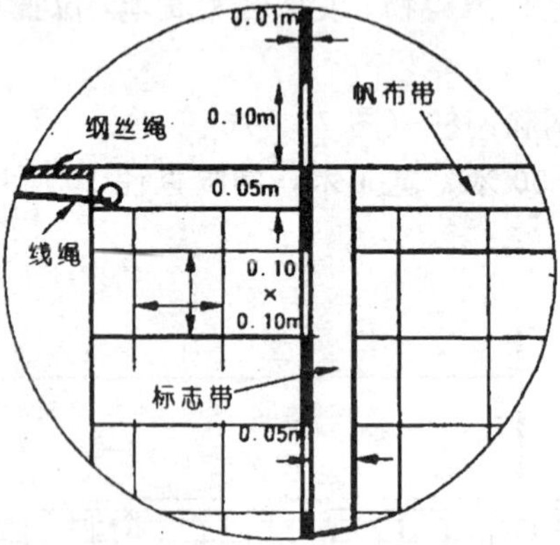

图 76

（三）球

颜色：应是一色的浅色。

圆周：65～67 厘米。

重量：260～280 克。

气压：0.30～0.325 公斤/平方厘米。

二、比赛服装要求

队员上衣必须有号码，序列为 1～18 号。号码必须在身前和身后的中间位置。身前号码至少 10 厘米高，身后号码至少 15 厘米高，号码笔画宽度至少 2 厘米。

三、记分方法

胜三局的队胜一场，如果 2∶2 平局时，决胜局则采用每球得分制的比赛方法。

先得 15 分并同时超出对方 2 分的队胜一局。当比分14∶

14 时，比赛继续进行至某队领先 2 分为止。前四局最高分限为 17 分。当比分为 16：16 时，获得第 17 分的队仅领先 1 分即胜该局。

四、场上位置和轮转

队员场上位置为：靠近球网的三名队员为前排队员，其位置为 4 号位（左）、3 号位（中）和 2 号位（右）。

另外三名队员为后排队员，其位置为 5 号位（左）、6 号位（中）和 1 号位（右）。如图 77 所示。

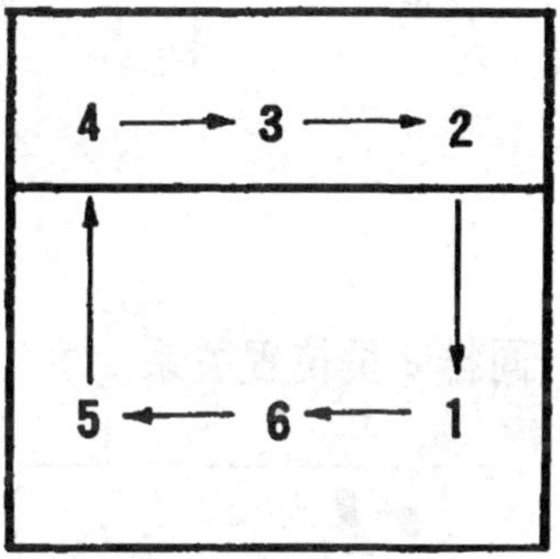

图 77

轮转：接发球队获得发球权后，该队队员必须按顺时针方向轮转一个位置（2 号位队员转至 1 号位发球，1 号位队员转至 6 号位）。

当发球队员击球时，如果队员不在其正确位置上，则构成位置错误犯规。位置错误的一方被判失一球，恢复到正确的位置（图 78）。

五、队员的替换

每一局每队最多可替换六人次。可以同时替换一人或多人。

每局开始上场阵容的队员在同一局中可以退出比赛和再次上场各一次，而且只能回到原阵容的位置上。

替补队员每局只能上场比赛一次，替补开始上场阵容的

例 A:前排与后排队员位置关系

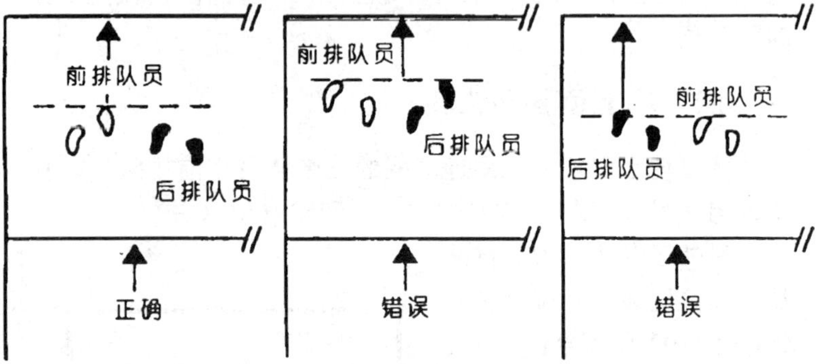

例 B:同排队员位置关系

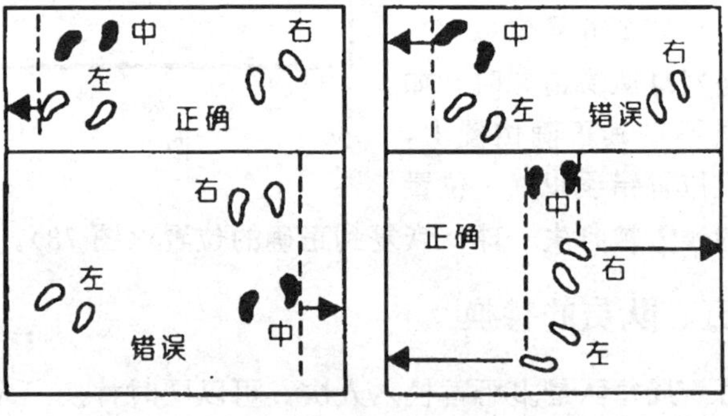

图 78

队员。而且他只能由被他替换下场的队员来替换。

换人必须在换人区内进行。

六、暂停和技术暂停

每队在该局中可请求两次暂停，一次暂停的时间限 30 秒钟。

国际排联世界性比赛的暂停采用以下方法：

第 1～4 局，每局有两次技术暂停，各为 1 分钟，每当领先队达到 5 或 10 分时自动执行。相应每个比赛队每局仅有一次机会请求 30 秒钟的普通暂停。

决胜局（第五局），无技术暂停，每队在该局可请求两次 30 秒钟的普通暂停。

七、发球犯规

（一）发球犯规

发球犯规指发球队员或本方队员在发球击球时的犯规。

1. 未按发球次序发球。

2. 未将球清楚的抛离手即击球。

3. 脚踏端线或踏越发球线。

4. 用手臂以外的身体任何部位击球。

5. 双手击球或单手将球抛出、推出。

6. 第一裁判员鸣哨后 5 秒钟内未把球发出。

7. 发球队员个人或集体掩护。

如发球队员击球时犯规与对方位置错误同时发生，应判发球犯规。

（二）发球失误

发球失误指发球击球后的犯规。

1. 球未发过网或触网、标志杆，或从标志杆外越过。

2. 球过网前触及本队其他队员的身体或任何的物体。

3. 球落在对方场地外。

4. 球抛起后，发球队员未击球，而球从空中落下时触及该队员的身体任何部分。

如发球队员发球后犯规与对方位置错误同时发生，应判位置错误。

八、击球

（一）击球

比赛中每队最多击球三次（拦网除外）将球从球网上击回对方，超过规定次数的击球，判为“四次击球犯规”。

无论是主动击球或球触及，均作为该队击球一次。

一名队员不得连续击球两次。

（二）击球的性质

1. 球可以接触身体的任何部分。

2. 球必须击出，不可接住或抛出，球可以向任何方向弹出。

3. 球可以触及身体不同部位，但必须是同时。

下列情况例外：

（1）在拦网动作中，同一队员或同一拦网中的不同队员可以连续触球，但必须仅发生在一个单一动作中。

（2）在第一次击球时，允许身体不同部位在同一击球动作中连续触球。

（三）击球时的犯规

1. “四次击球”：一个队连续触球四次。

2. “借助击球”：队员在比赛场地以内借助同伴或任何物体的支持进行击球。

3. “持球”：没有将球击出，造成接住或抛出。

4.“连击”：一名队员连续击球两次或球连续触及他身体的不同部位。

九、球网附近的球

球通过球网

1. 球必须通过球网上空的过网区（图 79），进入对方场区。过网区是球网垂直平面部分，其范围：

（1）下至球网上沿。

（2）两侧至标志杆及其延长线。

（3）上至天花板。

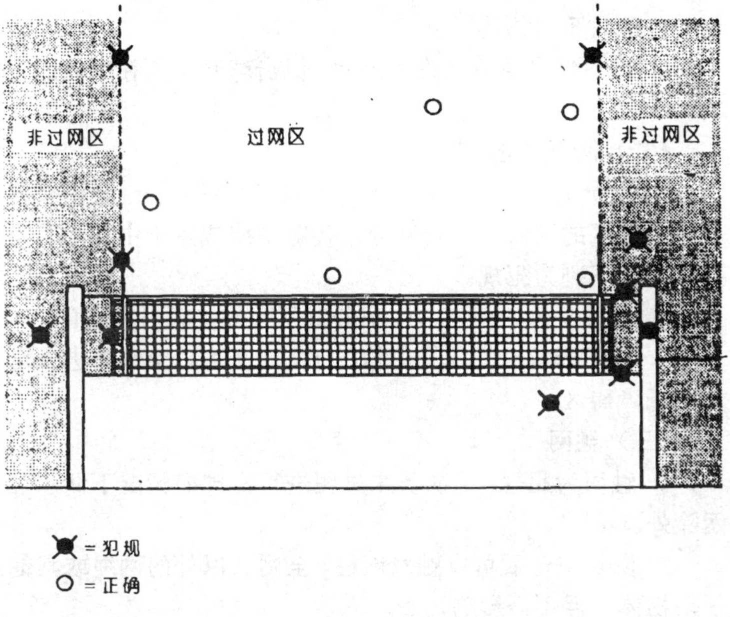

图 79

2. 球的整体或部分从过网区以外进入对方无障碍区，可以在下列情况下将球击回：

（1）队员不得进入对方场区。

（2）球必须由同侧过网区以外击回，对方队员不得阻碍此击球。

3. 球的整体越过球网以下垂直平面为“界外球”（图79）。

十、球网附近的队员

（一）超过球网

1. 在拦网时，允许越过球网触球，但在对方进攻性击球前和击球时不得妨碍对方。

2. 进攻性击球后允许手过网，但击球时必须在本场区空间。

（二）网下穿越

1. 队员的一只（两只）脚或一只（两只）手越过中线触及对方场区的同时，其余部分还接触中线或置于中线上空是允许的，不判为犯规。

2. 队员身体的任何其他部分都不允许接触对方场区。

3. 在不影响对方比赛的情况下，队员可以穿越而进入对方的无障碍区。

（三）触网

1. 触网为犯规，但队员未试图进行击球的情况下偶尔触网除外。

2. 队员击球后可以触及网柱、全网长以外的网绳或其他任何物体，但不得影响比赛。

3. 由于球被击入球网而造成球网触及队员，不算犯规。

（四）队员在球网附近的犯规

1. 对方进行进攻性击球前或击球时，在对方空间触及球或对方队员。

2. 从网下穿越进入对方空间并妨碍对方比赛。

3. 越过中线进入对方场区。

4. 队员触及球网。

十一、进攻性击球

（一）进攻性击球的限制

1. 后排队员可以在进攻线后对任何高度的球完成进攻性击球，但起跳时脚不得踏及或越过进攻线；击球后可以落在前场区。

2. 后排队员也可以在前场区完成进攻性击球，但触球时球的一部分必须低于球网上沿。

3. 对方发球时，接发球队队员不能在进攻区内对高于球网上沿的球做进攻性击球。

（二）进攻性击球犯规

1. 在对方场区空间击球。

2. 击球出界。

3. 后排队员在前场区完成进攻性击球，并且击球时球的整体高于球网上沿。

4. 在前场区对球的整体高于球网上沿的发球完成进攻性击球。

十二、拦网犯规

（一）在对方进攻性击球前或击球的同时，在对方场区空间拦网触球。

（二）后排队员完成拦网或参加了完成拦网的集体。

（三）拦对方发球。

（四）拦网出界。

（五）从标志杆以外伸入对方空间拦网。

十三、对不良行为的判罚

在比赛中，对运动员的不良行为，第一裁判应分别轻重给予判罚。

判罚等级表

判 罚 等 级

<table>
<tr><th>不良行为等级</th><th>次数</th><th>处理方法</th><th>出示红黄牌</th><th>结　果</th></tr>
<tr><td rowspan="3">非道德行为</td><td>第一次</td><td>警告</td><td>黄牌</td><td>防止重犯</td></tr>
<tr><td>第二次</td><td>判罚</td><td>红牌</td><td>失一球</td></tr>
<tr><td>第三次</td><td>罚出场</td><td>一手持红黄牌</td><td>取消该局比赛资格</td></tr>
<tr><td rowspan="3">粗鲁行为</td><td>第一次</td><td>判罚</td><td>红牌</td><td>失一球</td></tr>
<tr><td>第二次</td><td>罚出场</td><td>一手持红黄牌</td><td rowspan="2">离开比赛场地、队员席和准备活动区（一局）</td></tr>
<tr><td>第三次</td><td rowspan="3">取消资格</td><td rowspan="3">两手分持红黄牌</td></tr>
<tr><td>冒犯行为</td><td rowspan="2">第一次</td><td rowspan="2">离开比赛场地、队员席和准备活动区（全场）</td></tr>
<tr><td>侵犯行为</td></tr>
</table>

第三节　裁判员职责和法定手势

正式比赛裁判员由以下成员组成，第一裁判员 1 人，第二裁判员 2 人，记录员 1 人，司线员 4（或 2）人。

一、第一裁判员的主要职责

第一裁判员主持比赛的裁判工作。比赛的全部过程中，可对场上两队队员及其他裁判工作人员行使权力。他有权决定比赛中的一切问题，他的判定为最终判定，有权改判其他裁判的判定。第一裁判员坐或站在网一端的裁判台上执行其职责。

主要职责：

（一）比赛前，检查场地、设备、器材；赛前 13 分钟，召集双方队长选择场区或发球权；主持入场仪式；入场后掌握两队的练习活动。

（二）比赛中，根据规则规定判断死球、失机、得分、犯规及取消某队员或全队比赛资格；对双方不良行为进行判罚；可以解答场上队长提出的有关规则和执行规则的问题。

（三）比赛后，主持退场仪式，检查比赛记录，并在记分表上签名。

二、第二裁判员的主要职责

第二裁判员站在第一裁判员对面场外。他是第一裁判员的助手，应主动协助进行工作。当第一裁判员不能继续工作时，他可以代替行使职务。有权准许合法的或拒绝不合法的暂停和换人次数，在成死球时通知第一裁判员和两队教练员。监督两队教练员和运动员的不良行为。不得对第一裁判员坚持自己的判断。

主要职责：

（一）每局开始前或决胜局交换场区后，根据两队交来的位置表，核对队员在场上的位置。

（二）比赛中出现下列情况，应鸣哨并做出手势：

1. 接发球队位置错误。

2. 球从标志杆以外飞过或触及靠近他一侧的标志杆。

3. 队员触及网上沿以下部分或标志杆。

4. 队员过中线；后排队员犯规。

5. 球触及其他物体。

6. 队员受伤时，可准许换人或给以恢复的暂停时间。

三、司线员的主要职责

（一）观察判断球是否出界，并以小旗表示“界内球”或“界外球”。

（二）如发现有球触手出界，球触及标志杆或标志杆上空、标志杆外过网时，应做出旗示。

（三）如发现发球队员犯规时，应做出旗示。

（四）如遇第一裁判员提出疑问时，应如实报告。

四、记录员的主要职责

记录员坐在第一裁判员对面、第二裁判员后面进行工作。

（一）比赛前负责登记两队队员姓名及号码。并取得队长和教练员的签名，每局开始前登记两队上场阵容，并对双方保密。

（二）比赛进行中，记录每队得分、换人和暂停次数。如某队要求换人、暂停、发球次序错误、位置错误以及决胜局某队先得 8 分，并在成死球时及时通知裁判员。

（三）比赛结束后，登记比赛最后结果。请裁判人员和双方队长签字。

五、裁判员的鸣哨和手势

裁判员在比赛中，自始至终都是由鸣哨和手势来进行裁判工作的。当裁判员对比赛中出现的各种情况做出判定之后，应立即鸣哨，同时以手势表示判决的结果，使运动员、记录员和观众都能清楚地了解裁判员的判定。

（一）掌握好哨音：鸣哨要坚决、果断、及时、响亮、有节奏、有长有短、有轻有重，并减少不必要的哨音。

（二）手势要准确、及时、清楚、大方。以犯规队的同侧手表示裁判员的判定，另一手则指向发球一方，两手可有先后。手势做出后要稍加停留，以便使队员和记录员看清。当第一裁判员和其他裁判员手势或旗示不一致时，不论是否改判还是维持原判，第一裁判员都必须明确地再次做出手势，表示最后判定。

裁判员的法定手势见附图 1、2。

附图 1

裁判员手势

	F 第一裁判员 S 第二裁判员	
允许发球	F 1  挥动发球队一侧手臂	
发球一方	F S 2  平举发球队一侧手臂	
交换场区	F S 3  两臂在体前体后绕体旋转	
暂停	F S 4  一臂屈肘抬起，另一手手掌放在该手指尖上	
换人	F S 5  两臂屈肘在胸前绕环	

	F 第一裁判员 S 第二裁判员	
警告、判罚	F 6 一手持黄牌为警告 一手持红牌为判罚 	
取消一局比赛资格	F 7  一手持红、黄牌	
取消全场比赛资格	F 8  两手分持红、黄牌	
一局或全场比赛结束	F S 9  两手掌在胸前交叉	
发球时球未抛起	F 10  一臂屈肘慢慢举起，掌心向上	

	F 第一裁判员 S 第二裁判员	
发球延误	F 11  一手上举 五指分开（5秒） 三指分开(3秒）	
掩护和拦网犯规	F S 12  两臂上举 掌心向前	
位置和次序错误	F S 13  一手食指在体前水平绕环	
界内球	F S 14  整个手臂和手掌斜指向地面	
界外球	F 15  两臂屈肘上举 手掌向后摆动	

	F 第一裁判员 S 第二裁判员	
持球	F 16  一手掌前平 举掌心向上	
连击	F S 17  一臂屈肘举起 伸出两个手指	
四次击球	F S 18  一臂屈肘举起 伸出四个手指	
发球触网和 队员触网	F S 19  一手触网顶或触 犯规队一侧球网	
过网犯规	F 20  一手掌心向下，前 臂置于球网上空	

	F 第一裁判员 S 第二裁判员	
后排队员进攻性击球犯规	F S 21  一臂向上举起，前臂向下摆动	
进入对方场区球从网下通过	F S 22  手指指向中线	
双方犯规	F 23  两臂屈肘竖起拇指	
触手出界	F S 24  两臂举起，一手掌摩擦另一手指尖	
延误警告 延误判罚	F 25  以黄牌或红牌放置于手表上	

附图 2

司线员旗示

	L 司线员	
界内球	L 1  向下示旗	
界外球	L 2  向上示旗	
触手出界	L 3  一手举旗，另一手放置在旗顶上	
发球犯规球从非过网区通过	L 4 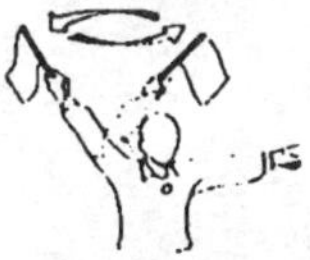 一手举旗晃动，另一手指端线或标志杆	
无法判断	L 5  两臂胸前交叉	

足　　球

第一章 足球运动概述

第一节 足球运动的特点与作用

足球运动是以脚支配球为主，两个队互相进行攻守对抗的一项体育运动。它是世界上开展广泛且影响较大的体育运动项目之一，有“世界第一运动”之称。

一、足球运动的特点

（一）足球运动是一项富有战斗性的激烈对抗项目：在国际上成人正式足球比赛中，参赛的两队共22人，在同一场地上展开近身的集体对抗。特别是在两个罚球区附近经常展开短兵相接的争斗，加之足球规则又允许合理冲撞，使足球比赛更加激烈紧张、惊险动人。

（二）足球技战术复杂，动作难度大：足球运动是一项非周期性运动项目，运动员技战术运用直接受到对手的干扰和限制。因此，这就需要根据比赛的具体情况灵活机动地加以运用和发挥。同时，足球是用人体相对笨拙的部位——脚部支配和控制球，无疑增加了技战术难度。

（三）比赛场地大、时间长、体能消耗大：国际上正式足球比赛，运动员在7500平方米左右的场地上，至少要奔跑90分钟，而且还要伴随完成上百个有球和无球技术动作，运动员的体力消耗是很大的。一般来说，一场激烈的比赛，能量消耗约2000卡，体重下降3～5公斤。

（四）足球比赛规则相对比较简单，器材设备也不复杂。一般性的足球比赛对时间、人数、场地和器材等不做严格限制。

二、足球运动的作用

（一）经常从事足球运动可以培养人的勇敢顽强、机智果断、坚韧不拔、勇于克服困难等优良品质，同时还能培养团结协作的集体主义精神。

（二）经常参加足球运动可以增进人体健康，改善和提高身体素质，如力量、速度、灵巧及耐力等，特别是对增强人体的机能，如心血管系统、呼吸系统等内脏器官的功能是非常有益的。

（三）通过国际间的足球交往，能够增进各国人民之间的相互了解、团结和友谊。

第二节　我国古代足球

我国古代足球起源的时间，据目前史料查证，并有可靠文字记载是战国时代（公元前 475～前 221 年）。战国时代的足球游戏称作蹴鞠或踏鞠。蹴或踏就是用脚踢的意思，而鞠是指球。

到了汉朝（公元前 206～公元 220 年），蹴鞠活动较为盛行，并有所发展，有了专门供足球竞赛活动的场地，双方以直接对抗的竞赛方式进行。并有了简单的比赛规则，而且有裁判员参加评判。

唐、宋时期（公元 618～1279 年）蹴鞠游戏，既有进步的一面，又有落后的一面。进步的一面是有了灌气的球和竖在空中的球门；落后的一面主要是由以前的两队直接进行攻守对抗，逐步变为单球门的间接对抗。

据史料记载，我国足球游戏在唐朝已传到了日本，而且此间女子足球也较盛行。

元、明、清时期（公元1271～1840年），由于受前人蹋球的影响，足球仍有所开展，其竞赛方法，较多的是沿袭唐、宋时期的单球门竞赛方法，不过球门变得低而宽了。但自这几个朝代起，由于社会上兴起“重文轻武”、“立静恶动”之风，足球游戏逐渐走向没落，到了清朝中期，即鸦片战争前100年左右，我国古代足球游戏绝迹了。

第三节　旧中国的足球运动

1840年鸦片战争后，英国的军、政、商界等人士陆续来到了香港，并将现代足球运动首先带到了那里。19世纪末至20世纪初，上海、北京、天津、广州等地的教会学校也相继出现了足球运动。从此，旧中国的足球运动由学校到社会、由沿海到内地逐渐开展起来了。

旧中国自1910年至1948年间共举行了七届全国运动会，每次运动会都有足球比赛。当时，华南的香港和华东的上海水平高于其他地区。

旧中国的足球运动，与其他运动项目相比，水平还算高的。当时中国的足球队共参加了十届远东运动会的比赛，获得九届冠军。但当时的亚洲足球水平比较低，而且只有中国、菲律宾和日本3个国家的足球队参加比赛。

旧中国足球队还分别参加了1936年和1948年的第11届和14届奥运会比赛，但两届分别以0：2和0：4败给英国和土耳其而被淘汰。

第四节　新中国的足球运动

新中国的足球运动已有40多年历史，它经历了一条起伏曲折的道路，其发展过程大体上可分为下列几个阶段。

一、发展提高阶段（1949～1960年）

在党和政府的关怀下，1954年我国各省市相继成立了优秀足球队，并开始了专门训练。同年，我国先后选派了两批优秀青年队员20余人，赴匈牙利学习先进足球技术，经过一年多的训练和比赛，技术水平提高得比较快。1956年全国开始实行了足球甲级联赛制度，大大推动了我国群众性足球运动的开展。在1959年举行的第1届全国运动会上，足球列为正式比赛项目。同年，在庆祝新中国成立10周年举行的中、苏、匈三国足球对抗赛中，中国队以0：1负于苏联队，以1：0胜匈牙利国家二队获亚军。1960年又取得中、朝、越、蒙四国对抗赛的冠军。至此，足球运动水平达到了新中国成立后的第一个高潮。

二、曲折发展阶段（1961～1966年）

由于受连续三年自然灾害的影响，国内的足球比赛减少而且处于低水平状态，优秀队处于“休整”阶段，致使国家队在1963年的“新运会”上未进入前四名。

随着国民经济的好转，1964年国家体委、全国总工会、团中央和教育部联合召开了全国足球工作会议，并向全国发出“大力开展足球运动、迅速提高技术水平”的号召。同时确定北京、上海、天津、旅大、沈阳、武汉、广州、南京、延边、梅县为全国发展足球运动的10个重点城市和地区。

通过1965年第2届全运会的足球比赛进一步推动了全国足球运动的开展，从此，我国足球运动水平开始回升，1966年国家队在“亚新会”上获得第三名。

三、破坏阶段（1967～1976年）

“十年动乱”使全国足球运动的教学、训练、科研和竞赛工作几乎全部陷于停顿，运动队处于瘫痪状态。竞赛中断4年后，1971年尝试性地举行了全国集训赛。1972年在北京举行了五项球类运动会。随后足球运动训练和竞赛活动虽在局部地区逐渐恢复，但是技术水平仍处于低谷。

四、探索、改革阶段（1977年以后）

由于政治稳定和经济状况好转，足球运动教学、训练和科研工作逐渐恢复，足球运动水平重新开始回升。

加强足球运动的国际交往。为提高我国足球运动水平而举办各种国际足球比赛。自1977年起每年在我国举行一次“国际足球友好邀请赛”；在广州等地举办世界女子足球邀请赛、世界女子足球锦标赛等；还邀请德国、巴西、英国等足球专家来华训练和讲学，从而加强和促进了我国与世界各国足球运动的交往与交流。

恢复中国足协在国际足联的合法席位。经过中国足协20余年的努力和国际足球界朋友的支持和帮助，于1979年恢复了中华人民共和国足球协会在国际足联的合法席位（50年代末期由于国际足联少数人制造的“两个中国”的阴谋，我国于1958年毅然退出了国际足球联合会）。此后，我国足球队参加了亚洲杯、亚运会、奥运会、世界杯等足球比赛。

扩大发展足球运动的重点城市和地区。为了迅速提高我国足球运动水平，1979 年国务院批准了国家体委《关于提高我国足球技术水平若干措施的请示报告》，并将发展足球运动重点城市和地区由原来的 10 个增加到 16 个，即增加了长春、青岛、石家庄、重庆、昆明和西安 6 个城市。

足球竞赛活动频繁。1978 年开始恢复了全国甲、乙级双循环升降级制的比赛，并逐步建立了全国成年、青年较系统的竞赛制度。1979 年增设了 16 个重点地区的基层小学生“萌芽杯”比赛、中学生“希望杯”比赛和 16 城市青年冠军赛，形成了甲级—乙级—青年—少年四级竞赛体制，增加了甲乙级 A、B 组联赛的比赛场次，使球队得到更多的锻炼。

我国足球运动逐步走向科学训练和社会化。根据体育要社会化与科学化的改革精神，我国足球运动队初步改变国家包揽的办法，依靠社会力量，由企业单位与各级体委部门联合办队，出资举办各种足球竞赛活动，并逐渐实行职业化和俱乐部的形式。为促进足球运动的腾飞，以科学训练充实经验训练和直觉训练，有的甲级队配备了专职科研的工作人员或教练员。足球运动的科研亦逐步提到议事日程上来。1985 年、1988 年、1992 年、1995 年分别在天津、广东的佛山、北京、上海召开了 4 届足球论文报告会。

1993 年 10 月在大连召开了足球工作会议，制定了 1993～2002 年中国足球事业 10 年发展规划，确定了总的指导思想和今后 10 年足球事业发展的总目标。

总的指导思想是面向现代化、面向世界、面向未来，立足于提高运动技术水平，普及群众足球运动，发展足球产业，为社会主义物质文明和精神文明服务。

发展的总目标是适应社会主义市场经济和体育事业发展的需要，运动技术水平明显提高，跻身亚洲先进行列，具备向世界水平冲击的能力；足球普及程度、场地设施和队伍规模有较大发展；俱乐部体制基本形成；足球产业初具规模，从而使足球成为规模大、效益好、受欢迎、具备自主发展能力的运动项目。

第五节　世界足球运动发展简况

一、现代足球运动的产生和发展

（一）现代足球运动起源于欧洲。从欧洲各国的历史记载来看，现代足球（Socer）是英国A式足球Association Football的简称。1857年英国成立了第一个足球俱乐部。1863年10月26日在英国伦敦成立了世界上第一个足球组织——英格兰足球联合会，并制订了统一的足球规则。故世界足坛都把这一天称为现代足球运动的诞生日。

（二）随着国际足球运动交往的增多和足球运动发展的需要，1904年5月21日在巴黎，由法国、瑞士、瑞典、比利时、西班牙、荷兰、丹麦等国发起成立了国际性的足球组织——国际足球联合会（简称“国际足联”，英文缩写为“FIFA”）。随后，世界各大洲的足球联合会也相继成立。

由于国际奥委会规定只有业余运动员才能参加奥运会的足球赛，致使一大批职业足球明星被排斥在奥运会之外。1928年，国际足联在荷兰首都阿姆斯特丹举行会议，决定每4年举行一次世界足球锦标赛（后改名为世界杯赛），并规定每届比赛与奥运会相间举行。1930年的第1届世界足球锦标赛在乌拉圭首都蒙特维的亚举行，到1998年共进行了16届比赛。其中，因第2次世界大战中断了12年。直至1950年才恢复举行第4届比赛。世界杯足球赛是世界现代足球运动水平最高的比赛。

（三）从1900年开始，足球比赛被列为奥运会正式比赛项目。每4年一次。由于职业足球运动员和参加世界杯足球赛的运动员不准参加奥运会的比赛，使奥运会足球比赛的水平远不如世界杯足球赛水平高。

二、亚洲足球运动发展简况

现代足球运动在亚洲开展得比较晚，水平较低。虽然近年来亚洲足球运动随着经济、文化的发展而有所进步，但是与欧、美相比还有很大差距。

亚洲足球联合会成立于1954年。1974年正式恢复了中国足球协会在亚洲足球联合会的合法席位。

由亚洲足球联合会举办的足球比赛有亚洲杯足球赛、亚运会足球比赛和选拔代表亚洲地区参加世界性足球比赛的预选赛。

思考题

1. 足球运动的特点和作用是什么？
2. 新中国的足球运动可分为哪四个阶段？
3. 简述现代足球运动的产生和发展。

第二章　足球基本技术与教学方法

足球基本技术是指在无对抗条件下运动员在学习的初级阶段所必须掌握的各种正确的技术动作。

足球基本技术可分为：运球、颠球、踢球、接球、头顶球、抢球、假动作、掷界外球等技术。

第一节　运球技术

运球是运动员在跑动中，用脚或身体的其他合理部位不断地触球，使球始终处于自己的控制范围的能力。

一、运球技术动作分析

（一）运球技术的动作结构

根据触球部位的不同，运球可分为脚内侧运球、脚背正面运球、脚背内侧运球和脚背外侧运球等几种。为了能更好地控制球达到过人目的，运球时还要辅以拉、拨、推、扣、挑、颠等动作。不论哪种运球动作，其技术基础都基本相同。

运球技术的动作结构可分为运球方法的选择及准备，跑动中的不断触球，为下一个动作的连接做好准备三个环节。

（二）运球技术动作结构的分析

1. 运球方法的选择及准备：运球往往是接球后开始的。一般来说，在接球时就应迅速考虑好接球后使用哪种运球方法将球运走（有时是在成功地实施抢球后开始的），并根据选择的方法做好准备，即重心的调整及开始运球时支撑脚的站位。

2. 跑动中的不断触球：跑动中不断触球是运球技术的最关键部分。运球时应保持球始终处在自己的控制范围内。为了达到这个目的，应注意如何避开（或超过）对方防守队员，注意触球时的力量及球运行的方向，合理使用推、拨、拉、扣、挑、颠等动作；同时跑动要自然，重心要低些，步幅小，频率快，眼睛不要只盯住球而要随时观察周围情况，这样才有可能在临场情况发生变化时，迅速采取相应措施将球控制到所需要的位置上。

3. 为下一个动作的连接做好准备：运球结束后，往往是传球或射门，为使传球或射门时身体能够获得最佳位置及状态，这就需要运球结束时应迅速为下个动作做好准备，这种准备应在运球过程中自然协调地进行。

二、主要运球技术的动作要领及特点

（一）脚内侧运球

支撑脚始终领先于球并位于球的侧前方，肩部指向运球方向，支撑腿膝关节微屈，重心放在支撑脚上，另一条腿提起并屈膝，用脚内侧部位推球前进，接着运球脚落地，支撑脚迈步再支撑，运球脚再推球，如此往复（图 1）。此种方法，由于肩部指向运球方向，身体侧转，因而移动速度较慢，但由于重心靠前又有利于将对手与球隔开。多在运球寻找配合机会或有对手阻拦需用身体做掩护时使用。

（二）脚背正面运球

移动身体与正常跑动姿势相同，上体稍前倾，步幅稍小，运球腿提起，膝关节稍屈，髋关节前送，提踵，脚尖下指，在着地前用脚背正面触球后中部推送前进。这种运球方法多用

图 1　脚内侧运球

于前方纵深距离较长而无人阻拦时。

（三）脚背内侧运球

身体稍侧转，侧对运球方向，身体自然协调放松，步幅小，上体稍前倾，运球腿提起，大腿外展，膝微屈外转，提踵，脚尖外转，用脚背内侧推拨球前进。由于身体的侧转，不宜用于高速运球，但由于触球部位的特点，多用于向支撑脚一侧转动的变向运球。

（四）脚背外侧运球

运球脚提踵，脚尖绕矢状轴向内旋转，用脚背外侧部位触球后中部推送前进。其他同脚背正面运球。采用这种运球

图 2　脚背外侧运球

方法使脚腕容易改变运球方向，故隐蔽性较强。运球中的假动作也常使用这种方法，还可以用身体将对手与球隔开以掩护球（图 2）。

三、运球技术教学方法

（一）讲解

首先必须掌握这几种常用的运球动作方法。在讲解动作规格时，要告诉学生，这仅仅是运球方法，是过人技术的基础，必须把这些方法恰当地加以综合进行练习，并熟练地掌握，才有可能运用到实际中去。

（二）示范

运球技术较简单，易掌握，但将各种运球动作恰当地综合并运用到比赛的实践中则难度较大，因为比赛中的情况是千变万化的，所以在教学示范时除示范一些基本运球方法外，也应把比赛中常用的运球方法恰当地组合起来进行示范，以启发学生的思维，达到举一反三的目的。

（三）主要练习方法示例

1. 在走与慢跑中分别用脚内侧、脚背内侧、脚背正面、脚背外侧沿直线运球。

2. 在走与慢跑中沿弧线运球（可利用中圈做逆时针、顺时针运球练习）。注意运球方法的合理使用，如顺时针时不得使用左脚外脚背、右脚脚背内侧及脚背正面等。

3. 在慢跑中交替使用左、右脚的脚背内侧运球方法折线运行。

4. 在慢跑中交替使用左、右脚的脚背内侧、脚背外侧运球方法折线运行。

5. 拨球练习：在一定范围内自由运球，听哨音后用一只脚做支撑，另一只脚用脚背内侧或外侧拨球绕支撑脚做圆周运球。

6. 拉球练习：方法同上，换拨球为拉球。

7. 拉球转体 180°运球练习：一脚支撑，另一脚拉球至身后，转体 180°继续运球。

8. 扣球变向转身运球：在运球过程中听信号扣球变向与原方向成 90°以上，并沿改变后的方向继续运球。

9. 运球绕杆：若干标杆，杆间距 2～15 米（根据水平高低而定），每人一球成"S"形绕杆运球。

10. 纠正低头运球的练习：队员在教练周围做自由运球练习，教练员随时用手势指示方向，队员及时按指示方向运球。要求队员随时注视教练员，不得低头看球。

第二节　颠球技术

颠球是指用身体的合理部位连续地、有节奏地使球由低向高的触及球的方式。通过颠球练习可以逐渐了解、熟悉掌握球的性能和球在不同状态下的运动规律，逐步建立起良好的"球感"，这样会对学习和掌握其他技术产生良好的作用。

一、颠球技术动作分析

（一）移动选位：无论是颠自行挑起的球还是空中下落的球，要做到迅速移动，选择合适的位置，以确保球人之间的合理位置，为出脚击球做好准备。

（二）脚触球：移动到位后，根据需要选择正确的部位和方法击球，同时注意击球点的位置稍低于膝关节。以脚背正面为例，当球下落到膝关节以下时，一腿微屈膝做支撑，另一腿大腿稍抬起随后做膝关节为轴的鞭踢动作，脚趾微翘以脚背正面击球的下部，力量适中，随后积极落地做支撑，另一腿准备击球。如此往复，连续击球。

二、主要颠球技术的动作要领及特点

（一）脚面颠球：这是用脚趾上面、脚背正面接近跖蹠关节处颠球的一种方法。支撑腿膝关节微屈，身体重心落在支撑脚上，当球下落至膝关节以下时，用脚面的蹠趾关节去触击球的下中部将球向上颠起。此时颠球脚脚尖微翘，大腿、小腿、膝、踝适当放松（图 3）。

图 3 脚面颠球

（二）脚内侧颠球：支撑腿膝关节微屈，身体重心落在支撑脚上。当球下落至膝关节附近时，颠球腿小腿向上摆起呈屈曲盘腿状，脚内翻成水平状态，轻击球的下中部，将球向上颠起。

（三）脚外侧颠球：支撑腿膝关节微屈，上体向支撑腿一侧稍倾斜，重心落在支撑脚上。当球下落至膝关节附近时，颠球腿小腿向上向外摆起，膝关节屈，脚外翻使脚外侧成水平状态，用脚外侧部位轻击球的下中部，将球向上颠起。

（四）大腿颠球：支撑腿膝关节微屈，重心落在支撑脚上，当球下落至略高于膝关节高度时，颠球腿大腿屈，同时屈膝，当大腿摆至水平状态时击球的下中部，将球向上颠起。

三、颠球技术教学方法

（一）讲解

对颠球技术的讲解，除精讲几种颠球技术的动作要领外，还应重点讲解击球点、击触部位及力量大小的问题，使学生能够抓住关键，掌握好各种颠球动作。

（二）示范

对于颠球的示范，应从多个角度进行，针对不同的方法分别给予示范，同时注意尽量放慢动作，让学生对每一环节都能看清楚，有时甚至需要做正确和错误动作的对比示范，加深学生对正确动作的理解。

（三）主要练习方法示例

1．无球原地模仿颠球练习。

2．单脚原地颠球练习。

3．双脚原地颠球练习。

4．行进间颠球练习。

5．二三人近距离颠传球不落地练习。

6．多人参加的颠球游戏。

第三节　踢球技术

踢球技术是指运动员有目的地用脚的某一部位将球击向预定目标的技术动作。

一、踢球技术动作分析

（一）踢球技术的动作结构

踢球的动作很多，要领和方法也不尽相同，然而其动作结构却是基本一致的，均由助跑、支撑脚站位、踢球腿摆动、脚触球及随前动作等五个环节组成踢球动作的完整过程。

在上述五个环节中，又以支撑脚站位、踢球腿摆动和脚触球三个环节为决定出球的性质、力量和准确性的关键环节。

（二）踢球技术动作结构的分析

1. 助跑：助跑是指踢球前的几步跑动。是踢球过程中的第一个环节，其目的是调整人与球之间的相对位置并使踢球者自身获得一定前移速度。

踢球技术的动作结构虽然一样，但其技术细节却有所不同。对运动员来说，比赛中球可能从各个方向飞来，如果决定采用某一种踢法，就应尽量争取按其动作规格要求进行，这样就必须调整人和球的相对位置，使之便于在支撑时按照所选用的踢球动作的相应规格进行。另外，由于助跑可以使身体获得一定的前移速度，所以作为身体一部分的“腿”在蹬地和腾空的周期运动中也同样获得了相应的速度，同时也为后面的环节做好了相应的准备，因为踢球时踢球腿的后摆与助跑时腾空腿技术细节极为相似，这样就有利于整个踢球技术动作全过程的完成。

2. 支撑脚站立：要想使踢球腿协调而理想地摆动，必须有一个牢固的支撑点。支撑脚站位的作用就是使踢球腿在整个的摆动过程中有一个理想的牢固的支撑点，这样才能使踢球腿的摆动效果充分发挥出来。支撑脚与球的相对位置对于不同的踢球动作有着不同的要求，而同一种踢球动作对于不同的运动员也会稍有差异。

根据人体结构的特点，用一只脚支撑而用另一只脚摆动踢球最为理想。然而，支撑的本身又是对助跑时运动的身体的一种制动，这种制动带来的后果将使身体由助跑所形成的运动速度有所损失。为了解决这个问题，要对踢球时支撑腿的动作做出必要的要求，即支撑腿膝关节微屈，以减小制动。

3. 踢球腿的摆动：为了使足球获得可能获得的最大动量，踢球脚应在条件允许的情况下在踢球前获得尽可能大的速度，并使之作用在足球上，因为腿的摆动是踢球力量来源的主要因素(同时对出球方向也有所影响)。这一过程与支撑脚站位这一环节有所重叠，即在支撑站位的同时踢球腿后摆已经在进行；当踢球腿后摆至一定距离时，大腿带动小腿由后向前摆动；当踢球腿膝关节摆至接近球的正上方时，小腿绕膝关节做爆发式的加速摆动，从而使踢球脚以最快的速度击球。

为了使击球部位的速度有较大的增加，可以利用增大摆幅（即踢球腿的摆动距离）或增加摆速的办法来解决。但增大摆幅是有限的，过分强调增加摆幅会造成不协调而使技术动作变形；而加快踢球腿的摆速除了完善技术动作外，还可以通过加强肌肉力量的练习使肌肉的力量增大，利用肌肉的强烈收缩来增加摆速。

4. 脚触球：脚触球是决定出球性质及准确性的主要环节，同时对球所能获得的动力有较大的影响。脚触球包括脚的部位和球的部位两个方面。不论使用何种动作击球，在触球瞬间踝关节都必须呈功能性的紧张以保证将球踢向预定的目标。

如果上述环节是决定施力大小和方向这两个要素，那么脚触球就是决定作用点这一要素的关键所在。通过这一环节就决定了被击出球的性质（旋转与否）和形式（地滚、低平、半高、高球等），并在很大程度上决定了被踢出球的准确性。它综合体现了前几个环节的作用。

对于踢定位球来说，击球点与施力方向的连线通过球的重心时，则击出的球将沿施力方向飞行（若此连线与地面平行，则击出之球为低平球；若此连线与地面成一定角度，如小于 90°，则击出的球将沿一抛物线轨迹飞行；若击球点与施力方向的连线不通过球的重心，则踢出的球为旋转球，俗称"香蕉球"）。

5. 踢球的随前动作：当"脚触球"环节已经结束，脚与球已脱离，身体的任何动作对球都不产生影响。随前动作的目的在于保证前四个环节的正常进行。如果球被踢出后踢球腿立即停止前摆或收回，那么脚触球之前前摆的诸多对抗肌势必就得提前工作，这样前摆的速度势必受到影响。所以，从这个角度讲踢球的随前动作是不可忽略的环节。

二、主要踢球技术的动作要领及特点

（一）脚内侧踢球

它是用脚内侧部位（第一蹠趾关节、舟骨、跟骨内侧等所形成的接触面大的平面）击球的一种方法。其特点是脚与球的接触面大，踢球腿摆幅较小，击出的球准确平稳且易于掌握。但由于踢球时要求大腿前摆到一定程度需外展提膝，故大腿与小腿的摆动都受到限制而使击球力量相对较小。脚内侧踢球在足球比赛中是使用较多的一种方法，多用于近距离的传球。

1. 脚内侧踢定位球：直线助跑，支撑前最后一步助跑应大些，支撑脚站在球的侧面 12～15 厘米处，脚尖正对出球方向，支撑腿膝关节微屈，支撑脚落地时踢球腿大腿带动小腿由后向前摆，此时踢球腿屈膝外展，使踢球脚和支撑腿成垂直状，脚尖微上翘，脚底与地面平行。踝关节做功能性紧张固定脚型。当膝关节摆至球的正上方时，小腿做加速前摆，在脚内侧部位击球的后中部的同时，髋关节向前送出，身体随之前移（图 4）。

图 4　脚内侧踢定位球

在做以上动作时，重点应注意支撑脚脚尖要正对出球方向，触球瞬间踢球腿摆动方向应与出球方向相同，且脚内侧部位正对出球方向（踢球脚与支撑脚成垂直），踢球时应注意踢球腿小腿不可上撩，身体亦不可后仰。

2. 脚内侧踢空中球（低于胸部高度）：根据来球的运行轨迹和速度，及时移动到合适的踢球位置，踢球腿大腿抬（屈）起并外展，小腿屈并绕额状轴后摆，并接着由后向前摆动，当摆至额状面时击球的后中部（被击出的球为平直球）。击球时应控制小腿的摆动，不要使小腿有上撩的动作。以击球的不同部位来控制出球的方向（图 5）。

图 5　脚内侧踢空中球

（二）脚背正面踢球

是指用第一蹠骨体的内侧和第二、三、四蹠骨体的上面所形成的面（位于脚面）击球的一种方法。由于脚背正面踢球时腿的摆幅较大，因而踢球的力量大，出球的方向及性质变化较小，故准确性较强。在比赛中经常使用脚背正面踢定位球、地滚球、空中球、反弹球及倒勾球等。踢出球的性质多为不旋转的直线球，但可以用来踢抽击性的前旋球。

1. 脚背正面踢定位球：直线助跑，最后一步一定稍大些，支撑脚滚动式积极着地支撑，踏在球的侧面 10～12 厘米处，脚尖正对出球方向，膝关节微屈，踢球腿在支撑的同时向后摆起，小腿屈曲。然后踢球腿以髋关节为轴，大腿带动小腿由后向前摆动。当膝关节摆至接近球的正上方时，小腿做爆发式的加速前摆，脚蹠骨屈，以脚背正面部位击球的后中部，身体及踢球腿随球前移（图 6）。

2. 脚背正面踢反弹球：根据来球的速度、轨迹和落点及时移动到位，支撑脚踏在来球落点的侧面。当球快落地时，踢球腿做爆发式的前摆。当球落地刚刚弹离地面的瞬间，用脚背正面部位击球的后中部。此时应控制小腿的上撩（要送髋、髋关节平移），以防止出球过高（图 7）。

图 6　脚背正面踢定位球

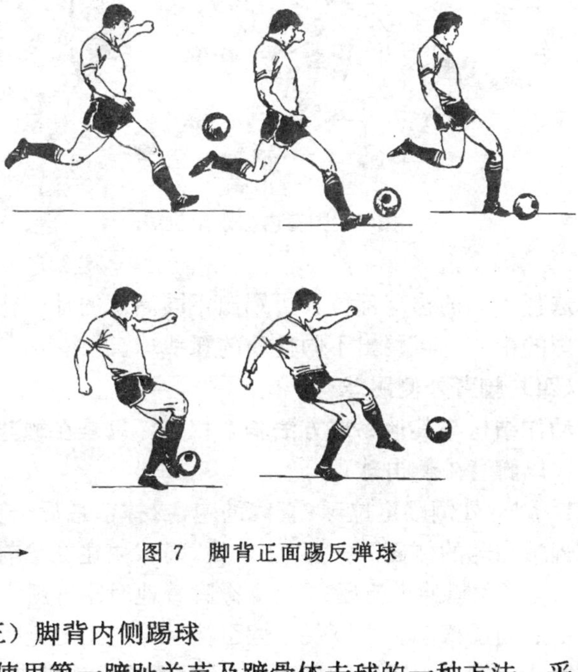

图 7　脚背正面踢反弹球

（三）脚背内侧踢球

是使用第一蹠趾关节及蹠骨体击球的一种方法。采用这种踢球方法时摆幅较大，故多用于中远距离的传球或射门。

脚背内侧踢定位球：斜线助跑，其方向与出球方向均成45°角，最后一步稍大，以支撑脚脚底外沿成滚动式积极着地，脚尖指向出球方向，并踏在球的内侧后方约20～25厘米处，膝关节微屈，在支撑脚落地的同时踢球腿以大腿带动小腿由后向前摆动。当大腿摆至与支撑腿接近同一平面时，小腿做爆发式摆动，踢球脚脚尖外转，脚背绷直，以脚背内侧部位触球的后部，踢球腿及身体继续随球前移（图8）。

图8　脚背内侧踢定位球

选择不同的击球部位，可踢出不同高度的球；作用力不通过球的中心，可踢出不同性质的弧线球。

（四）脚背外侧踢球

动作结构与其他踢球方法基本相同，只是在触球前脚尖内扣，以脚背外侧击球。

1. 脚背外侧踢定位球：直线助跑，支撑前最后一步稍大，支撑脚站在球的侧面10～20厘米处，踢球腿在支撑前已基本完成后摆（大腿伸小腿屈），在支撑脚着地时踢球腿大腿带动小腿由后向前摆动。当膝关节摆至接近球的正上方时，小腿做爆发式前摆（大腿继续摆动）。此时要求踢球脚脚尖内转、脚内翻、脚背蹠骨（绷直）并提踵，脚趾用力屈曲，用脚背外侧部位击球的后中部(出球为低平球)。若需踢成弧线球时，施力的作用力不通过球的重心，并视其所需的弧线大小决定触球部位及摆动方向，但脚形应有利于增加旋转即加大接触面、增大摩擦力和加大旋转力矩（图 9)。

由于用脚背外侧踢球时脚腕的灵活性较大，摆动方向变化多，并且在助跑时不破坏正常的跑动姿势，故其出球的隐蔽性较强。在现代足球比赛中，各种距离的弧线球及非弧线球多使用这种踢球方法。

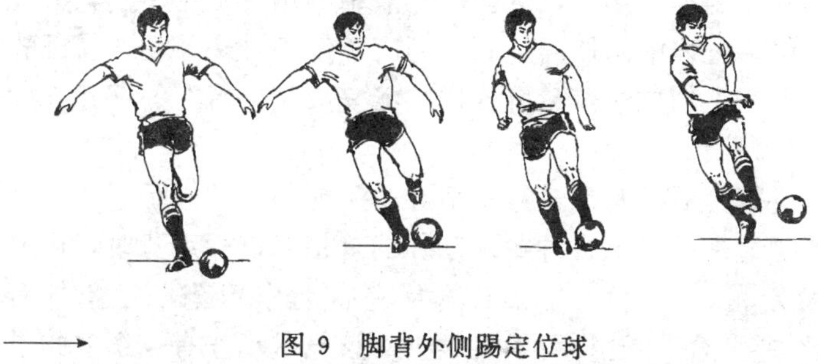

图 9 脚背外侧踢定位球

2. 脚背外侧踢地滚球、反弹球、半高球、倒勾球及凌空倒勾球等时，方法与脚背正面踢球相对应的基本相同。在倒勾及凌空倒勾球中，出球方向不是正后方而是侧后方，可参照学习。

三、踢球技术教学方法

（一）讲解

精讲各种踢球动作的规格，重点应在支撑脚站位、踢球腿摆动和脚触球三个环节上，并用比较其方法的异同加深印象。同时应简单介绍构成其动作规格的理论依据，便于学生理解并达到举一反三的效果。例如，讲解踢球腿后摆要求小腿上收（屈曲）时一定要解释其理论依据，这样当学生在练习中出现踢球腿前摆摆速过慢、踢球无力的现象时，就可以找到原因。

在讲解每一种踢球动作时应把主要的易犯错误告诉学生，以避免走弯路。在指导学生练习的过程中要不断地重复提醒注意这些易犯错误及其产生原因，并告诉学生纠正的方法。由此可见要想做到能精讲，必须掌握各种踢球的动作规格，并深刻地理解构成这些动作规格的理论依据，了解各环节在整个过程中的作用，同时还应了解各种踢球动作易犯的错误及纠正的方法，只有这样才能完成“讲解”的任务。

（二）示范

讲解之后通常要进行示范，为了能很好地进行示范，必须熟练地掌握以上各种踢球动作的规格。进行示范时，可以分解示范，也可以组合示范及完整动作示范。应做到有“分”有“合”，这样可以使学生对该技术动作有较细致的了解。有时可先示范完整动作，让学生分析动作结构或与前面学过的技术进行比较，这样再讲解就会使学生有更深刻的印象。有时也可让学生先“示范”，教师再示范，让学生进行比较以加深理解。进行示范动作时，除了规范动作外还可以加入一点易犯的错误动作，提醒学生加以注意，便于掌握正确的规范动作。

要想完成示范的任务，必须自己能熟练地掌握各项踢球的规范动作，并了解其易犯错误及原因和纠正方法，同时在做示范时应至少从两个不同的方向进行，使学生能从各方面看清示范动作的规格。

（三）主要练习方法示例

1. 各种踢球动作的模仿练习。设想在地面某处有一足球，跨步上前踢假想球，除助跑换成跨步外，其他各环节均按规格要求做。然后，过渡到慢跑几步的踢球模仿练习，最后到快速跑的踢球模仿动作练习。其中尤其要注意触击球一瞬间对脚形的要求。

2. 一人用脚底挡球，另一人迎面踢球，顺利完成前四个环节，第五环节应有动作（随前）。此方法应注意触球瞬间大腿屈肌群保持较强的收缩（在小腿爆发式工作后），还要注意触球部位正确与否、支撑是否符合规格要求等。

3. 距离足球墙 5 米左右进行踢球练习。此种方法踢定位球和活动球均可。主要强调小腿爆发式的摆动，注意支撑脚及脚触球是否符合各种动作的规格要求。进行一段时间后可将距离增大到 15 米左右，此时可用中等力量，大腿的摆动应引起足够的重视。在踢定位球有一定基础后，可进行在个人控制球的条件下踢各种活动球的练习，也可进行踢从足球墙弹回的各种活动球的练习。还可以用足球墙上画的球门及各种标志结合准确性的要求进行各种踢球的练习，这样既可注意动作规格又可检验实践的效果。

4. 各种踢球的动作的二人练习。无论是用传球还是射门的方式进行踢球技术的练习，都可以采用二人一组的方式进行。若二人练习踢定位球，则可辅以接球练习。若踢活动球则可相隔一定距离进行连续踢球练习，活动方向可限定，或不限定方向而限定在一定范围里进行。传球方向可根据跑动方向而定，也可由跑动者根据传球者传出的方向去接。二人进行射门练习时，可以一人传一人射，传球者可传出各种类型的球，而射门者则可以根据临场情况采用多种方法去射门。再进一步，二人还可以进行有对抗的传射练习。

5. 几种颠球练习。可单人也可几人进行多种脚部位的颠球、颠传练习，以提高不同状态下对球的适应能力。

第四节　接球技术

接球是指运动员有目的地使用身体的合理部位触球，以改变运行中球的力量和方向，使球处于所需要的控制范围内的动作。

在足球比赛中，踢球是一项很重要的技术，但不是全部，一场比赛仅靠踢球是不能完成的，经常需要将球控制一下，以调整节奏去完成战术任务，这就需要接球技术。熟练地掌握好各种接球技术，是现代足球比赛对运动员最基本的要求。

一、接球技术动作分析

（一）接球技术动作结构

在足球比赛中，运动员（守门员除外）除了都不得使用手和臂推击或携带球外，身体的其他部位几乎都可以接球。这样，不同部位接球就构成了不同的接球技术，熟练地掌握这些接球技术并在比赛中合理地加以运用，才能满足比赛的需要。

各种接球技术的动作大多由以下几个环节构成：

1. 移动与选择接球方法：根据运行中球的速度、轨迹及临场比赛的需要，决定应采取的接球方法，并及时移动到位，为进行下个动作做好准备。

2. 改变运行中球的力量：当完成第一个动作后，接下来就是用相应的部位去接触球，并使球按照接球者的设想接到所需要的位置。由于足球是一个弹性体，而接触球的身体部位性质和状态又不尽相同（如脚内侧、大腿、胸部等形态与肌肉丰满程度不同），加之来球方向与接球部位所成的角度不同，因而触球部位触球前应如何动作才能达到接好球的目的，这就是此环节的关键所在。当身体某部位触球时，所受到的力的大小、方向及作用点已确定，需接好球实际上就是按照接球者的愿望，恰当地改变来球的力量和方向。如单纯的反射，应遵循反射定律。但由于身体不是刚体，所以不能完全依靠反射，这就必须依靠接球部位的动作来解决。这种动作使得在触球时可以恰当地改变来球力量，使球处于理想的位置。本环节是接触球技术的关键环节。

3. 随球移动：在第二个环节结束时，接球者重心已进行了调整，使之有利于身体的随球移动。这种移动为的是与下一个动作更好地衔接，减少接球动作与下一个动作之间的停顿，以利于全队战术的完成。

（二）接球动作结构分析

1. 移动与选择接球方法：接球对移动的方式方法不需做具体的要求，但必须做到及时。当准备接运行中的球时，必须对球的速度、性质和运行轨迹（地滚球、半高球、高球及旋转与否等）迅速做出准确的判断，同时应根据临场情况决定采取哪种接球方式并迅速移动到恰当的位置；决定使用哪个部位（脚、大腿、腹、胸、头等），接成什么样的球。有时是在做出判断后再移动；有时则是先移动，临近接球瞬间再对接球方式及接成什么样性质的球做出决定；而有时则是移动、判断、选择交错进行。总之，首要的是接球者能及时地移动到恰当的接球位置做好接球准备，至于对采取什么样的方式移动并无严格的要求。

2. 改变运行中球的力量

(1) 改变力的大小

A. 减少力量：对于运行中力量大的球，有时需要减少反射后的力量，即“缓冲”。这种缓冲基本上是以两种形式进行的：一种是在接触球时以丰满的肌肉吸收球的部分能量以达到缓冲的目的；另一种是尽量减少接触部位对来球的作用(牛顿第三定律——反作用定律)，也可达到缓冲的目的。后者是以接球部位在触球瞬间适当地退让来达到目的，而多数是两者结合使用。

例如用大腿面接高球时并要将球停在附近时，若来球力量不大，使用第一种缓冲方法就可以达到目的。若来球力量很大，单靠第一种缓冲方法，不仅使大腿肌肉受到很大的撞击，而且也达不到将球接到附近的目的，这就必须与第二种缓冲方法结合使用，微撤大腿以减少来球对大腿面的作用，达到接球的目的。当来球力量很大，单靠后撤仍不能很好地缓冲时，则必须使接球部位迎上去，当与球接触前的刹那迅速后撤，在后撤过程中用接球部位触球，以加大缓冲距离来达到缓冲的目的。加之这种前迎后撤的方法有利于下一个动作的衔接，故一般接球缓冲时多用这种方法。

B. 增加力量：在接力量较轻的传球，且接球者准备在接球的同时越过防守者，此时单纯依靠“反射”是达不到目的的，必须给球加力。应当注意，实际运用时必须考虑反射角的大小，也就是来球方向与接球部位的相对位置。如果条件允许沿反射方向加力，则按需要沿此方向加力即可。

(2) 改变力的方向：在接球时完全依靠改变力的大小有时是不能满足比赛需要的，这时应考虑辅以改变力的方向以满足接球的需要。

（3）随球移动；接球后紧接着就是如何恰到好处地处理球（是运球、传球，还是射门等）。但不论如何处理球，都需和下一个动作很好衔接，而不应有停顿。在触球的一瞬间，身体的重心应向接球后的方向偏移。但也有人为避开对方的冲撞，将球接在一边而身体向另一边闪开，以避开冲撞去控制和处理球。至于接球后随球移动时与球的相对位置，则应视下一动作的需要而定。

二、主要接球技术的动作要领及特点

接球动作有许多种，如脚内侧接球、脚背正面接球、脚背外侧接球、脚底接球、大腿接球、腹部接球和胸部接球等。

（一）脚内侧接球

脚内侧接球由于球与脚内侧部位接触面较大，且动作简练，故容易掌握。比赛中多用于接各种地滚球、平直球、反弹球和空中球。

1. 脚内侧接地滚球：支撑脚脚尖正对来球，膝关节微屈，同侧肩正对来球，接球腿提膝，大腿外展，脚尖微翘，脚底与地面平行，使脚内侧正对来球并前迎，在脚内侧与球接触前的一刹那迅速后撤，在后撤过程中与球接触，这样就可以将球接在控制范围内（图 10）。若需将球接在侧面时，则支撑脚脚尖指向该侧，用脚内侧与来球方向成一定角度触球，同时支撑腿提踵，以前脚掌为轴作相应转动，使身体亦移动到位。当来球力量不大时，无需迎撤，只需将脚提到低于球的高度，并使脚内侧面与地面成锐角，轻触球的后上部即可。有时也可以在触球时用触球脚下切球的后中部，使球运行之力部分地变成旋转力，从而将球接在控制范围内。

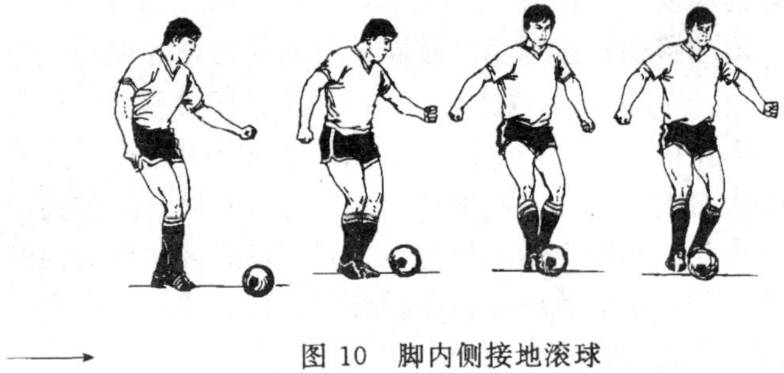

图 10　脚内侧接地滚球

2. 脚内侧接反弹球：根据来球的落点，及时移动到位，支撑脚应踏在球落点的侧前方，膝关节微屈，重心向接球后球将运行的方向偏移，接球腿小腿放松并随大腿提起，踝关节适度紧张背屈成直角，脚尖微翘，脚内侧面正对接球后球运动的方向，接球部位与地面成锐角，离地面的距离应大于球的半径而小于四分之三直径为宜。当球落地后刚弹离地面时，大腿向接球后球将运行的方向轻摆，此时大腿与小腿几乎成直角，用脚内侧部位轻推球的后上部，将球接向所需的位置（图 11）。

3. 脚内侧接空中球：根据来球的速度和运行轨迹，及时

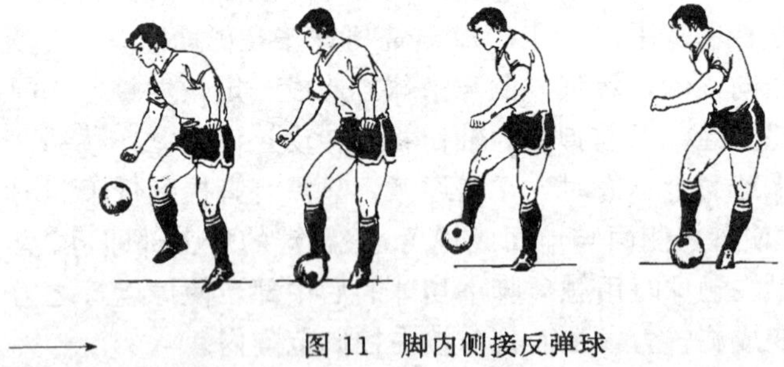

图 11　脚内侧接反弹球

移动到位，并将接球腿抬起，使脚内侧同球高，对准来球前迎，在触球的瞬间后撤，后撤速度尽量与球下落速度接近，将球接在所需位置上。若来球较高，则可跳起增加脚内侧的高度，其他动作均相同（图12)。

→ 图12　脚内侧接空中球

如接弧度较大的来球可使接球腿大腿提起并屈膝，小腿向内向上摆起与脚内侧面成水平，当脚内侧与球接触瞬间，小腿微撤并放松，将球接到所需要的位置。

（二）脚底接球

脚底较平坦，动作便于掌握，易于接球到位，加之接球动作控制范围较大，故也常被用于接各种地滚球和反弹球。

1. 脚底接地滚球：根据球的运行路线及时移动到位，身体正对来球方向，支撑脚站在球的侧后方，脚尖正对来球方向，膝关节微屈，接球腿提起，脚略背屈，脚跟离地面并不得高于球的直径，脚底与地面小于45°角，以前脚掌触球的后中部。可根据需要将球接向前方或拉向身后（图13)。

2. 脚底接反弹球：根据来球的速度及运行路线，及时移动迎球，其他动作与接地滚球相同，只是在接触球时应掌握

图 13　脚底接地滚球

好时机，即在球落地刚弹离地面一刹那去触球的后中部（图 14）。若需将球接在身后，则需在触球后继续屈膝，将球拉向身后，并伴随支撑腿以前脚掌为轴旋转 90°以上。

图 14　脚底接反弹球

（三）脚背正面接空中球

根据来球的运行速度和路线及时移动到位，在球下落的过程中提起接球腿大腿，膝关节放松微屈，脚趾微翘，使脚底面平行于地面。当球将落在脚背上时，接球脚做积极的下撤，在下撤过程中以脚背正面部位触球，将球接在身前。

（四）胸部接球

是利用胸部的胸大肌接球的动作。由于接球点高，可争取时间；同时由于胸部有面积大、肌肉较丰满等特点，故是接高球的一种好方法。并且易于掌握技术动作。胸部接球有挺胸式和收胸式两种。

1. 挺胸式接球：根据来球速度和运行路线，及时移动到位，面对来球两脚前后或左右站立，两膝微屈，重心落在支撑面内，上体后仰，下额微收，两臂自然张开。接触球的瞬间，两脚蹬地，膝关节伸直，用胸部轻托球的下部，使球向上弹起然后落地，或在空中直接进行处理（图 15）。

图 15　挺胸式接球

2. 收胸式接球：根据球的运行速度和路线及时移动到

图 16　收胸式接球

位，面对来球，两脚开立，两臂自然张开，挺胸迎球。两脚左右开立时重心落在两脚之间，前后开立时重心落在前脚上。用收胸、收腹动作使胸部触球，同时臀部后移，将球接于体前。其他环节同挺胸式接球（图 16）。

以上是常用接球动作中的一部分。在比赛中，只要是合理部位都可以用来接球，有些部位即使不是接球常使用的部位，但为应急也可使用。

三、接球技术教学方法

（一）讲解

对接球技术的讲解，除精讲各种接球技术的动作要领外，应重点讲解接球技术动作中的第二环节——改变力的大小、方向和详细分析缓冲的基本原理。这样才能在学习各种接球动作时抓住关键环节，掌握好各种接球动作。

（二）示范

对于接球的示范，应从几个角度让学生观察。示范时应以较慢速度做分解动作，让学生对每一环节都能看清楚，有时甚至需要摆好“现场”让学生体会。示范不只是进行一次，而是在练习过程中不断地进行必要的示范。

（三）主要练习方法示例

1. 利用足球墙进行接球技术练习：练习时先向足球墙踢地滚球，然后用各种动作接地滚球。开始可以原地接，逐渐过渡到跑动接。开始可以接在脚下，逐渐过渡到接成活动球或接到假想的适当位置上去。根据需要可加大踢球力量以增加接球的难度。另外，可用于抛或踢高球碰墙进行接反弹球和空中球练习。

2. 自抛自踢高球，然后进行各种接反弹球的练习。

3. 正面接地滚球练习：两人一组，相距10米左右，一人踢，一人练习接，轮换进行。

4. 两人跑动中传接球练习：两人一组，在一定范围内做跑动中传接球练习。接球时要求尽量使用多种方法，近距离要以地滚球为主，中距离以接反弹球和空中球为主。

5. 两人一组，相距5米站立，一人手抛高球，另一人练习接各种高球。要求使用脚内侧、大腿、胸等部位接球。

对于接球技术练习方法的选择，目的性要强，初学者应在简单条件下进行，并严格要求按动作规格进行。速度可放慢，让初学者能准确掌握各种接球规范动作。另外，接球技术的练习最好和踢球技术结合进行，在选择接球技术练习方法时，应和选择踢球技术的练习方法配合进行，以达到一举两得的效果。

第五节　抢球技术

抢球是指运动员在规则允许的范围内，使用身体的合理部位将对方控制着的球抢过来或破坏掉。

抢球技术是争夺对球控制的一种技术，只有很好地掌握它，才有可能变被动为主动，并由守转攻。

一、抢球技术动作分析

（一）抢球技术的动作结构

抢球技术有许多种，但其动作结构大致相同，均可分为选位、把握时机实施抢球、与下一动作衔接等。

（二）抢球技术动作结构的分析

1. 选位：首先要仔细观察对方控球情况，并对对手的意图做出判断，然后迅速决定采取何种相应的抢球方法，并移动到最有利的位置去。这一环节有时虽很短暂，但却是实施抢球技术的先决条件，否则，抢球技术的实施就是盲目的。

2. 把握时机实施抢球动作：在实施抢球动作时，时机是最重要的因素，过早或过迟都会影响抢球的效果，甚至造成失误。抢球时机应选择在控球者最后一次触球后，触球脚即将落地或重心已移至此脚时。此时实施抢球，控球者已无法改变运球路线，故抢球容易成功。当然，时机的选择与选位有直接关系，而采用的抢球方法又与时机的选择有密切关系，但这都必须遵循选择时机的原则。

3. 与下一步的动作衔接：抢球技术有许多种，在不同的情况下使用不同的抢球技术会使身体出现各种状态，例如倒地铲球后身体几乎和地面呈水平状态，可能不利于下一个动作的连接，因此应使身体迅速的恢复到下一动作所需要的状态和位置。

二、主要抢球技术的动作要领及特点

从防守者与进攻者的相对位置来看，抢球可分为正面抢球、侧面抢球和侧后抢球三种。

（一）正面抢球

正面跨步堵抢：两脚前后开立，正对运球者，两膝微屈，重心放在两脚间，当与运球者距离1.5～2米左右，运球者触球后触球脚即将落地或刚落地时，抢球者后腿用力蹬地，前腿跨步上前，用脚内侧去堵截球，此时重心前移到抢球脚上，抢球腿膝关节屈。当已堵住球时，另一脚随之上步与下一动作紧密连接。若同时对手也触到球，则抢球者在脚离开球前迅速向上提拉，使球从对手脚面滚过，身体重心迅速跟上，将球控制好。

（二）侧面抢球

进攻者与防守者同时追球，且都有可能抢到球时，采用侧面抢球动作。侧面抢球技术有多种，这里只介绍合理冲撞抢球。

合理冲撞抢球：当进攻者与防守者并肩追球，而球又处在两人均可能控制的范围内时，防守者重心稍下降，靠近对手身体一侧的手臂紧贴身体，当对手外侧脚刚着地时，用肘关节以上部位冲撞对手相应部位，使其失去平衡而乘机抢下（图 17）。

图 17　合理冲撞抢球

三、抢球技术教学方法

（一）讲解

应着重讲解如何掌握实施抢球的时机和准确的判断。

（二）示范

重点示范正面堵抢和合理冲撞以及铲球等，并可做分解动作示范，尤其是铲球，让学生了解动作的规格，以便掌握，避免受伤。示范及练习如能在草皮场地进行更好。

（三）主要练习方法示例

1. 正面堵抢练习。两人一组，相对站立约距 4 米，中间放一球，两人同时上步堵球，体会堵球动作及时机。

2. 两人一组，甲运球向乙接近，乙选好时机上前堵抢。甲最好在乙触球同时也触球，协助乙体会动作。

3. 两人并肩跑，在跑的过程中进行合理冲撞，体会冲撞时机、冲撞部位及如何用力。

4. 一人直线运球，另一人由后赶上与其并肩时，抓住时机实施合理冲撞并将球控制住。这种练习，要求运球者给抢球者以配合，速度可由慢速到中速。

第六节　头顶球技术

头顶球技术是指运动员有目的地用前额（前额发际以下眼眉以上的较为平坦的部分）将球击向预定目标的动作。

头是人体最高的部分，额骨前面较为平坦且坚硬，其结构强度也较大，能很好地保护脑颅腔。随着头顶球技术不断完善，头顶出去的球不仅准确而且有力量。使用头顶球技术，不仅可以进行传球、射门，而且可以抢球救险，尤其是利用鱼跃头顶球还能扩大控制范围。在现代足球中，单纯依靠地面进攻很难奏效，高空争夺更加激烈，如果没有高水平处理高空球的能力，就很难在比赛中取胜，而头顶球就是处理高空球的最重要的手段。

一、头顶球技术动作分析

各种头顶球技术的动作结构大都由以下几个环节组成：

移动选位、身体的摆动、头触球及触球后的身体平衡。在这四个环节中，前三个环节最为重要。

1. 移动选位：首先对来球的速度、运行路线做出正确的判断，选好击球点，并及时到达顶球位置或起跳位置。否则可能错过顶球时机或被对手抢先占领有利位置，给自己顶球造成困难。在进行这一环节时，还应考虑到自己的能力（移动速度、身体摆动或跳起摆动所需的时间，以及跳起高度等因素）和比赛双方当时的情况，只有充分地估计到这些情况以后进行选位，才有可能比较好地完成顶球动作的全过程。

2. 身体的摆动：身体的摆动，必须是在移动选位将要完成时开始。其摆动顺序应由下而上，这样才能使击球部位获得最快的速度。

这一环节是顶球力量的主要来源，但也与来球的力量大小有直接关系。

3. 头触球：头触球可以保证顶出球的准确性，它包括两个方面，一是用头的哪个部位触球，二是触球的哪个部位。在顶球时，头与球接触的短暂时间应保持头部最快的线速度，直到球离开头为止，这样才有可能由身体摆动使头部产生的线速度尽可能地传递到球上，并且使作用力通过球的重心。而触球的具体部位则需根据临场需要来选择前额正面或前额侧面，同时由于顶出的球并非完全按来球方向顶回，因而就需要考虑反射的角度，在身体摆动时就要考虑到来球方向与顶出方向，这样才能准确地将球顶向目标。

4. 触球后的身体平衡：物体受力后都要发生运动状态的改变或形变，一个人在毫无准备的情况下突然被球击中头部时，球虽弹出，但人可能被击倒。而顶球却是人主动用力顶击，因而与来球力量相平衡就不会产生向后倒地现象。但如果冲出抢点争顶几乎垂直下落之球时，顶球结束后，可能发生向前栽倒的现象，这是因为来球力量方向与击球力量方向相同所致。所以一般顶球时，不需脚步的随前移动（快跑顶球有时需要），而是需要触球后的身体平衡，如跳起顶球，落地时应保护正确的姿势。

二、主要头顶球技术的动作要领及特点

头顶球技术根据接触部位的不同可分为前额正面头顶球与前额侧面头顶球两大类。

（一）前额正面头顶球

是用额肌覆盖着的额骨正面部分去击球的一种动作，如图 18 中所示阴影部分。

1. 原地前额正面头顶球：根据来球速度及路线，及时移动到位，身体正对并目视来球，两脚左右或前后开立，膝关节微屈，展腹，重心落在两脚间或后腿上，两臂自然张开。当球运行到将近身体垂直上方时，两脚用力蹬地，迅速收腹向

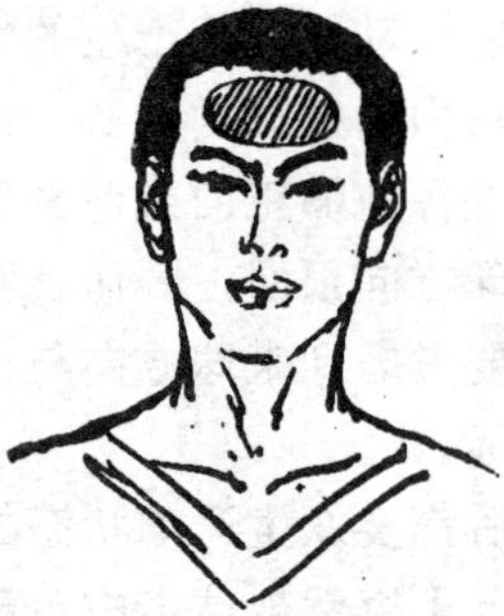

图 18

——→图 19　前额正面头顶球

前摆体并微收下颏，用前额正面击球的后中部，上体随球前移（图 19）。

2. 跑动中前额正面头顶球：有时为了抢在对手前面将球顶出，需要在跑动中顶球。其动作要领与原地顶球基本相同，只是要求快速跑动抢点去顶球。顶球后由于跑动速度较快，为保持平衡，仍须随球向前移动。

3. 原地跳起前额正面头顶球：在做原地跳起顶球时，多用双脚起跳。起跳前两膝屈，重心下降，接着两脚用力蹬起，同时两臂屈肘上摆，在身体上升阶段展腹挺胸，两臂自然张开，目视来球，身体成背弓。当球运行至接近身体额状面时，迅速收腹前摆，用前额正面击球的后中部，同时两腿向前振摆。球顶出后，两腿屈膝屈踝，缓冲落地（图 20）。

图 20　原地跳起头顶球

4. 跑动跳起前额正面头顶球：根据来球的速度、运行轨迹和选择的起跳位置，及时移动到位，最后一步稍大，单脚用力蹬地跳起，同时另一腿屈膝上摆。其余各环节同原地跳起头顶球。

（二）前额侧面头顶球

1. 原地前额侧面头顶球：根据来球速度、运行轨迹及时移动到位，两脚前后或左右开立，出球方向的异侧脚在前，重心移到前脚上，目视来球，两膝微屈，两臂自然张开。当球运行至体前上方时，用力蹬地，前脚掌适度旋转，上体随着向出球方向扭摆，同时颈部用力向出球方向甩头，以前额侧面击球的后中部。

2. 跑动、跳起、跑动跳起（图 21）及鱼跃等几种前额侧面头顶球，除了身体摆动和头触球两个环节与前额正面顶球动作相同外，其他均与前额侧面头顶球相同。

图 21　跑动跳起前额侧面头顶球

三、头顶球技术教学方法

（一）讲解

首先应讲解头顶球技术的重要性。在讲解动作要领时应与踢球技术对照进行，因为这两类技术的动作原理是极其相近的。头顶球时支点在下，击球点绕下支点摆动；而踢球时支点虽也在下，但击球点绕上支点摆动。尽管摆动中心有上下的不同，但摆动的方式是相似的，这样比较着进行讲解学生更易接受。在讲解动作要领时，重点应讲解原地前额正面头顶球及原地额侧面头顶球，因为其他几种头顶球动作都是在以上两种技术动作的基础上进行的，只是个别环节有所变化而已。另外应强调收腹、展腹、摆体及头触球等环节，要掌握好要点。

（二）示范

可先进行分解动作的示范，用手举球至头高度，用头去触球，让学生看清触球部位；再示范展腹收腹摆体动作；然后将球举至与头同高；连贯前两个动作，即展腹、收腹、摆体头触球；最后由一学生扔球给教师进行完整的原地头顶球示范。让学生从侧面看示范较好，尤其对腰腹动作易看得清楚。

（三）主要练习方法示例

1. 做各种头顶球的模仿动作练习。

2. 利用吊球架上吊着的足球，进行各种完整顶球动作的练习。

3. 练习头“颠”球，熟悉球性和球感。

4. 两人一球，一人抛球，一人练顶球。

5. 用手抛或脚踢球练习各种头顶球攻门的练习，并逐渐加大攻门的距离。

6. 三人一球，一人抛球，另两人练习争顶球，三人轮换进行。

第七节　掷界外球技术

用双手将球从边线外掷入场内，称为掷界外球。

足球竞赛规则规定：掷球时，掷球队员必须面向球场，两脚均有一部分站立在边线上或边线外，并不得全部离地，用双手将球从头后经头顶掷入场内。

一、掷界外球技术动作分析

掷界外球的技术动作是一个下端固定的爆发式的单摆运动，如果想将球掷得远，则应注意掷出角的合理和掷出力的值尽量大。掷出角的大小受制于球出手的时机，一般出手迟则掷出角小，而出手早则掷出角大，而过小或过大的掷出角都会使掷出的远度受到影响。从抛物体飞行速度的有关理论可知，当抛出角为45°时，抛物体飞行的远度最大。另外影响掷球远度的又一因素是出手速度的快慢，以及掷球时动作的协调性。只有具备这些条件才可能掷出较为理想的界外球。

二、掷界外球技术的动作要领及特点

（一）原地掷界外球技术：面向场内，两脚前后或左右开立，两膝微屈，两手自然张开，拇指相对持球的侧后部，两手举球过头顶，上体展腹后仰成背弓，重心后移。掷球时，两脚用力蹬地，两膝伸直，收腹，并伴随两臂持球由后向前摆动。当球摆过头顶时，两臂伸直用力并甩腕将球掷入场内。掷球时脚可沿地面向前滑动，但不得离开地面（图 22）。

（二）助跑掷界外球技术：双手持球于胸前，助跑至边线，在迈出最后一步时，两手持球至头后。后面动作同原地掷界

图 22　原地掷界外球

外球。有时由于惯性原因，球掷出后身体可能会向前方扑倒，此时应注意两臂撑地屈肘缓冲。

三、掷界外球技术教学方法

（一）讲解

在仔细讲解动作要领的同时，着重讲解出手力量和角度，使学生清楚如何才能掷得更远。

（二）示范

示范的重点应该是掷球的动作，可分别做正确和违例动作，让学生进行分析对比，并进行轻、重不同用力情况的动作技术。

（三）主要练习方法示例

1. 原地持球的模仿动作练习。

2. 跑动中持球的模仿动作练习。

3. 两人一组，用 1 个球结合头顶球、胸部接球以及各种接球动作进行掷界外球练习。

4. 在比赛中进行练习。

练习时要逐渐增大距离，注意准确性。

第八节　守门员技术

一、守门员技术包括位置选择、准备姿势、移动、接球、扑接球

（一）位置选择

位置的选择应根据对方的射门地点和射门角度来决定。一般情况下应站在两球门柱与射门时球所处的位置所形成的角平分线上（图 23）。当对方近射时，守门员应靠前些，这样可以扩大防守面，当对方远射时，要防备对方吊球进门。当球向中场或前场发展时，守门员可前移到球门区线附近，并根据球的发展及时调整自己的位置；当对方在中场直传插入

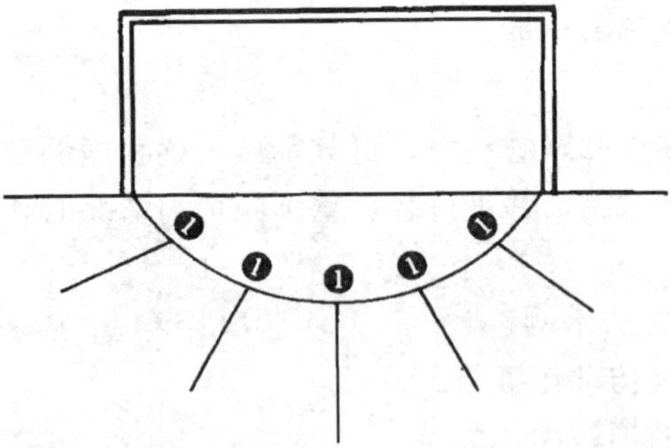

图 23

图 24

突破时，守门员应抓好时机出击截球。

（二）准备姿势

两脚左右开立，约与肩同宽，两膝自然弯曲并稍内扣，提踵，身体重心落在前脚掌，上体稍前倾，两臂于体前自然屈肘，手指自然张开，掌心向下，目视来球（图 24）。

（三）移动

守门员为了更好地堵截和接住对方的传球和射门，必须

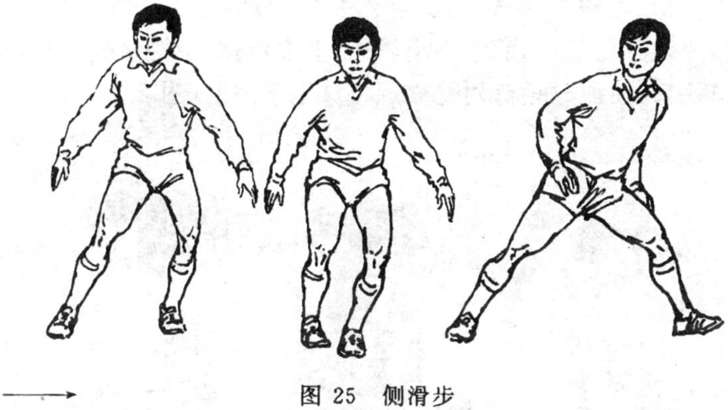

图 25 侧滑步

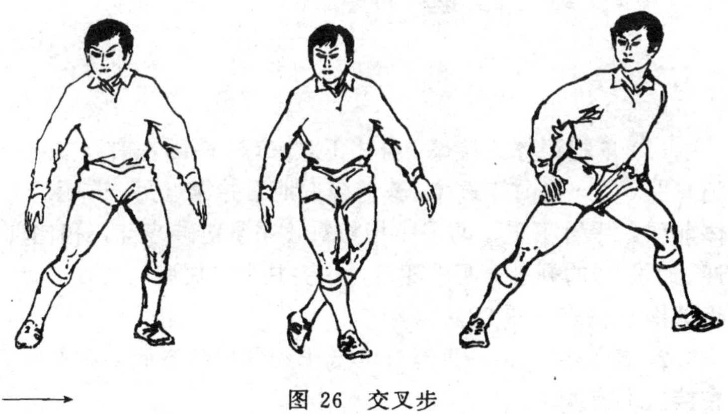

图 26 交叉步

根据对方射门前球和队员的位置变化来相应调整自己的位置。向左右调整位置的移动，一般采用侧滑步和交叉步两种步法（图 25、26)。

（四）接球

接球是守门员最主要的技术，它包括接地滚球、接平直球、接高球等。

1. 接地滚球：有直腿式和单腿跪撑式两种。

（1）直腿式接球：两腿自然并立，脚尖正对来球，上体前屈，两臂并肘前迎，两手小指靠近，手掌对球。手触球的刹那随球后引并屈肘、屈腕、两臂靠近将球抱于胸前(图 27)。

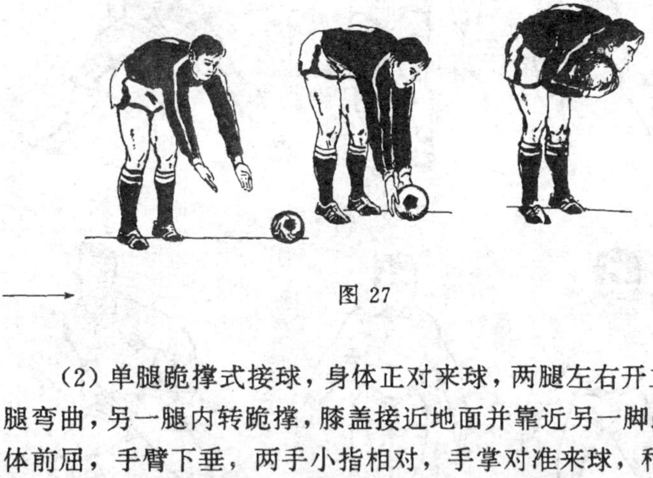

图 27

（2）单腿跪撑式接球，身体正对来球，两腿左右开立，一腿弯曲，另一腿内转跪撑，膝盖接近地面并靠近另一脚踵，上体前屈，手臂下垂，两手小指相对，手掌对准来球，稍向前迎。手触球的刹那，两手随球后引并屈肘，屈腕，两臂靠近，将球抱于胸前（图 28)。

2. 接平直球：平直球分为低于胸部的和齐胸高的两种，在接法上有所不同。

(1)接低于胸部的平直球：身体正对来球，两脚左右开立，上体前倾，两臂下垂并屈肘前迎，两手小指相靠，手掌对球。当于触球的刹那，两臂后引并屈肘，顺势将球抱于胸前。

图 28

(2) 接齐胸高的平直球：身体正对来球，两臂屈肘并稍上举，两拇指靠近，五指微屈，手掌对球。当手触球时，手腕和手指适当用力，顺势屈臂后引，转腕将球抱于胸前（图29）。

3. 接高球：当确定接球点后，应及时移动并跳起，两臂上伸迎球，两手拇指成八字，手指微屈，手掌对球（图 30）。当手触球时，手腕和手指适当用力将球接住，顺势屈肘、回缩下引并腕前球抱于胸前（图 31）。

(五) 扑接球

图 29

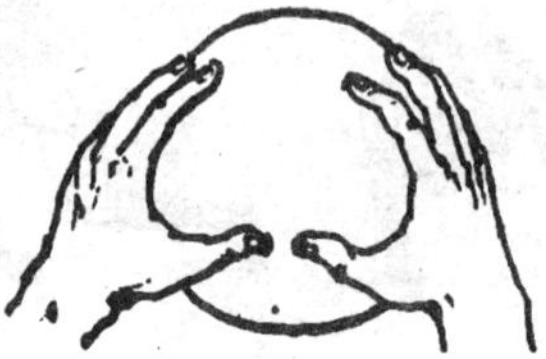

图 30

图 31

当守门员来不及采用上述接球动作时，常用扑球动作接球，这是守门员技术中难度大的技术动作。

1．倒地扑侧面的低球：如扑接左侧低球，左腿屈膝向左跨出一步，身体左倒，左脚着地后，随着以小腿、大腿、臀部、上体和手臂的外侧依次地着地。同时两臂向球伸出，左手掌心正对来球，右手在左手前上方，两手腕稍向内屈。触球后把球收回胸前，然后站起（图 32）。

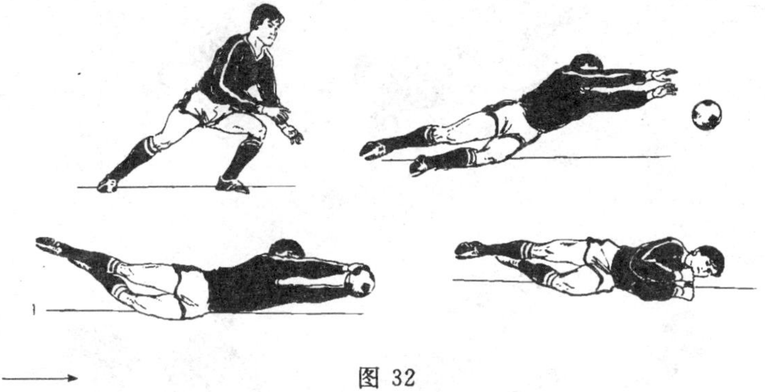

图 32

2．鱼跃扑侧面地滚球：当来球离守门员较远，扑接球时身体重心下降，同侧脚用力蹬地跃出，挺胸使身体展开，两臂快速伸出，两手拇指自然分开，手掌对球，向球扑去。手触球时，手指和手腕用力，以屈肘、扣腕的连续动作将球抱于胸前。落地时，以两手按球、前臂、肘、肩部、身体侧面、臀部、大腿、小腿依次着地，同时屈膝团身（图 33）。

3．扑接侧面平高球：交叉步移动，重心下降，然后用力蹬地向侧面跃出，身体展开，两臂自然伸出，两手拇指靠近，手指自然张开，手掌对球。当手触球时，以扣腕动作将球接住。落地时，以两手按球，前臂、上臂、肩部、上体侧面和下肢依次着地，同时屈肘，转腕将球抱于胸前，并屈膝团身（图 34）。

图 33

图 34

二、守门员技术教学方法

（一）讲解

守门员接球技术首先应该讲解正确的接球手形，然后再分别讲解每一种接球基本技术的动作要领。

讲解时最好结合示范进行。

（二）示范

应由原地接地滚球、平直球、高空球、扑接球依次示范，再过渡到移动中接各种来球。

接地滚球时，两腿间的距离不能大于球的直径。接空中球时，应判断球的线路、高度和速度，正确掌握位移速度和起跳时间。

把位置选择、准备姿势、移动、接球连贯起来，作出完整正确的接球技术示范动作。

（三）主要练习方法示例

1. 原地接同伴抛来的地滚球、空中球，体会各种正确的接球手形。

2. 同伴抛地滚球，练习直腿式和单腿跪撑式接球，然后移动位置接各种不同速度的地滚球。

3. 接同伴抛、掷来的各种高球、平直球、反弹球，然后再接自己对墙掷出或踢出的各种反弹回来的球。

4. 跪在地上、在适当位置放球，按照扑滚球的动作要领把球按住。

5. 跪在地上，扑向侧面掷来的地滚球。

6. 站立扑接侧面来的地滚球。

7. 有一定基础或身体素质较好的队员，可接、扑由各种角度射来的直线球、旋转球。

思考题

1．足球基本技术可分为哪几类？

2．运球技术动作结构由哪几个环节构成？

3．脚面颠球的动作要领是什么？

4．踢球动作结构由哪几个环节构成？

5．接球技术动作由哪几个环节构成？主要接球技术动作有哪些？

6．侧面抢球的动作要领是什么？

7．头顶球时如何协调用力？

第三章　足球基础战术与教学方法

足球基础战术是指运动员在比赛中为战胜对方，完成全队攻守任务而采取的个人行动及多人以上的配合方法。

第一节　进攻战术

一、个人进攻战术

个人进攻战术是指运动员在比赛中为完成全队进攻任务所采取的个人行动。

（一）摆脱与跑位

高水平的足球队之所以能实施高水平、变化多的进攻战术，除了身体素质与战术等因素外，适时地正确地摆脱与跑位是一个重要的方面。只有在比赛中多跑善跑，才有可能为实施战术创造条件，并获得更多的进攻机会。

摆脱与跑位应做到：使防守队员离开防守要道而陷于被动不利位置。示例一：切入空当，使防守队员离开防守位置（图 35）。攻方⑩号切入守方❸号身后，扯动❺号使其离开防守位置。

示例二：插上第二空当，突破射门（图 36）。攻方⑩号切入守方❸号身后，扯动❺号使其离开防守位置，⑧号乘机插上接⑨号队员传球后突破射门。

摆脱与跑位的作用有接应、扯动、切入、插上、包抄、牵制等。

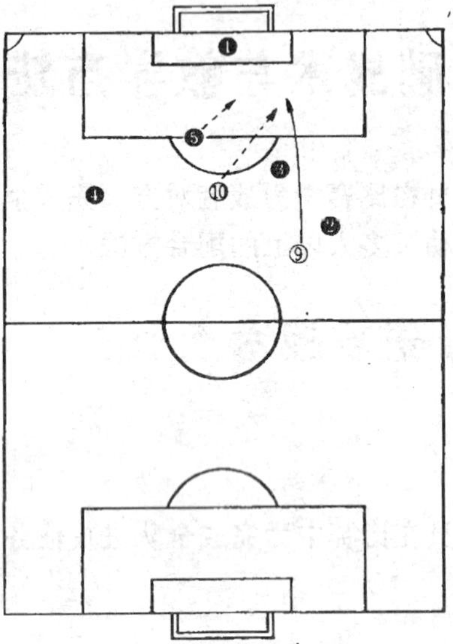

图 35

摆脱与跑位的方法有突然起动、快跑、急停、变方向和变速，利用假动作诱骗对手。

摆脱与跑位的要求：

1. 目的明确：无目的乱跑会造成其他同伴跑位的困难，不利于创造进攻机会且浪费体力。目的明确的跑位是建立在敏锐的观察和正确的判断基础上的。

2. 突然及时：当判断本方队员有可能传球时，应以突然动作摆脱对手的紧逼，跑到有利于进攻的位置接球。过早跑入空当，既暴露意图，又易越位；太远则可能使守方抢先占领空当或造成配合失败。

3. 随机应变，协调配合：场上情况千变万化，随着球和防守队员的位置变化，进攻队员要不停顿地跑动以调整位置，从而帮助和参加进攻。

（二）传球

传球是集体配合的基础，是完成战术配合、创造射门得分机会的最主要手段。

传球从距离上可分为短传（15 米内）、中传（15～25 米）和长传（25 米以上）。从方向上可分为直传、斜传、横传和回传。从空间上可分为高球（头以上）、平球（头和膝之间）和低球（膝以下）。

选择传球目标、掌握传球时机、控制传球的准确和力量是传球的主要战术内容。

1. 选择传球目标：一般可分为向同伴脚下传球和向空位传球两种。向前和向空位传球的推进速度快，威胁较大。但为了有效地控制和调节比赛节奏，更好地发动和组织进攻，也有必要向同伴脚下传球或横传、回传球。一味向前、向空位传球会影响进攻效果；而过多地横回传和向脚下传，势必减慢进攻速度，让对手有时间回防，增加进攻难度。因此两者必须有机结合，灵活运用，这样才能收到预期的效果。

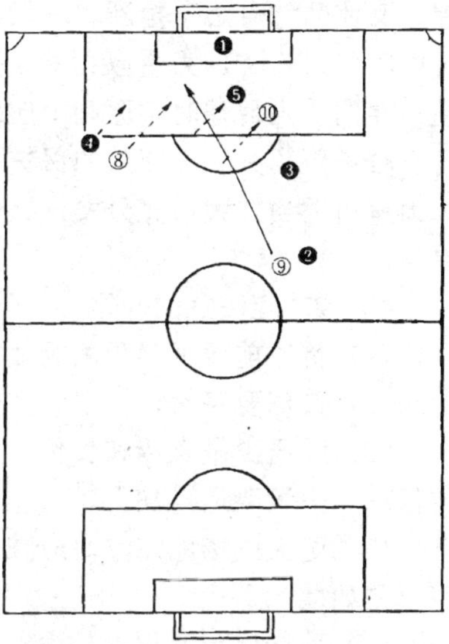

图 36

当场上出现同时可向几个同伴传球机会时，应选择并传给最有利于进攻的同伴。做这种传球时要考虑场区，后场强调传球的把握性，前场要考虑到对对方的威胁性。

2. 传球时机：就传球和接球而言，一般有两种情况：跑位在先，传球在后；传球在先，跑位在后。这种先和后是明显的，但时间却是短暂的。选择什么时机传最恰当呢？一般来讲当接球同伴摆脱防守并占据有利位置时传球最合适，传早或传迟都不会取得令人满意的效果。

3. 传球的力量：传球的力量应适当，既有利于接球者处理，又使防守者难于抢断。一般来讲传脚下球或有对手紧逼接球同伴时，传球力量应大些，否则容易被对手抢断或紧逼住；在向空当传球时，原则上应做到人到球到；在防守者身后有较长距离并缺乏有效的保护，且同伴的速度较快时，传球力量可适当加大，充分发挥突破者的速度，使防守者难以追赶。

4. 传球应注意的问题

（1）传球前要观察预测场上情况，隐蔽传球企图。

（2）传球要突然、快速和多变。

（3）顺风少做直传和长传，力量要适当减小；逆风要多传低球，力量要适当加大。

（4）雨天或场地泥泞时应减少短传和横回传，门前处理球更是如此。

（5）后场传球要稳妥，少做横回传，边后卫解围时不应向中间门前传球。

（三）射门

射门进球是战术配合的最终目的，因此，创造射门机会和提高射门进球的能力，在相当程度上成为比赛胜负的关键。然而，射门又是相当复杂的问题，它既是个人又是全队各方面综合能力的体现。

1. 射门要准确、突然和有力：射门首要的问题是要准确，要达到射门准确，首先是要脚与球的接触部位要准确；其次是要突然，使防守队员和守门员防不胜防；最后强调力量，射门的力量不够，球速就慢，守门员容易扑接。

2. 射低球、射远角：守门员扑接地面球比空中球更难，原因是扑接地滚球时，倒地的时间比接空中球要长，所以，射低球进球机会更多。射远角时守门员往往正在向近角移动，重心有所偏移，不易接稳来球，可补射成功。

射低球时膝必须向前顶，脚背尽量也向前顶，脚趾向后收，这样才能踢在球的中部或中上部，使球沿低空或地面飞行。

（四）运球突破

运球突破是进攻战术中极为重要的个人战术，它是破密集防守、造成以多攻少、觅得传球空隙、获取射门得分的有效手段。足球比赛强调集体配合为主，但缺少运球突破的能力，集体配合会变得困难，两者是相辅相成的。当然过多地和盲目地盘带，不仅会失去战机，而且会影响全队战斗力和士气。

在比赛中下列情况应采用运球突破：

1. 控球队员在无人接应或不利于传球的情况下，要做有意识地向左、向右运球摆脱或向前突破对手的防守。

2. 在对方罚球区附近，一旦突破即可获得射门机会时，应果断采用运球突破战术。

3. 在对方采用密集防守时，应大胆采用运球突破，打开缺口，造成以多打少。

运球突破时要注意：在前场要敢于大胆运用，一旦成功，即可构成威胁或得分；在中场要有选择地运用；在后场则要稳健，少用。

二、个人战术原则

这是足球比赛中每个运动员都必须遵循的战术原则。

（一）每个防守队员得球后都必须发动进攻。

（二）本队失球后每个队员都必须立即参加防守。

（三）传球后要跟上跑位支援和接应。

（四）主动接球不要等球，以免被对方截获。

（五）有意识地控带球以创造进攻机会。

（六）用身体掩护球，得球后要将身体置于对方和球之间，以免球被抢截或被破坏掉。

（七）争抢和控制第一落点，尽量不让球落地弹起后再处理。

（八）不让对手运球越过。一旦被对手越过时，能追上对手的尽量不让同伴补位。

（九）面向球，随时观察球和双方队员的情况。

（十）切忌不必要的犯规。

三、“二过一”进攻战术配合

“二过一”是足球运动中的专有名词，所谓“二过一”进攻战术配合是指在局部地区，两名进攻队员通过连续两次或两次以上传球配合，越过一名防守队员，即通常称为“墙式”配合。

在比赛场上任何区域、任何时间和任何两名同队队员间都可进行配合。完成“二过一”战术配合的能力如何，直接反映了全队进攻战术的质量。

（一）常用的“二过一”战术配合方法有：横传—直插—斜传“二过一”、横传—斜插—直传“二过一”、踢墙式“二过一”、交叉掩护“二过一”等等。

（1）横传—直插—斜传“二过一”配合方法。如图 37A 所示，⑪号横传球给⑧号，然后快速直插，⑧号得球后立即将球斜传给 11 号。

（2）横传—斜插—直传“二过一”配合方法。如图 37B 所示，⑩号横传⑦号，然后斜插防守队员身后，⑦号队员将球直传给⑩号。

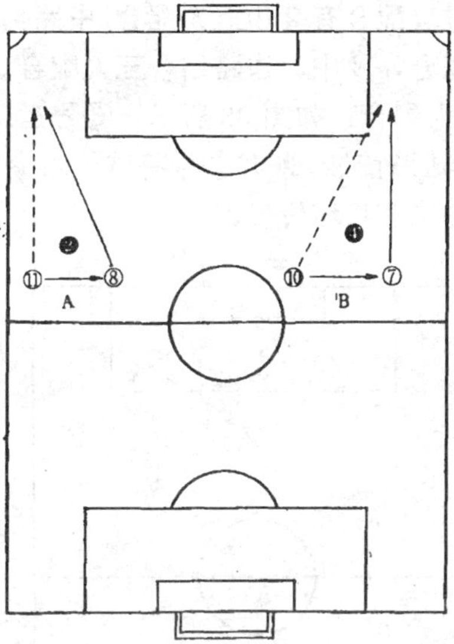

图 37

（二）“二过一”配合的要求：任何形式的“二过一”配合，都必须做到：传球及时准确，力量适当；接球队员摆脱突然快速，跑位时间恰到好处。具体要求是：持球队员的第一传必须快速、准确，而且带有隐蔽性，传球后快速插入前面空当。传球队员传出的球，必须根据前插队员的跑速而定。

四、三人进攻战术配合

比赛中三名进攻队员配合的情况是经常出现的，三人进攻配合的变化多，要求较高，防守的难度也较大。下面介绍几种三人进攻战术配合方法。

（一）常用三人进攻配合方法

常用三人进攻配合有套边三人配合，中路插上三人配合，中路踢墙三人配合，及中、边路结合三人配合。

1. 套边三人配合：如图 38 所示，⑥号运球将球传给同伴⑦号，然后沿边路前插，此时⑦号将球传给突前的⑩号，⑩号在⑥号队员越位前将球传出。

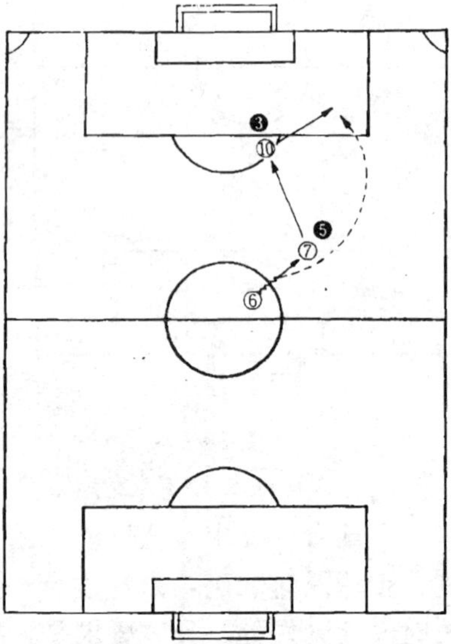

图 38

2. 中路插上三人配合：如图 39 所示，进攻队员⑩号将球回传⑧号，此时⑨号前插中路，接 8 号传球后中路突破。

3. 中路踢墙式三人配合：

如图 40 所示，进攻队员⑧号回传给同伴⑥号，⑥号运

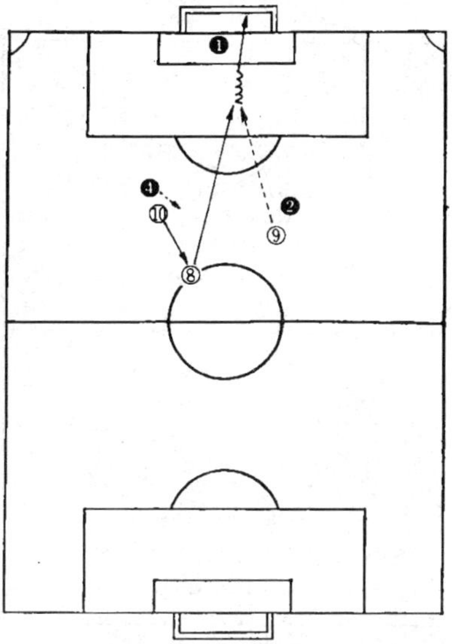

图 39

球向前的同时⑧号前插，此时防守方❻号阻截进攻方⑥号使其不能直接传给⑧号，只好用⑩号队员当“墙”将球传给⑧号队员，突破防守。

4. 中、边路结合三人配合：如图 41 所示，边路进攻队员⑦号受阻，将球传向⑧号后斜前插，⑧号及时传向中路⑩号，⑩号再将球传向插上的⑦号，达到突破最后一道防线的目的。

根据比赛实际运用时有许多变化的配合方法。但在练习时，3 名队员都应呈三角形，必须注意有接、有拉、有插，时间要求上一定以最后插上队员的速度要求为准。

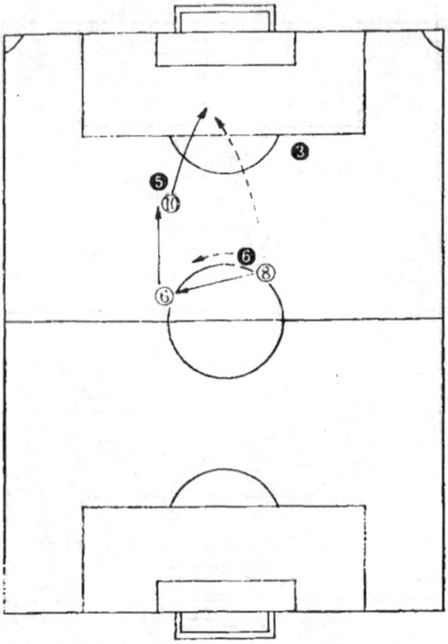

图 40

五、全队进攻战术

全队进攻战术是指进攻面较宽，投入进攻队员人数较多的战术配合。

全队进攻战术具体打法虽千变万化，但都离不开边路和中路的进攻形式。一次完整的进攻，都是由发动、发展和结束三个阶段组成。但不是每次进攻都包括三个阶段。

发动阶段：指转守为攻开始时较短的时间。多数的进攻是从本方半场由守门员、后卫等队员发动的。在对方由攻转守的过程中，最易出现空当和漏洞，所以，这个阶段是发动有效进攻的较好时机。发动进攻分长传快速反击和短传推进两种方式。

发展阶段：常在中场地区由中场队员特别是中场核心队员指挥、组织和调节进攻。通过有球和无球队员积极配合，制造空当，创造进攻面宽、进攻点多的有利局面。一旦空当出现，应突然加快进攻速度，突破防守；没有机会时，进攻速度不宜太快，强调控制球和有耐心地寻找机会。

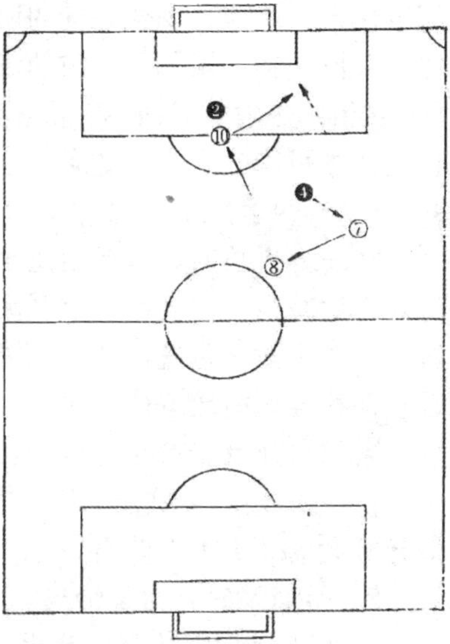
图 41

结束阶段：是指进攻推进到前场 30 米处及对方罚球区附近时的进攻阶段。在这个阶段里，由于防守人数多，逼抢凶狠，所以进攻难度大。一旦机会出现，要敢于冒险，善于捕捉和把握进球的机会。这阶段主要由前场队员完成，也可由进入前场和罚球区内外的前、后卫队员完成和结束进攻。

（一）边路进攻和中路进攻

边路进攻是指在对方两侧地区发展进攻，中路进攻是指在对方半场中间地区发展的进攻。

由于两侧地区防守队员相对较少，空隙较大，所以便于发展进攻，较易突破防线，创造攻门机会。但由于边路离球门较远，且角度小，很难直接射门得分，所以多由边路突破传中后，由中路和侧翼同伴包抄完成。而中路进攻由于离门近，射门角度大，一旦突破防线，威胁也大，故射门得分的可能性大。然而，现代足球的防守多采用人数较多的严密防守，逼抢凶猛，增加了突破的难度，较难获得射门机会。因此，在组织进攻战术时，应根据实际情况加以选择和确定，只有这样才可能收到良好效果。

（二）快速反击

在一方进攻时，其后卫压至中线附近，由于参加进攻而防守人数减少，后场纵深空区大，在进攻失误后，来不及回防或回防中防守位置出错出现漏洞时，另一方发动快速长传进攻往往会取得较好的效果。

采用快速反击打法应做到：

1. 有一两名突破能力强、速度快、善于捕捉战机和把握得分机会的“尖刀”队员。

2. 传球及时，力量恰当。

3. 有明确的反击目的和重点突破口，机动灵活地选择反击点。

4. 突破后及时跟进包抄才能保证反击成功。

（三）转移进攻

当进攻在一侧展开，难于突破对方防线时，应及时转移进攻方向。此时，在另一侧的防守队员相对较少，空隙较大，应抓住时机，及时传球转移。这样，在防守方进行移动和调整防守位置的过程中，有可能出现空当和漏洞。这时要抓住机会，实施突然而快速的攻击。

六、进攻原则

（一）制造宽度：当队员得球时，其他队员要充分利用场地宽度进行摆脱跑位，拉开防守队员，制造防守上的漏洞，以便组织传切突破。

（二）渗透突破：通过制造宽度拉出空当和漏洞，切入空当传球突破。传、切配合时，传球时间一定要配合切入队员的切入时间。

（三）机动灵活：队员利用有球的突破、无球队员的配合跑动，打乱对方的防线，利用对方的防守漏洞，机动灵活、创造性地实施战术。

（四）随机应变：由于比赛中情况千变万化，队员必须具备应变能力。这种能力是建立在队员的高度战术素养与心理素质的基础上，是队员在技术、战术、身体素质、心理素质及个人智慧创造力上的综合表现。

第二节　防守战术

防守时每个队员都应以本方球门为核心，进行站位与选位，一旦防守位置被突破，应以本方球门为核心，迅速再次回防。这样才能形成多层次的防守线，以便层层封堵。为此，防守队员的位置应处于对手与本方球门中心所形成的直线上（图 42）。

一、个人防守战术

选位与盯人：

选位：指防守时，根据对方进攻时的方向，防守队员根据自己的防守职责所采用的位置选择。

盯人：可分为紧逼盯人与松动盯人。盯人的目的是限制对手的活动，及时封堵对手接球或传球的路线。紧逼盯人是贴紧对手不让其有从容活动的机会。松动盯人是与对手保持一定距离，以便随时可靠近对手进行防守或紧逼。

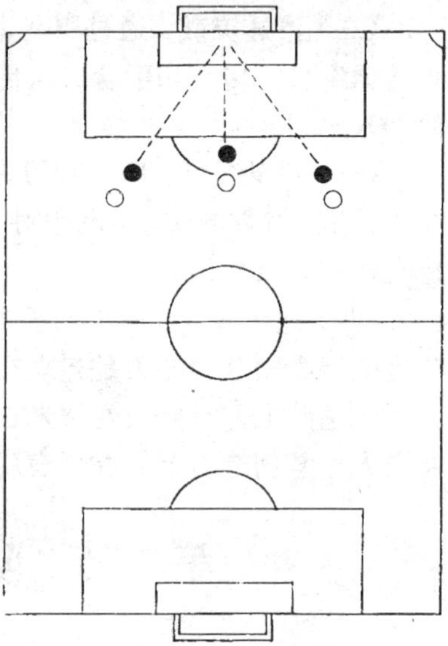

图 42

选位与盯人应做到：

1. 向前能断球，不能断则不让对手接球转身，迫使其横回传；若对手已转身，则不让其运球突破或直传。向后则能转身抢先于对手触球。

2. 人球必须兼顾，既要看人又要看球。

3. 一对一防守时，以防内线为主。

4. 以少防多时，应占据有利位置以区域防守为主，封堵和延缓对方的进攻。中路防守是重点。

5. 对以下几种队员应采取紧逼：持球和离球近的进攻队员；切入队员；主要得分和攻击手；组织进攻的核心队员；罚球区附近及罚球区内的进攻队员。

二、局部防守战术

保护与补位：

紧逼持球队员的防守者需要保护，一旦防守者被对手突破，保护队员立即可以补位。保护是补位的前提，没有保护就不可能有效地补位。保护与补位是局部防守战术配合的基础，是防守队员间互相帮助的防守战术。

1. 保护队员的位置：在选择保护位置时，应考虑保护队员与紧逼队员的角度，一般选择在侧后方的位置。

2. 保护队员的距离：保护队员的距离应根据不同的场区采用不同的保护距离，靠球门越近保护距离应越近，一般在5米左右。这样的距离便于控制进攻队员的活动时间和空间，并利于补位和封抢球。

3. 补位时应注意的问题

（1）被突破队员能追上对手时，一般不要补位而应交换防守位置。

（2）与邻近位置的防守队员进行交换位置为宜。

（3）紧逼队员与保护补位队员应前后或斜线站位，决不能平行站位。这样可使防守有层次、有保护，以免突破一点，造成局部或全线崩溃的被动局面。

第三节　战术教学方法与示例

一、战术教学方法

（一）讲解与示范

开始学习新战术时，教练员必须讲解这一战术在比赛中的用途及队员间的配合。随着练习的深入，应逐步讲解战术的细节及变化，并在训练中不断纠正缺点。讲解要清楚、形象、生动，应简明扼要地讲清要点，特别对初学阶段的学生应做好战术示范。如：跑动的路线，球的运行路线，对战术配合的要求以及配合方法。示范可由教师或基础好的学生进行。

（二）在非对抗条件下练习

这种练习是指在不加防守队员的情况下进行的。假如学生的水平较低或配合较复杂时，可让他们用手控制球进行配合，使其明确跑动路线，传球时间及对每个队员的要求。初级阶段练习时速度可慢些，随着熟练程度的提高，应对练习的每个环节提出严格明确的要求,并加快跑动速度进行练习，以不断提高练习质量。

（三）在对抗条件下练习

这种练习是在有防守的条件下进行的，是战术教学与训练极为重要的一环。队员在有对抗条件下进行攻守配合，提高了战术难度，促进队员的技术、战术、身体和心理全面得到锻炼和提高。

在进行对抗训练时，一般先抓进攻，后抓防守，随着配合熟练程度的提高，相应提高防守要求，增加防守的人数，借以提高战术配合的难度，确保质量。

在一对一、二对二、三打二的练习中，应注意攻守节奏的变化。对抗的激烈程度均应根据队员的水平、训练的任务和要求而定。

（四）在比赛中练习

比赛是一面镜子，将平时练习的战术置于比赛中检验是一种非常有效的方法。

比赛是教学的一种重要形式，不能放任自流。根据不同性质和任务的比赛，提出相应和明确的任务和要求。在肯定成绩的基础上，提出存在的问题。指出问题出现的原因，并简洁说明解决问题的办法。这对提高队员的战术意识，分析解决问题的能力是极有益的。

二、战术练习方法示例

在战术方法练习时，务必遵循由浅入深、由简到繁、由非对抗到对抗、由个人到局部再到整体配合的循序渐进的教学原则。

（一）无球的两人一组练习示例

1. 一人进攻，一人防守，进攻者在前利用突然起动、加速、急停、变向、变速等各种方法摆脱防守者，而防守者要紧跟，努力不被其甩开，尽量保持在进攻者身后1～2米处。

2. 进攻者与防守者相对，间隔3米，进攻者向防守者左右突，防守者后退左右阻拦，形成攻者进、守者退的一对一攻守。

3. 根据几种“二过一”的路线图，进行连续跑位的练习。

4. 攻门练习。进攻者距离球门20米向球门跑动，防守者以球门为目标进行阻拦，攻者用各种假动作进行跑动突破，冲进球门为胜。

（二）有球的练习示例

1. 一对一突破射门练习。一人进攻，一人防守，从边路或中路突破射门。

2. 小场地一对一，二对二，三对三的对抗练习。可设两个球门或四个球门进行对抗练习。两个球门时各守一个门，四个球门时各守两个门。

3. 二对一练习。两名进攻者，一名防守者，进攻者练习摆脱接球，防守者练习紧逼盯人和选位。

4. 二对一射门练习。两名进攻者，一名防守者，结合“二过一”战术进行对抗射门练习。

5. 三对二传抢练习。在规定范围内，三人传球，两人抢球，得球者轮为传球者，失球者轮为抢球人，依次进行。

6. 三对二攻守练习。设球门一个，三人进攻，两人防守。进攻时尽量运用所学三对二战术。

第四节　足球比赛阵型

比赛阵型是指为适应攻守战术的需要，进行全队攻守力量搭配，根据本方队员和对手的特点做合理分工和位置排列。

阵型是战术的重要组成部分，比赛阵型应使全队在攻守战术中充分发挥集体力量和个人特长，做到扬长避短克敌制胜。但就阵型和战术比较而言，战术的质量和水平起主要作用，而阵型只是帮助全队更好地发挥战术水平。

足球比赛阵型是根据队员的排列层次分为后卫线、前卫线、和前锋线。

根据运动员上场比赛的人数，足球比赛通常分为 11 人制、9 人制、7 人制和 5 人制，它们各有不同的阵型排列。

一、比赛阵型的演变和发展

比赛阵型的演变过程是从一味追求进攻到攻守平衡的发展过程。现代由于人们都认识到攻与守同等重要，所以在足球阵型的排列上，基本上都采用攻守平衡的力量搭配方式。

（一）从九锋一卫到四卫六锋阵型：产生于现代足球运动初期的 19 世纪六七十年代。因受当时越位规则和技术水平的限制，比赛主要采用大脚向前踢和盘带的踢法，一味追求进攻。

（二）“塔式”阵型：也叫“二三五”阵型，产生于 19 世纪 80 年代的英国。随着踢球技术的发展和配合的开始，场上队员有了比较严密的组织和分工，攻守力量达到基本平衡。对足球运动发展影响很大。

（三）“WM”阵型：是3个后卫，4个前卫，3个前锋。具体排列是3＋2＋2＋3的多层次排列。当时越位规则于1925年经国际足联修改，将“对方队员不足3人”改为“不足2人”为越位。之后，英国首创“WM”阵型，使攻守力量达到平衡，在较长时间内被世界各国广为采用。

（四）“四前锋”阵型：也叫“三三四”阵型，具体排列为3＋2＋1＋4的阵型，匈牙利人在50年代初运用四前锋阵型，击败了当时的足坛霸主英国队，并获1952年奥运会冠军和1954年第5届世界杯赛亚军。他们以4前锋攻击了后卫，以短传配合和交叉换位配合突破防线而破门得分，给世界足坛留下了深刻印象。

（五）“四二四”阵型：巴西人于1958年在瑞典举行的第6届世界杯赛上成功地运用了“四二四”阵型。这种阵型既保持了四前锋进攻的优势，又弥补了防守的不足，成为攻守力量极为平衡的阵型。巴西人用“四二四”首次夺得世界杯赛冠军。

（六）“四三三”“四四二”阵型：由于匈牙利、巴西为代表的四前锋攻势足球所产生的威胁，迫使世界各国的球队不得不加强防守，此后加强防守的阵型应运而生。近20年来在比赛阵型的排列上都采用攻守基本平衡的方式，并出现了一些新的阵型。如：“一三三三阵型，“五三二”和“三五二”阵型等。

二、常用的比赛阵型

（一）“四三三”阵型

这种阵型的特点是攻守人数排列清楚；队员的职责分工明确；后防较稳固，中场力量较强，前场有一定攻击力；攻守有一定变化和灵活性。此阵型要求前锋有较强的攻击力，3名前卫的分工在攻守上有侧重，以保持中场的平衡。边后卫有一定的助攻能力。

根据比赛的不同情况，可变化成“四二一三”或“四一二三”阵型，这种阵型适用于各级水平的球队。

（二）“四四二”阵型

这种阵型的特点是中场力量较强，后防稳固，前锋少；攻守变化灵活、机动，特别是进攻更具隐蔽性和突然性；对运动员全面化的水平要求高。此阵型两名前锋队员的攻击力强；中场队员能攻善守，攻守力量搭配合理并有侧重，一般是一名队员侧重进攻和组织进攻，一名队员侧重防守，另两名队员能攻守兼备；两名边后卫有一定的进攻力和协助控制中场的能力。

思考题

1. 何谓足球基础战术？个人进攻战术是指的什么？
2. 摆脱与跑位的要求有哪几点？
3. 传球的主要战术内容有哪些？
4. 个人战术原则包括哪十点？
5. “二过一”配合有哪四种？配合时必须做到哪些要求？
6. 一次完整的进攻都是由哪三个阶段组成，它们具体包括哪些内容？
7. 防守时选位与盯人应做到哪五点要求？
8. 足球比赛阵型是如何演变的？常用的比赛阵型有哪些？

第四章　足球竞赛规则分析与裁判法

第一节　足球竞赛规则分析

足球竞赛规则是足球比赛中双方运动员必须共同遵守的行为规范和准则。其精神实质在于：保护运动员的身体健康；公平合理地进行比赛；对犯规与不道德行为予以判罚；促进足球运动的发展。作为裁判员，必须认真地学习规则，熟练地掌握和运用规则。

现行的足球竞赛规则共 17 章，具体详见《足球竞赛规则》。

一、比赛场地

（一）比赛场地规格

足球竞赛规则规定，比赛场地应为长方形，其长度为90～120 米、宽度为45～90米（国际比赛的场地长度不得多于110米或少于100米，宽度不得多于75米或少于64米）。国际足联规定世界杯足球赛决赛阶段场地长度为105米、宽度为68米。

基层比赛的场地可根据情况因地制宜，但不论何种比赛，在任何情况下，球场的长度必须大于宽度。

足球比赛场地的平面图如图 43 所示。

（二）足球场地上各线、区、点、圈、弧的主要作用

1. 边线与端线：边线和端线划定的范围是运动员的基本

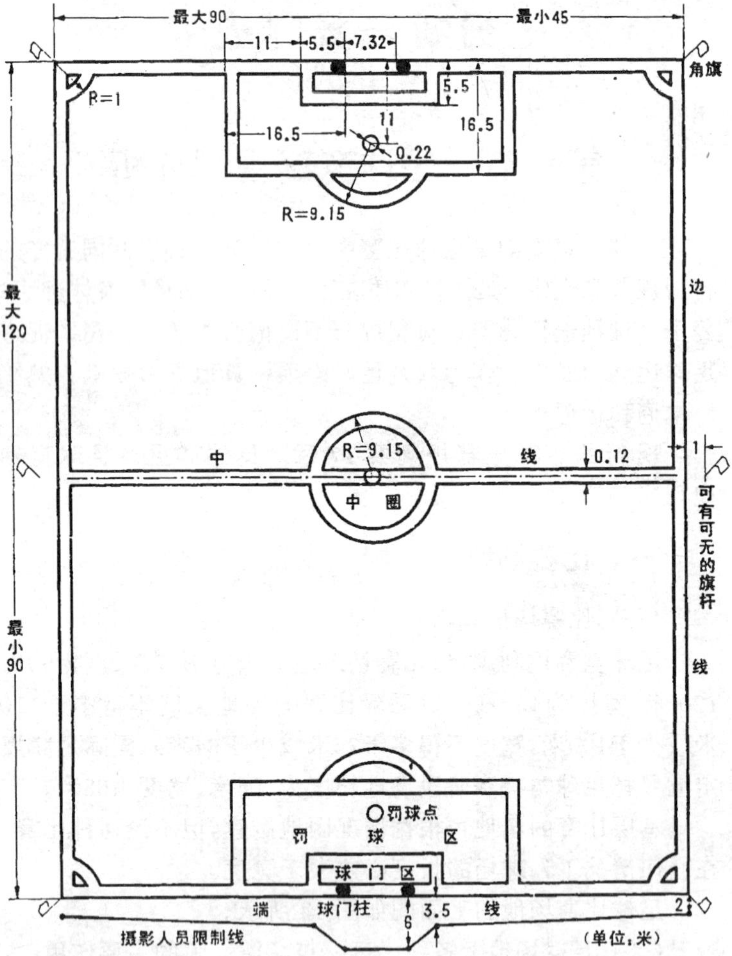
最大90
最小45
11
5.5
7.32
角旗
R=1
5.5
11
16.5
16.5
0.22
R=9.15
边
最大120
R=9.15
中
线
0.12
1
中圈
可有可无的旗杆
线
最小90
罚球点
罚球区
球门区
端
球门柱
3.5
线
2
6
摄影人员限制线
(单位:米)

图 43

活动区域。比赛开始后，未经裁判员许可，运动员不得离开或进入场地；当球的整体从地面或空中越过边线或端线时，即为球出界而成死球，分别以掷界外球、踢球门球或角球恢复比赛。

2. 中线：开球时，双方队员必须站在本方半场内，当裁判员鸣哨后，球被开球队员踢向对方半场并滚动一周，方为此比赛开始，这时才可进入对方半场；比赛中，队员在本半场没有越位犯规。

3. 球门线：它是判断球是否进门的标志线。只有当球的整体从球门内的地面或空中越过球门线时，方为球进门；执行罚球点球时，守方守门员双脚只能在球门线上左右移动；队员在对方罚球区内踢间接任意球时，如果球距球门线不足9.15米，则允许守方队员站在球门线上。

4. 球门区：

（1）踢球门球时，球必须放定在球门区内；在本方球门区内踢任意球时，可放定在犯规所在球门区的半边内任何地点执行。

（2）守门员在本方球门区内应受到必要的保护；当他没有接住球时，或跳起在空中持球时，或没有阻碍对方队员时，不得对其进行身体接触与冲撞。

（3）当守方在球门区内被罚间接任意球或裁判员在该区内以坠球恢复比赛时，应在停止比赛时所在地点最近的与球门线平行的球门区线上执行。

5. 罚球区

（1）守门员在本方罚球区内可以用手触球（本方队员回传球、掷出的界外球除外）。

（2）运动员在本方罚球区内犯规，属应判罚直接任意球的，一律判罚“点球”。

踢罚球点球时，除主罚队员与守门员外，其他队员均应退出罚球区及罚球弧。待球踢出后，方可进入罚球区。

(3) 踢球门球或在本方罚球区内踢任意球时，对方应退出罚球区（踢任意球时对方须至少距球 9.15 米），踢、罚球的队员必须将球直接踢出罚球区，比赛方为恢复。

(4) 守门员在本方罚球区内以手控制球后使球进入比赛状态，须经对方队员或在罚球区外的同队队员用头、胸或膝部触及后，方可再次用手触球。

6. 角球区：踢角球时，球的整体必须放定在角球区内。

7. 罚球点：踢罚球点球时，球必须放定在罚球点上。

8. 开球点：中线的中点称为开球点，开球时，球必须放定在该点上。

9. 中圈：开球时，守方队员必须站在中圈以外的本方半场内。

10. 罚球弧：踢罚球点球时，除主罚队员与对方守门员外，其他队员均须在罚球区及罚球弧外，在球被踢出比赛恢复时方可进入罚球弧。

11. 踢角球标志线：踢角球时，防守队员不得越过标志线，影响踢角球。

此外，在球场的四角必须各竖立一平顶的旗杆，杆高至少 1.50 米，上挂小旗一面，名为角旗。在中线两端边线外至少 1 米处，可各竖一面与角旗大小相同但颜色不同的中线旗，作为中线的标志，以利于判断是否越位。

二、比赛人数与比赛时间

（一）比赛人数

1. 一场比赛应为两队参加，每队上场队员不得多于11名，其中必须有1名守门员。

2. 在由国际足联，各联合会或各国足协主办的正式比赛中，每场比赛最多可以使用3名替补队员。

竞赛规程应说明可有几名替补队员被提名，从3名到最多不超过7名。

3. 替补守门员或其他任何队员时，均应遵守下列规定：

（1）替补前应先通知裁判员。

（2）替补队员在被替换入场时、须得到裁判员许可后，方可进入比赛场地。

（3）替补队员应在比赛成死球时从中线进场。

（4）被替补下场的队员不得再次参加该场比赛。

（二）比赛时间

比赛时间应分为两个相等的半场，每半场45分钟。特殊情况双方同意另定除外，并按下列规定执行：

1. 在每半场中由于替补、处理伤员、延误时间及其他原因损失的时间均应补足，这段时间的多少由裁判员决定。

2. 在每半场时间终了时或全场比赛结束后，如执行罚球点球，则应延长时间至罚完为止。除经裁判员同意外，上下半场之间的休息时间，不得超过15分钟。

如竞赛规程规定，比赛结束成平局后仍须决出胜负时，则增加决胜期的比赛。决胜期开始前应休息5分钟，并重新选择场地或开球权。决胜的时间为30分钟，分上、下半时，各为15分钟，中间只交换场地不再休息。决胜期终了仍成平局，则采用踢“点球”方法来决定胜负（如采用“黄金进球”法，决胜期先进球队为胜队，比赛结束）。

三、计胜方法

凡球的整体从门柱间及横木下越过球门线外沿的垂直面，即为胜一球。球是否进门，应依球的位置决定。

在比赛中，胜球较多的一队为胜队，如双方均未胜球或胜球数目相等，则该场比赛为“平局。

四、裁判员与助理裁判员

（一）裁判员的职权

裁判员进入比赛场地时，即开始行使规则赋予他的职权，在比赛暂停、成死球和中场休息时，裁判员均有判罚权。裁判员在比赛进行中，根据比赛事实情况，诸如比赛结束等所作的判决为最后判决。如果裁判员在比赛中觉察到自己确有原则性的误判，可以更改判决，但只能在恢复比赛前更改。

裁判员的职责是：

1. 正确地执行比赛规则。

2. 在执行规则的过程中，必须贯彻“避免作出裁判员认为反而使犯规队有利的判罚”的条款。

3. 记录比赛成绩和比赛时间，使比赛赛完规定的时间或双方同意的时间，并补足由于偶然事故或其他原因损失的时间。

4. 因违反规则，遇风雨，观众或外界人员干扰及其他原因妨碍比赛进行时，裁判员有权暂停、推迟或终止比赛。事后须在规定的时间内将该队员的姓名和具体情况书面报告主办单位。

6. 比赛中除参加比赛的队员与助理裁判员外，未经裁判员许可，任何人不得进入比赛场地。

7. 如裁判员认为队员受伤严重时，应立即停止比赛，将受伤队员尽可能地迅速移至场外，并立即恢复比赛。如队员受轻伤，比赛不应在成死球前停止。凡队员能自己走出场外者，不得在场内护理。

8. 裁判员认为队员有粗野行为、严重犯规、使用粗言秽语或辱骂性语言时，应罚令出场。

9. 在每次比赛暂停后，需用哨音或手势等信号恢复比赛。

10. 审定比赛用球是否符合规则第二章的规定。

（二）助理裁判员的职责：

每场比赛应有两名助理裁判员执行规则。他们的职责由裁判员决定，一般为示意球出界或死球，应由哪一队踢角球、球门球或掷界外球；用旗示向裁判员提示替补队员、他们还应协助裁判员按照规则控制比赛，重点是判罚越位和临近一侧“协作区”内及在裁判员背后的队员的犯规行为。助理裁判员应用旗示向裁判员提供判罚信号，最后是否判罚由裁判员决定。助理裁判员如有不正当行为或不适当地干扰比赛，裁判员应免去其职务，并指派他人代替。

五、越位

（一）越位位置的基本概念

足球竞赛规则规定：“凡进攻队员较球更接近于对方端线者，即处于越位位置。下列情况除外：①该队员在本方半场内。②至少有对方队员两人比该队员更接近于对方的端线。”

由此可知，构成“越位位置”必须是：

1. 在对方半场；

2. 较球更接近对方端线；

3. 在该队员与对方端线之间，对方队员不足两人。

上述 3 条中缺少任何一项，队员均不属处于越位位置。

如果队员处在与球平行的位置上，则该队员不属于处于越位位置。因为此时队员并未较球更接近于对方端线。如果队员处在与对方最后第二名队员平行的位置上，该队员也不属处于越位位置。

判罚越位的时间，应是同队队员踢或触及球的一瞬间，而不是该队员接获球时的一瞬间。

（二）判罚越位的依据

当队员踢或触及球的一瞬间，同队队员处于越位位置，裁判员认为该队员正在干扰比赛或干扰对方，或企图从越位位置获得利益，则应判罚越位。如图 44 所示：⑨号传球时，⑩

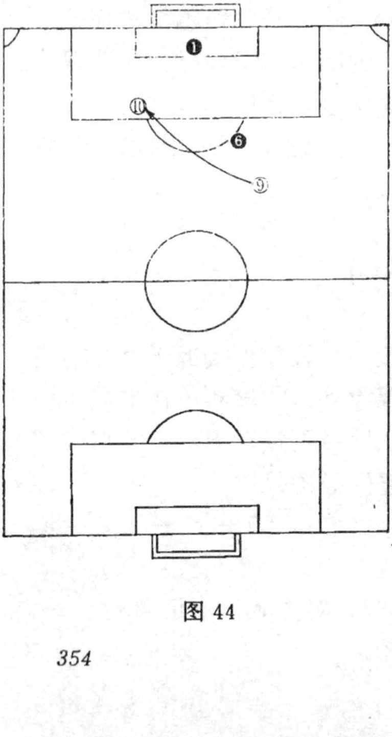

图 44

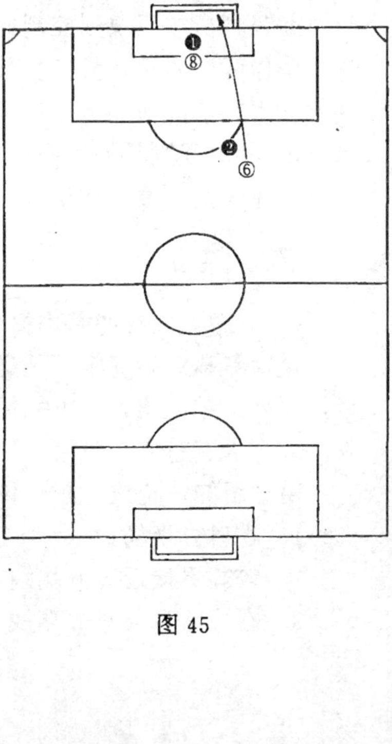

图 45

号处于越位位置，并接得球而获益，应判⑩号越位。

又如图 45 所示：⑥号射门时，⑧号处于越位位置，并阻挡对方守门员的视线，干扰防守，应判⑧号越位。

（三）下列情况不判罚越位

1. 裁判员认为，队员只是仅仅处在越位位置。如图 46 所示：⑦号处于越位位置，同队队员⑥号却将球传给⑪号，裁判员认为⑦号仅仅处在越位位置，则不应判越位。

又如图 47 所示：⑧号射门时，同队队员⑦号处于越位位置，裁判员认为⑦号仅仅处在越位位置而不判越位，若球进门则有效。

2. 队员直接接得球门球、角球、界外球及裁判员坠球

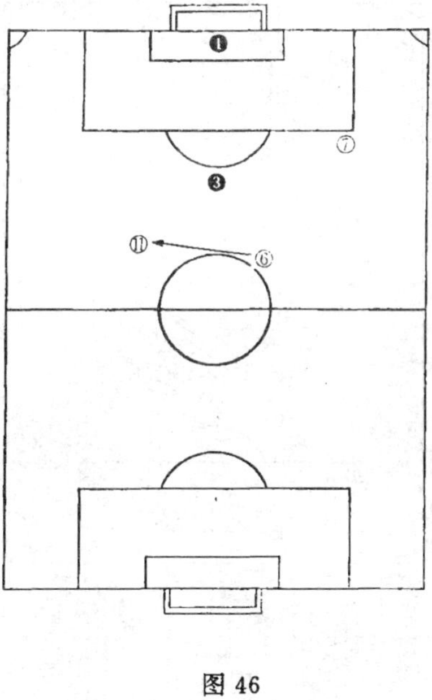

图 46

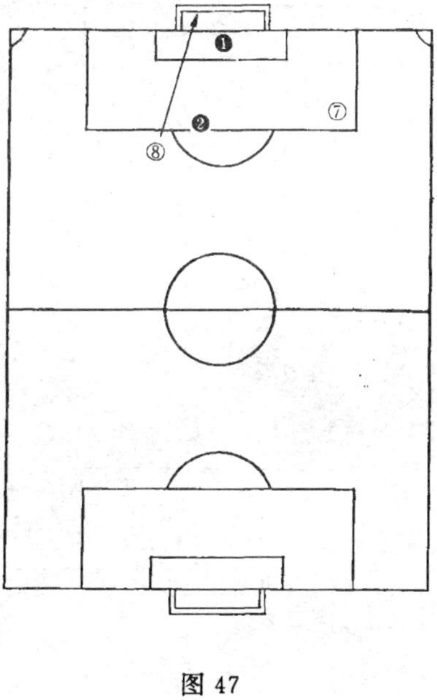

图 47

时不判越位。

必须明确的是：只有当队员直接接得上述 4 种球中任何一种球时，该队员才享有这种特殊权。一旦该队员接得球，这种特权即行消失。如图 48 所示：⑥号直接接得角球，并把球传给处于越位位置的⑨号，应判⑨号越位。

3. 队员虽处于越位位置，但对方队员踢球时不应判为越位。如图 49 所示：⑩号处于越位位置，对方队员❺号将球误传给⑩号，不应判⑩号越位，且进球有效。

4. ⑥号控球时，⑧号跑动中已处于越位位置，因⑥号尚未射门或向其传球，故不应判⑧号越位（图 50）。

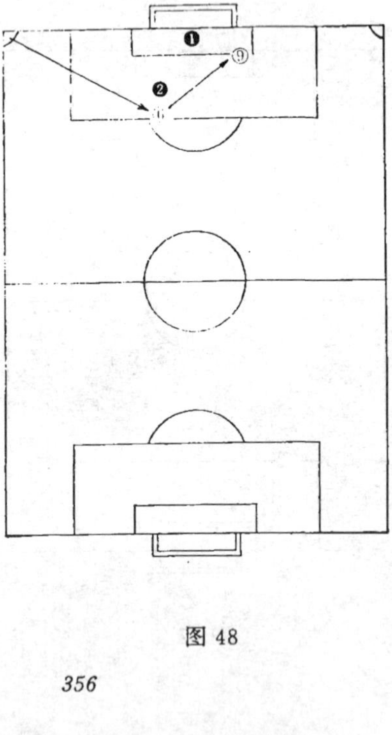

图 48

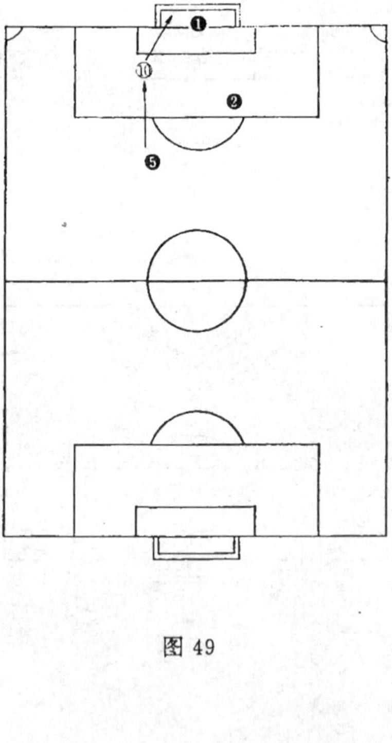

图 49

以上是越位规则的基本概念，是用静态来分析的，而在足球比赛中，经常需要在快速动态下来判断攻方队员是否越位的，这就给裁判员和助理裁判员的判断增加了难度。要在很短时间内作出正确的判罚，必须准确掌握同队队员传球时间。

下面用动态情况来分析是否越位。

示例 1：⑧号插上接⑥号同伴传球，接球位置已处于越位位置（图 51），此时能否判罚⑧号越位，主要在于⑧号从跑动到最后接球的过程中，同队队员⑥号在什么时间传球。如果在⑧号处于越位位置前，同伴⑥号已将球传出，此球不能判罚越位。如图 52 所示（图中的“—”表示传球的时间，下同）。

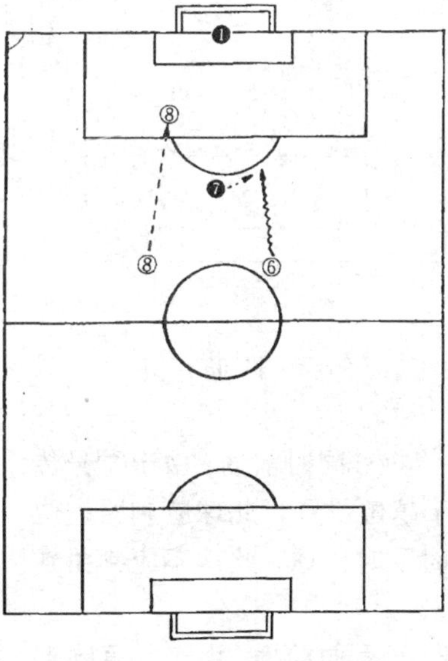

图 50

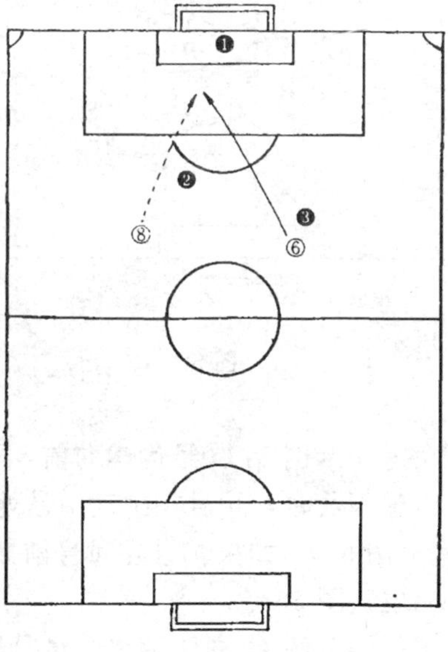

图 51

示例 2：⑧号从越位位置回来接球，虽然接球地点不处于越位位置，但在同队队员⑥号传球时，⑧号还处在越位位置，应判罚越位（图 53）。如果⑧号已回到不越位的位置时，⑥号才传球给他，则此球不应判罚越位（图 54）。

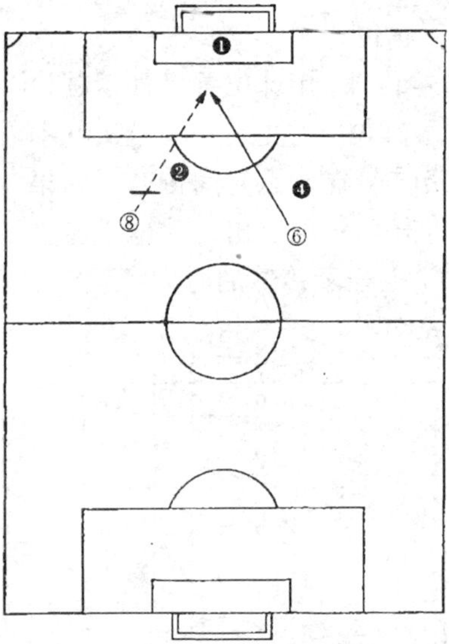

图 52

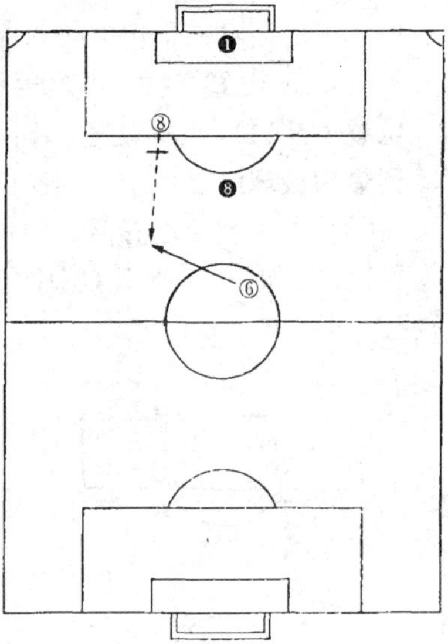

图 53

示例 3：⑦号运球向前，同伴⑩号同时前插，由于⑦号传球不及时，⑩号在跑动中已处于越位位置，此球应判罚越位（图 54），如果⑦号在⑩号前插时及时传球，此球不应判罚越位（图 56）。

示例 4：同队两名队员⑩号、⑪号向前插，由于⑪号跑到越位位置时，同队⑦号才传球，此球应判罚越位（图 57）；如

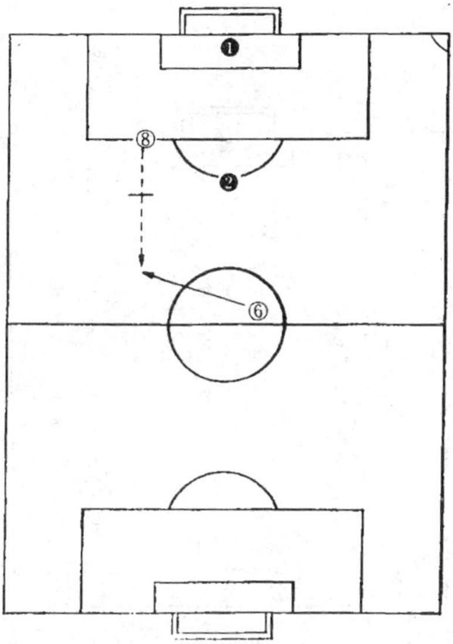

图 54

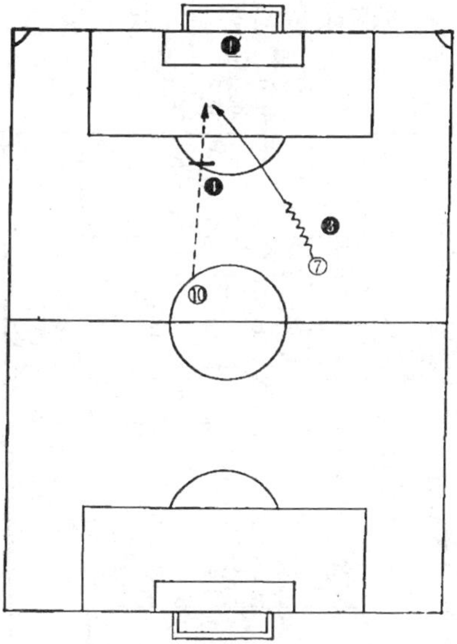

图 55

果在⑪号前插时，同伴⑦号及时传球，此时⑪号没有处于越位位置，所以此球不能判罚越位（图 58）。

示例 5：进攻时 4 名队员同时前插，由于同队⑨号及时传球，4 名队员在⑨号队员传球时都没有处于越位位置，此球不越位（图 59）。

以上所列举的是比较典型的越位。在实际的足球比赛中，由于运动员多是处在快速移动中，人与人、人与球的位置随时都在发生着变化，由此也使比赛场面千变万化。故对越位的判断与判罚是有一定难度的。要在很短的时间内作出正确的判罚，除了要熟悉和领会规则的规定及精神，并有相应的实践经验外，必须准确掌握同队队员的传球时间，这一点对判断越位与否是至关重要的。

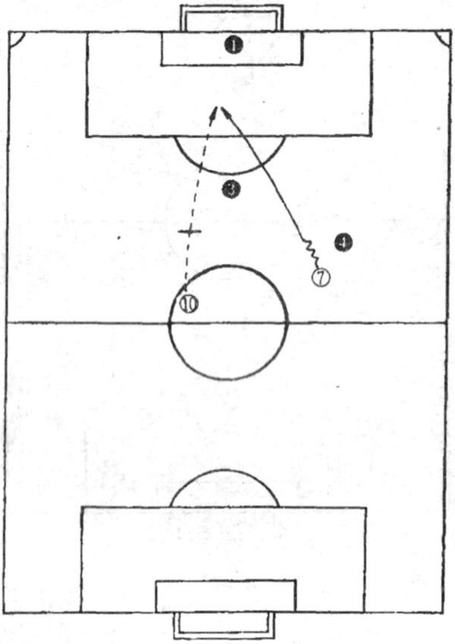

图 56

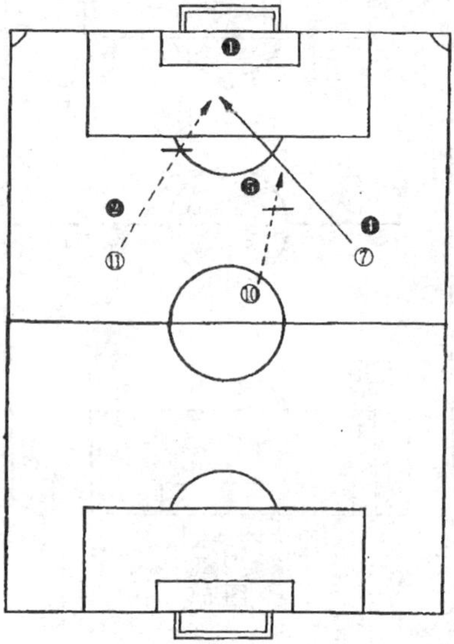

图 57

六、犯规与不正当行为

比赛中，队员间经常发生身体接触与碰撞，因此，裁判员要准确掌握规则精神，善于识别和区分合理动作与故意犯规、勇猛顽强与粗野动作、良好风格和不正当行为。将重点放在对人不对球的粗野动作、不正当行为的报复行为上。同时，还应贯彻“有利条款”精神，避免作出对犯规队有利的判罚。

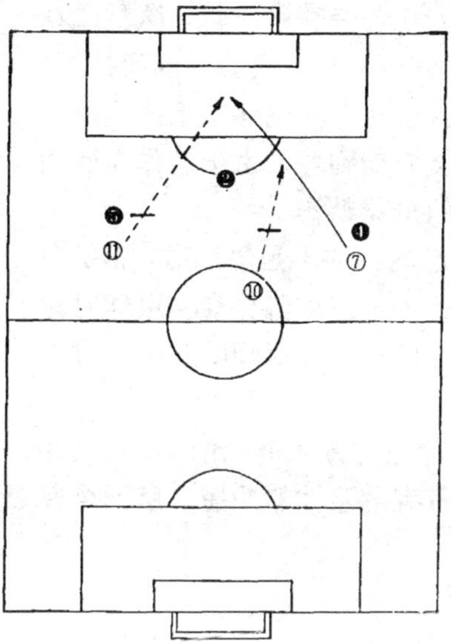

图 58

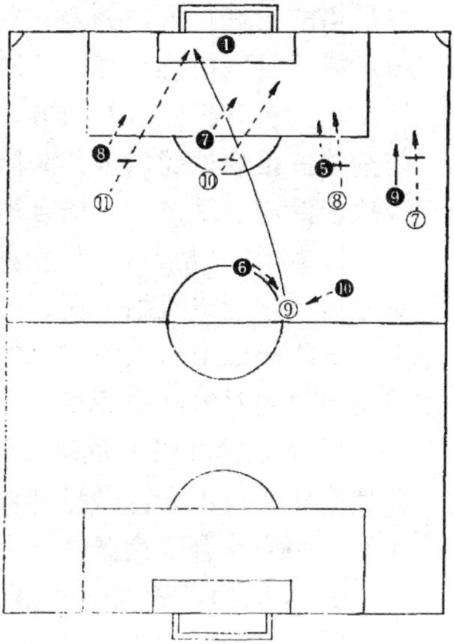

图 59

（一）判罚直接任意球（或罚球点球）

1. 踢或企图踢对方队员：踢人是一种严重犯规行为。区别队员是踢球还是踢人，主要看其动作的企图和目的。一般情况下，如果踢球者对球而去，并先踢到球，则为合理动作；反之，为犯规动作。例如：进攻队员控制球时，防守队员从后面故意踢其腿部；进攻队员控带球离身体较近时，防守队员有意地向其猛踢等。

所谓“企图踢”，是指已做出踢的动作，只是由于没有踢着或被踢者躲闪等原因未踢到人，对此仍应判罚直接任意球。

2. 绊摔或企图绊摔对方队员：这种犯规是队员故意用脚

或腿勾绊对方下肢，或用身体的蹲伏动作绊摔对方，使其失去平衡的犯规行为，例如：双方在争夺空中球时，队员故意蹲伏或用肩碰撞跳在空中的对方队员，使其失去平衡而摔倒；又如队员铲球时先触及对方，致使对方摔倒等。上述这些均应按绊摔犯规处罚。但如果队员先铲到球，由于动作惯性的缘故，使对方跌倒，则属合理的抢球动作。

3. 跳向对方队员：队员跳起的目的不是争抢球，而是向对方进行冲撞或蹬踏，属犯规行为。例如队员准备顶球时对方队员跳起做出对人不对球的冲撞；队员双脚跳起蹬踏对方等均属跳向对方队员犯规。

4. 猛烈地或带有危险性地冲撞对方队员：足球规则允许合理冲撞，但不允许做猛烈或带有危险性的冲撞。所谓合理冲撞，必须符合下列条件：

① 冲撞的目的在于获得球。

② 冲撞时，球必须在双方 控制范围内（一般指 2 米范围以内）。

③ 必须用肩至肘关节部位冲撞对方的相应部位，且上臂不得扩张。

④ 力量适当，不得猛烈或带有危险性。

如果队员用胸部冲撞对方胸部或肩部，则属危险性冲撞犯规，队员在冲撞时扩张肘、臂属于推人犯规。

5. 从背后冲撞对方队员：从背后冲撞对方队员，应判罚犯规。但是，当控球的队员为了掩护球而用身体阻挡时，在后面的对方队员为了抢到球，可以对其做适当的冲撞。

6. 打或企图打对方队员或向他吐唾沫：打人是严重的犯规行为，应严厉处罚，对行为恶劣者应罚令出场。如队员伸手打对方队员，不论打着与否，均属犯规。此外，守门员在本方罚球区内，故意掷球打击处在罚球区内、外的对方队员，亦属打人犯规，除判罚球点球外，还应给予警告。比赛中，如果向对方队员吐唾沫，应视为恶劣行为，应将该犯规队员罚令出场，并由对方在犯规地点踢直接任意球。

7. 拉扯对方队员：拉扯犯规是指对方队员用手或臂故意拉扯对方队员，以达到阻碍对方队员自由行动的犯规，如队员在抢不到球的情况下，故意用手拉扯对方带球队员的手臂或衣、裤等，应判拉扯犯规。

8. 推对方队员：推人犯规是指队员故意用手或臂推对方队员的犯规。如在抢球时，队员用手臂推开对方队员，应判罚推人犯规。

9. 用手或臂部携带、击或推球：此种犯规是指队员故意用手或臂部触球，以获得利益的犯规。凡故意手球均应予判罚，无意的球触手则不应判罚。执行裁判工作中要严格区分"故意"与"无意"犯规。例如：守方队员处在球门线附近，被突然射来的球击中了手臂，并因此阻碍了球进门，也不应判罚手球犯规。因为这一"手球"确属无意。

10. 铲球时，触球前触到对方队员。

凡队员故意违反上述规定中的任何一项者，都应判罚由对方队员在犯规地点踢直接任意球。如果守方队员在本方罚球区内故意违反上述犯规中的任何一项者，应判罚球点球。

（二）判罚间接任意球

1. 危险动作：危险动作是指裁判员认为队员的动作有危险，动作目的是为了获得或处理球，但动作的方式有可能伤害对方队员或自己。如争抢空中球时，队员不顾对方的位置和顶球的动作，跳起倒勾球，即属危险动作，应判间接任意球。如这一动作，踢触到对方队员，则应判踢人犯规，由对方罚直接任意球。

2. 目的不在踢球，球又未在其控制范围以内时的“合理冲撞”：这种犯规，是指其冲撞的动作是对的，但是，由于冲撞的目的不在球，因此，属于犯规。如队员准备接来自身后的长传球，当球还在空中运行时（球未在其控制范围内），对对方队员做“合理冲撞”，应判犯规。

3. 队员不去踢球而故意阻挡对方：阻挡犯规是指队员的目的不是在踢球，球又不在其控制范围以内时，故意用身体阻挡对方队员行动的犯规。例如：队员向前追球时，球不在对方队员控制范围内，该队员却用身体阻挡对手追抢，属于阻挡犯规。如果球在该队员控制范围以内时，他用身体掩护球，则属合理的技术动作。

4. 冲撞守门员：守门员是球队的最后防线。他的安危直接关系到胜负。因此，规则对守门员给予一定保护，即不准用任何方式对处于本方球门区内未接住球又未阻挡对方的守门员进行冲撞，否则即为冲撞守门员犯规。如守门员在本方球门区内准备接球，对方队员对其进行冲撞，则属犯规行为。此外，当守门员跳起在空中接住球落地前，对方队员对其进行冲撞，亦属犯规行为。如果守门员接住球已经着地，对方队员可以对其做合理冲撞，若球进门则有效。

5. 守门员违例：守门员违例包括守门员在本方罚球区内违反“4 步”规定，第二次手触球，用手触本方队员用脚回传的球等。这些是故意延误时间的犯规，本项规则的基本精神是制止守门员故意延误时间，使比赛更加精彩。另外守门员控制球超过 6 秒，用手接本方队员掷出的界外球也属犯规。

（三）警告与罚出场

警告与罚出场的处罚，是为了保证比赛能够顺利进行的有力措施，也是对运动员进行教育的一种手段。执行处罚时，裁判员应向被罚队员出示黄牌或红牌，表示警告或罚出场。

队员有下列情况时，应被警告：

1. 比赛开始后，队员进场或离场后重新进场加入比赛，或者在比赛进行中离场，不论哪一种情况，事先未经裁判员示意允许者。

2. 队员持续违反规则。如队员屡次踢人犯规等。

3. 用语言或行动对裁判员的判决表示不满。

4. 有不正当行为。如队员故意卧地，佯装受伤延长时间。

裁判员认为队员有下列行为时，应罚令出场：

1. 有恶劣行为或严重犯规。如队员故意用力踢人，致使对方受伤；进攻队员突破防线有明显得分机会时，防守队员故意犯规等。

2. 使用粗言秽语或进行辱骂。

3. 经警告后，仍坚持不正当行为。

七、任意球、罚球点球

（一）任意球

任意球分为两种：一种是直接任意球，即罚球队员可以直接将球射入对方球门得分；另一种是间接任意球，即罚球队员不得直接射门得分，只有在球进门前被其他任何队员踢或触及后进入球门才算胜一球。

踢任意球时，守方队员必须至少距球 9.15 米，对故意不退者应予警告。如果球距球门线不足 9.15 米时，允许守方队员站在球门线上，除站在球门线上的队员外，守方其他队员仍须至少距球 9.15 米。当任意球放定在规定地点踢出并滚动一周后，比赛方为恢复。

如果守方队员在任意球踢出前侵入规定范围阻挡对方踢球，裁判员可按“有利条款”掌握，必要时可重踢，并警告犯规队员，若主罚队员没有要求对方离开 9.15 米时，裁判员则不必非要等到对方退出规定距离后才发出恢复比赛的信号。

队员在本方罚球区内踢任意球时，在球越出罚球区前被队员触及，或者球直接进入本方球门，或者球直接从罚球区部分的端线越出界外，均应重踢任意球。

（二）罚球点球

当队员在本方罚球区内违反“犯规与不正当行为”中的任何一项时，应判罚点球。罚球点球属于直接任意球，可以直接射门得分。

罚球点球必须从罚球点踢出。罚球时，除主罚队员和对方守门员外，其他队员均退出罚球区和罚球弧以外的场内。对方守门员在球踢出前，只能在球门线上移动。主罚队员必须将球向前踢出，在未经其他队员触及前不得再次触球，当球滚动至球的圆周距离时，比赛即为恢复。

执行罚球点球时，在裁判员鸣哨后、比赛恢复前，如果守方其他队员进入罚球区或罚球弧，罚中算胜一球，未罚中则重罚；若攻方其他队员进入罚球区或罚球弧，罚中无效，应重罚；若攻守双方同时犯规，则无论是否罚中均重罚。

在上半场或全场比赛终了后执行罚球点球时，根据执行罚球点球的需要，应延长时间让罚球点球踢完。如果踢出的球触及守门员后进入球门，应判作胜一球。

当两队比赛成平局（包括延长期），如果比赛必须决出胜负时，则以踢球点球来决定胜负，其规定和程序如下：

1. 裁判员选定一个球门作为踢球点球的球门，双方都不准退出场地。

2. 裁判员召集双方队长以投币方式决定某队先踢球，猜中一方应先踢。

3. 在踢球点球决定胜负时，除踢球点球的队员及两队守门员外，其他队员均应停留在中圈以内；踢球点球一方的守门员，必须在场内该罚球区外，并至少距罚球点 9.15 米以外的一条与端线平行的线的后面，并在裁判员的视野之内。

4. 每队先由 5 名队员依次轮流踢 5 个点球。裁判员要记录每队踢球队员的号码和顺序。在双方互踢点球过程中，如一方踢中的球数已明显超过对方时，即判该队获胜。

5. 如两队均已踢满 5 次，进球数相同或均无进球时，则由双方第 6 名队员踢球点球。双方从第 6 名队员起，只要一方踢进，另一方未踢进，即判进球的一方为胜。

6. 在此期间，除场上守门员受伤可由规定数额以内的未换完的替补队员替补外，其余一律以比赛结束时在场上的队员参加踢球点球，而不得由他人替补。

7. 只有当每方场上所有队员（包括守门员）都踢过一次后，同队的队员可踢第二次。

八、掷界外球、球门球、角球

（一）掷界外球

球越出边线时，由出界前最后触球队的对方在球出界处 1 米范围内，将球掷入场内。

掷界外球时，两脚可以平行站立或前后站立，并且可以踏在边线上或边线外。掷球时，允许脚在地上滑动，但任何一脚不得全部离地。

掷界外球的方法是：双手持球置于头的后面，面向场内，两手用力一致，从头后经头顶用一个完整的连贯动作将球掷入场内。

如果未按上述规定将球掷入场内，则应由对方队员在原处掷界外球。

（二）球门球

队员将球踢出对方端线，由对方队员踢球门球恢复比赛。

踢球门球时，应将球放定在球门区的任何地点，对方队员应退出罚球区。当球踢出罚球区时，比赛方为恢复。踢球门球后，在比赛恢复前，任何队员在罚球区内触及球，均应重踢球门球。当队员将球踢出罚球区，比赛恢复后，未经场上其他队员触及而再次触球，为连踢犯规。

踢球门球时，队员不得故意延误时间，否则应给予警告。

（三）角球

队员将球踢或触击出本方端线时，由对方队员踢角球。

踢角球时，应将球的整体放定在离球出界处一侧的角球区内。在比赛恢复（球滚动一周）前，对方队员至少距球 9.15 米。踢角球可以直接射门得分。

第二节　足球竞赛裁判法

一、对角线裁判制

裁判制有两种，即边线裁判制和对角线裁判制。目前，国内外正式比赛普遍采用对角线裁判制。

对角线裁判制（亦称“斜线裁判制”），即裁判员的基本活动路线是沿球场对角线跑动。根据这一基本活动路线，两助理裁判员的活动路线应选择在最有利于与裁判员相互配合的位置上，即都在距裁判员对角线较远的半场的边线外活动（图 60）。根据场上的情况，如果裁判员采用如图所示中 AB 走向的对角线，则第一助理裁判员沿 FG 线活动，第二助理裁判员沿 IJ 线活动；如果裁判员采用图中的 CD 走向的对角线，则两名助理裁判员的位置也应作相应的改变，即第一助理裁判员的活动路线为 EF，第二助理裁判员为 HI 线。

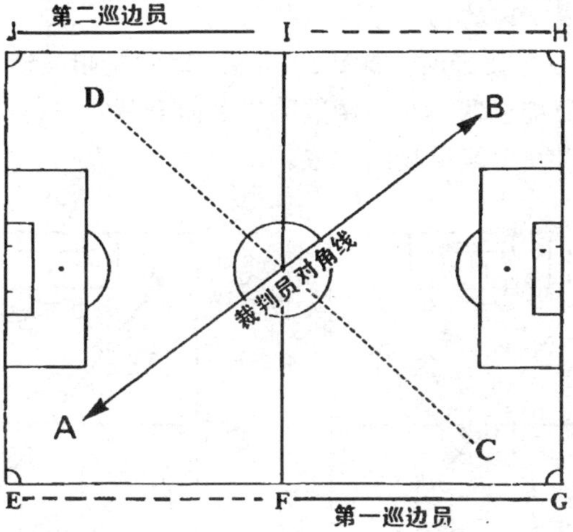

图 60

（一）裁判员与助理裁判员的跑动原则

1. 裁判员的跑动原则

（1）沿着球场对角线呈“S”形跑动。

（2）一般是处在球的左侧后方，距球 10 米左右。

（3）应与助理裁判员密切地保持目光或信号联系。

2. 助理裁判员的跑动原则：

(1) 处于与对角线相反的半场边线外跑动。

(2)经常与本方半场的倒数第二名防守队员保持平行，以利于准确地判罚越位。

(二) 裁判员与助理裁判员的基本位置

1. 中圈开球时：如图 61 所示；裁判员 R 站在开球队半场内中圈附近的左侧后方，注意开球时双方队员是否违例。助理裁判员 L_1 与 L_2 分别与两队倒数第二名队员平行。开球后，裁判员根据球的移动沿对角线跑动。

2. 攻势发展时：如图 62 所示，球向左侧运动，R 稍离对角线以便接近球。L_2 与倒数第二名防守队员平行。L_1 处于等待解围以及可能反攻的位置。

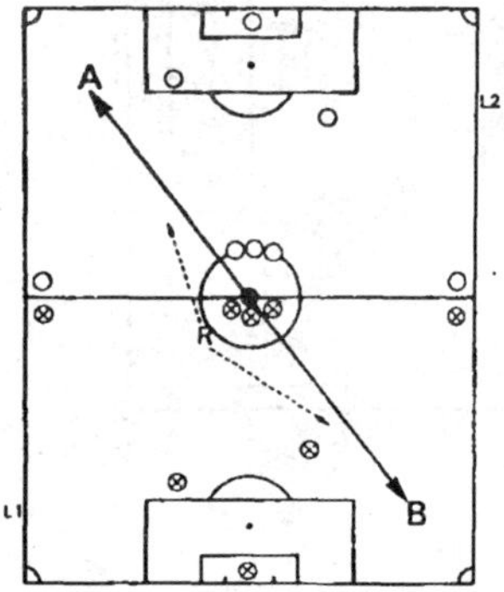

图 61

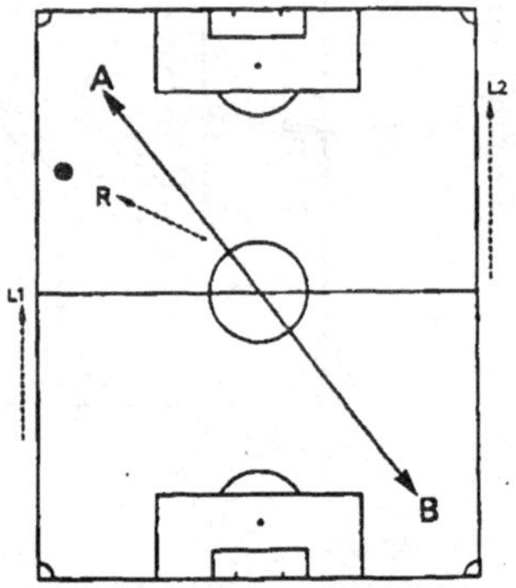

图 62

3. 踢角球时：如图 63 所示，无论在哪一角球区踢角球，R 均应按图示虚线移动。L_2 按照裁判员指示应在接近角球处或靠近角旗的端线上，观察是否按规则要求踢出角球；对方队员是否退出 9.15 米；球是否越出端线或发生裁判员未能发现的犯规行为。L_1 处于等待守方解围以及可能反攻的位置。

4. 踢球门球时：裁判员应站在中圈附近，观察场上攻守发展情况。一助理裁判员在与罚球区平行的位置上，观察踢球门球。另一助理裁判员站在与倒数第二名防守队员平行的位置，以便观察攻守的情况。

5. 在中场踢任意球时：如图 64 所示，R 与 L_2 在各自对角线的位置上与队员保持平行，使之能够准确地判断任何越位和犯规等情况。L_1 则站在既能观察任意球是否在犯规地点踢出，又适合观察可能发动反攻的位置上。

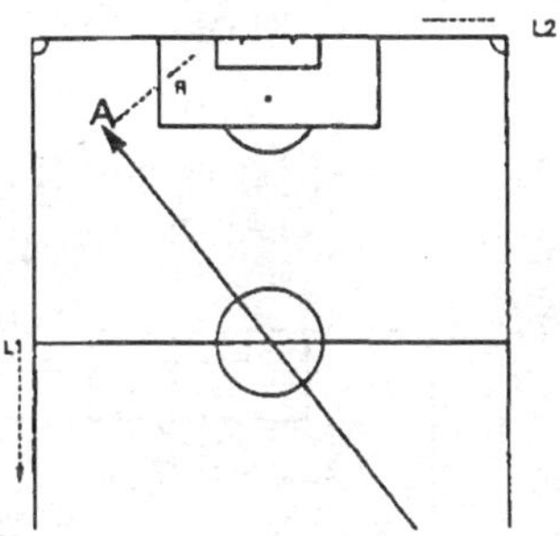

图 63

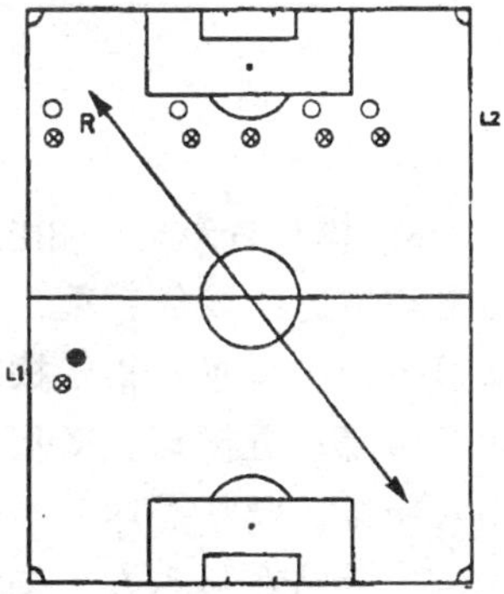

图 64

6. 在球门附近踢任意球：如图 65 所示，R 站在稍离开对角线的地方，以便准确判断是否越位。L_2 应站在靠近端线的地方观察越位、犯规、球进门或出端线。

7. 执行罚球点球时：如图 66 所示，R 处于观察球点球是否合法踢出，以及其他队员有无犯规的位置，L_2 协助裁判员观察守门员有无犯规及球进门与否。L_1 处于守门员可能救出球并发动反攻的位置上。

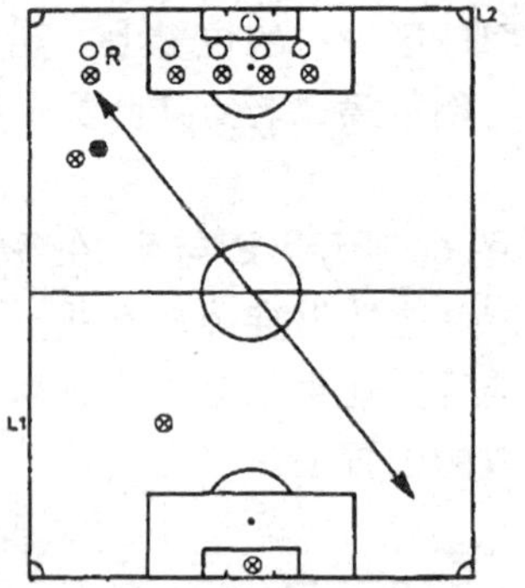

图 65

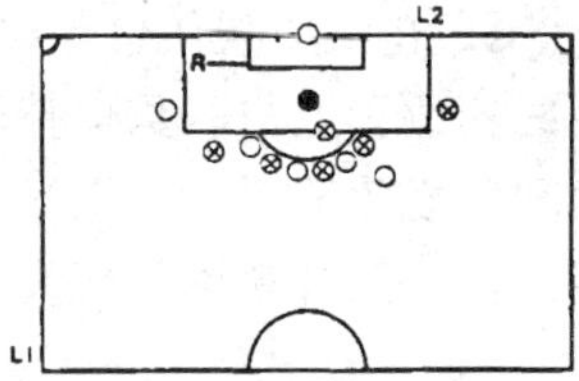

图 66

8. 掷界外球时：如图 67 所示，L_2 一侧掷界外球时，L_2 站在与本方半场倒数第二名防守队员平行的位置，指示掷球的位置及由哪一方掷球。R 从对角线切入中场，观察掷球队员是否犯规。L_1 应站在与本方半场倒数第二名防守队员平行的位置上，以便观察可能发生的反攻。

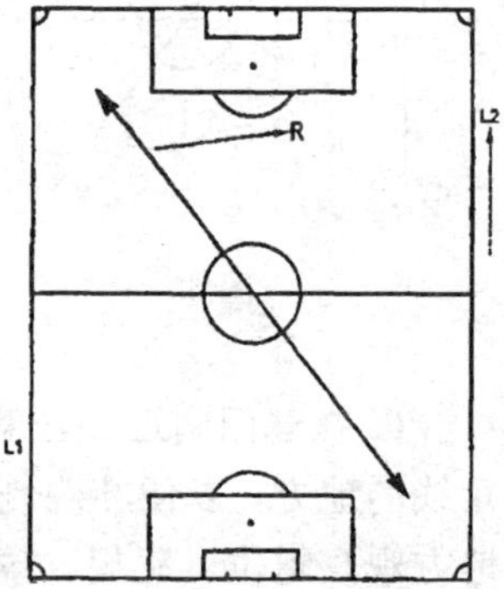

图 67

如果在裁判员一侧掷界外球，当 L_1 远离掷界外球处时，应尽可能地指出由何方掷球及掷球队员有无犯规，并应站在与本方半场倒数第 2 名防守队员平行的位置上，以便观察发生大脚解围的情况。R 应从对角线上移向边线掷球地点附近，观察掷球队员是否犯规。L_2 应站在本方半场倒数第 2 名防守队员平行的位置上，观察在裁判员转身跟上比赛前发生的任何犯规。

二、裁判员与助理裁判员的配合

（一）裁判员与助理裁判员的职权关系

规则规定，只有裁判员有权对比赛的进行与停止、队员的犯规、进球与否发出信号和作出判定。助理裁判员是裁判员的助手，他们能按照规则规定的职责及裁判员的委托，根据自己在场上所观察到的情况，以规定的信号向裁判员做提示，至于是否判罚，仍应由裁判员决定。

规则虽然规定助理裁判员有向裁判员示意何时球出界成死球，由哪一方踢角球、球门球或掷界外球等职责，但并不意味着发生这些情况时，裁判员必须按照助理裁判员的示意才能进行判罚。如裁判员处在有利的位置，并看清了发生的情况，可不待助理裁判员的示意而自行判定。如裁判员认为助理裁判员提示的信号是多余的或是错误的，可不予采纳。

（二）裁判员与助理裁判员的分工与配合

如前所述，助理裁判员虽然是协助裁判员执行规则，但是 3 人间的协调配合是顺利完成裁判任务的重要条件。其分工与配合方法如下：

1. 球出界：球在助理裁判员一侧的边线与端线上出界，一般以助理裁判员指示为主；如果球从裁判员一侧边线或端线上出界，则以裁判员为主。

如果球在助理裁判员近身，他需要看越位、犯规和球出界时，则以看越位为主。一旦球出界，不能指示发球方向则可不举旗（或举旗但不指示方向），此时裁判员应及时给予手势。反之，球在裁判员一侧，由于各种原因，裁判员未能及时到位，看不清球是否出界，那么，裁判员可以根据同侧助理裁判员的信号进行指示。

2. 越位：由于在判断队员是否越位时，助理裁判员所处的位置一般比裁判员要好，因此，助理裁判员对越位问题负有较大责任。这也是助理裁判员的工作重点。

为了协助裁判员对越位的判罚，助理裁判员应经常与守方倒数第二名防守队员保持平行，并随时注视攻方前锋队员的位置。力争将处在平行线上攻守双方队员的位置及攻方最后踢（触）球队员的位置都置于视野之内（保持“扇形”视野），以利于判断队员踢球时，同队队员是否越位。如助理裁判员发现某攻方队员越位时，应及时将旗上举，向裁判员示意。裁判员若无异议则应及时鸣哨。

3. 犯规：在球场两个半场裁判员对角线的远端地区（国内一般称为“协作区”），助理裁判员可以协助裁判员判罚犯规，尤其是背着裁判员的隐蔽的明显犯规。助理裁判员协助判罚犯规，也应注意到场上的比赛气氛，犯规动作性质及“有利条款”的掌握。当助理裁判员摇旗示意犯规，在裁判员鸣哨后，助理裁判员应立即指示罚球方向。如果裁判员根据“有利条款”而不判时，应给手势示意助理裁判员将旗放下。

4. 罚球区附近的任意球：在罚球区附近罚任意球时，裁判员与助理裁判员的配合采用较多的方式是：助理裁判员重点看越位，裁判员重点看犯规。一旦射门，助理裁判员应及时跟进下底看球是否进门。

在前场的守方犯规被判罚后，裁判员应注意快速倒位，以防止出现纠纷。罚球时，球须放定在犯规地点方能执罚。当守方尚未退出“合法距离”而攻方要求守方退出 9.15 米时，裁判员须预先向队员讲明：在裁判员给信号后再踢球。

5. 进球：助理裁判员认为胜一球，以向中线方向跑动作为信号；若认为属越位进球，则上举旗，站立不动。如果裁判员坚持认为进球有效，则助理裁判员应服从裁判员的判决。

总之，裁判员与助理裁判员之间应经常保持目光联系，切忌“顶牛”。特别注意不要因受干扰而轻易改判。

三、裁判员的鸣哨、手势及助理裁判员的旗示

（一）裁判员的鸣哨

为了不延误比赛时间，使双方尽快投入比赛和避免作出对犯规队有利的判罚，一般在执行球出界掷界外球、踢球门球、踢角球或罚任意球时，如果队员的动作符合规则规定，裁判员可不鸣哨，而用手势示意恢复比赛，使双方尽快进入比赛状态。但下列 5 种情况必须鸣哨：

1. 开始比赛。

2. 裁判员令停止比赛。

3. 胜一球。

4. 罚球点球。

5. 比赛时间终了。

鸣哨一般要求及时、果断、响亮。同时，还应通过哨声的长短、缓急和声音的高低来表达裁判员判罚的态度，使人能辨别不同性质的犯规和违例等情况，其哨声一般是：

开始比赛——长音，较响。

严重犯规或危险动作——有力，洪亮。

一般犯规——短促、响亮。

进球——长音、响亮、略有起伏。

出现争执——短音、连续。

上、下半时结束——先短后长。

（二）裁判员的手势

裁判员鸣哨后，应立即做出手势。手势应简单、清楚、示意确切。手势的作用主要在于示意下一步比赛应如何进行，因此，对运动员的犯规动作，裁判员一般没有模仿的必要。

裁判员手势如下：

1. 直接任意球——单臂前举或侧平举，指向罚球方向。此手势应持续到球被踢出。

2. 间接任意球——单臂上举，掌心向前。此手势应保持到球滚动或其他队员触及后。

3. 球门球——单臂向前斜下举，指向球门区。

4. 角球——单臂斜上举，指向角球区。

5. 罚球点球——单臂向前斜下举，指向罚球点。

6. 示意继续比赛——队员犯规，裁判员运用有利条款而不判罚时，应给以继续比赛的手势：双臂斜上举，手臂稍向前做连续挥动。

7. 罚令队员出场和进行警告——对队员罚令出场和进行警告时，分别出示红、黄牌。使用红、黄牌时，应一手持牌直臂上举，面向被处分队员，并稍作停顿，使场内外人员均能看清是对哪一名队员进行处罚。

（三）助理裁判员的旗示

助理裁判员应便于裁判员的观察。因此，助理裁判员在沿边线往返跑动时，应习惯于灵活地换手执旗，使持旗的一臂朝向场内。做旗示时，应自然下垂。跑动时，持旗的一臂不应大幅度地摆动，以免造成裁判员的错觉。

助理裁判员的旗示如下：

1. 越位——持旗上举向裁判员示意，当裁判员鸣哨令比赛暂停后，再随即指向越位地点（远端越位——斜上举；中间越位——前平举；近端越位——斜下举）。

2. 界外球——持旗侧斜上举，指向罚球方向。

3. 球门球——持旗前平举，指向球门区。

4. 角球——持旗斜下举，指向近端的角球区（不论远端或近端角球）。

5. 替换队员——当某队请求替换队员时，助理裁判员应待成死球时双手持旗横举，置于头的左侧上方，向裁判员提示某队请求换人。

思考题

1. 足球场地在各区、线、点、圈、弧的主要作用是什么？

2. 裁判员的职责有哪些？

3. 构成“越位位置”必须同时具备哪三条，什么时间下判罚越位？

4. 什么情况下判罚直接任意球，什么情况下判罚间接任意球？

5. 队员在哪些情况下应被警告？

6. 哪五种情况下裁判员必须鸣哨？

7. 裁判员的手势有哪些？助理裁判员的旗示有哪些？

乒乓球

第一章　乒乓球运动概述

第一节　世界乒乓球运动

关于乒乓球运动的起源，有各种各样的说法。据有关资料记载，大约在 19 世纪末，乒乓球运动创始于英国，是由网球运动派生而来。

1926 年 12 月，在英国伦敦举行了第 1 届世界乒乓球锦标赛（简称世乒赛）。比赛期间，召开了国际乒联第一次全体代表大会。大会规定，每年举行一届世乒赛。第 2 届世乒赛因举办国经济困难，推至 1928 年 1 月在瑞典举行。1940 年至 1946 年，因爆发第二次世界大战，致使比赛中断。1947 年 3 月，在法国巴黎举行了战后的第一次世乒赛（即第 14 届）。从 1957 年始，世乒赛改为每两年举行 1 届。至 1997 年，共举行 44 届比赛。

世界乒乓球运动，如果从第 1 届世乒赛算起，至今大体可以分为四个时期。

（一）欧洲乒乓球运动的全盛时期（1926 年～1951 年）

此时期共举办 18 届比赛，总共 117 个冠军，除美国选手取得 8 个冠军外，其余都由欧洲选手夺得，占全部锦标的 93.1%。这一时期的主导打法是削球。

削球打法在此时期取得如此好的成绩，主要有如下原因：

第一，运动员大多使用的是胶皮拍，其特点为弹性小，易掌握，有一定的摩擦力，可使球旋转。很明显，这种球拍的特点是利于削球打法的。

第二，器材与规则的限制。当时的球台较窄（球台宽度为 146.4 厘米），球网较高（17 厘米），球为软式球。这些都利于削球而不利于攻球。

由于当时对比赛时间没有限制，所以，多次发生“马拉松”式的乒乓球比赛。如第 11 届世乒赛的女单决赛，打了 1 小时 45 分钟双方仍未见胜负。观众大多相继离去，少数人甚至打起了瞌睡，最后，裁判请她们用抽签的办法决定胜负。显然这种冗长而乏味的比赛对乒乓球运动的发展是不利的。因此在第 11 届世乒赛后，国际乒联对规则进行了修改：球台加宽至 152.5 厘米，球网降至 15.25 厘米，比赛改用硬球，限制了比赛时间。这些改革为攻球创造了有利的条件，不仅削攻打法开始发展起来，而且还出现了一些以攻为主的选手。

（二）日本队称雄世界乒坛（1952 年～1959 年）

此时期共举行 7 届比赛，有冠军 49 个，日本队独拿 24 个，占全部锦标的 49%。特别是 1959 年第 25 届世乒赛，日本选手竟然夺得 7 项冠军中的 6 项。日本选手成功地运用了海绵拍，创造了直拍长抽全攻型打法，使乒乓球技术的优势从欧洲的削球转到了亚洲的攻球。

海绵拍的出现当时曾引起了许多人的反对，甚至要求予以取缔。直到 1959 年，国际乒联才通过了一项关于球拍规格化的决定：球拍海绵上必须覆盖一层颗粒胶（颗粒可向里或向外），总厚度不得超过 4 毫米，其中颗粒胶的厚度不得超过 2 毫米。这一决定对乒乓球运动的发展起到了促进作用。

（三）中国乒乓球运动的兴起（60 年代）

此间共举行 5 届比赛，中国队参加了 3 届。3 届共计冠军 21 个，中国选手获得 11 个，占总数的 52%。60 年代，中国的直拍近台快攻打法成为世界上最先进的打法，它代表了当时世界乒乓球技术的新潮流。

60年代初，日本运动员创造了一种新技术——弧圈球。由于它当时还处于初级阶段，虽然旋转强烈，但由于弧线高、速度慢，所以未能充分显示出应有的威力。然而，弧圈球的出现对以后世界乒乓球技术的发展却起到了很大的促进作用。

（四）欧洲乒乓球运动的复兴与欧亚的争夺（70年代至今）

70年代以后，世界乒乓球技术的发展突飞猛进。欧洲选手经过近20年的努力，终于闯出了一条新路。他们兼取中国快攻与日本弧圈球打法的优点，创造了弧圈球与快攻相结合的新打法，从而将乒乓球技术的发展推向了新的高度。

自1988年第24届奥运会始，乒乓球正式列为比赛项目。比赛设男女单打和男女双打4项。乒乓球进入奥运会，无疑对乒乓球运动的发展起到了极大的推动作用。

从80年代末期开始，世界乒坛的格局发生了变化，欧洲男子终于取得了优势。1989年第40届世乒赛，欧洲选手囊括了男团、男单和男双全部男子比赛项目的冠军；第41届世乒赛，男团前5名，男单前2名和男双冠军皆为欧洲选手所获；第42届世乒赛，男团比赛欧亚可谓平分秋色，但冠军仍为欧洲队夺得，单打的前4名亦皆为欧洲选手。

1995年第43届世乒赛的男团比赛，中国队虽然夺得冠军，但前4名仍被欧亚均分。第44届世乒赛，男团第1、3、5名为亚洲队，第2、4、6名为欧洲队。这表明，世界乒坛的男子实力格局，再次转变为欧亚的交错抗衡。

女子项目，亚洲一直处于领先。

从第1届世乒赛至今，已经历了70个年头。纵观整个发展过程，它是一个不断由低级向高级、从简单向复杂的发展过程。今后，世界乒乓球技术将继续朝着“更加积极主动、特长突出、技术全面、战术多样”的方向发展。

第二节　中国乒乓球运动

乒乓球运动是在1904年从日本传入中国的。新中国成立后，在党和人民政府的关怀下，这项运动迅速得到了普及和提高。我国于1952年加入国际乒联，1953年第一次参加第20届世乒赛，男队被评为一级第10名，女队被评为二级第3名。到1957年第24届世乒赛上，男队升为一级第4名，女队升为一级第3名，开始跨入世界先进行列。

1959年，容国团在第25届世乒赛中为祖国夺得了第一个世界冠军。在我国乒乓球历史上写下了光辉的篇章。

容国团是我国率先发出要夺取世界冠军豪言的运动员。他那句掷地有声的豪言壮语：“人生能有几回搏？现在是搏的时候了！”至今仍在激励着人们前进。他破除了许多中国人的迷信：外国人能办到的，中国人也一定能办得到！

第26届世乒赛是中国第一次举办的世界比赛，获得圆满成功。中国队夺得男团、男单和女单冠军。这一胜利，极大地鼓舞了全国人民，也极大地推动了乒乓球运动的发展，在中国掀起了“乒乓球热”。

第27届世乒赛，男队获得全面胜利，但沾女字边的，皆与冠军无缘。这对女队震动很大。为帮助女队扭转乾坤，徐寅生同志对女队作了《关于如何打乒乓球》的讲话。毛泽东主席看到这篇讲话后，亲自作了重要批示，称赞“全文充满了辩证唯物论，处处反对唯心主义和任何一种形而上学。”女队认真学习毛主席的批示和徐寅生的讲话，思想上的提高带动了技术上的进步，在第 28 届世乒赛上打了一个漂亮的翻身仗。整个中国队共获 5 项冠军、4 项亚军和 7 项第三名。国际舆论普遍认为中国是“世界头号乒乓球国家”，称乒乓球为中国的“国球”。

70 年代共举办 5 届世乒赛，在 35 项冠军中，中国队获 17 项。1973 年第 32 届世乒赛，瑞典男队从中国手中夺走了团体冠军。中国女队在第 31 届、32 届世乒赛中，团体冠军两次旁落。1979 年第 35 届世乒赛，我国女子项目皆获冠军。而 3 个男子项目的第 1 名都被外国人夺走。中国男队的这次全面失利，引起了乒乓界的震动。

但是，中国乒乓队胜不骄、败不馁，在 80 年代的第一次世乒赛上，一举夺得了全部比赛项目的 7 个冠军和 5 个单项的全部亚军，创造了世乒赛史上的新纪录。在以后的 3 次世界乒赛中，中国队每次均获得 6 项冠军。

1989 年第 40 届世乒赛，女队获得 3 项冠军，男队却一项冠军未得。第 41 届世乒赛，男团、女团、男单、男双的冠军皆被外国人夺走。第 42 届世乒赛，男团、男单和女单冠军都不是中国选手。为使男队尽快走出困境，女队摆脱困扰，1993 年末 1994 年初，中国乒协及时举办了全国乒乓球奥运会重点省市男队主教练和业余体校的教练员研讨班，以尽快解决中国乒乓球运动存在的问题。

1995 年在天津市举办了第 43 届世乒赛，中国队囊括了 7 项锦标，男队打了漂亮的翻身仗。1997 年第 44 届世乒赛，中国队取得 6 项冠军。

奥运会截至今日，共举办了 3 次乒乓球比赛，中国队共取得了 9 个冠军。

中国乒乓球队从第一次参加世乒赛算起，至今（1998 年 6 月）已经历了 45 个年头。她从 1953 年的默默无闻，到取得第一个世界冠军，共用了 6 年时间；之后，便一跃成为世界劲旅，至今共获得 100 多个世界冠军，使我国的乒乓球运动长盛不衰。

思考题

1. 从第 1 届世乒赛至今，世界乒乓球运动的发展大体可分为哪四个时期？

2. 世界乒乓球运动将继续朝着什么方向发展？

3. 中国的第一个世界冠军是谁？他那句掷地有声的名言是什么？

4. 中国队在哪两届世乒赛中囊括了所有比赛项目的冠军？

第二章　乒乓球基本理论知识

第一节　乒乓球常用术语

一、击球时间

指来球从台面弹起至回落的这段时间。具体可分为：

（一）上升期：来球从台面弹起至接近最高点的这段时间。还可细分为上升前期与上升后期（图 1）。

（二）高点期：来球从台面弹起在最高点附近的这段时间（见图 1）。

（三）下降期：来球从最高点开始下落以后的这段时间。可细分为下降前期与下降后期（见图 1）。

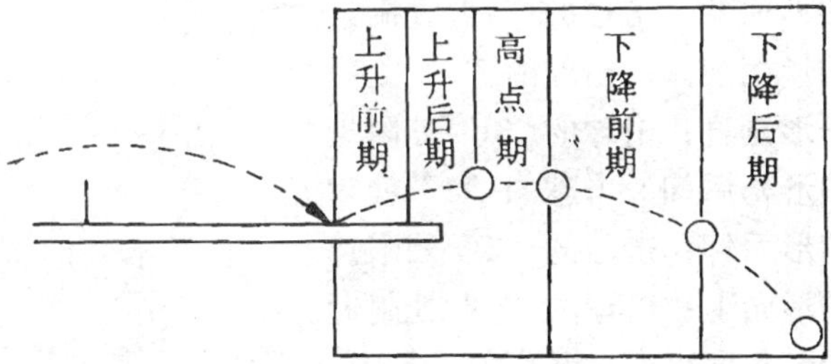

图 1　击球时间示意图

二、击球部位

指击球时球拍触球的位置。通常以钟表的一半刻度为准，将击球部位分为 5 个部分（图 2）。

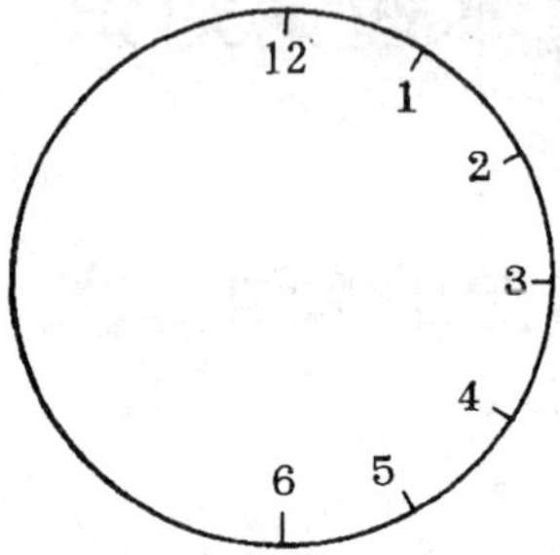

图 2　击球部位示意图

（一）上部：球拍触及球的“12”处附近。

（二）中上部：球拍触及球“1”至“2”的部位。

（三）中部：球拍触及球的“3”处附近。

（四）中下部：球拍触及球“4”至“5”的部位。

（五）下部：球拍触及球的“6”处附近。

三、拍形角度

拍形角度，指击球时拍面与台面（水平面）所构成的角度。常将其分为 7 种：

拍形向下：击球的“12”处附近。

拍形前倾：击球的“1”处附近。

拍形稍前倾：击球的“2”处附近。

拍形垂直：击球的“3”处附近。

拍形稍后仰：击球的“4”处附近。

拍形后仰：击球的“5”处附近。

拍形向上：击球的“6”处附近。

拍形角度决定击球部位，见图 2。

四、拍面方向

指拍面所对的方向。如：击球员站在右半台，拍面正对前方，易打直线；拍面偏左，易打斜线。

五、发力方法

即挥拍击球时的用力方法。具体可从如下几方面分析：

（一）从回球力量的来源分析，来球靠运动员本身用力挥拍击回的叫发力；来球靠触拍后被反弹回去的叫借力；球拍触球瞬间有一向后缩的动作，借以减弱对方来球的反弹力，叫减力。我国快攻选手打球时多采用发力中有借力的方法，故攻球速度快、力量大。

（二）从发力方向与球心的关系分析，又可分为“撞击”与“摩擦”。发力方向通过球心为撞击，特点是球速快；发力方向远离球心为摩擦，特点是球的旋转强。现代乒乓球技术要求将撞击与摩擦速度与旋转结合起来。

（三）从运动员肌肉用力的特点分析，又分为爆发力与非爆发力。

六、发力方向

指击球时球拍用力的方向。如，拉前冲弧圈球的用力方向为向前为主，略带向上；拉加转弧圈球的用力方向为向上为主，略带向前。

七、击球点位置

指球拍与球的接触点和击球员身体所处的相对位置。

具体应从三方面分析：一是击球点与击球员身体所处的前后位置；二是击球点距击球员左右方向上的远近位置；三是击球点的高低位置。

八、站位

指运动员打球时的基本站立位置。根据人与球台端线的远近距离分为：

近台：指站位在离球台端线 50 厘米范围以内。

中台：指站位在离球台端线 70 厘米范围左右。

远台：站位在离球台端线 100 厘米以外。

中近台：介于近台与中台之间的站位。

中远台：介于中台与远台之间的站位。

九、击球线路

指击球点至落台点的连线。基本的击球线路有五条（图 3）：右方斜线、右方直线、左方斜线、左方直线和中路直线。

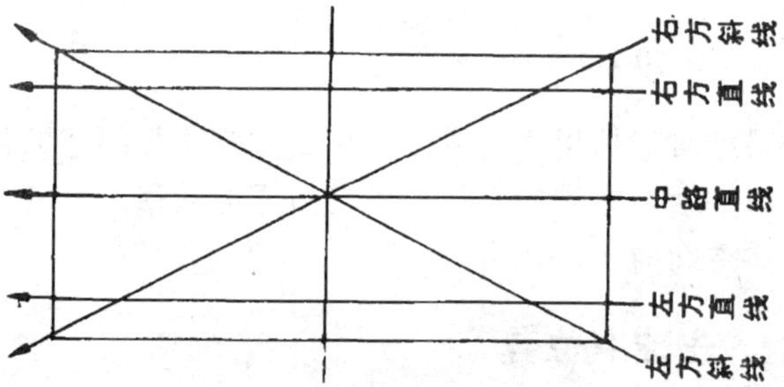

图 3　击球线路示意图

十、球台术语

端线：球台两端与球网平行的 2 厘米宽的白线。

边线：球台两侧与球网垂直的 2 厘米宽的白线。

中线：球台中央与边线平行的 3 毫米宽的白线。

左、右半台（又称 1/2 台）：就击球者本身而言，球台中线两侧的台面。

2/3 台：就击球者而言，球台左右两侧各占 2/3 的台面，可分称左 2/3 台与右 2/3 台。

第二节　乒乓球技术五大要素

击球的弧线、速度、旋转、力量和落点是乒乓球技术中的五大要素。

一、击球的弧线

击球弧线是指乒乓球被击出后的飞行轨迹。它由弧高和打出距离组成。

弧高：指弧线最高点至台面的垂直距离（图 4）。

打出距离：指击球点在台面（或台面的同一水平面）上的投影至落台点的直线距离（图 4）。

弧高越高，打出距离越小，弧线弯曲度越大；弧高越低，打出距离越大，弧线弯曲度越小。

合理的击球弧线是击球准确的保证，所以，我们应特别重视还击不同来球对击球弧线的不同要求。如：攻击近网低

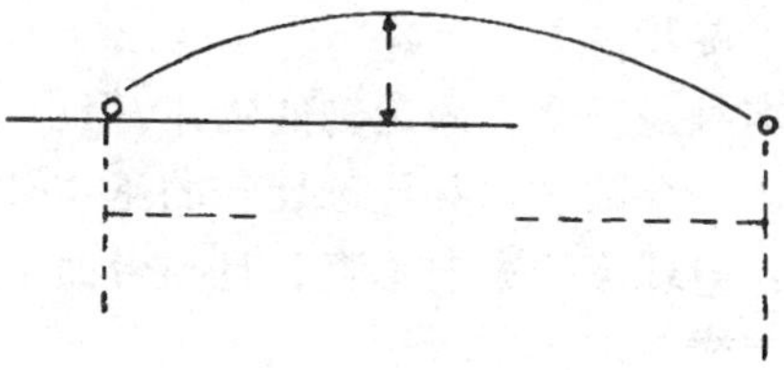

图 4　击球弧线示意图

球时，弧线的弯曲度要大，打出距离要短；回击近网高球时，弧线的弯曲度可小些，甚至直线扣杀即可；回击远台低球时，需有较大的弧高和较长的打出距离。

制造合理的击球弧线，除需调整好拍形、发力方向和发力大小外，还要借助一定的旋转。

二、击球的速度

乒乓球运动中的击球速度是指从对方来球落到本方台面始，到弹起被球拍回击后又落到对方台面止所用的时间。时间越短，击球速度越快。

提高击球速度的方法有：

（一）站位近台，提早击球时间。

（二）击球时，充分发挥前臂、手腕和手指的作用，借力与发力相结合。

（三）击球动作多向前用力，降低球在空中飞行弧线的高度，缩短球在空中的飞行时间。

（四）适当减小动作幅度。

（五）快速的反应和灵活的步法。

三、球的旋转

击球时，力的作用线不通过球心，球拍对球有了摩擦时，球体就出现了旋转。

乒乓球本身是一个无固定轴的物体，但由于旋转作用，会自然地产生出一个轴来。乒乓球旋转的基本轴有三条：

左右轴：与球飞行方向垂直、且与台面平行的轴。球绕此轴转为上旋或下旋。

上下轴：与台面垂直的轴。球绕此轴转为左侧旋或右侧旋。

前后轴：与球飞行方向一致、且与台面平行的轴。球绕此轴转为顺旋或逆旋。

在乒乓球运动中，为增加旋转的变化，经常是两种或三种基本轴相结合的旋转。如左右轴与上下轴结合，就会产生侧上或侧下旋。

增加击球旋转的方法有：

（一）加大挥拍摩擦球的力量。不仅应重视手腕、手指力的作用，而且应强调全身力量的配合。用力的功效是摩擦球，而不是撞击球。

（二）用拍面的适宜部位触球。如：正手发下旋球时，应用球拍的远端偏左的部位触球；反手发右侧旋球时，应用球拍的偏右部位触球。

（三）选用粘性大的球拍。反贴海绵胶的粘性远远大于正胶、防弧、长胶和生胶球拍。所以，选用反胶易使球产生强烈的旋转。

（四）采用向内凹的弧形挥拍路线，增加球拍摩擦球的时间。

四、击球的力量

在乒乓球运动中，所谓的击球力量大，是指球被击后在空中向前飞行的速度快，也就是球的动量大。

加大击球力量的方法有：

（一）全身配合，协调用力，击球瞬间应运用爆发力。

（二）整个动作的用力方向应尽量相同，避免有相反方向的分力。

（三）合理的击球点位置和击球时间（一般为高点期），有利于使身体各部肌肉集中发挥出最大的力量。

（四）适当加大动作半径，适当增加引拍距离，发力前用力肌肉应适度拉长并放松。

（五）遵循正确的发力顺序，即躯干带动大臂、大臂带动前臂、前臂带动手腕。

（六）重视身体训练，提高力量素质，并使之与技术密切结合。

五、击球的落点

球被击出后落在对方台面上的着台点，叫作击球的落点。提高击球落点的主要方法有：

（一）划分台面区域练习法。将台面划分为若干区域，规定专门的击球区域，如右半台对攻、一点打两点等练习；或在台面放置击球目标的练习。

（二）在常规的训练和比赛中有意识地对击球的落点提出要求。

第三节　球拍种类与性能

乒乓球拍是打乒乓球的主要工具。乒乓球技术的不断发展，促进了球拍的不断革新；而球拍的革新，又推动了乒乓球技术的发展。

目前常见的球拍主要有以下六种：

（一）普通胶皮拍：由普通胶皮直接与底板粘合而成。这种球拍的最大特点是击球稳健，控制球能力强，容易掌握。但因其弹性和摩擦力均较小，故打出的球速度较慢、旋转力亦不很强。

（二）长颗粒胶皮拍：普通胶粒长度在0.8～1.2毫米之间，长胶粒则在1.6毫米以上。此种球拍一般不易主动制造强烈旋转。在回击轻拉球或不转的搓球时，回球多为不转；回击加转弧圈球或突击球时，回球可呈强烈下旋；回接对方的下旋发球或搓球时，回球是上旋。对方来球旋转越强、力量越大，回球的反向旋转亦强。发球，一般为不转球；但若能快速集中摩擦球，也可发出转球。在中远台接突击球，采用大臂发力击球的方法，可削出不转球。这种球拍的控制球性能不如普通胶皮。

长胶球拍一般多为两面不同性能球拍打法、或攻削结合型打法的运动员采用。为了有利于发挥长胶的特殊性能，一般多在其下粘合一层厚度不超过1毫米的薄海绵。

（三）正胶海绵拍：弹力较大，击球速度快，能制造一定的旋转，但不如反贴海绵胶制造旋转强烈。一般左推右攻打法者配用的海绵较硬，两面攻打法者配用的海绵较软。

（四）反胶海绵拍：胶皮粘性大，能制造出强烈的旋转。反弹力较小，能“吃”住球，击球速度不如正胶快，回击对方的旋转球时较易“吃”转。攻击型打法者宜配用硬型海绵，削中反攻型打法者宜配用较软型海绵。

（五）生胶海绵拍：弹性较大，击球速度快。在对推、对攻或回击弧圈球时，回球落台后有迅速下沉现象。在发力打的情况下，控制球能力较好；但在轻打时，稳定性不如正胶；回接弧圈球时，容易打滑。一般不宜制造强烈的旋转，但如爆发力好，摩擦球力集中，亦可产生一定的旋转。这种球拍为一部分快攻型运动员使用，一般都配用较薄的海绵，既可加强回球的下沉性，又可提高击球的稳健性。

（六）防弧海绵拍：在弹性很小的软型海绵上粘贴一块防

弧胶皮。其性能主要是摩擦力弱。回球的速度慢，前进力小。甚至在自己用力加转的情况下，回球也会出现停滞不前的现象。多与反胶海绵拍结合，形成两面不同性能球拍的打法。

第四节　击球动作的基本环节

在双方对打过程中，贯穿于每一次击球之中的基本因素，叫作击球动作的基本环节。它由五部分组成。

（一）准备：乒乓球运动员每一次击球前都要有所准备，这里的准备包含两方面意思：一是身体方面的准备，包括站位、身体姿势等；二是心理方面的准备，眼睛紧盯对方，盯着球，要全神贯注。

（二）判断：判断是移步和击球的前提或基础。只有对来球的路线、落点、速度、旋转及高低作出正确的判断，才能有针对性地进行移动及击球。

判断来球既要准确，又要迅速。预测在判断中是有一定作用的，但是必须明确，判断来球，主要应从对方击球的动作（特别是触球瞬间的动作）和击球后球的飞行弧线情况来加以分析。在这里，经验是非常重要的。

（三）移步：根据判断的结果和准备使用的还击技术，迅速采用合理的步法移动到适宜的击球位置。没有灵活的步法，不能及时跑到适宜的位置，从而导致击球失误或击球质量不高，造成被动。

（四）击球：这里的击球动作包括引拍与向前挥拍击球的动作。

应视来球的快慢、高低及旋转等变化，相应调整引拍动作。如：回击强烈上旋的弧圈球，应高手引拍，并及时向前迎球（不能等球，更不能有向后的拉拍动作）；对方来球下旋且低，应低手引拍；对方来球很快，应减小引拍动作幅度，加快引拍速度；来球慢且高，应适当加大引拍幅度，以利加力扣杀。

击球时间应依个人的打法类型、身材高矮及来球性能而有所不同。根据个人特点，找好并固定击球时间有助于提高击球的命中率。

合理的击球点位置，对提高击球的准确性和威胁性很有帮助。一般地说，在身前击球比较合理。

另外，在击球动作中，还要注意拍形、用力大小、用力方向及用力方法的调节。

（五）还原：击球后，应根据具体情况，迅速还原到准备姿势，或对身体重心做适当调整，以尽快转到下次击球的准备阶段。

以上五个环节是一个整体，密切相连，比赛中，哪一个环节处理不好，都会造成被动或失误。

思考题

1. 击球时间大体有哪些阶段？

2. 拍形角度可分为哪几种？各自对应的击球部位是什么？

3. 正、反胶海绵拍的特性是什么？

4. 乒乓球技术的五大要素是什么？

5. 提高击球速度、力量和旋转的主要方法有哪些？

6. 乒乓球击球动作的基本环节有哪些？

第三章　乒乓球基本技术与教学方法

基本技术一般分单项技术和结合技术。单项技术是指各种单个的技术动作，这是初学者必须认真掌握的；结合技术是指几种单项技术的结合运用。本部分介绍的是乒乓球运动中几种主要的基本技术与教学方法。在技术分析中均以右手执拍为例。

第一节　握拍法

握拍法是学习乒乓球技术首先要遇到的问题，握拍方法正确与否，对掌握技术影响极大。实践证明，不少运动员的技术优缺点往往与其采用的握拍法有着密切的关系。

握拍法有直拍和横拍两种。

一、直拍握拍法

以拇指的第一关节压住球拍左肩，食指的第二关节压住球拍的右肩，食指的第一关节自然向内弯曲，拇指与食指之间的距离应适中；其余三指自然弯曲，托于球拍背面（图 5）。

用这种握拍法进行正手攻球时，拇指稍用力压拍，食指相对放松，中指和无名指指尖托于球拍背面。若仅用中指撑于拍后，将不利于正手攻球的发力和调节。进行反手攻球和推挡时，食指和中指协调用力（宜用中指撑于拍后），拇指相对放松。用手腕发力时（如弹击、攻台内小球及发球等），应特别重视中指的发力，拇指和食指保持拍形的稳定，并辅助发力。

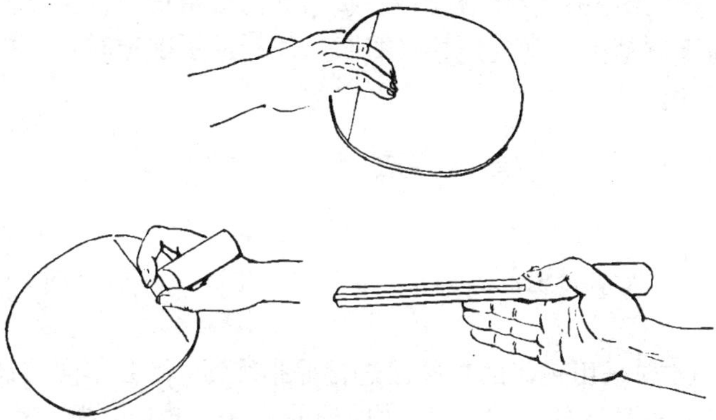

图 5　直握拍法示意图

直拍弧圈型打法的握拍与上述握法基本相同，只是在正手拉弧圈球时，托于拍后的中指和无名指稍微伸直些，以利于拉球时的发力和拍形的固定。

二、横拍握拍法

以中指、无名指和小指自然弯曲握住拍柄，拇指放在球拍正面，食指自然伸直斜放于球拍反面，虎口轻贴于拍(图 6)。

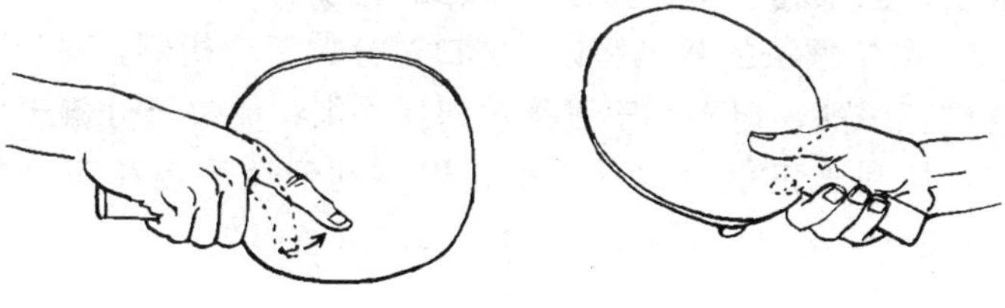

图 6　横握拍法示意图

正手攻球时，食指稍用力，也可将食指向上移动一些帮助压拍（图 6)。反手攻球或快拨时，拇指略用力，也可将拇指向上移动少许帮助压拍（图 6)。正、反手削球时，手指基本不动。

三、握拍的教学方法

（一）教师通过示范和讲解的方法，学生边看、边听、边模仿，力求掌握规范的握拍方法。对学生存在的错误握法，必须一一纠正。

（二）采用正确的握拍法进行挥拍练习，体会不同的技术动作对握拍法的不同需求。如：直拍正手攻球时，拇指用力，食指放松，中指和无名指托于拍后；直拍反手攻或推挡时，食指用力，拇指放松，中指托于拍后。

（三）采用规范的握拍方法上台练习。教师重点注意学生的握拍法，发现问题后及时纠正。

（四）常见错误及纠正方法

1. 直拍握法的常见错误

(1) 握拍过紧或过松：握拍过紧，手腕僵硬；握拍过松，拍形不固定，动作稳定性差。

(2) 托拍手的中指、无名指和小指伸得过直，虽利于正手进攻，但不利于反手和台内小球的进攻。

2. 横拍握法的常见错误：虎口过分偏于拇指侧，利于反手攻或正手削，但不利于正手攻和反手削；虎口过分偏于食指侧，虽利于正手攻或反手削，但不利于反手攻和正手削（虎口在这里的含义是指拇、食指间的近纹缝处)。

3. 纠正方法

(1) 先让学生知道错在何处，以及此错误握法对掌握技术的不利影响。进而掌握正确的握法。

(2) 采用正确握法进行技术和战术练习，直至参加比赛。

(五) 在教导学生掌握正确握拍法的同时，还要引导他们与个人的特点相结合，允许对握拍法有所改进，以便握拍更利于个人技术特长和技术风格的发挥。

第二节　基本站位与基本姿势

运动员为了便于回击各种不同落点和性能的来球，都会根据个人的打法及身体特点，力求使自己处于一个相对固定的位置，并保持一种相对稳定的姿势。这个相对固定的位置，就叫基本站位；这种相对稳定的姿势，就叫基本姿势。

一、基本站位

进攻型打法的基本站位为距离球台端线 50 厘米左右。擅长近台进攻的选手，站位可再稍近些（左推右攻打法者站位距台端线约 40 厘米）；擅长中近台进攻的选手，站位可稍后些（直拍弧圈打法的站位距端线 60 厘米；横拍两面拉打法的站位距端线约 65 厘米）；擅长正手侧身抢攻的运动员，可站在球台偏左侧（直拍弧圈打法，左脚约位于球台左边线延长线外约 25 厘米）；擅长打相持球或反手实力较强的运动员，可站于球台中间略偏反手的位置。

削攻型打法的基本站位为距球台端线 100～150 厘米，多在球台中间略偏反手的位置。进攻能力强的选手，站位可稍近些；以防守为主的选手，站位可稍远些。

值得注意的是，基本站位指的是一个大概范围，并不是固定的一点。各种类型打法的基本站位不仅不一样，而且其所指的范围大小亦不相同。直拍近台快攻打法的基本站位所指范围较小，弧圈球打法则大些，而削球打法则更大。另外，基本站位还与个人身体及对方打法特点有关。从目前发展趋势看，为突出正手抢攻，进攻型打法的基本站位多偏于球台左侧。

二、基本姿势

进攻型打法的基本姿势为两脚开立，比肩略宽，左脚稍前，右脚稍后，前脚掌内侧着地，脚后跟微抬起；两膝自然微屈，重心在两脚之间；含胸收腹，身体略前倾；肩关节放松，执拍手位于身前偏右处，球拍略高于台面。

削球打法的基本姿势与进攻型打法略同，不同之处为：两脚间距较宽、重心稍低；右脚在左脚之前，上体前倾较少；执拍手位于胸腹前。

以上讲的是一般情况，每个人的基本姿势还会依其身体条件及技术特点略有变化。如个子高的运动员，两脚间距可能会大些；弧圈球打法的运动员，由于动作幅度及跑动范围较大，离台也较远，故两脚间距就相对较大，重心也略低。即使同是左推右攻打法的运动员，其基本姿势也不尽相同。推挡多、侧身少的选手基本姿势多为两脚平站，执拍手的位置亦稍偏向反手位，球拍下端亦朝向反手位；而侧身抢攻多的选手，左脚多在右脚前半脚至一脚的距离，执拍手亦放在身前偏正手位的一侧。

三、基本站位与基本姿势的教学方法

（一）教师边示范边讲解；学生边看、边听、边模仿，学习规范的基本站位与基本姿势。

（二）在上述练习的基础上，教师应有意识地引导学生去掌握结合个人特点的基本站位与基本姿势。

（三）常见错误及纠正方法

1. 身体重心在脚后跟上，起动慢，击球时不利于运用身体重心的力量。

纠正方法：先徒手练习，再在上台击球练习中强调身体重心要放在前脚掌上，后脚跟微抬起。教师需反复提醒、讲评。

2. 两脚间距过大或过小，间距过大，起动慢，间距过小则身体稳定性差。

纠正方法：先明确个人存在问题，然后按正确技术要求进行练习。一般来讲，两脚间距以比肩略宽为宜。

第三节　发球与接发球

一、发球

发球是乒乓球比赛中每一分球的开始，也是乒乓球技术中唯一不受对方来球制约和限制的技术，可以最大限度地实施自己的战术意图。发球贵在创新，重在质量。特别应注意将发球的旋转、速度和落点相结合，要有短有长。

发球技术是由抛球和挥拍触球两个动作组成的。初学发球时，应特别注意二者的配合。

（一）平击发球

1. 特点和作用：平击发球速度慢、力量轻、动作简单，是入门技术之一。

2. 动作要点：站位距台约 40 厘米，左脚稍前。发球时，持球手将球向上抛起，同时，持拍手在身体略右转的带动下向后引拍，拍面垂直；球落至网高时，持拍手前臂向前轻击球中部或中上部。击球后，迅速还原（图 7）。

图 7　平击发球

（二）反手发急球

1. 特点和作用：速度快、弧线低、前进力强，易于发挥速度优势为进攻创造条件。

2. 动作要点：站位距台 40～50 厘米，动作类似反手攻球，击球点位置不宜距台面太高，触球瞬间应有一向前的爆发力，切忌向下砸球，落台第一跳应接近本台端线。食指稍用力压拍，拍形微前倾（图 8）。

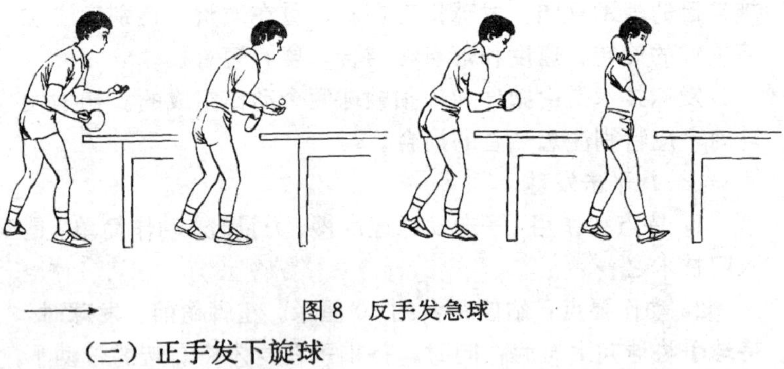

图 8　反手发急球

（三）正手发下旋球

1. 特点和作用：下旋力强、速度较慢。如能用相似动作的不转球配合，效果更佳。

2. 动作要点：站位距台 40 厘米，左脚稍前。抛球时，在身体略右转的带动下，持拍手向右后上方引拍，手腕上提，拍形稍后仰。当球落至与网同高时，身体稍左转，重心稍下降，以前臂发力为主，触球瞬间手腕有一爆发力，摩擦球的中下部，用拍面偏左的位置触球（图 9）。

图 9　正手发下旋球

（四）发侧旋球

1. 特点和作用：具有左（右）侧旋转力，飞行中略有一定的侧向偏转，若用平击动作接此发球，会向左（或右）侧偏飞。实战中，侧旋球与上、下旋球结合使用，往往会给对方造成错觉，致使接球失误或给发球者创造抢攻机会。

2. 动作要点：站位距台 40～50 厘米，向侧上方引拍、提腕，待球下落至与网同高时，腰带动上臂和前臂向侧挥动；触球瞬间手腕、手指用力向侧方向摩擦球的中部。发左侧旋时，球应触球拍的偏左部位（图 10）；发右侧旋时，球应触球拍的偏右部位（图 11）。

图 10　正手发左侧旋球

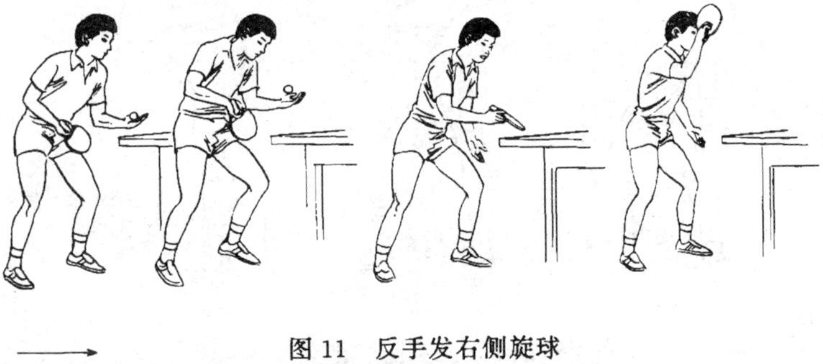

图 11　反手发右侧旋球

（五）发球的教学方法

1. 初学者应先学平击发球，再学发急球或下旋球，最后学侧旋发球及旋转变化更复杂的发球。

2. 学习每一种发球时，首先应在教师的带领下，做徒手模仿动作练习。

3. 上台进行单一的发球练习（采用多球练习最好）。先练斜线，再练直线。

4. 先练单一性能的旋转发球，再练用相似动作发不同旋转的球。练习发旋转球时，开始的重点是用力摩擦球，而后再要求命中率和落点。

5. 易犯错误及纠正方法

（1）发球时，单纯用手臂发力，忽视了身体的作用，导致发球质量不高，动作稳定性亦较差。

纠正方法：先从理论上讲清楚，发球不仅要用臂、腕和手指，而且身体的作用不容忽视；然后再随教师进行徒手模仿动作练习；最后上台练习。

（2）发球时，忽视拍触球的部位和球触拍的部位，用力不小，但效果不佳。

纠正方法：大体同上。先让学生认识清楚，再做徒手动作练习，最后上台练习发球。

二、接发球

接发球是比赛每一分的第二板球，是一项在被动中求主动的技术，它不仅要求运动员掌握多种实用的基本技术及具备良好的判断能力，而且还必须贯彻积极主动的指导思想。接发球好，可以破坏对方的发球抢攻，限制对方特长技术的发挥，还可以为自己下板球的抢攻和特长技术的发挥创造条件，甚至还可直接得分（如接发球抢攻成功）。接发球不好，不仅会造成自己的被动或失分，而且还可能会影响信心。

（一）接平击发球

站位靠近球台，球拍对准来球的弹起方向，用快推回接，击球时间为上升期，拍形基本垂直，以借力为主，配合向前推击。用快抽回接，击球时间为上升期或高点期，以向前用力为主，略带摩擦球。

（二）接急球

动作基本与接平击发球相似，但动作速度要快。除用快推、快抽、快拨回接外，亦可用削球回接。

（三）接下旋球

用推挡和拉球回接时，击球时间为下降前期，多向上用力，增加摩擦球动作。若来球下旋强烈，拍形可稍后仰；亦可用搓球回接。

（四）接侧旋球

最重要的是调整好拍形和用力方向。如接对方左侧旋球，拍形应偏向对方右角，接球时稍向对方右角用力；接对方发右侧旋球，拍形应偏向对方左角，触球时稍向对方左角用力。至于拍形偏多少、用力方向和用力大小如何掌握，则应根据来球的情况而定。

（五）接发球的教学方法

1. 通过讲解与示范，了解各种旋转球的性能，然后用固定的方法回接一种发球。如：先用快推接平击发球，再用快抽接平击发球；用快推接急球，用快抽或削球接急球；分别用快拉、推挡和搓球接下旋球；用抽球、推挡或削球接左侧或右侧旋球。

2. 在上述基础上，练习接对方用近似动作发不同旋转的球，以提高判断发球的能力。

3. 逐步掌握用不同的技术来回接对方不同的发球。

4. 提高接发球的主动性和控制能力。如接长球必须用抽球；接小球可挑打、点或摆短。

5. 在进行其他基本技术练习中，将发球与接发球结合进去。

6. 利用记分比赛提高接发球的能力。

7. 易犯错误及纠正方法

（1）不视对方发球变化，盲目地用一种方法接不同性能的发球。

纠正方法：先从理论上明确，回接不同性能的发球，必须用不同的方法。然后再通过回接对方有规律地变化旋转的发球加以体会；进而再练习回接对方无规律地变化旋转性能的发球。

（2）接发球缺乏主动性，过多地使用搓球。

纠正方法：明确接发球必须贯彻积极主动的思想。然后在练习中，规定接长球必须抽或拉，不许搓。比赛时，再专门就接发球的主动性提出要求。

第四节　抽球

一、正手抽球

正手抽球是快攻运动员最重要的技术，也是各种打法都应具备的一种得分手段。一名快抽运动员，其技术风格是否鲜明、突出，主要取决于正手抽球威力的大小。正手抽球不受身体妨碍，便于发挥全身的力量，故有很强的威力。

（一）正手快抽

1. 特点和作用：具有站位近、动作小、速度快的特点，是中国快抽打法运动员最基本的技术，亦是平时最常练的技术。

2. 动作要点

（1）引拍动作：两脚与肩同宽或略宽，两膝微屈，右脚稍后，身体略右转，重心在右脚。前臂在身体的带动下横摆，引拍适度，体臂夹角约 35°～40°。前臂自然弯曲，肘关节约为 120°。拍形与台面垂直或稍前倾，手腕自然放松，球拍呈半横状。

（2）击球动作：球渐近身前，右脚稍用力蹬地，身体略左转，带动手臂向前挥动迎球。触球瞬间，前臂用力收缩，向前打为主，略带摩擦，在来球的上升或高点期触球，击球的中上部。手腕辅以发力，调节好拍形，触球瞬间有一摩擦球动作。直握拍者，拇指稍用力压拍，控制拍形，中指和无名指辅助发力并决定发力方向；横握拍者，靠食指调节弧线。

（3）结束动作：击球后应做好随挥动作，即不应立即停止挥拍而应继续随势挥拍至头左侧才渐停止；身体重心已移至左脚（不要超过左脚），身体前倾角度增加。此时应迅速转入回击下板球的准备，注意对方的击球动作，调整好身体重心（图 12）。

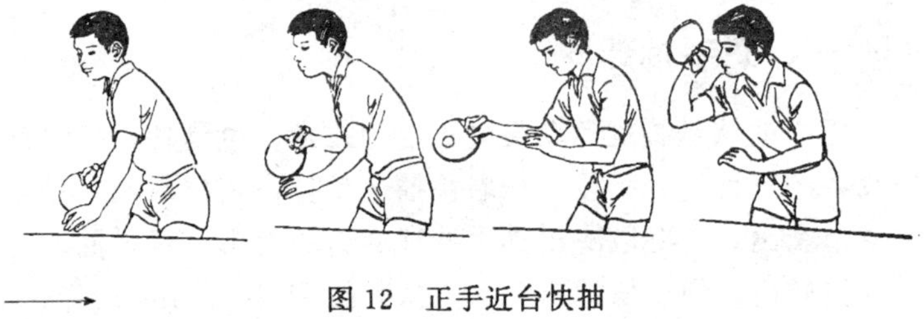

图 12　正手近台快抽

（二）正手快拉

1. 特点和作用：正手快拉是快攻运动员对付削球时的技术，具有速度较快、动作较小、线路较活，并与突击动作较接近的特点。

2. 动作要点

快拉与快抽动作有许多相同之处，不同之处是：引拍时，身体重心稍下降，球拍略低于来球，触球中部（来球下旋强烈时，触球中下部），击球时间为下降前期，触球瞬间有一向上摩擦球的动作（图 13）。

图 13　正手拉球

（三）正手突击

1. 特点和作用：突击，也叫低球起板，是对付下旋球的一种得分手段。具有速度快、突然性强、有一定力量的特点。

2. 动作要点

（1）视来球高低和下旋力的强弱，决定拍形和用力方向。来球下旋强烈，拍形可稍后仰，触球中下部，在向前打球的同时多向上用力摩擦球；来球稍带下旋，拍形可与台面垂直（或稍稍后仰），触球中部或中部稍偏下，向前上方用力；来球不转，拍形可稍前倾，触球中部稍偏上，用力方向以向前为主（图 14）。

（2）击球时间为高点期或上升后期。

（3）在腿、腰和大臂协调发力的基础上，以前臂发力为主，触球瞬间一定要有爆发力。手腕除辅助发力外，还有一摩擦球动作，帮助制造弧线和控制落点。

（4）发力一般宜掌握在50%～70%。如来球低且下旋强烈，用50%的力量即可；来球稍高或下旋力不强，则可适当加大力量。

图14　正手突击

（四）正手扣杀

1. 特点和作用：速度快、力量重、威力大，是对付半高球时有效的进攻性技术，也是各种类型打法得分的重要手段。

2. 动作要点

（1）站位视来球长短而定。来球较短，站位靠近球台；来球较长，应稍向后移位。

（2）整个手臂应随身体的转动而向后引拍，适当加大引拍距离，以提高触球瞬间的挥拍速度。

（3）击球动作主要是借腰、髋的转动及腿的蹬力，带动手臂向前发力。手腕除控制落点的作用外，还应辅助手臂一起向前下方用力。

（4）击球时间一般在来球的高点期；若位置合适，亦可在上升期击球。

（5）打一般球，拍面稍前倾，击球中上部；打强烈下旋球，拍形与台面垂直。

（6）以撞击为主，略带摩擦。若来球高且近网，亦可直接扣杀。

(7) 球击出后，应注意还原或调整重心，准备连续扣杀(图 15)。

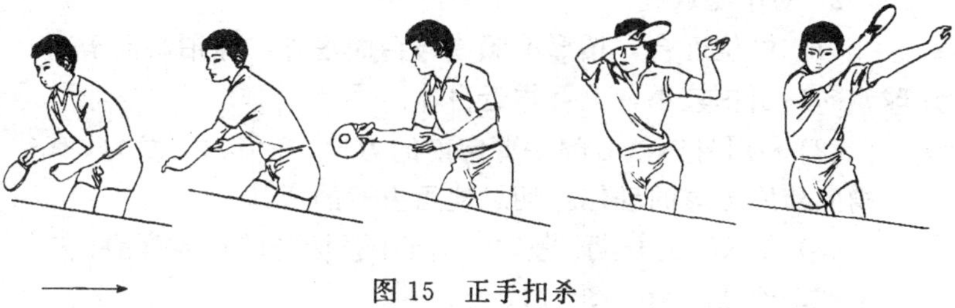

图 15　正手扣杀

(五) 正手中远台抽球

1. 特点和作用：是中远台进攻的一项技术(包括攻球运动员的中远台对攻和削球运动员的削中反攻)。具有力量大和稳健的特点。

2. 动作要点

(1) 站位中远台，击球时间为下降期。身体重心稍低。

(2) 基本动作与正手快抽略同，但动作幅度较大，发力以大臂为主，腿、腰、髋辅助发力(图 16)。

图 16　正手中远台抽球

(六) 正手快带

1. 特点和作用：正手快带是对付弧圈球时一种由被动转

主动的过渡性技术，具有速度快、变化多、弧线低的特点。快带的目的是争取机会进攻，最忌无节奏和落点变化、弧线又高的快带。

2. 动作要点

（1）站位近台，拍形前倾或与台面垂直，球拍略低于来球。向后引拍较小，上臂靠近身体。

（2）利用身体重心和手臂向前的力量，在借力中发力，有一稍向前摩擦球的动作。切忌使用突然的蛮劲。

（3）击球的上升期，触球中上部，强调击球点要靠前，整个击球动作要迎前（图 17）。

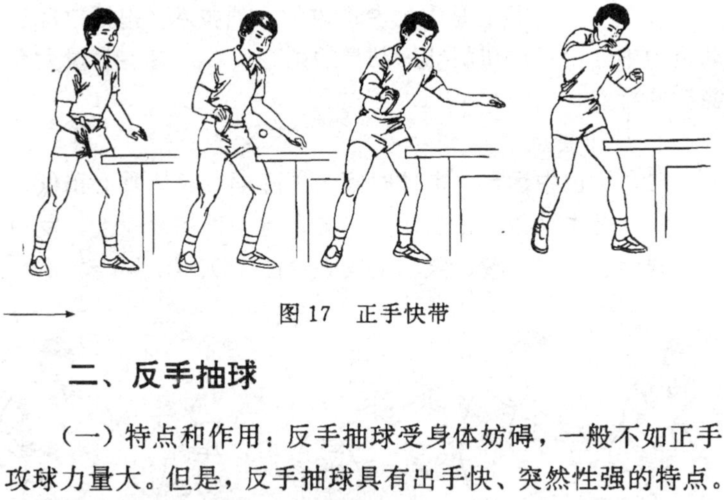

图 17 正手快带

二、反手抽球

（一）特点和作用：反手抽球受身体妨碍，一般不如正手攻球力量大。但是，反手抽球具有出手快、突然性强的特点。从目前乒乓球技术的发展趋势看，不论何种打法的运动员，都必须掌握反手抽球技术。

（二）动作要点

1. 腰、髋略向左转的同时，带动前臂略向后引拍。

2. 在腰、髋向右转的同时，前臂手腕向前右方发力，触球中部或中上部。直拍，食指稍用力掌握好拍形，拍后中指决定发力方向。横拍，前臂和手掌背部的运行方向决定击球的方向，拇指控制拍形和击球弧线（图 18）。

直拍反手抽球

横拍反手抽球

图 18

三、抽球的教学方法

（一）根据具体技术的动作要领，先徒手模仿练习，再进行打吊球的练习。

（二）打一板球的练习：一人发平击球，一人练习抽球。

打一球后再重新发球。

（三）多球练习：规定供球落点，先打手抛球，再打拍供球。

（四）一抽一挡的练习。

（五）对抽练习。

（六）拉削练习。

（七）由单一技术的规定落点练习，逐渐过渡到变化落点和不同技术的配合练习。

（八）易犯错误及纠正方法

1. 肘部位置不正确。正手抽球时，肘部高架，怕半高球和正手位大角度球，不利于打下旋球。反手抽球时，肘部支出，攻球侧旋，难于抽球发力，高球压不下来，难于抽球至对方反手大角度。

纠正方法：在教师指导下，练习徒手动作，体会正确与错误动作的区别。上台练习，着重体会肘部动作。

2. 只用手臂打球，不善于运用全身力量。动作不协调，难于发大力，动作稳定性差。

纠正方法：从徒手动作开始，强调击球动作中的转腰动作，强调重心的交换。在单线基本技术练习中，要求必须有身体重心的交换，不允许站死了打球。

3. 不看来球旋转和高低，用同样动作及拍形抽球。

纠正方法：必须明确，要依不同来球变化击球动作。采用多球训练，供不同旋转和高低的球，要求运动员依来球性能变化动作。

第五节　推挡

推挡技术的特点是站位近、动作小、速度快、变化多，是我国直拍打法的一项重要基本技术。各种推挡技术配合使用时，能利用速度、落点和旋转变化争取主动和创造进攻机会。在被动或相持时可起到积极防守的作用，并可变被动、相持为主动。

一、快推

（一）特点与作用：快推是最基本的一种推挡，具有速度快、命中率高和线路活的特点。是掌握全面推挡技术的一个不可缺少的环节。

（二）动作要点

1. 站位近台，左脚稍前，两脚与肩同宽或略宽于肩，重心在前脚掌上。上臂靠近身体，整个身体的重心应稍高。引拍后，球拍距球约 25 厘米，拍形基本与台面垂直，球拍稍高于来球或与球同高。

2. 上臂带动前臂向前迎球，在来球的上升中期，借来球之力，前臂手腕用力将球推出，触球中部或中部稍偏上，食指用力压拍（图 19）。

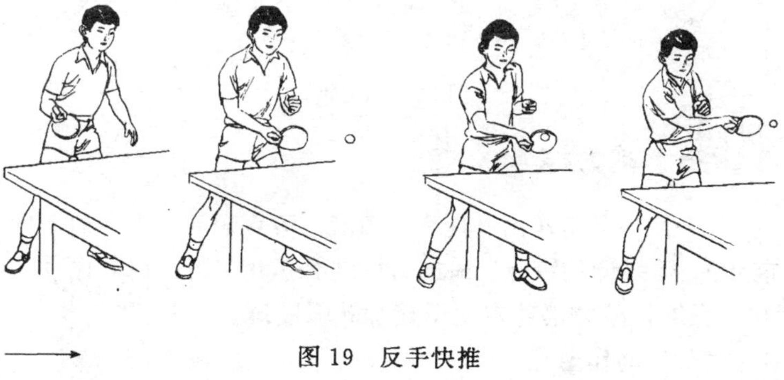

图 19　反手快推

二、加力推

（一）特点与作用：力量重、球速快、并有落点变化，主要用于助攻，常迫使对方离台陷于被动。加力推与减力挡结合运用，其效果会更好。

（二）动作要点

1．动作幅度比快推大。引拍后，拍与球相距约 30～40 厘米，球拍稍高于来球。

2．击球时间为上升后期或高点期。

3．触球瞬间，在前臂用力向前推击的同时，手腕有一由后向前的弹击力，拍后中指应用力顶住球拍。

4．为加大推球力量和动作的稳定性，应善于运用身体重心向前移动的力量（图 20）。

图 20　加力推

三、减力挡

（一）特点与作用：具有力量轻、落点短（球落台后不向前走）、弧线低的特点。和加力推结合运用，可以前后调动对方。另外，减力挡还常用于接加转弧圈球。

（二）动作要点

1. 不需后撤臂引拍，可稍屈前臂调整球拍位置。

2. 球刚弹起时，前臂在身体重心前移的基础上向前迎球；触球瞬间应控制好拍形，不要向前用力撞球，甚至还略有后缩动作，借来球力量将球反弹回去（图 21）。

图 21　减力挡

四、推挤

（一）特点与作用：主要用于对付弧圈球。推出去的球角度大、弧线低，带有侧下旋并发飘。虽能为进攻制造机会，但其速度较慢，最好能与加力推和反手攻结合运用。

（二）动作要点

1. 触球左侧中上部，向左侧下方用力，以摩擦球为主。触球瞬间，中指应用力顶住球拍。

2. 推挤加转弧圈球时，球拍应在身体重心的带动下向前迎球，切勿后撤引拍（图 22）。

五、推挡的教学方法

（一）按照某一推挡技术的动作规格，做徒手模仿动作练习。

（二）反手半台的快推对练，在此基础上再结合加力推、减力挡和推挤进行练习。

（三）先对推练习；再一攻一推的练习；再一方拉弧圈、一方练习推挡。在此基础上，再练习推挡与其他技术的配合。

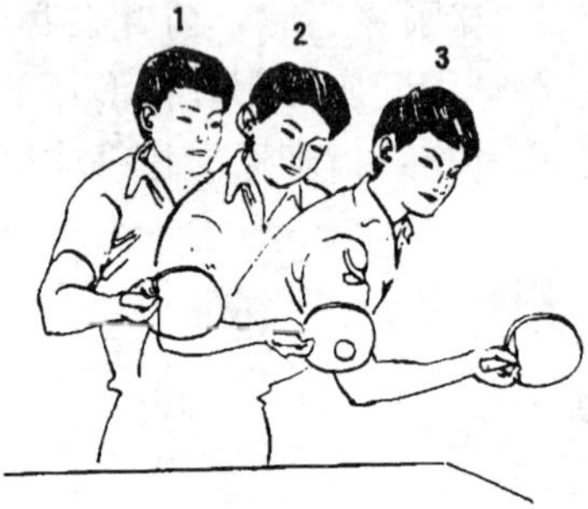

图 22 推挤

（四）易犯错误及纠正方法

1. 引拍时，上臂远离身体，前臂不宜发力，动作不稳定；或上臂与身体夹得过紧，前臂不宜向身体靠近，向前加速距离过短，不易控制球和发力。

纠正方法：练习徒手动作，体会上臂靠近身体的感觉；上台练习时，尽力将这种感觉打出来。

2. 站位过死，不会随来球位置的变化移动脚步，动作不协调，适应范围窄。

纠正方法：教师边讲解边示范，将推挡时最常用的步法告诉学生。学生先模仿练习，再上台练习。

3. 推弧圈球时，拍形过于前倾，正胶（尤其是生胶）者极易使球在拍面上“打滑”。

纠正方法：明确推弧圈球时，主要应注意：上升前期或中期击球，举拍稍高，向前下方用力，善于运用身体重心的力量来控制击球弧线。再在实践中有意识地改正过分压拍形的错误动作。

第六节　弧圈球

弧圈球分加转弧圈球、前冲弧圈球和侧旋弧圈球。从教学实际出发，本节只介绍正手拉加转弧圈球和前冲弧圈球。

一、正手拉加转弧圈球

（一）特点和作用：加转弧圈球稳健性好，强烈的上旋有助于制造更好的弧线。加转弧圈球具有一定的威胁性，在对方不适应强烈上旋或控制不好的情况下，常会接出高球，甚至直接失误。

（二）动作要点

1. 引拍阶段：左脚在前，右脚稍后，两膝微屈，身体略向右转，带动手臂向右后下方引拍，手腕微向后拉，球拍低于来球。

2. 击球阶段：右脚掌内侧蹬地，稍伸膝，以身体的左转带动手臂由后向前挥动，击球瞬间，快速收缩前臂，击球的中部或中上部，撞击后迅转为向前上方的摩擦球。击球时间为高点期或下降前期，拍形与台面垂直或稍稍前倾。为提高拉球的旋转和速度，直拍选手的中指（横拍选手的食指）应加速手腕在触球瞬间的甩劲。

3. 结束动作：球出手后，持拍手因惯性作用随挥至头前才渐停止，身体重心随之移到左脚并迅速还原，准备下次击球（图 23）。

二、正手拉前冲弧圈球

（一）特点和作用：飞行弧线低、速度快、前冲力强，且落台后弹起不高。在一定程度上可起到扣杀的效果。

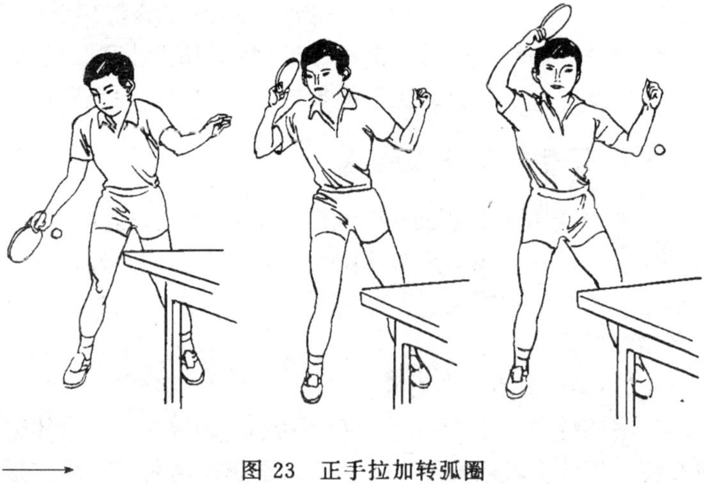

图 23　正手拉加转弧圈

（二）动作要点

1. 引拍向右后方，身体重心比拉加转弧圈球时稍高，球拍与来球同高或稍低于来球。

2. 挥拍击球时，前臂、手腕应向左前方发力，击球的中部或中上部；击球瞬间，应先向前撞球，再向前摩擦球。直拍选手的中指应有一顶拍动作，横拍选手的食指应有向前甩的动作。击球时间为上升后期或高点期（图 24）。

三、弧圈球的教学方法

（一）通过教师的讲解与示范，建立正确的技术动作概念。

（二）拉一板球的练习。规定一人发球，一人练拉弧圈，然后再重新发球。

（三）单线的一拉一挡、一拉一削和中远台的对拉练习。

图 24　正手拉前冲弧圈

（四）走动拉弧圈球练习。1/2 台、2/3 台及全台的正手走动中练习拉弧圈。陪练者可用推挡、削球和对拉。

（五）拉弧圈球与其他技术相结合的练习。

（六）易犯错误及纠正方法

1. 只用手臂发力，没有身体力量的配合。拉球很费力，但旋转不强，而且难于连续拉。

纠正方法：首先在思想上明确，拉弧圈球时身体的用力极为重要，然后专门观察优秀选手拉弧圈球时的身体动作，再进行徒手模仿练习。

2. 拉球时不用手腕，导致拉球的速度、力量和旋转都受到限制。

纠正方法：边讲边示范，使学生明确在引拍时手腕有一后挥动作，在触球瞬间才会有一向前打结合向前上摩擦球的爆发力。

3. 引拍时，手臂伸得过直，球拍沉得很低，拍形过分前倾，整个动作以向上为主，缺乏向前的力量。造成击球时间晚、上手速度慢、易漏球和难发力等弊端。

纠正方法：需特别重视由后向前的迎球动作。让学生握拳为球，教师做先打后摩的示范，运动员体会打手时的感觉，并力求将这种感觉在自己拉弧圈时打出来。与此同时，再让学生在引拍时手臂保持自然弯曲，球拍不要下沉太多，适当增加向后引拍的动作，减小拍形的前倾角度。

第七节　削球

削球是一种防御性技术，具有稳健性好、冒险性小的特点。现代乒乓球运动中削球早已不单纯是被动的防守，而更多的是为进攻创造机会，限制对方的进攻，使对方陷于被动或造成其失误。

一、正手削球

右脚稍后，身体略向右侧，双膝微屈，拍形竖立（即与台面垂直），引拍至肩高附近；在来球的下降前期，前臂在上臂的带动下，随身体重心的移动向下、向前、向左挥动，触球中下部，手腕控制好拍形并有一摩擦球动作（图 25）。

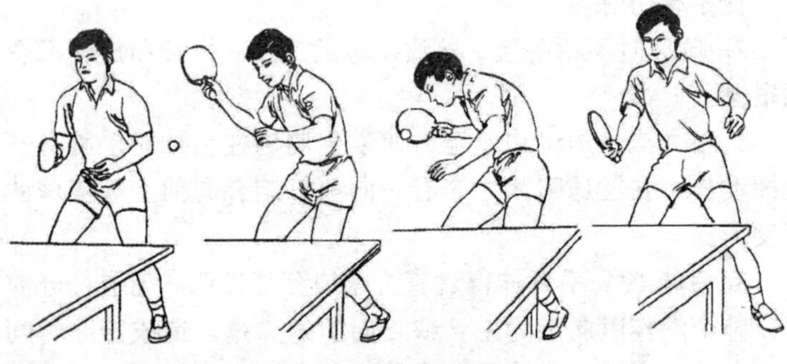

图 25　横拍正手削球

二、反手削球

左脚稍后，身体略向左侧，拍形竖立；前臂在上臂的带动下，随身体重心向下、向前、向右挥动，在下降前期触球中下部；手腕控制好拍形并有一摩擦球动作（图 26）。

图 26　横拍反手削球

三、接突击球

（一）近台快截法：多用于回接对方突然起板的球，方法如下：

1. 站位近台，回接球时迅速用单步或跳步后退，并提拍上举，拍形竖直。

2. 看准来球，前臂协同身体重心向下用力为主，下切快截，手腕控制好拍形，忌乱动。

（二）远台前送法：站位离台较远，多在对方连续突击或拉中突击时运用。

由于站位离台较远，来球至身前时其速度与力量已相对降低，此时球已处下降中后期，所以，整个动作应是以向前为主。

四、削接加转弧圈球

（一）为了更好地完成下切动作，提倡在下降前中期触球。

（二）拍形垂直，甚至引拍后还可略前倾拍形。

（三）协同身体重心的力量，上臂带动前臂以向下用力为主，触球瞬间有一先压后摩再依球调整推送的动作。手腕切忌晃动。

（四）加强判断，以尽早移步选位，争取在最佳击球位置触球。

五、削接前冲弧圈球

（一）前冲弧圈球既快又转，在接球时要求反应快、步法快、动作快，同时要注意向下切削，拍形竖立。

（二）在回球不转或较高时，对方往往会打一板从上向前、向下直扫式的弧圈球。这种球弧线较低，故在削接时应稍前送，以防球下网。

六、削球的教学方法

（一）通过观摩优秀选手的削球动作，听教师讲解，建立正确的动作概念。

（二）按正确动作的要求进行削球的徒手挥拍练习。

（三）用单球或多球，做单线的削一般拉球的练习。

（四）正手和反手两点削对方一点，先有规律，后无规律。

（五）削接弧圈球和突击球的练习，从单线到正反手的结合。

（六）易犯错误及纠正方法

1. 拍形过分后仰，削接强烈上旋弧圈球时易出高球或出界。

纠正方法：多与拉加转弧圈的选手练习，强调引拍时拍形应竖立。

2. 只有手臂动作，不会运用身体重心的力量。控制球能力差，削弧圈球差，动作还原慢。

纠正方法：观摩优秀削球选手的动作，重点观察其运用身体重心力量的方法；再进行模仿练习，练习徒手动作和上台对打。上台练习时，应多与弧圈球选手对练。

3. 削弧圈球时，手腕晃动，易削球出界。

纠正方法：先光用前臂切削，不动手腕，待动作较稳定后再慢慢体会手腕配合前臂的下切动作。

第八节　搓球

搓球是一项过渡性技术，又称“小削板”，用它来对付下旋来球比较稳健，也是初学者必须掌握的入门技术。

搓球虽然可以为抢拉或抢攻制造机会，但过多搓球则会导致对方先攻而造成自己的被动。

一、慢搓

（一）特点与作用：回球速度慢、利于加转，是初学的入门技术。

（二）动作要点

1. 击球时间为下降前期，触球中下部。

2. 前臂向前用力为主，配合手腕动作，拍形较后仰（图

27）。

图 27　反手慢搓

二、快搓

（一）特点与作用：回球速度快，主要用来回接对方发或削过来的下旋或侧下旋球。

（二）动作要点

1. 站位近台。击球前，手臂应迅速前伸迎球，拍形较慢搓稍后仰。

2. 上升期击球。

3. 手腕以向前下方用力为主。需要强调的是手腕用力必

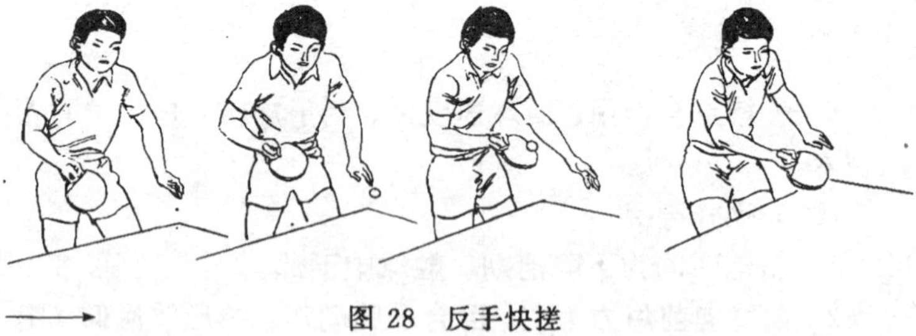

图 28　反手快搓

须与前臂用力很好地结合起来，才能提高击球的质量（图28）。

三、摆短

（一）特点与作用：摆短是70年代后出现的用来对付近网下旋或侧下旋球的一项搓球技术，具有速度快、落点短、弧线低的特点，在限制对方抢拉与抢攻上颇具效果。

（二）动作要点

1. 站位近台，重心前移，臂前伸，上升前期或中期击球。

2. 拍形稍后仰，触球中下部。动作幅度很小，手腕在摩擦球时还有一定的减力动作（图29）。

图29　摆短

四、搓球教学方法

（一）依搓球动作要求，做徒手挥拍练习。

（二）自抛自搓练习：自己向球台抛球，当球弹起后将球搓过去。

（三）发下旋球后，双方在半台范围内对搓。

（四）不限落点的对搓。

（五）搓球结合起板。

（六）易犯错误及纠正方法

1．腕、臂用力脱节，搓球既难加转，又易失误。

纠正方法：明确手腕必须结合前臂发力，不能使二者脱节；徒手挥拍，体会腕与臂的结合发力；上台对搓，先少用手腕发力，慢慢再结合前臂动作增加手腕力量。

2．不能根据来球的旋转、高低和长短变化来调整动作，易吃对方旋转，或出机会球，或直接失误。

纠正方法：明确搓球应根据不同来球调整动作；提高对来球的判断能力；在对方不断变化搓球或发球旋转和落点的情况下，练习搓球，提高应变能力。

第九节　步法

乒乓球运动的技术一是手法，二是步法，二者密切联系缺一不可。步法是及时准确地使用与衔接各项技术动作的枢纽，也是执行各项战术的有力保证。步法的好坏直接关系到运动员的技术水平和发展前途。步法不好，积极主动也就成为一句空话。

一、对步法的要求

1．在合适的时间到达合适的位置，以便在该技术所要求的最佳击球时间、最适宜的击球点位置击球。

2. 不妨碍下次击球。

3. 步法移动过程尽量保持平稳，身体重心不宜有过大的起伏。

二、基本步法

（一）单步

1. 移动方法：一脚为轴，另一脚向前、后、左、右不同方向移动，重心随之跟上（图 30）。

图 30 单步

2. 特点与作用：移步简单、灵活，重心平稳。一般在来球离身体不远的小范围内使用。

（二）跨步

1. 移动方法：一脚蹬地，另一脚向移动方向跨一大步。为防止跨步后失去重心，蹬地脚应随后跟上半步或一小步（图 31）。

2. 特点与作用：速度快，比单步移动范围大。多用于进攻型选手扑打正手球和削球选手的左右移动救球。但用其进攻时，只适于打借力球，不适于自己发力，也不便于对击球位置进行调整，而且很难进行连续的跨步攻球。所以，随着弧圈球打法的发展，此步法的使用率明显降低。日本和欧洲选手较少使用跨步。

还有一种步法与跨步很相似，不过第一步的跨出距离比较小，而且重心平稳，身体起伏不大。具体方法为：先以一

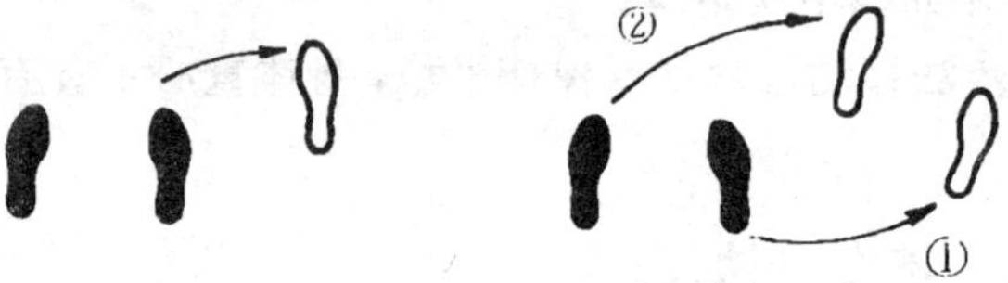

图 31 跨步

脚为轴，另一脚向左或右移动一步，为轴的脚随后跟上半步。通常称此步法为换步。跨步很难连续使用（因身体重心下降较厉害），但换步经常是连续使用。

（三）并步

图 32 并步

1. 移动方法：一脚先向另一脚移（或叫并）半步或一小步，另一只脚在并步脚落地后即向来球同方向移动（图 32）。

2. 特点与作用：身体不腾空，重心起伏小，较稳定。一般为进攻或削球选手在左右移动时运用。

（四）跳步

1. 移动方法：以来球同方向脚蹬地为主，双足有瞬间的腾空，离来球较远的脚先落地，另一只脚跟着落地（图 33）。

2. 特点与作用：移动范围比跨步大，利于发力攻。攻球选手在左右移动时常用。此外，正手侧身攻和削球选手在后退接突击球时亦常采用。

（五）交叉步

1. 移动方法：近来球方向的脚尖先向来球侧转向，或略移半步，将身体重心移至此脚；远离来球方向的脚再向来球方向跨一大步（在体前瞬间与另一脚成交叉状态），近来球方向脚再跟上一步（图 34）。

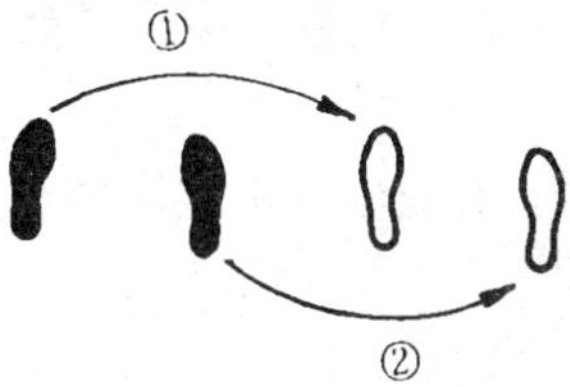

图 33　跳步

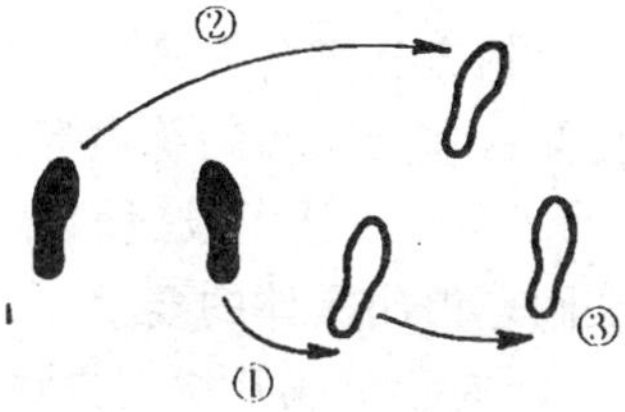

图 34　交叉步

2. 特点与作用：此步法移动范围大，常用于侧身攻后扑打右方空当，或再回到反手位。削球选手在前后移动时常采用，有时在削两大角球时也采用。

（六）小碎步

1. 移动方法：较高频率的原位小垫步，或小范围的小跑步。

2. 特点与作用：可用于原地的重心调节，小范围的取位移动，击球后的还原，不同步法间的衔接，回击中路追身球的取位移动，以及进行大范围步法前的预动。小碎步是一种很重要的、同时也是一种运动员应当很好掌握的步法。

（七）小跳步

1. 移动方法：两脚几乎同时轻跳或垫一下，幅度较小，有时甚至看似未离地面。

2. 特点与作用：一般用于调整身体重心或两脚间距，是一种调节步。

三、步法的教学方法

1. 徒手模仿各种步法的跑动练习。

2. 手法结合各种步法的挥拍练习。

3. 用单球或多球进行各种步法的专门练习。如：用一点打两点的方法进行并步或跳步的练习；用推、侧、扑的方法进行侧身和交叉步的练习等。

4. 在一般技术或战术练习中，针对学生的实际情况，就步法问题提出具体的要求。

5. 易犯错误及纠正方法

（1）向上跳起太高，重心起伏大，影响了身体的稳定性。

纠正方法：先从理论上认识清楚，再按要求进行徒手的模拟步法练习。上台练习时，教练员要适当提示。必要时，可采取措施限制其向上跳。

（2）击球后不进行重心调整或还原，直接影响了下一球的移步起动。

纠正方法：先进行各种步法的挥拍练习，强调一次击球后的还原或重心调整；然后再上台进行练习。

第十节　结合技术

将两种或两种以上的单项技术有机地结合起来，是乒乓球练习中的一种基本形式，这种形式又称之为结合技术。练习结合技术时，特别要强调手法与步法的结合。

一、正、反手技术的结合

（一）特点与作用

正、反手技术结合，也是左半台与右半台技术的结合，是提高相持能力的一种基本练习。它包括：左推右攻、两面攻、反手攻（拨）结合正手拉、两面拉和正反手削球等内容。

（二）动作要点

1. 从正手到反手或从反手到正手时，需移动脚步，一般使用并步。

2. 应重视手法与步法的结合。一般规律是移步结束，恰好是下一技术引拍动作完成之时。在脚步移动中，应特别强调身体重心的移动。

3. 在左推右攻、两面攻、两面拉和两面削时，前后方向的移位不宜过大，但在反手拨结合正手拉时，其移步路线呈斜线形式，即左稍前，右稍后。

4. 直拍选手在正反手技术交换时，注意握拍手指的变化。

（三）教学方法

1. 在教师的带领下，先进行挥拍练习。

2. 有规律地变化左右落点的练习。开始最好用推挡或快拨陪练（两面削者，开始可用轻拉陪练）。从慢到快、从轻到重，一边一下。

亦可用多球陪练，供球应一边一下，力量要轻，以后随队员技术进步情况，可适当提高供球速度与加大力量。

3. 无规律地变化落点的练习。要求学生精力高度集中，判断准确及时。

4. 在上述练习的基础上，可将陪练变为正手（或侧身）攻或拉弧圈，以提高练习难度。

5. 根据学生的技术情况，可慢慢将发球结合进去。开始可只发单一旋转的右近网小球，以后再增加变化。

二、推挡（拨）结合侧身攻

（一）特点与作用

推挡（拨）结合侧身攻是提高左半台进攻能力的有效手

段。当前世界乒坛的发展趋势是突出正手进攻，所以，该项结合技术的作用就更显重要。

（二）动作要点

1. 侧身前，推或拨的一板应加力，也可压一板大角度或追身，为侧身制造机会，降低对方回球的质量。

2. 侧身时，宜用并步或跳步。如果来球角度很大，侧身时宜用后交叉步。

（三）教学方法

1. 先进行挥拍练习，体会推挡（拨）结合侧身攻的步法。

2. 上台击球练习。最好用推挡或轻拨陪练，落点在左半台偏左位置。开始练习时可采用推一板、侧身攻一板，再推一板、侧身攻一板的方式进行。也可推一板，侧身攻两板。最好开始不要过多地侧身连续攻，因为这样不便于练习侧身攻的步法。

3. 结合战术意识的侧身攻练习：侧身前，应推压一下角度，侧身攻后可连续两至三板，再转入推挡。

4. 易犯错误及纠正方法

（1）侧身移步时间过早，一旦形成习惯，比赛中很容易被对方变线。

纠正方法：明确移步的最佳时间是在对方球触拍瞬间。为便于掌握这一时间，教师可以采取喊口令的方法帮助学生体会并掌握。

（2）不视来球前后位置的区别，一律横向侧身，易引起因击球点位置不对，打球感到别扭的感觉。

纠正方法：先让学生明确，侧身移步时应视来球不同而有所变化。来球偏前，侧身时应稍向前移步；来球偏后，侧身时应稍向后移步；来球正在左侧，即向左侧身。练习时，陪练有意变化落点，让学生实践体会，教练员适当给以提示。

三、推（反手攻、拨）、侧、扑相结合

（一）特点与作用

推挡（反手攻、拨）、侧身攻后扑正手是提高正手全台进攻能力的一项必不可少的内容。没有扑正手的能力，不仅会在正手位形成空当，而且势必影响侧身攻的信心。

（二）动作要点

1. 侧身攻后，右脚稍向右移一小步（亦可只挪动一下），重心移至右脚，左脚迅即由右脚前向右方跨一大步，左脚落地时上体稍挺并略向左转动，重心落在左脚时即挥拍击球，随后右脚向右移一步，保持身体平衡。

2. 快攻选手在扑正手时最好在高点期击球。弧圈球选手扑正手时最好在下降期前段击球。

3. 扑正手后回反手位时，可用并步、跳步或交叉步。

（三）教学方法

1. 反复进行推、侧、扑的挥拍练习，重点体会扑正手的步法和从正手位再回到反手位的步法。

2. 有规律的推、侧、扑练习：用反手推挡陪练，主练推一板后侧身攻一板，随即扑正手，再回到反手位推，如此连续进行。为双方便于配合，扑正手这一板开始最好打直线，便于陪练者回接。

3. 多球单练：基本方法同上，只是扑正手这一板可攻直线，也可攻斜线大角度。打失误后，再拿一球继续练习。

4. 易犯错误及纠正方法

(1)侧身攻后，没有右脚稍挪一小步转移重心的动作，左脚即想向右前跨步，导致动作不协调，往往有左脚移不开步

的感觉。

纠正方法：先明确正确的方法，再进行徒手练习，重点体会侧身攻后的右脚移重心动作，最后再上台练习。必要时，教师可用语言给以提示。

（2）扑正手时，当左脚跨步落地时没有身体的左转动作，造成击球点后移、攻球无力、难于打下板球的弊病。

纠正方法同前，只是侧重点应在左脚落地瞬间的转体动作上。

（3）扑正手后，没有打下板球的准备，身体完全处于放松状态。

纠正方法：重在认识还原动作的重要性，再在练习中有意识地提高扑正手后接打下板球的意识和能力。

四、搓中突击（包括搓中拉一板）

（一）特点与作用

此项技术是搓球和攻球（或拉球）的结合技术，具有破对方的下旋球、变下旋为上旋，争取主动或得分的作用。

（二）动作要点

确保搓球不能给对方以起板的机会（或大角度、或摆短、或具有旋转变化），突击最好在上升后期接近最高点的时间。若拉球，击球时间可在最高点或下降前期。

（三）教学方法

1. 开始应适当降低搓球质量。如果对方搓球过于凶狠，自己就很难有突击的机会。所以，开始练习最好能对陪练方的搓球落点及旋转加以限制。以后随技术的提高再逐渐加大难度。

2. 易犯错误及纠正方法

（1）突击的击球时间掌握不准，一般易偏晚。

纠正方法：先从理论上明确突击的最佳击球时间，并通过想象去体会；然后再上台练习搓球突击。必要时，教练员可用语言给以提示。

（2）不善于将打与摩的力量结合运用，动作偏直、偏硬。

纠正方法：让学生以拳代球，教练员用正确动作打其手，使其体会打与摩力量的结合，并将此体会用于自己的打球动作上。

五、削中反攻

（一）特点和作用

削中反攻是削球与攻球（包括弧圈球）的结合，是提高削球选手反攻能力与攻削结合能力的一项重要结合性技术。

（二）动作要点

1. 削球一般在下降期击球，攻球一般在高点期击球。所以，由削转攻时应注意向前上步；由攻转削时则应注意向后退步让位。

2. 注意攻与削两种技术在身体重心上的不同变化。削球时，身体重心是从上向下移动；而攻球时身体重心是由后向前移动的。

（三）教学方法

1. 由挥拍练习转为单线攻削练习，体会攻削转换时的动作要点。陪练以轻拉为主。

2. 复线的攻削练习。陪练者可一点拉两点，削球者可正、反手削球结合正、反手攻球。

3. 易犯错误及纠正方法

站原位攻削，击球时间不对。攻球时既不易发力，又增加了技术难度；削球时往往有来不及的感觉。

纠正方法：先明确攻削的不同击球时间，再进行模拟挥拍练习，再在台上进行单线和复线的攻削结合练习。

思考题

1. 简述发球与接发球的特点。

2. 正手快抽的技术特点及动作要点是什么？

3. 试析快推与加力推技术动作的异同点。

4. 试析拉加转弧圈球与前冲弧圈球的异同点。

5. 乒乓球的常用步法有哪几种？各自特点及移动方法是什么？

第四章　基本战术与双打

第一节　基本战术

技术是战术的基础，掌握了全面、实用的技术，才有可能运用多变的战术。同样，在比赛中，只有合理地运用战术，才能使技术得以充分发挥。在训练中，只有带着战术意识去练技术，才能练就真正实用的技术。有些运动员训练很刻苦，但成绩不很理想。其中一个很重要的原因，就是在练习技术时缺乏战术目的，只是一味地练，至于所练技术在比赛中起什么作用，怎样运用，心中全然不知，这样练就的技术在比赛中就不实用了。

技术与战术既有区别又有联系，二者相互制约、相互依存。技术战术是不断发展的。一般地说，技术的发展往往走在战术的前面。创造了新技术，可能会产生新战术；而先进的战术，又可以反过来积极地促进技术的提高与发展。

一、发球抢攻战术

通过发球的旋转、落点和速度的变化，直接为进攻制造机会，这种战术就是发球抢攻战术。发球抢攻战术一直是我国运动员的重要战术之一，近年来，世界各种类型打法的运动员也都越来越重视这一战术，并使之有了很大的发展。

（一）正手发转与不转球后抢攻。

（二）侧身用正手发高、低抛左侧上、下旋球后抢攻。

（三）反手发右侧上、下旋球后抢攻。

（四）反手发急球后抢攻或抢推。

二、对攻战术

两名进攻型选手相遇，形成攻对攻的局面时，常采用下列战术：

（一）压左调右（亦称压反手变正手）。

（二）调右压左。

（三）压对方反手，伺机正手攻或侧身攻。

（四）用加减力量压对方中路，配合变反手或正手，迅速抢攻。

三、拉攻战术

拉攻是进攻型打法对付削球打法的主要战术，即用拉球（包括一般拉球、小上旋和弧圈球）找机会，然后伺机突击（包括扣杀和抢冲）。具体运用时，有如下几种：

（一）拉一角为主，伺机突击自己的特长线路或中路追身。

（二）拉中路杀两角或拉两角杀中路。

（三）拉左杀右或拉右杀左。

（四）拉斜杀直或拉直杀斜。

（五）变化拉球的旋转（如拉真假弧圈等），伺机突击。

（六）拉、搓、吊结合，伺机突击。

四、削中反攻战术

是削球选手对付进攻选手常采用的战术，具体有：

（一）削转与不转球，伺机反攻。

（二）逼两角，伺机反攻。

（三）逢斜变直、逢直变斜。

（四）攻、削、挡结合。

五、搓攻战术

搓攻战术是进攻型打法的辅助战术之一，又是削球打法相互交锋时的主要战术之一。

（一）搓转与不转球后，伺机反攻。

（二）快搓短球为主，配合劈长球，伺机进攻。

（三）搓中拉（或推）一板后转快攻。

六、接发球战术

接发球应贯彻积极主动的指导思想，增强用正手侧身接发球的意识，最大限度地控制对方的发球抢攻。

（一）接发球抢攻

接发球抢攻是最积极主动的接发球方法。遇对方发的小球，可用快点；遇对方发的长球或半出台球，可抢攻或抢冲。

运用此种战术时，应判断清楚对方发球的旋转和落点，步法移动要迅速，抢攻要大胆果断。

（二）用拉或拨或推的方法，将球接至对方弱点处，再争取下板球抢攻或抢冲。

（三）以摆短为主、结合劈两大角长球，争取下一板主动先上手或抢攻。

第二节　双打

双打在乒乓球比赛中占有重要的地位。在正式比赛的七个项目中，有三项是双打。奥运会乒乓球比赛中共设四块金牌，而双打就占有两块。

一、双打的配对

（一）配对原则

1. 感情融洽是技术配合的重要条件。

2. 在技术与战术上应各有特点，并能互相帮助、互相补充。一左手和一右手握拍的选手合作，为理想配对。

3. 应选择手感好、步法好、前四板球好的运动员参加双打配对。

（二）几种类型的配对介绍

1. 一名弧圈球选手与一名快抽选手配对。

2. 两名弧圈球选手配合。一名为两面拉，另一名为单面拉；一名擅长正手拉，另一名擅长反手拉；一名左手握拍，另一名右手握拍；一名站位稍前，另一名站位稍后。

3. 一名直拍正胶与另一名直拍反胶选手配对。

4. 一名使用两面不同性能球拍的选手与另一名常规球拍选手配对。

5. 两名削球选手配对。

为保证双打的水平，应保持相对固定的配对，切忌经常变换，更不要临时拼凑。

二、双打的移位方法

（一）“八”字形移位法：左手与右手执拍的进攻型选手配对，多采用此走位法（图 35）。

（二）环形移位法：两名右手执拍的选手配对时，多采用此法（图 36）。

（三）“T”形移位法：一名站位近台与一名站位中远台选手配对时，多采用此走位法。如：一名快抽选手与一名弧圈球选手相配；一名快攻手与一名削攻型打法选手配对等（图 37）。

（四）横 8 字形移位法：对方有意识地针对本方一名选手交叉打两角时，其移位路线多为“∞”字形（图 38）。

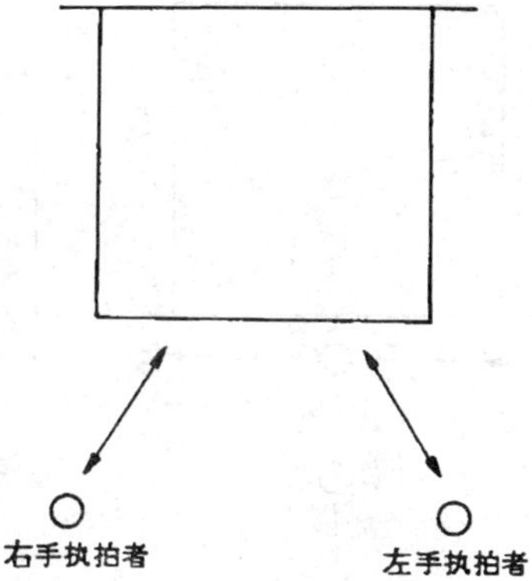

图 35 “八”字形移动

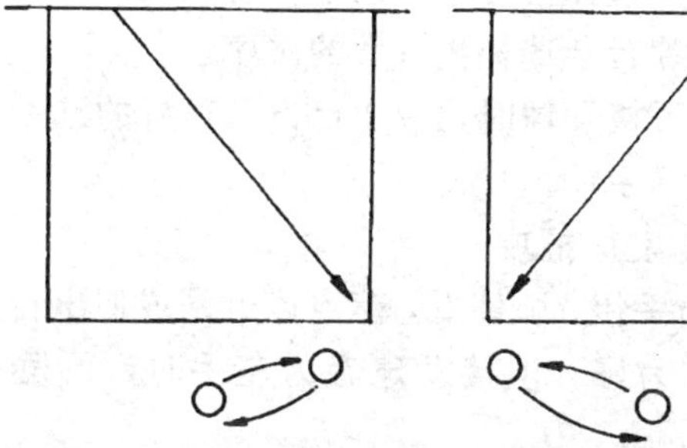

图 36 环形移动

以上只是双打移位的几种基本方法，实战中常常是几种方法的结合运用。由于比赛中情况千变万化，固定不变的移位方法是没有的，因此运动员应灵活运用。

三、双打的战术

（一）发球与接发球的选择

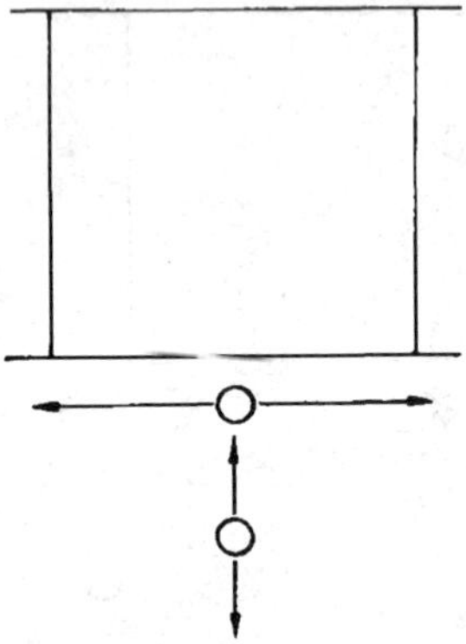

图 37　“T”形移动

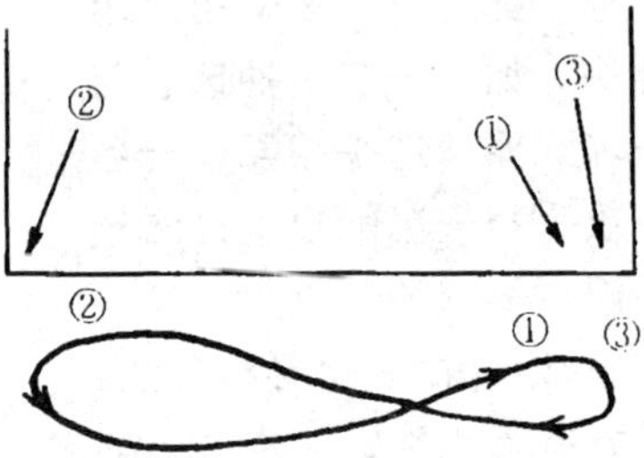

图 38　横“8”字形移动

中签时，优先选择接发球，以选择有利的接球次序。如混合双打时，中签者会选择男打女的次序。

当对方选择了接发球时，应由己方发球好的选手为第一发球员，力争开局主动。

（二）发球与发球抢攻

1. 发球应出手快、弧线低，落点以近网或似出台又未出台接近中线的球为好。但接发球者为左手时，可发右近网小球。

2. 必须和同伴配合，发什么球应告诉同伴（用手势表示即可）。

（三）接发球

双打的接发球应特别强调积极主动，力争抢攻或为同伴制造抢攻机会。遇长球应尽量争取抢攻或抢冲；遇短球则最好以快点为主，配合摆短或撇一板。

（四）相持战术

1. 紧盯一角，迫使对方两人挤到一起，伺机打另一角或中路追身。

2. 追打击球员的身体。如甲击球过来，乙方就专门向甲的身体方向打。

3. 有意将球击向对方两人的各自弱点，寻机扣杀。

4. 交叉打两角，使对方在移动中造成混乱后再打空当。

5. 对攻中，明确主攻手与副攻手的职责。一般由主攻手首先发动进攻，力争得分或为同伴创造连续进攻的机会。

思考题

1. 乒乓球的基本战术有哪几类？

2. 根据个人情况制定一套比赛战术。

3. 双打的配对原则是什么？

第五章 乒乓球竞赛规则与裁判法

第一节 乒乓球竞赛规则简介

一、器材和比赛条件

（一）比赛台面：球台的上层表面为比赛台面，是与水平面平行的长方形，长 2.74 米，宽 1.525 米，离地面高 0.76 米。球台上面的边缘属于比赛台面，上边缘以下的侧面不属于比赛台面。沿每个 2.74 米的比赛台面边缘各有一条 2 厘米宽的白色边线，沿每个 1.525 米比赛台面边缘各有一条 2 厘米宽的白色端线。

比赛台面由一个与端线平行的垂直的球网划分为两个相等的台区。双打时，各台区应由一条 3 毫米宽的白色中线划分为两个相等的半区。中线与边线平行，应视为右半区的一部分。

（二）球网装置：包括球网、悬网绳、网柱及将它们固定在球台上的夹钳部分。整个球网的顶端距离比赛台面 15.25 厘米。

（三）球：用赛璐珞或类似的塑料制成，呈白色、黄色或橙色。

（四）球拍

1. 球拍大小、形状或重量不限，但底板应平整、坚硬。

2. 底板厚度至少 85％是天然木料，加强底板的粘合层可用诸如碳纤维、玻璃纤维或压缩纸等纤维材料，每层粘合层不超过底板总厚度的7.5%或0.35毫米。

3. 用来击球的拍面应是一层颗粒向外的普通颗粒胶覆盖，连同粘合剂厚度不超过2毫米；或用颗粒向内或向外的海绵胶覆盖，连同粘合剂厚度不超过4毫米。

海绵胶，即在一层泡沫橡胶上覆盖一层普通颗粒胶，普通颗粒胶的厚度不超过2毫米。

4. 球拍两面不论是否有覆盖物，必须是无光泽，且一面为鲜红色，另一面为黑色。拍身边缘上的包边应无光泽，不得呈白色。

5. 比赛开始时及比赛过程中运动员需要更换球拍时，必须向对方和裁判员展示其将要使用的球拍，并允许接受检查。

（五）赛区空间应不少于14米长、7米宽、4米高。赛区应由75厘米高的同一深色的挡板围起，同相邻的赛区及观众隔开。

光源距地面不得少于4米。从台面高度测得的台面照明度不得低于1000勒克斯，且整个台面照明度应均匀，赛区其他部位的照明度不得低于台面的一半。

（六）比赛服一般包括短袖运动衫、短裤或短裙、短袜和运动鞋。短袖运动衫、短裤或短裙可以是任何颜色，但其主要颜色应与比赛用球的颜色明显不同。

比赛双方应穿着颜色明显不同的运动衫。如双方所穿运动服颜色类似，且均不愿更换时，应由抽签决定某一方必须更换。

团体赛同队运动员或同一协会运动员组成的双打，服装款式和颜色应一致，鞋袜除外。

二、应明确的几个概念

（一）回合：球处于比赛状态的一段时间。

（二）重发球：不予判分的回合。

（三）一分：判分的回合。

（四）执拍手：正握着球拍的手。

（五）不执拍手：未握着球拍的手。

（六）击球：用握在手中的球拍或执拍手手腕以下部分触球。

（七）阻挡：对方击球后，处于比赛状态的球尚未触及本方台区、也未越过比赛台面或其端线，即触及本方运动员或其穿带的任何物品。

（八）发球员：在一个回合中，首先击球的运动员。

（九）接发球员：在一个回合中，第二个击球的运动员。

（十）运动员穿或带的任何物品，包括他在一个回合开始时穿或带的任何物品。

（十一）球从突出台外的球网装置之下或之外经过，或回击的球越过球网后又回弹过网，均应视作已“越过或绕过”球网装置。

（十二）球台的端线，包括端线两端的无限延长线。

三、合法发球

（一）发球时，球应放在不执拍手的手掌上，手掌张开并伸平。球应是静止的，在发球方的端线之后和比赛台面的水平面之上。

（二）发球员须用手将球几乎垂直地向上抛起，不得使球旋转，并使球在离开不执拍手的手掌之后上升不少于16厘米。

（三）当球从抛起的最高点下降时，发球员方可击球，使球首先触及本方台区，然后越过或绕过球网装置，再触及接发球员的台区。在双打中，球应先后触及发球员和接发球员的右半区。

（四）从抛球前球静止的最后一瞬间到击球时，球和球拍应在比赛台面的水平面之上。

（五）击球时，球应在发球方的端线之后，但不能超过发球员身体（手臂、头或腿除外）离端线最远的部分。

（六）运动员发球时，有责任让裁判员或副裁判员看清他是否按照合法发球的规定发球。

（七）如果裁判员怀疑发球员某个发球动作的正确性，并且他或副裁判员都不能确信该发球动作不合法，一场比赛中此现象第一次出现时，裁判员可以警告发球员而不予判分。

在同一场比赛中，如果运动员发球动作的正确性再次受到怀疑时，不管是否出于同样的原因，不再警告而判失一分。

无论是否第一次或任何时候，只要发球员明显没有按照合法发球的规定发球，他将被判失一分，无需警告。

（八）因身体残缺而不能严格遵守合法发球的某些规定时，必须在赛前向裁判员说明，可免予执行。

四、合法还击

对方发球或还击后，本方运动员必须击球，使球直接越过或绕过球网装置，或触及球网装置后，再触及对方台区。

五、比赛次序

在单打中，首先由发球员合法发球，再由接发球员合法还击，然后两者交替合法还击。

在双打中，首先由发球员合法发球，再由接发球员合法还击，然后由发球员的同伴合法还击，再由接发球员的同伴合法还击。此后，运动员按此次序轮流合法还击。

六、比赛状态

从球被抛起前静止状态的最后一瞬间起，球即处于比赛状态，直到：

当球触及比赛台面、球网装置、执拍手手中的球拍或执拍手手腕以下部位以外的任何物体；

当这个回合被判为重发球或得一分。

发球时，球在抛起前静止在发球员不执拍手手掌上的最后一刻起进入比赛状态，但之后运动员必须确实完成了抛球动作。仅仅因为球静止在发球员不执拍手手掌上，并不表示球进入比赛状态。

如果在发球员准备抛球前，球突然从他手中滑落下来，不判其失分。因为球还未进入比赛状态。同样，发球员将球放在不执拍手掌上并静止下来后，又改变了主意，准备发另一种球，走到另一边去发球，也不判其失分。总之，只要他没有试图抛球，就没有进入比赛状态。

七、重发球

回合出现下列情况应判重发球：

（一）如果发球员发出的球，在越过或绕过球网装置时，触及球网装置，此后成为合法发球或被接发球员或其同伴阻挡。

（二）如果接发球员或同伴未准备好时，球已发出，而且接发球员或其同伴均没有企图击球。

（三）发生了运动员无法控制的干扰，使运动员未能合法发球、合法还击或遵守规则。

（四）裁判员或副裁判员暂停比赛

1. 由于要纠正发球、接发球次序或方位错误；

2. 由于要实行轮换发球法；

3. 由于警告或处罚运动员；

4. 由于比赛环境受到干扰，以致该回合结果有可能受到影响。

八、一分

回合中出现重发球以外的下列情况，应判失一分：

（一）未能合法发球；

（二）未能合法还击；

（三）阻挡［七（一）所规定情况除外］；

（四）连续两次击球；

（五）球连续两次触及本方的台区；

（六）用不符合规定的球拍击球；

（七）运动员或其所穿带的任何物品移动了比赛台面；

（八）不执拍手触及比赛台面；

（九）运动员或其穿带的任何物品触及球网装置；

（十）在双打中，除发球和接发球外，运动员未能按正确的次序击球；

（十一）实行轮换发球法时，发球方发出和还击的球，被接发球方连续 13 次合法还击；

（十二）裁判员判罚分。

九、一局比赛

在一局比赛中，先得 21 分的一方为胜方。20 平后，先多得 2 分的一方为胜方。

十、一场比赛

一场比赛应采用三局两胜制或五局三胜制。

一场比赛应连续进行。但在局与局之间，任何一名运动员都有权要求不超过两分钟的休息时间。

十一、发球、接发球和方位的选择

（一）每场比赛前，应用抽签的方法确定谁首先选择：

1. 当中签者选择先发球（或先接发球），未中签者则选择方位；

2. 当中签者选择方位，未中签者则选择先发球（或接发球）。

（二）在获得每 5 分之后，接发球方即成为发球方，依此类推，直至该局比赛结束；或者直至双方比分都达到 20 分或实行轮换发球法。这时，发球和接发球次序仍然不变，但每人只轮发一分球。

（三）在双打比赛中，先发球方确定为第一发球员，再由先接发球方确定第一接发球员，在以后的各局比赛中，第一发球员确定后，第一接发球员应是前一局发球给他的运动员。

（四）在双打中，每次换发球时，前面的接发球员应成为发球员，前面的发球员同伴应成为接发球员。

（五）一局中首先发球的一方，在该场下一局应首先接发球。在双打决胜局中，当一方先得 10 分时，接发球方应交换接发球次序。

（六）一局中，在某一方位比赛的一方，在该场下一局应换到另一方位。在决胜局中，一方先得 10 分时，双方应交换方位。

十二、发球、接发球次序和方位错误的纠正

（一）裁判员一旦发现发球、接发球次序错误，应立即暂停比赛，并按该场比赛开始时确立的次序，依场上比分由应该发球或接发球的运动员发球或接发球；在双打中，则按发现错误时那一局中首先有发球权的一方所确立的次序进行纠正并继续比赛。

（二）裁判员一旦发现运动员应交换方位而未交换时，应立即暂停比赛，并按该场比赛开始时确立的次序，以及场上当时的比分运动员应站的正确方位进行纠正后再继续比赛。

（三）在任何情况下，发现错误之前的所有得分均有效。

十三、轮换发球法

如果一局比赛进行到 15 分钟仍未结束(双方都已获得至少 19 分时除外)，或者在此之前任何时间应双方运动员要求，应实行轮换发球法。

当时限到时，球仍处于比赛状态，裁判员应立即暂停比赛，由被暂停回合的发球员发球，继续比赛；

当时限到时，球未处于比赛状态，应由前一回合的接发球员发球，继续比赛；

此后，每个运动员都轮发一分球，直至该局结束。如果接发球方进行了 13 次合法还击，则判发球方失一分；

轮换发球法一经实行，该场比赛的剩余部分必须继续实

行，直至该场比赛结束。

十四、场外指导

在局与局之间的休息时间或经批准的中断时间内，运动员可接受场外指导。

团体赛时，运动员可接受任何人的场外指导；单项赛运动员只能接受一个人的场外指导，而且这个指导者的身份应在该场比赛前向裁判员说明。

除在允许的时间内，如果企图提供或接受场外指导或以其他方式影响正在进行中的比赛，裁判员应警告指导者，如仍坚持上述行为，将令其远离赛区。如他拒绝离开，裁判员应中断比赛，立即向裁判长报告。

裁判员在正式警告指导者时，应出示黄牌；在将指导者逐出赛区时，应出示红牌。

十五、团体赛的次序

自第 44 届世乒赛始，男女团体赛均采用了相同的次序。即每队可报名 3～5 人，出场比赛 3 人。一次比赛为五场三胜制，一场比赛为三局两胜制。

一次比赛开始前，由双方队长抽签决定某一方为 A、B、C 或 X、Y、Z，然后由两队队长将本队运动员排名表交给裁判员。

具体比赛次序为：

1. A 对 X
2. B 对 Y
3. C 对 Z
4. A 对 Y

5. B对X

第二节　裁判员的临场操作

一、在去比赛场地前，检查比赛所必需的器材是否带齐。

二、到达赛场后检查挡板、球台是否安放正确，球网是否调整好。

三、将比分显示器调到无比分、无局分。团体赛时，应检查场分是否正确。当运动员到达时，显示双方的局分为“0”。

四、检查运动员的号码布是否正确，球拍是否合法，比赛双方是否穿着明显不同的短袖运动衫，同一协会双打运动员的服装是否相同等。对服装可接受性产生怀疑或运动员不服从时，应报告裁判长。

五、挑选比赛用球。如双方运动员不能就比赛用球达成一致意见时，裁判员可从供运动员选择的球中随机取一个球作为比赛用球。拒绝接受者将由裁判长取消其比赛资格。

六、当着双方运动员的面，用旋转挑边器或掷币的方法决定发球权和方位。注意不要让挑边器或硬币落在比赛台面或地板上。

七、在记分表上记下发球员。若双打比赛，应记下第一发球员和第一接发球员。

八、带领运动员入场。介绍运动员后，裁判员宣布：“练习两分钟”并同时做出相应手势。

九、检查毛巾是否放在裁判员附近的容器里。

十、当练习时间到时，裁判员报：“时间到”，停止练习，将球收回。向双方运动员宣布：“比赛开始”，示意接发球方：

“准备”之后，将球慢慢从台面上滚给发球方。裁判员坐好后，手指向发球方，报：“发球”紧接着报：“0比0”。将比分显示为“0—0”。

十一、发球开始，开动计时器，比赛暂停时（如擦汗、球飞出赛区等）。停止计时器；继续比赛发球，再开动计时器。当比赛进行到15分钟、双方比分又未到19时，应喊：“时间到”实行轮换发球法。

十二、根据规则判定每一回合结果。每一回合结束时，应立即报分；如考虑掌声或其他嘈杂声将影响报分，应在情况允许时立即报分。

报分时，裁判员应首先报下一回合即将发球一方的得分数，然后报对方的得分数。一局开始或换发球时，裁判员在报分后应报出下一个发球员的名字。一局比赛开始，也允许先报发球员名字，再报比分。

当判得分时，裁判员可将靠近得分方的手举至齐肩高。

直到裁判员已经用手示意或报出比分时，才能显示比分。

十三、劝阻运动员不要在两个回合间停顿太长。一局比赛中，不得使运动员接受任何场外指导。

十四、每局比赛结束，裁判员应先报胜方运动员的姓名，然后报胜方得分数，再报负方得分数。要求运动员将球拍放在球台上。

拣回比赛用球，在记分表上记录好比赛成绩。保留显示器上的比分，但不要改变局分。

十五、在双方运动员回到球台旁边准备进行下一局比赛前不久，将显示器调到无比分和前一局比赛后的局分。当裁判员报出“0比0”时，显示“0—0”。

十六、掌握局间休息时间，时间一到立即召回运动员。

十七、一场比赛结束，应宣布比赛结果，填好记分表，请运动员（团体赛时请队长）签名，保留显示器这一局最后的比分和前一局的局分。

十八、将记分表交到有关裁判员处，离开赛场前收好所有比赛用球和预备球，检查有无衣服、毛巾或其他物品遗留场内，将比分显示器调到无任何显示。

思考题

1. 合法发球的要点是什么？
2. 何谓轮换发球法？
3. 团体赛的比赛次序怎样排定？
4. 怎样纠正发球、接发球和方位的错误？
5. 裁判员应如何报分？

羽毛球

第一章　羽毛球运动概述

第一节　羽毛球运动的起源与演变

据现有资料表明，最早出现有关羽毛球运动的文字记载，是法国著名画家乔丹（1699～1779）所画的一幅题为“羽毛球”（The shuttle coack）的油画。画中的一名少女，手握穿有网弦的羽毛球拍，球由球托上插有七根不同颜色的羽毛所制成。

传说日本早在14～15世纪时，已出现了一种两个人用木制球拍，将插着羽毛的樱桃核当作球来回对击的游戏。这种运动很快传到了欧洲和亚洲其他国家。但因这种球不坚固耐用，飞行速度又太快，所以虽风行一时却很快就又销声匿迹了。

此后，又有类似羽毛球运动的游戏方式相继在印度和俄国出现，印度称此游戏方法为“普那”，它是用绒线缠成球形，上插羽毛，用木拍两边对击。俄国称其为“伏朗”。用球和我们现在的毽子非常相似。

由此而见，羽毛球运动的起源与类似“毽子板”的游戏有着密切的联系。由于国家、民族、文化以及语言的差异，对原始羽毛球运动名称的称呼就有所不同。所以，目前世界上对于这项运动究竟始于何时何处仍众说纷纭。但对现代羽毛球运动名称由来的说法却基本一致。1873年，在英国格洛斯特郡的伯明顿镇(BADMINTON)有一位叫鲍弗特的公爵，一次在家中宴请宾客，恰逢下雨，客人只得聚在客厅，时间一长，大家都感到乏味，当时，有位从印度退役的英国军官，将其在印度孟买见到的“普那”向大家作了介绍，于是大家就在大厅内进行这种羽毛球游戏。因这项活动极富趣味性，很快就风行起来。由于这项活动诞生于伯明顿，有人就提议以这个庄园的名称命名了这项运动，所以英语中羽毛球叫作“BADMINTON”。原来的鲍弗特公爵庄园现在也改名为“羽毛球馆”以示纪念，并陈列着19世纪中叶最初的羽毛球拍和球。

1877年，第一本羽毛球比赛规则在英国出版。

1893年，在英国成立了世界上第一个羽毛球协会。1899年，该协会举办了第1届“全英羽毛球锦标赛（All England Badminton Champinships）”这就是自1899年起每年在英国伦敦温布利体育中心举行的传统性、非正式世界羽毛球锦标赛。

此后，羽毛球运动从不列颠诸岛流传到斯堪的纳维亚和英联邦各国，20世纪初流传到亚洲、美洲、大洋洲，最后传到非洲。

随着这项运动在世界上开展的国家越来越多，1934年成立了“国际羽毛球联合会”，总部设在伦敦。1939年国际羽毛球联合会通过了各会员国共同遵守的《羽毛球竞赛规则》。

从20世纪20年代到40年代这个期间，欧美国家的羽毛球运动发展很快。特别是英国和丹麦，历次重大国际比赛的桂冠几乎都被他们所垄断。其次是美国和加拿大也具有相当高的水平。

1948年～1949年举行了首届世界男子羽毛球团体赛(汤姆斯杯赛)，马来西亚队击败了美国、英国和丹麦等强队荣登榜首。从此，开始了亚洲人称雄国际羽坛的时代。

50 年代亚洲羽毛球运动发展较快，特别是马来西亚涌现出了不少优秀选手，蝉联了 1951 年和 1955 年之间所举行的两届汤姆斯杯赛冠军。同时在全英锦标赛中获男子单、双打的冠军。

50 年代末，印度尼西亚羽毛球队在国际羽坛开始崛起，他们在学习欧洲选手的技术与打法的基础上有所创新，加快了羽毛球场上的速度和对落点的控制，使羽毛球技术水平提高到一个新的阶段。在第 4 届汤姆斯杯赛中一举击败马来西亚队而夺得冠军。在 60 年代和 70 年代，印尼队的技术水平（除中国以外）在国际羽坛一直处于遥遥领先的地位，从第 4 届到第 11 届的汤姆斯杯赛，除第 7 届被马来西亚队获得外，其余全被印尼队所囊括，并且几乎垄断了在此期间举行的全英锦标赛的男子单、双打的冠军。

在女子方面，50 年代中期至 60 年代初，美国占据世界的优势，连续三届获得世界女子团体比赛（尤伯杯赛）的冠军。60 年代后期至 70 年代，世界的优势转向日本。

1981 年 5 月国际羽联重新恢复了我国在国际羽联的合法席位，从此揭开了国际羽坛历史上新的一页，进入了中国羽毛球选手称雄国际羽坛的辉煌时期。

在 1988 年汉城奥运会上，羽毛球第一次进入奥运大家庭，被列入表演项目。1992 年巴塞罗那奥运会列为正式比赛项目，设男女单打和男女双打四块金牌。1996 年亚特兰大奥运会上，又增设了混合双打。

目前，国际上主要举行以下一些重大比赛：

1. 汤姆斯杯赛（Thomas cap）

世界男子团体羽毛球锦标赛，由国际羽联主办，为世界最高水平的男子团体比赛。该奖杯为国际羽联第一任主席汤姆斯爵士1939年所捐赠。1948年举行了第1届比赛。原每三年举行一次比赛，现已改为每两年举行一届（在偶数年举行）。比赛由三场单打和两场双打所组成。

2. 尤伯杯赛（Uber cap）

世界女子团体羽毛球锦标赛，由国际羽联主办，为世界最高水平的女子团体比赛。该杯由英国的著名女运动员尤伯夫人所赠，从1956年开始举办比赛。比赛方法与汤姆斯杯赛基本相同。

3. 世界羽毛球锦标赛

为国际羽联举办的世界羽毛球单项锦标赛，共设有男女单打、双打和混合双打五个比赛项目。比赛从1977年起每三年举行一届，现改为每两年举行一届（在奇数年举行）。

4. 苏迪曼杯赛（混合团体）

世界混合团体比赛。从1989年开始举行，每两年举行一届，现与世界羽毛球锦标赛同时在奇数年举行。比赛由男女单打、男女双打和混合双打五个单项所组成。

5. 国际系列大奖赛

是国际羽联在20世纪80年代初与世界羽联合并后，参照国际网球大奖赛组织的一种比赛。它把全年的比赛分成若干赛区，由许多比赛组成系列。根据运动员在各次比赛中的成绩积分进行排名。选出前16名运动员进行总决赛。

第二节 羽毛球运动的特点

羽毛球是一项深受广大人民群众喜爱的体育运动项目，它具有速度快、技术复杂多样、战术灵活多变、竞争激烈、易于开展、便于普及的特点。据统计，一场较高水平的羽毛球比赛，一般要进行50～90分钟，双方运动员要在35平方米的场地上进行前后、左右不断变换方向地跑动500多次，移动距离在3000米以上。又因为比赛中球路的千变万化，运动员在移动击球过程中，还要不断地重复进行启动、加速、急停等变速运动，和完成弯腰、后仰、起跳、转体等动作。随着现代羽毛球比赛在时间和空间上的争夺越来越激烈，比赛场上的情况也越来越错综复杂和变化多端。这就要求运动员不仅要掌握全面的技术动作，而且还需要具备快速随机应变的能力。能在比赛场上，伴随着挥拍击球，突然改变运动的速度和方向，不仅要注意到球在空中飞行时的速度、线路和弧度的变化，还要依此而判断出对方运动员的行动意图，并随时作出调整，采取合理的应变行动。但作为一种非正式性比赛而进行的活动，羽毛球运动可不受场地条件限制，在室内或室外无风时都可进行，运动量也可以根据不同年龄及体质情况，自我调节。这就使各种文化层次、年龄性别和体质状况的人都能够参加锻炼，并相互交流球技和情感。因此，经常参加羽毛球运动，不但可以促进人们的力量、速度、耐力、灵敏和协调等全面身体素质的发展，提高内脏器官的功能，而且还可以培养运动员顽强的意志品质，提高广泛分配和集中注意的能力，对空间和时间的精确的感知觉能力。同时，由于运动员在比赛中需要经常地、不断地变换动作，这就对提高神经系统的灵活性，和支配各器官的能力，都起着良好的作用。同时又能丰富人们的业余文化生活，从而提高工作和学习的效率。

羽毛球运动不但具有较大的参与吸引力，而且它还具有非常强的观赏价值。身临现场观赏一场高水准的羽毛球比赛，常常能获得速度、技巧、智慧和毅力相熔于一炉的艺术般的享受。

第三节　我国羽毛球运动的发展概况

现代羽毛球运动约于1910年传入我国，最早在上海，随后在广州、天津、北京、成都等城市的基督教青年会和学校中有所开展。

新中国成立后，党和政府十分关心人民群众的健康，体育运动得到了蓬勃的发展，羽毛球运动也逐渐为群众所喜爱，并作为我国重点开展的项目之一。1953年在天津首次举办了全国比赛，当时只有五个队19名选手参加。

1954年，先后一批报效祖国的赤子回国，并带回了先进的羽毛球技术，同时组建了国家集训队。继而我国在东南沿海几个主要大城市也成立了以归国华侨青年为骨干的羽毛球队，在“破除迷信，解放思想，走自己的路”的思想的指导下，我国羽毛球运动员总结了国内外羽毛球运动的经验教训和技术资料，结合自己的运动实践进行了探索，不断改进训练方法。其中，福建省运动队主要在技术的手法上、广东队主要在步法上进行了改革和突破。同时借鉴我国乒乓球运动的成功经验，并通过对多年训练和比赛实践经验的总结，提出了“以我为主、以快为主、以攻为主”的积极打法。后来，又经过不断地总结和完善，逐步形成了中国羽毛球运动所特有的“快、狠、准、活”的技术风格。我国运动员怀着一颗勇攀世界羽坛技术高峰、为国争光的雄心大志，吸取了国外的一些先进的运动训练方法，勤学苦练，自觉地贯彻了“从难、从严、从实战出发，进行大运动量训练”的“三从一大”训练方针，运动技术水平得到了进一步的提高。

但由于政治上的原因，当时我国未加入国际羽联，故未参加世界性锦标赛。但是在国际相互的交往中，多次与当时的世界强队进行过较量，都取得了优异的成绩。被许多外电外报誉为“无冕之王”“冠军之冠军”等。

直到1981年5月，国际羽联重新恢复我国在国际羽联的合法席位，实现了我国运动员多年的夙愿——逐鹿世界羽坛，争夺世界桂冠，为国争光。1981年7月，在第1届世界运动会上（美国洛杉矶），我国运动员陈昌杰、孙志安、姚喜明、刘霞和张爱玲夺取了男女单、双打的四项冠军。1982年，我国第一次参加了全英羽毛球比赛，张爱玲夺得女子单打冠军，徐蓉/吴健秋夺得女子双打冠军，栾劲勇夺男单冠军。同年，中国队第一次参加“汤姆斯杯”赛，在第一天1：3非常不利的情况下，奋力拼搏，最终以5：4击败羽坛劲旅印尼队，夺得冠军。1984年，在马来西亚的吉隆坡，我国羽毛球女队又夺得了第10届“尤伯杯”。

紧随其后，我国又涌现出了杨阳、赵剑华、熊国宝、李永波、田秉义和林瑛、吴迪茜、李玲蔚、韩爱萍等一批世界羽坛顶尖高手，从而进一步奠定了我国羽毛球技术水平处于世界羽坛领先地位的基础，在一系列世界大赛中为祖国夺得了众多的金牌，创造了中国羽毛球历史上的辉煌时期。

进入90年代，随着杨阳、赵剑华、李玲蔚等一批优秀运动员的相继退役，我国暂时出现了一段青黄不接的时期，而印尼经过了多年的励精图治，涌现了一批以阿迪、王莲香为代表的新秀。欧洲也重新崛起，韩国、马来西亚也时有新人涌现，世界羽坛进入了群雄抗衡的时代。在巴塞罗那奥运会上，我国羽毛球项目竟与金牌无缘。直到1995年才逐渐步出低谷，首次夺得“苏迪曼杯”。1996年，在亚特兰大奥运会上，顾俊/葛菲勇夺女双冠军，实现了我国羽毛球项目在奥运会上零的突破。1997年，我国运动员再次夺得“苏迪曼杯”，同时在世界锦标赛上获得了女单、女双和混双三块金牌，开始步入再铸辉煌的历程。

第四节　世界羽毛球运动的技战术发展趋势

当前，世界羽毛球运动的技战术发展趋势朝着更加“快速、全面、进攻、多变、特长突出”的方向发展，其中向更加快速的方向发展依然是总趋势中的一个重要方面。世界级优秀选手所具备的基本条件是在快速的运动中能全面掌握和运用各项基本技术；快速能力的体现更侧重于变速进攻，进攻技术也更着重于发展具有个人特色的快速、凶狠的变速突击技术。欧洲选手利用身材高大有力，已从偏重控制底线的打法转向强调进攻、突出发球抢攻、以下压控制网前为主的打法方向发展。亚洲选手则更注重利用自身灵活而突出在技术全面的基础上发展变速突击，打法以拉开结合变速突击为主。尽管欧亚选手在战术的组织上各有其不同的特点，但在突出快速、进攻，强调提高进攻的威胁性和有效率方面却是共同的。同时，对网前的争夺也越来越激烈，除了抢高点击球外，也更重视网前技术的质量与变化，比赛中能否有效地控制网前，已成为高水平运动员获取进攻机会的主要手段。

思考题

1. 为什么说羽毛球运动是一项广大群众喜爱的体育运

动项目？

2. 现代羽毛球运动的名称是怎样产生的？

3. 新中国成立后，我国羽毛球项目为什么能在一个不长的时期内攀登上世界羽毛球技术高峰？

4. 当今世界羽毛球运动技战术发展的主要趋势是什么？

第二章　基本技术

第一节　握拍法

握拍法是学习羽毛球击球基本技术的基础，能否正确地掌握握拍的方法，对学习和运用其他各项基本技术有着十分重要的作用。羽毛球的基本握拍法有两种，即正手握拍法和反手握拍法（本书所介绍的技术均以右手握拍为例）。

一、正手握拍法

右手虎口对准拍柄窄面内侧斜棱，拇指和食指成“V”字形，相对贴握在拍柄的两个宽面上，中指、无名指和小指自然并拢握住拍柄，拍柄末端与小鱼际外缘平齐。食指与中指稍分开，掌心与拍柄应留有空隙，拍面与地面基本上保持垂直（图 1）。

图 1

二、反手握拍法

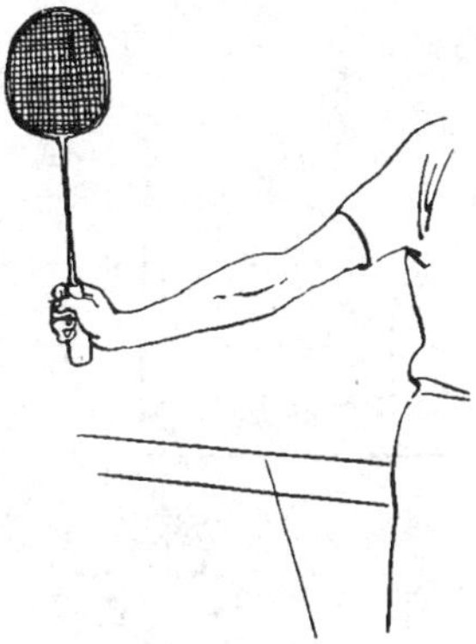

图 2

在正手握拍法的基础上，拇指和食指将拍柄稍向外转，食指稍向中指收拢，拇指内侧贴在拍柄的内侧棱上或宽面上（图 2）。

教学方法：

握拍时一定要注意自然放松，在球与球拍接触的瞬间才握紧球拍。正、反手握拍方法一定要有区别。食指、中指之间应有一定的间隔距离。正确的握拍应不影响或限制手腕活动的范围以及手指和手腕力量的发挥。平时可采用不断变换正、反手握拍的方法来提高握拍的灵活性。

第二节　发球与接发球

一、发球

羽毛球的发球技术，从技术动作上可分为正手发球和反手发球；根据球发出后在空中飞行的弧线和落点的不同，又可分为高远球、平高球、平快球和网前球等。如图 3 中的 1、2、3、4 所示。

（一）正手发球

站位：单打发球时的站位一般应靠近中线一侧，离前发球线 1 米左右的位置。双打发球时则应再稍靠前一些，一般靠近前发球线，以便于下一拍的封网。

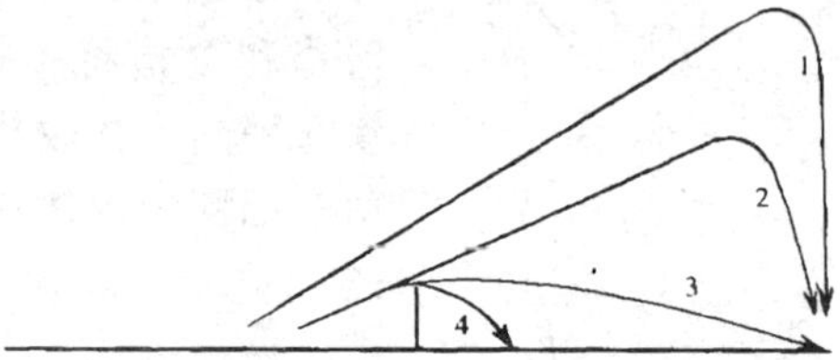

图 3

准备姿势：左肩侧对球网，左脚在前，脚尖对着发球方向。右脚在后，脚尖稍转向右侧。两脚自然开立与肩同宽，身体重心落在右脚上。右手采用正手握拍法向后侧举起，左手在身体胸腹部左前方，用拇指、食指和中指对掌轻轻地夹持球托与羽毛相接处（图 4）。

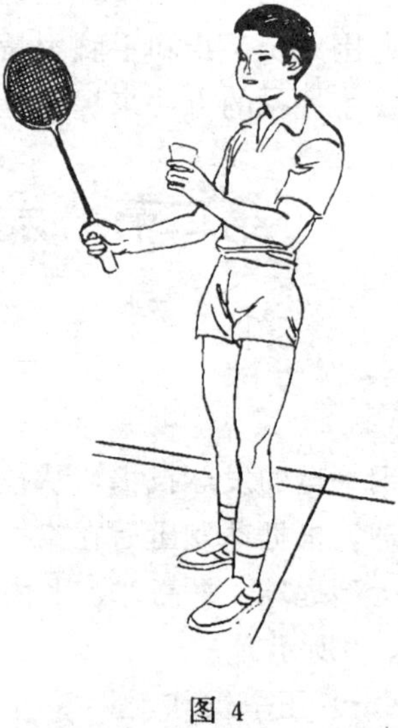

图 4

击球：左手自然松开使球平稳下落，同时右手挥拍沿着向前下至前上的方向逐渐加速挥摆，在身体右侧前方腰部以下的位置击球。与此同时，身体随着挥拍向左转动，重心也随之由右脚前移到左脚上，右脚跟稍提起（但脚尖不能离开地面），以维持身体的平衡。

不论发哪种弧线和落点的球，在动作的准备和挥拍的前期阶段，都应力求动作的一致性，以使对方难以判断自己的发球意图。不同的发球弧线和落点，关键在于击球瞬间球拍与地面所形成的角度、用力的大小和球与球拍接触的部位不同。

1. 正手发高远球：为了能将球发得又高又远，几乎垂直下落在对方端线附近。击球时，拍面与地面所形成的仰角一般应大于45°，当球拍挥至身体右侧前方腰部以下的位置（击球点）时，应握紧球拍，利用手腕由后伸到前屈和前臂旋内的力量，快速向前上方闪动击球（图5）。

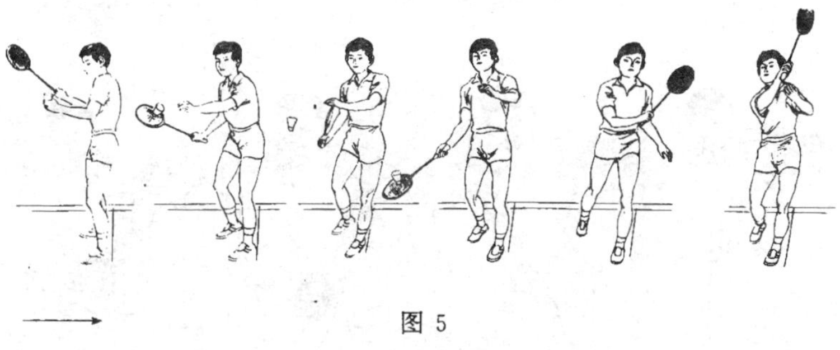

图 5

2. 正手发网前球：发网前球系指发出的球在接近球网的高度飞行落至对方前发球线附近。发网前球时，由于其飞行距离短、弧线低，因此，前臂挥动的幅度和屈腕发力的程度都要比发高远球小，击球瞬间也不必握紧球拍。同时拍面要稍后仰，从右向左推送击球，拍面与球接触部位要力求在先击中球托后再触及羽毛，以提高发球的准确性和稳定性。

（二）反手发球

是指在身体左侧向前挥拍击球的一种发球技术。其特点是动作幅度小、速度比较快、突然性强，但发力不如正手发球，一般多用于在双打比赛中。

站位：靠近前发球线的中线处，左脚或右脚在前均可，上体略前倾，后脚跟略提起，身体重心落在前脚上。

准备姿势：右手采用反手握拍法稍前移于拍柄前部握拍，右侧肩关节外展提起肘关节，手腕自然下垂，将球拍提放在体前左侧低于腰部处。左手持球在球拍面前方，并使球托对准拍面。

击球：主要利用手腕和手指发力，由左后下向右前上方向挥拍击球。同时要掌握好右手挥拍和左手放球的时间配合（图 6）。

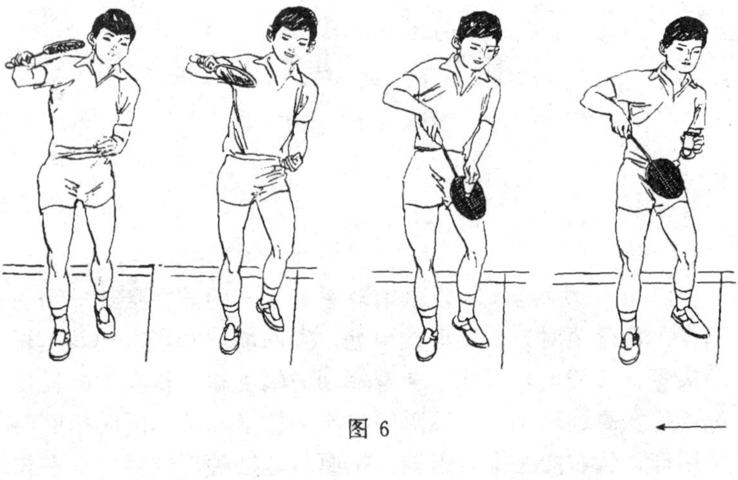

图 6

1. 反手发网前球：挥拍稍慢，击球瞬间应松握球拍由后向前推送，使球的最高飞行弧线略高于网顶，球过网后下行落至对方前发球线处。

2. 反手发后场球：多见于双打中发平快球或平高球。准备姿势和前期动作应力求和发网前球一致，不要过多地向后引拍而拉大动作的幅度。击球瞬间应握紧球拍，并强调“甩腕”发力击球。

教学方法：

在学习发球时应该由浅入深，初学者可先学习发正手高远球，待发球的动作基本掌握后，再学习发正、反手网前球和平高球，当这些发球技术都基本掌握后，就可学习用一种手法发出不同路线、弧度和落点的球。

练习步骤：

1. 徒手做发球前的准备姿势和模仿发球的动作练习。

2. 在球场上两人对练发球，或一人用多球做完整的发球练习。

3. 先练习定点发球，后练习不定点发球。

4. 综合练习不同种类的发球，提高发球动作的一致性和变化能力。

二、接发球

接发球是指将对方发过来的球还击到对方场内。如果说发球发得好是争得每分球胜利的开端，那么接发球接得好也同样是夺回发球权的第一步，因此，接发球和发球在比赛中同样（尤其是在双打比赛中）起着重要的作用。

（一）接发球的站位

1. 单打站位：一般站在离前发球线约 1.5 米处（可根据自己的身高和对手的发球特点加以调整），在右发球区接发球时，站位应偏靠中线一些，在左发球区接发球时则以站在左发球区中间为好。

2. 双打站位：由于双打发球区较之单打时要短 0.76 米，故不利于发高远球，比赛中通常都以发网前球和平快球为主，所以接发球时应站在靠近前发球线附近的地方。

（二）准备姿势

图 7

身体侧对球网，左脚在前，右脚在后，两脚自然开立，单打接发球时身体重心落在左脚，右脚跟自然提起，双膝微屈，含胸收腹，两臂自然提起，球拍举在身体前方，两眼注视对方（图 7）。双打接发球时身体重心则相对要下蹲一些，并应根据对对方发球意图的判断进行调整，球拍也应该比单打时举得更高一些。

教学方法：

接发球是一项建立在其他基本技术基础上的综合性技术。接对方发来的网前球时，通常运用搓球、推球、勾对角球和扑球技术。接对方发来的后场球时，则运用高球、吊球和杀球技术进行还击。因此，学习接发球，首先必须掌握好上述基本技术，这是学习接发球技术的前提。同时，接发球应该与发球教学结合进行，学习什么样的发球，同时也就学习相应的接发球技术。

练习步骤：

1. 开始应采用固定的一种基本技术去接对方的单一发球。

2. 在各种方法基本熟练的基础上，可运用多种技术方法来接对方的单一发球，如用高、吊、杀技术来接对方发来的高远球，用搓、推、勾技术来接对方发来的网前球等。

3. 在上述基础上，逐步过渡到采用综合性发球与接发球的对抗性练习。

4. 在掌握了较好的接发球控球能力的同时，应加强提高接发球抢攻的技能。

第三节　后场基本技术

后场基本技术是学习羽毛球技术的基础。根据其技术的性质特点不同，通常可分为高球、吊球、杀球。根据其击球的方位，有正手击球、反手击球和头顶击球（指在左后场区使用正手击球法，拍面由后绕过头顶挥拍，在左肩上方击球的一种技术方法）的区别。根据击球点的高度又可分为上手和下手技术。由于大纲的内容有限，这里只对其中的部分技术作介绍。

一、正手高球

将对方击向本方后场区靠近端线附近的球，在头部上方将其还击到对方后场区的击球方法，统称为高球（亦称拉球）。按其不同的飞行弧线，通常将比较平直的称为平高球，反之将称为高远球（图 8）。

击球前，身体先半侧对球网，右脚在后，左脚在前，两脚尖均踮起，重心自然落在右脚掌上。右手采用正手握拍法握拍，自然将球拍举到右肩侧上方，左手自然上举，眼睛注视来球。当球下落到击球点高度时，右腿开始蹲伸，并以髋关节带动身体由右向左移动，做左腿后撤、右腿前迈的两腿交叉动作。伴随下肢蹲转动作的同时，胸部舒张，两侧肩关节外展，左手自然上举，持拍臂的前臂向后移动，保持高肘后撤球拍。在腰腹协调用力的配合下，大臂带动小臂利用伸肘关节、前臂旋内和屈腕的力量，向前上方“甩臂”挥拍击球。在球拍与球接触的瞬间，迅速握紧球拍将球击出（图 9）。

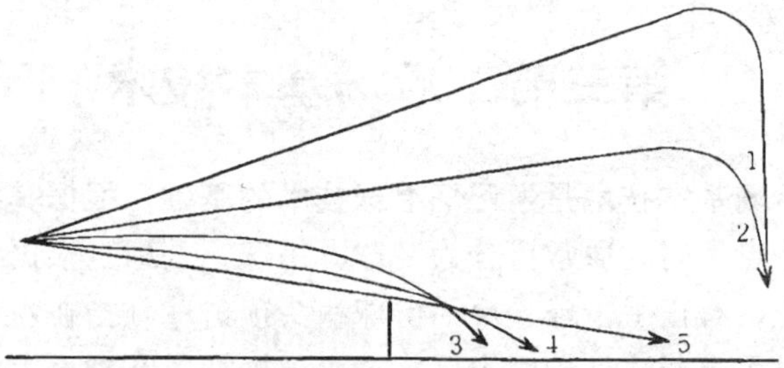

后场高空击球的各种弧线

1. 高远球　2. 平高球　3. 轻吊球　4. 劈吊球　5. 杀球

图 8

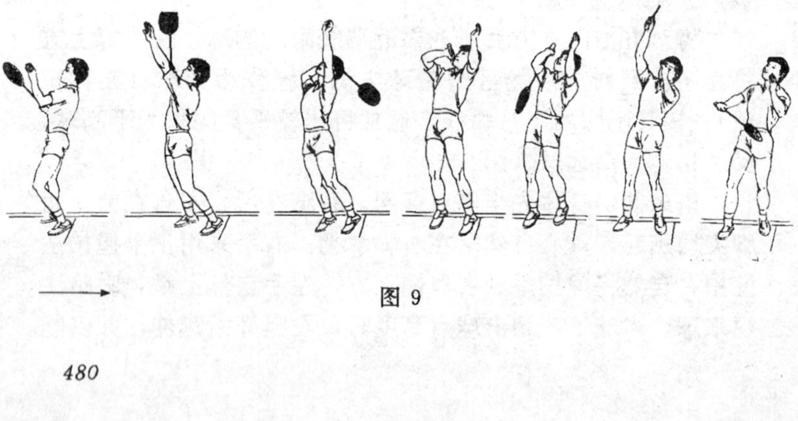

图 9

平高球与高远球的技术动作区别主要在于击球瞬间拍面与地面形成的夹角大小不同。击高远球时向上用力多一些，而击平高球时则稍向前用力多一些。

掌握正手击高球技术的关键是：

1. 全身动作要配合协调，主要应依靠大臂带动小臂采用“鞭打式”击球。

2. 击中球的瞬间才握紧球拍，否则关键性的手腕和前臂的发力动作就会受到限制。

3. 把握好击球时机，合适的击球点应在右肩的前上方。

教学方法：

学习击高球技术时，应由浅入深。初学者应先学击高远球，后学击平高球技术；先学击直线高球，后学击斜线高球；最后再学习头顶和反手击高球技术。

练习步骤：

1. 徒手练习击高球的模仿挥拍动作，体会击球的动作要领。

2. “一点打一点”，即进行直线或斜线的固定球路对击练习。

3. “一点打两点”和“两点打两点”练习。

4. 在上述基础上逐步过渡到和其他技术结合的组合或综合练习，如“高杀”或“高吊”练习。

二、正手吊球

吊球是指将对方击来的高球，从本方后场还击到对方近网区域的技术。比赛中，它常和高球结合使用，起到拉开调动对方场上位置、为本方创造突击进攻机会的作用。吊球主要有轻吊、劈吊和拦截吊三种，球路上有直线和对角线之分。

准备姿势及击球的前期动作与击高球技术相同。击球时与高球的区别主要在于：

1. 击球用力较柔和，主要依靠手腕和手指的变化来控制好击球时拍面与球接触的部位和用力的方向。

2. 向前下方挥拍击球，击球点较高，使球在略高于球网的位置越网而过，下落在前发球线以内的区域。

3. 劈吊时稍加快挥拍的速度，向左下方切击球的右侧部（正手劈吊斜线）。

教学方法：

学习吊球应由浅入深，初学者可先学切击球动作，体会击球时的拍面角度和击球部位，然后学习完整的吊球动作。先学对角线吊球，后学直线吊球。

练习步骤：

1. 进行徒手模仿挥拍练习，体会动作要领。

2. 通过定点吊球练习，体会"切击"动作。

3. 采用"挑一点吊两点"的方法，进行变方向的吊球练习。

4. 采用"挑两点吊两点"的方法，提高在移动中吊球的准确性。

5. 逐步过渡到"高吊"组合练习，提高后场击球动作的一致性。

三、杀球（扣杀）

杀球是指将本方场区的高球，近似直线状快速地向前下方击向对方场区的一种进攻性技术，具有飞行弧线较直、落地速度快、对对方威胁较大的特点。主要有重杀、轻杀、劈杀和点杀等。

准备姿势和击球的前期动作与高球和吊球基本相同，主要区别在于：

1. 为了使击球凶猛有力，身体的大肌肉群参与较多，蹬地起跳后，身体后仰呈反弓后用力收腹，挥大臂带动前臂和手腕迅猛地向下扣压。整个动作要求舒展协调，连贯流畅。

2. 击球点较之吊球要略微偏前一些。

3. 为保证击球后能立即回动，落地时，左脚要后撤蹬伸，右脚应向前做一较大的跨步。

教学方法：

初学者可先学正手直线、斜线杀球，后学头顶杀球。应先注重动作的正确性，发力可由轻到重。

练习步骤：

1. 按动作要领进行徒手模仿挥拍练习，体会动作要领。

2. 通过向前下方投掷羽毛球（或垒球），体会鞭打发力动作。

3. 采用多球进行定点杀球练习，即“一点杀一点（或两点）”，并注意动作的正确性。

第四节　网前基本技术

网前基本技术按击球方位可分为正手和反手网前技术；按技术种类可分为放网、搓球、推球、勾（对角）球、扑球和挑球等技术；按击球点距网的高度不同，可分为网前上手击球和网前下手击球。网前击球技术是羽毛球基本技术中较细腻的技术，特别强调握拍的灵活变换、手指与手腕的灵巧性、击球前期动作的一致性。这里只介绍放网和挑球技术。

一、放网

所谓放网是指运动员将对方击到本方近网区域的球，用拍面轻切球托的底部，使球直线越过球网落在对方近网区域的一种击球方法。

（一）正手放网

准备姿势：侧身对右边网前，右脚前跨成弓箭步，重心在右脚上。右手采用正手握拍法松握球拍于右侧体前约与肩高，击球前前臂稍旋外，手腕外展引拍至右侧前，拍面右边稍高，斜对网。左臂自然后伸，起平衡作用。

击球：手腕稍内收，食指和拇指控制拍面和用力大小，轻切球托将球轻送过网。击球后，在前脚回动身体重心复原的同时，收拍至胸前（图 10）。

图 10

（二）反手放网

准备姿势：侧身对左边网前，右脚跨前成弓箭步，重心在右脚上。右手采用反手握拍法松握球拍于体前侧约与肩高，前臂稍内旋，手腕外展引拍。拍面左边稍高斜对球网，左臂自然后伸。

击球：稍收腕向球托左斜侧面与底部提击或搓击将球轻送过网。击球后，在前脚回动身体重心复原的同时，收拍至胸前（图 11）。

图 11

教学方法：

学习放网前球时，应注重体会击球动作的缓冲，用力不宜过大，主要靠手腕、手指控制击球时拍面的方向和角度，轻切球托将球送至对方近网区域。

练习步骤：

1. 徒手挥拍做模仿练习，体会击球动作要领。

2. 利用多球进行正、反手原地放网练习。

3. 从“中心”位置做左右移动上网放网练习。

4. 与吊球、杀球进行组合练习，如“吊上网放网练习”“杀上网放网练习”。

二、挑球

挑球是指将对方击来的网前球、吊球和杀球等，运用较高的弧线向上回击到对方后场的技术方法的泛称。这里主要介绍网前挑球。

（一）正手挑球

准备姿势与正手放网基本相同。击球前，前臂充分旋外，手腕尽量后伸。击球时主要利用前臂旋内和屈腕的力量，在身体右侧从右下向右前方至左上方挥拍击球托底部，将球向前上方击出（图 12）。

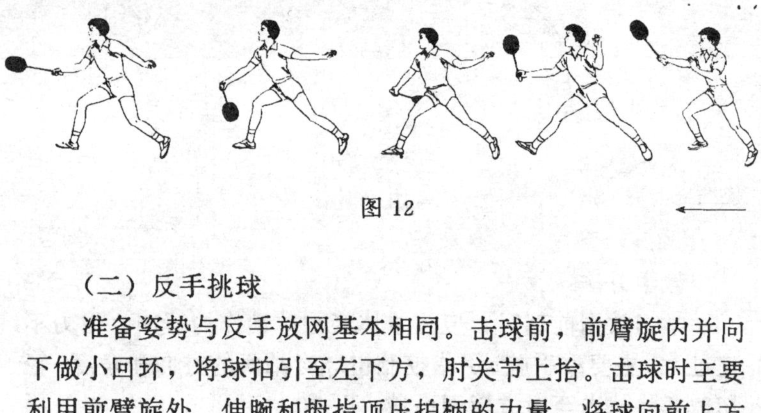

图 12

（二）反手挑球

准备姿势与反手放网基本相同。击球前，前臂旋内并向下做小回环，将球拍引至左下方，肘关节上抬。击球时主要利用前臂旋外、伸腕和拇指顶压拍柄的力量，将球向前上方击出（图 13）。

教学方法：

可先进行原地的挑球练习，后结合上网步法进行完整的挑球练习。

练习步骤：

1. 徒手模仿挑球挥拍练习，体会正确的动作要领。

2. 原地接对方吊球进行挑球练习。可用多球进行练习。

3. 从“中心”位置进行接对方吊球的挑球练习。

图 13

第五节　基本步法

羽毛球步法是指运动员在大约 35 平方米的本方场地上，运用转体、并步、跨步、交叉步、垫步和蹬跳等动作，进行快速、合理并又有一定规律的上网、后退和两侧移动的方法。是羽毛球技术的重要组成部分，在实战中具有十分重要的地位和作用，也是初学者学习和能否掌握好正确技术的基础。

根据场上移动的方向和场区的位置，通常又将羽毛球步法划分为：上网步法、后退步法、两侧移动步法和前后场连贯步法等。而每一次完整的移动步法，均包括起动、移动、协助完成击球动作和回动四个环节。

步法起动的快慢，首先取决于对来球的判断与反应的速度。其次，还应选择能迅速打破身体平衡的准备姿势，合理的准备姿势应使自己的两膝微屈，身体重心落在前脚掌上，并保持其处于“运动”的状态。一般来讲，两脚平行站位有利于左右的起动，而两脚稍前后的站位，则有利于上网或后退的起动。同样，防守时站位重心应低一些，而进攻时则重心相对要稍高一些。

在羽毛球的技术练习和比赛中，都十分强调在每一次击球后必须回“中心”位置，所谓“中心”位置是指根据自己击球的落点、质量以及对方可能回击的落点等，确定自己最有利于作出下一拍移动击球的位置。

根据大纲内容规定，这里只对上网步法、后退步法和两侧移动步法做简单介绍。

一、上网步法

所谓上网步法是指运动员从“中心”位置向网前两侧前进的方法。通常有并步上网步法、交叉步上网步法和蹬跨步上网步法。

准备姿势：两脚稍前后自然开立，双膝微屈，重心在两脚间不断移动，以随时调整身体重心，便于起动。

（一）正手上网步法

1. 交叉步上网步法：起动后，右脚向右前方迈一小步，左脚接着越过右脚（如在身后越过右脚为后交叉）向右前方迈出较大的一步，然后右脚迅速向右前方跨一大步到达击球位置（图 14）。击球后，用并步或交叉步退回中心位置。采用前交叉上网时也可采用两步上网，即先迈左脚，再右脚跨一大步。

2. 并步上网步法：起动后，右脚先向右前方迈一小步，随后左脚立即垫一小步靠拢右脚跟，着地后用脚掌内侧蹬伸，右脚在左脚垫步尚未着地时迅速向右前方跨一大步到达击球位置（图 15）。击球后，用并步或交叉步退回中心位置。

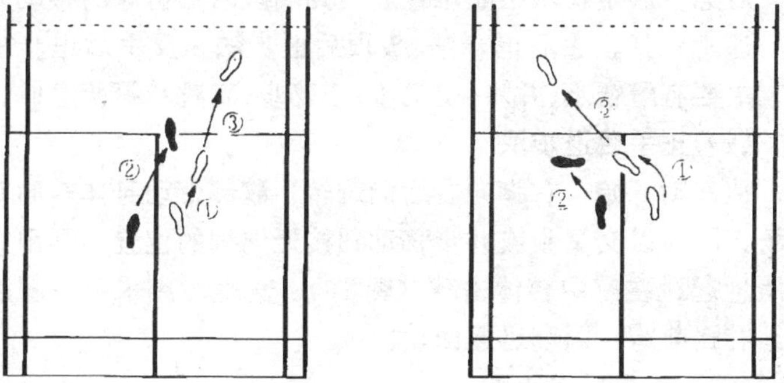

图 14

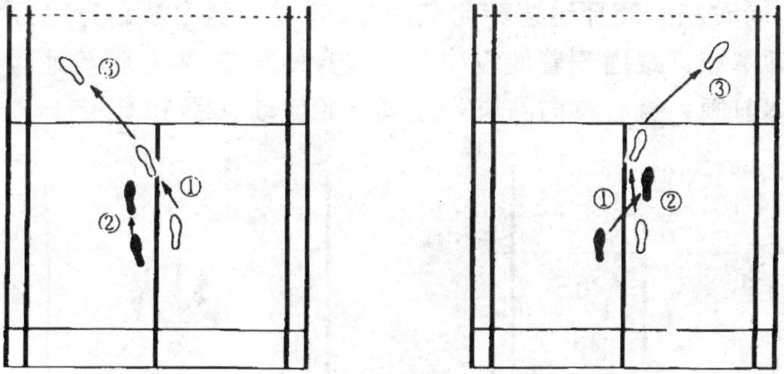

图 15

（二）反手上网步法

起动时右髋迅速转向左前方，使身体右侧斜对反手网前区。脚步移动方法同正手上网，只是朝左前方移动。

二、后退步法

后退步法是指从中心位置后退到端线附近击球的移动方法。通常包括正手后退步法、头顶后退步法和反手后退步法等。主要有蹬转步、并步、交叉步、小碎步、腾跳步等所组成。

(一)正手后退步法

从起动开始，右脚向右后侧蹬转，髋部带动身体转向右后场，同时以交叉步或并步移动到接近端线的位置，利用右腿蹬地起跳在空中转体击球（图 16)。落地时应采用左腿后撤，右腿前跨，以利迅速回动。

（二）头顶后退步法

从起动开始，右脚向左后方蹬转，髋部带动身体转向左后方。以并步或交叉步移动到左后侧端线附近，右脚起跳击球，同时左侧髋部迅速转向左后方，带动左腿后撤到身后，利用脚掌和脚跟内侧着地缓冲并支撑身体重心。当右脚落地时，身体前倾，重心移向右脚，左脚开始回动（图 17)。

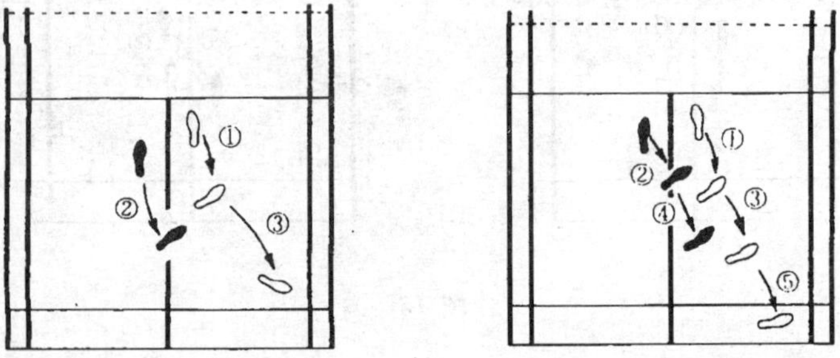

图 16

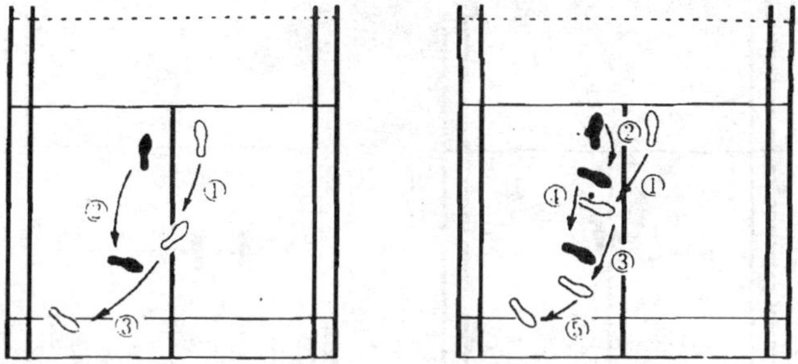

图 17

三、两侧移动步法

（一）两侧蹬跨步

通常在接对方速度较快、落点比较偏内的来球时运用较多，而当对方来球落点距边线较近时，则应采用下述的并步和交叉步。向右侧蹬跨步时，身体重心先移至左脚，然后左腿迅速用力蹬伸，右腿向边线跨出的同时髋关节旋外，落地后成侧弓箭步状。击球后，右腿再旋内蹬伸回中心位置（图18）。向左侧蹬跨步则相反而行。

（二）并步右侧移动步法

从起动开始，身体侧向右侧，重心移向右脚，左脚向右脚靠拢垫一小步并以前脚掌蹬地，髋向右转，右脚向右侧跨一大步，脚尖朝外，击球后，右腿再旋内蹬伸回中心位置（图 19）。

（三）左侧前交叉移动步法

左脚向左侧迈一小步，右髋左转，右脚向左侧跨出，呈背部对网姿势，击球后，右腿迅速蹬伸转体，利用左脚并步调整身体重心回到中心位置（图 20）。

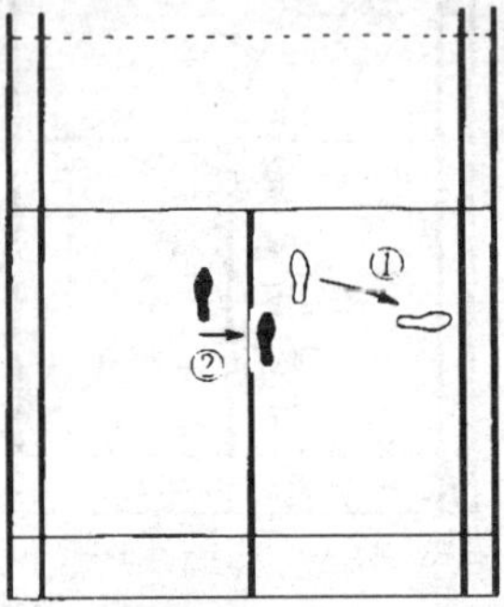

图 18

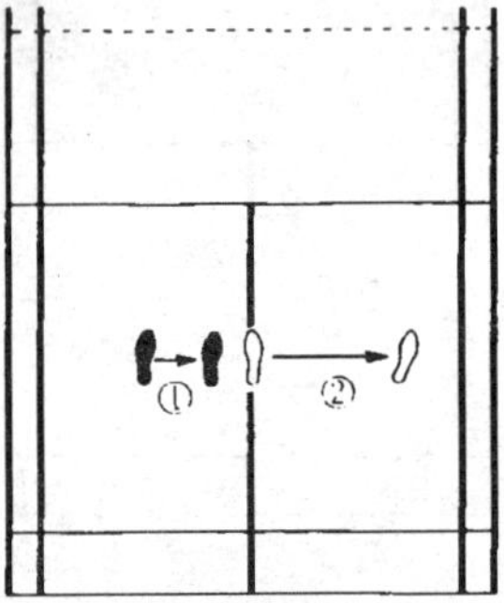

图 19

教学方法：

在学习步法的过程中，应贯彻“快速、到位、合理、经济、实用”的指导思想。教学步骤应遵循先分解后完整、先正手后头顶和反手、先单一后组合连贯的原则。

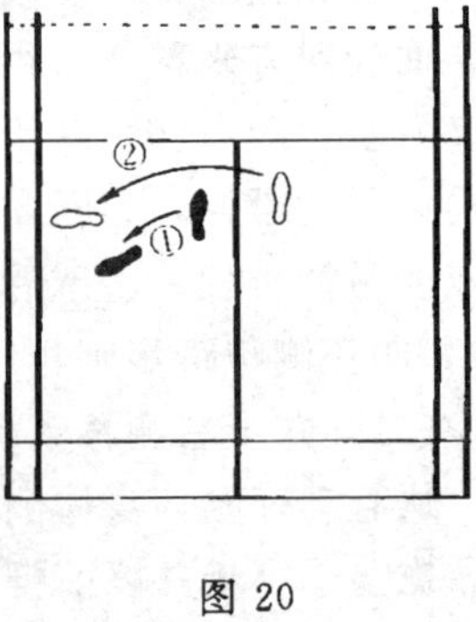

图 20

教学步骤：

1. 学习和掌握转体、并步、跨步、交叉步、垫步和蹬跳等分解步法。

2. 徒手做单一路线的移动步法练习。

3. 结合击球技术进行单一路线的移动步法练习。

4. 采用手势信号或多球进行场上步法移动练习。

5. 配合相应的手法，进行组合和连贯的步法移动练习。

思考题

1. 试述羽毛球基本技术中基本握拍法、正手发高远球、高球和放网技术的动作要领。

2. 羽毛球主要有哪几类基本步法？它们主要由哪些动作组成？

第三章　基本战术

第一节　我国羽毛球运动的技术风格与战术指导思想

我国羽毛球运动的技术风格是“快速、凶狠、准确、灵活”。这对技术的要求是快字当头，基本技术全面、熟练、特长突出，进攻点多，封网积极，杀劈凶狠，防守刁稳，以攻为主，能攻善守，达到“快、狠、准、活”全面结合，正确运用。

快：意识上强调判断、反应快；步法上要求起动、移动、制动、回动快；手法上要求出手动作快，击球点高而前；战术上力争突击进攻快，防守反攻快，战术变化快。

狠：进攻点多、凶狠凌厉，落点刁钻，抓住有利时机突击，连续进攻或一拍解决战斗。

准：落点准，战机抓得准，在快速多变中准确掌握技术并运用自如，有多拍控制能力。

活：握拍活，站位活，步法活，战术变化机动灵活。

我国羽毛球战术的指导思想是“以我为主、以快为主、以攻为主”。

以我为主：不受或尽可能少受对方影响，积极施展自己的特长技术和打法，压制对方技术的发挥，掌握比赛场上的主动权。

以快为主：即在手法上、步法上、意识上都要抢时间，争速度，从而能抓住有利时机控制场上的主动。同时也要善于根据战术变化的需要，把握快慢节奏的转换，使快速进攻收到更好的效果。

以攻为主：进攻是得分的最好手段，任何时候都要把进攻放在首位。同时，也强调要能攻善守，在防守时仍要以各种球路变化来积极地转守为攻。

第二节　制定和运用战术的基本原则

羽毛球战术是指运动员在比赛中为表现出高超的竞技水平和战胜对手而采取的计谋和行动。任何战术的目的都是为了更好地发挥自己的技术特长，制约对方特长的发挥，控制和掌握比赛的主动权，从而争取比赛的胜利。

在羽毛球比赛中，如果双方技术水平差距悬殊，那么再合理的战术也是无济于事的。但是，假如技术水平相当，或其他方面的因素比较接近，那么，战术运用的正确与否就将会起到决定性的作用。在运用战术的具体过程中，一定要积极地体现“以我为主、以快为主、以攻为主”的战术指导思想。在制定战术时，应努力贯彻以下的基本原则，这样才有可能在实战中取得比较理想的效果。

一、客观性原则

所谓客观性原则是指：对战术的制定和打法的选择，必须以比赛双方的技术、身体素质、心理素质、打法特点，以及比赛场地条件等众多的客观因素为主要依据。

自古以来，用兵之要历来强调“知己知彼，方能百战百胜”。因此，赛前不但要对自己的上述因素要有“自知之明”。

而且，更要对对方各方面的情况，通过各种途径去进行必要的观察了解和分析研究，从而尽可能做到了如指掌。这样才可能在比赛前制定出避实就虚、扬长避短的合理的战术。

二、实效性原则

所谓实效性原则是指：选择制定的战术方法是否具有成功的可行性，以及它实际效果的优劣。缺乏可行性和实效性的战术方法，即使听起来头头是道，似乎很有道理，但实践中却难以达到预期的效果。

因此，在相同的条件下，如果采用两种不同的战术方法都能达到同样的战术效果，那就应选择成功把握大、难度要求低的那种战术方法。同样，如果两种战术方法对其他方面要求的难度基本上差异不大，那么，就应该选择对比赛结果影响更大的那种战术方法。

权衡利弊的目的在于追求比赛的实际效果。

三、灵活性原则

所谓灵活性原则首先是要求战术思维应该不拘一格，采用的打法要能多变，战术方法要根据不同的对手灵活运用。

其次，是要求运动员必须随时根据比赛场上的实际情况对既定的战术作一些局部的，有时甚至是很大的调整或改变。因为赛场上的情况是千变万化的，实战中，运动员必须时时根据比赛场上的实际情况，随时调整自己的战术和打法。这就是平时所强调的“战术应变能力”。

上述各个原则是有机联系、互为条件、辩证统一的。制定和运用战术的前提条件是必须了解对手的技术特点和打法情况。因此，运动员在培养自己战术意识的同时，应着重注意培养对对方技术、战术特点和打法情况的观察和分析能力。这样才能在比赛中于较短的时间内迅速掌握对手的技术、战术情况，及时制定出作战方案，在比赛中灵活运用战术，取得比赛的胜利。

第三节　基本战术与打法类型简介

一、基本战术

（一）单打战术及运用

1. 压后场战术：此战术主要采用后场的高远球和平高球，网前的推球和挑球等技术，重复压对方后场两角，造成对方被动，然后伺机采用杀球、吊球、搓球、勾对角球等技术攻击对方空当。此战术方法用来对付初学者，和后退步法慢或击球后急于上网的球员较为有效。

2. 发球抢攻战术：此战术主要是以发网前球或平快球为主，限制对方进攻，迫使对方出高球。然后运用杀球和吊球攻击对方的弱点或空当。发球抢攻战术主要用于对付防守技能较差的对手和为自己创造更多的进攻机会。

3. 控制网前战术：它是通过运用各种技术主动抢先放网，或迫使对方先放网后再重复放网，主要凭借良好的网前手法，灵活运用搓、推、勾技术，造成对方网前直接失误，或抓住其被动击球的有利时机进行中后场的杀、劈、吊和网前的扑球得分。

4. 拉吊结合突击战术：这种战术主要先以快速而准确的落点控制对方场区四个角落，迫使对方前后左右地来回奔跑，当对方来不及回中心位置或失去身体平衡时，抓住空当和其弱点进行突击。这种战术方法通常用来对付步法移动较慢、灵活性和体力较差的球员。

5. 对角线战术：此战术无论在进攻或防守，前场或后场，都是以打对角线球路为主。它主要用来对付灵活性较差、转体较慢的球员。

（二）双打战术及运用

1. 攻人战术：这是双打比赛中常用的一种战术。对付对方队员技术水平不平衡时，一般都采用这种战术方法。即使对付技术水平相差不大的对手时也可灵活运用。先通过将球下压或控制前场取得进攻机会，然后集中力量“二打一”，避其所长，攻其所短。

2. 攻中路战术：将球击到对方两名队员站位之间的空隙，从而造成对方经常出现争抢回击，或相互让球漏接等错误，尤其是针对一些配合不够默契的对手时比较有效。当对方前后站位时，可将球击到对方中场两侧边线处。而在对方分边左右站位防守时，则可利用杀球、吊球等技术攻击对方的中路。

3. 攻后场战术：这种战术通常用来对付后场扣杀能力较差的对手，也可结合将对方的弱者调到后场使用。此战术是用平高球、平推球、接杀接吊挑后场球等技术，将对方一名队员紧逼在底线两角来回移动击球，并迫使其回击出质量不高的球，然后抓住有利时机反击。如在此过程中，对方处于前场的同伴欲后撤援助，则可伺机攻击网前空当或对其打追身球。

4. 防守

（1）调整站位：为了摆脱被动，伺机转入进攻，首先要调整好防守时的站位。如果是在网前挑高球，击球者应直线后退防守，切忌采用对角线后退。直线后退路线短，站位恢复快；对角线后退不但路线长，而且很容易被对方打追身球。双打防守时的站位调整，都是一名队员在跑动击球时，另一名队员去填补空当。特别是站位靠后者，其观察比较全面，更要主动去弥补。

（2）防守球路：攻方杀球者和封网队员在半边场地前后一条直线上，接杀球应主要打到另半边场地的前场或后场；攻方杀球者和封网者在前后对角位上，接杀球可回击到杀球者一侧场地的网前或封网者场地一侧的后场；攻方后场队员杀对角线球后，其同伴想要后撤轮转进攻时，可采用中路或直线还击到对方网前，或采用对角线还击攻方杀来的直线球，用直线还击对方杀来的对角线球。

以上几种基本球路都是为了破坏攻方的连续进攻，而在攻方杀球质量不高时则可采用平抽或下蹲封挡；攻方站位混乱出现空当时，守方则应伺机反攻。

二、基本打法类型

（一）单打

1. 快速拉吊结合突击型：以快速准确的平高球和吊球，配合网前抢网搓、推、勾，从而为自己创造在中后场突击进攻机会的一种打法类型。

2. 后场下压控制网前型：又称“杀上网”或“杀吊上网”打法。特点是后场击球多以落点较好的杀球、劈杀球、吊球将球下压，迫使对方放网后，随之快速抢网扑、搓、推、勾直接得分或控制网前为自己创造更好的进攻机会。这种打法速度快，先声夺人，有利于限制对方的攻势，使自己占据场上的主导地位，但对击球的质量及身体条件要求较高。通常采用这种打法类型的运动员必须具备良好的力量、速度和速度耐力等专项身体素质，掌握好快速凶狠的多种进攻性技术。

3. 压底线结合吊杀型：这种打法主要以威胁大、速度快的平高球、平挑球、推球等技术紧压对方后场，迫使对方重心后移或击出质量不高的球，然后配合杀球和吊球进攻。

4. 守中反攻型：虽然自身的进攻技能不是很强，但具有良好的防守技能，能用快速而准确的击球落点控制对方，从而迫使对方在场上疲于奔跑或勉强进攻，然后伺机突击后发制人。

（二）双打

1. 分边压网后压前封型：先利用放网前球、推半场球，以及积极快速凶狠的平抽挡技术积极封压，控制住前半场，迫使对方起后场高球，然后采用前后站位或前后轮转的方法，进行后场杀吊，前场封杀，向对方发动连贯的、凶狠凌厉的进攻。这种打法速度快、进攻凶狠、反击能力也强。

2. 抽压底线拉开突击型：这是一种先通过拉、抽、挑等技术方法逼压对方后场两角，迫使对方在左右移动中进攻，从而伺机反击后发制人的打法。

3. 前场打点发动进攻型：这是一种通过网前积极抢网扑、推、勾、放对方半场或空当，打乱对方站位，创造后场进攻机会的打法。

思考题

1. 简述羽毛球战术指导思想与技术风格的内容。
2. 在制定战术时，应主要遵循哪几方面的原则？
3. 羽毛球基本打法类型大致分为哪几种？简述其特点。
4. 羽毛球的基本战术大致分为哪几种？简述其特点。

第四章　羽毛球竞赛规则与裁判法简介

第一节　竞赛规则简介

一、场地和器材设备

（一）球场

羽毛球场地应是一个长方形，如图 21 所示。根据图中的规定尺寸，用宽为 4 厘米的线画出。场地的线最好用白色、黄色或其他容易辨别的颜色。

画线时，中线的 4 厘米应平均分在左、右两个发球区；其他所有线宽度的 4 厘米均应画在规定的场地区域以内；测试正常球速区域的 4 个 4×4 厘米的标记，应画在双方单打右发球区边线内沿，距端线外沿 53 厘米至 99 厘米处，这些标记的宽度均包括在所画的尺寸内，即距端线外沿 53～57 厘米和 95～99 厘米。

（二）网柱

从球场地面起，网柱高 1.55 米，居中放置在双打边线上。网柱必须稳固地同地面垂直，并使球网保持紧拉状态。如不能设置网柱，必须采用其他办法标出边线通过网下的位置。例如，可使用细柱或 4 厘米宽的条状物固定在边线上，垂直向上到网顶绳索处。

（三）球网

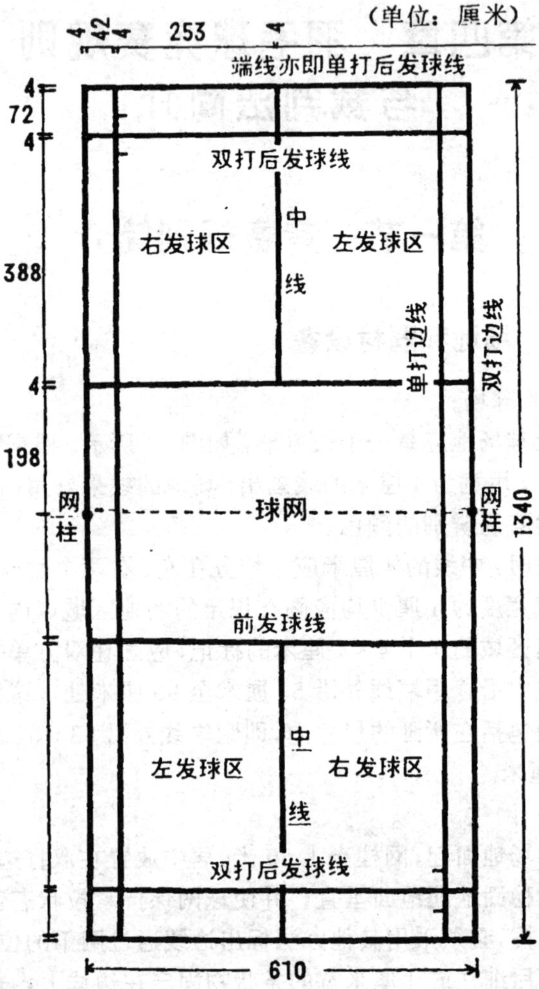

(单位：厘米)
4
42
4
253
4
端线亦即单打后发球线
4
72
4
双打后发球线
右发球区
中
线
左发球区
388
单打边线
双打边线
4
198
网
柱
球网
网
柱
1340
前发球线
左发球区
中
线
右发球区
双打后发球线
610

图 21

球网应牢固地张挂在两网柱之间。穿挂球网的绳索或钢丝应能牢固地拉紧并与网柱顶部取平，使球场中央网高1.524米，双打边线处网高1.55米。球网的两端必须与网柱系紧，之间不应有空隙。

（四）羽毛球

羽毛球可由天然材料、人造材料或用它们混合制成。只要球的飞翔性能与用天然羽毛和包裹羊皮的软木球托制成的球的性能相似即可。

1. 一般式样：羽毛球应用16根羽毛插在半球形的软木托上。

2. 重量：羽毛球重应为4.74～5.50克。

3. 正常球速：一名队员站在端线外，用低手沿边线平行向前上方全力击球，球能落在离对方端线53～99厘米之间的区域内，则认为该球为具有正常速度的球。

二、运动员

“运动员”一词系指所有参加比赛的人。双打比赛以两名运动员为一方，单打比赛以一名运动员为一方。有发球权的一方叫发球方，对方叫接发球方。

三、挑边

比赛开始前，双方应通过掷挑边器决定场区和发球，赢的一方有权选择：

1. 先发球或先接发球。

2. 场地的一边或另一边。

输方在余下的一项中作出选择。

四、计分

正式比赛，每场均采用三局两胜制。双打和男子单打比赛每一局为15分，先获15分者胜一局。当分数成“14平”时，先获14分的一方可以选择“再赛”3分，先获17分的一方为胜该局。女子单打每局为11分，先获11分者胜一局。当分数成“10平”时，先获10分的一方可以选择“再赛”3分，先获13分的一方为胜该局。“再赛”的选择只能在规定分数第一次出现，下一次发球发出前作出。

如不选择“再赛”，则按原规定的比分赛完这一局。

比赛中，只有发球方获胜才能得分，接发球方获胜判“换发球”。

下一局开始时由上一局的胜方先发球。

五、交换场区

比赛中出现以下情况双方运动员要交换场区：

1. 第一局结束；

2. 第三局开始前；

3. 第三局（或只进行一局的比赛）中，当领先的一方得分为11分一局的6分或15分一局的8分时。

运动员如未按规则规定交换场区，一经发现立即交换，已得分数有效。

六、发球方位和顺序

单打时，当发球方得分为0或偶数时，双方运动员应在各自场地的右发球区发球和接发球，当发球方得分为奇数时，双方运动员应在各自场地的左发球区发球和接发球。

双打时，则任何一方的每一轮发球的开始，都必须先由站在右发球区的队员先从右发球区发球。除每局比赛开始首先发球的一方只有一次发球权外，以后双方每一轮发球均都有两次发球权。比赛中，只有当发球方得分后，才交换发球方队员的方位，如发球方失误，则换另一名队员进行第二次发球或换发球，不交换方位。接发球方则应一直保持原来的方位。

七、发球时的违例

“发球时”是指发球时发球运动员的球拍第一次向前挥动，至球被击出为止的这一段时间间隔。出现下列现象为违例：

（一）过腰：球的任何部分在击球的瞬间高于发球者的腰部。“腰”应以发球员最后一根肋骨下沿的水平切线为准。

（二）过手：击球瞬间，球拍杆未指向下方，整个拍头没有明显低于发球者的整个握拍手部（图 22）。

（三）未先击球托：在击球瞬间不是首先击中羽毛球的球托部位。

（四）延误发球：发球员发球从球拍第一次向前挥动开始，动作不连贯、有中断或虚晃动作、或发球时非法延误发球时间，均为“延误发球”违例。

（五）妨碍对方：双打比赛发球时，非发球员有意遮蔽接发球方的视线，或有其他影响对方的言行。

（六）脚步违例：发球时，发球员和接发球员的两脚或任何一脚必须站在规定的发球区内，并保持与地面接触，不得

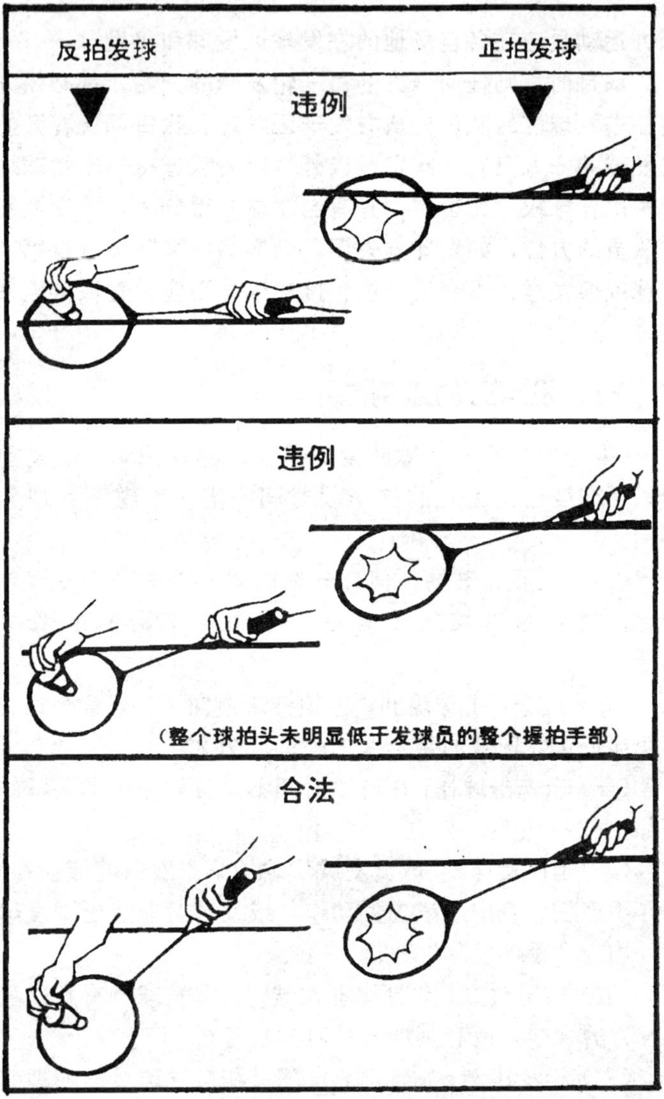

图 22

移动、触线和出区。否则判违例。

发球时，发球员如脚跟离地，脚尖未动，或脚尖离地脚跟未动，或发球前向前迈出一步，只要迈步之后再向前挥动球拍均不算违例。身体（除两脚外）或球拍越出发球区，只要不触及任何物体，也不算违例。

（七）发球出界：发球员发出的球，落在对方规定的接发球区外，为发球出界。发球时，球擦网后落在对方规定的接发球区内，为合法发球。

八、比赛进行中的主要违例

从发球结束到“死球”，或裁判员宣判违例为止的这一段时间间隔，称为“比赛进行中”。出现下列现象将判违例：

（一）出界：指在比赛进行中球落地时，球与地面第一次的接触点在球场界线以外；或击出去的球碰到场外人的身体、衣服及其他物体。若球与地面的接触点是在球场的界线上，应为“界内”球。

（二）连击：指在一个回合中，一人连续击中球两次，或同队队员各击中球一次。

（三）拖带：指击球时球停滞在球拍上紧接着又有拖带动作。

（四）触网：指比赛进行中，运动员的身体、衣服或球拍触及球网、网柱或网柱的支撑物等。

（五）过网击球：指运动员击球瞬间，球拍与球的接触点不在自己的一方（如在本方击球后，球拍随球过网，不算违例）。

（六）侵入场区：指比赛进行中，运动员的身体、衣服或球拍进入对方的场区（包括场地和空间）。

（七）阻扰：指在比赛进行中，运动员在近网处企图阻拦或影响对方合法还击的一种违例现象。如一方运动员在近网击球时，另一方运动员在近网处摇晃或高举球拍，企图封堵对方击球的飞行路线；或当对方运动员在近网处上空有机会向下击球时，将球拍在网前举起拦截，企图使球反弹回去等。

（八）妨碍：指在比赛进行中，一方运动员以言行分散对方的注意力，影响对方击球的违例现象。

九、比赛的连续性

羽毛球比赛从第一次发球开始到全场比赛结束，除了规则允许的间歇外（如第一局结束至第二局开始可有不超过 90 秒时间的间歇；第二局结束至第三局开始前可有不超过 5 分钟时间的间歇），应是连续进行的，任何情况下都不允许运动员为恢复体力或喘息、或接受场外指导而中断比赛（羽毛球比赛只有在规定的间歇时间时，才能接受场外指导），未经裁判员的允许，运动员也不得擅自离开比赛场地。

十、干扰球速

指运动员在比赛中，用手或球拍等故意改变比赛用球的速度和形状的不端行为。如有发生，应给予警告，严重的可以直接判其违例。

第二节　临场裁判人员的分工与职责

临场裁判人员是指羽毛球比赛时在裁判员的主持下，分工合作负责一场比赛的裁判工作人员。一般包括：裁判员、发球裁判员、司线裁判员和记录员。

一、临场裁判人员的分工

（一）裁判员

一场比赛设裁判员 1 名，比赛时坐在球网延长线外的裁判椅上，负责一场比赛的裁决，宣判得分、换发球等，以及执行规则的各项规定。

（二）发球裁判员

一场比赛设发球裁判员 1 名，比赛时坐在裁判员对面球网延长线外，负责宣判发球方在发球时的违例。

（三）司线裁判员

一场比赛可根据比赛性质的需要，设 2～10 名司线裁判员，比赛时，司线裁判员应坐在他所负责查看的界线的延长线外 2 米处，遇有球落在该线附近，立即作出“界内”“界外”或“视线被挡”的手势，当球界外时，除做手势外，还应喊“界外”。

（四）记录员

一场比赛设记录员 1～2 名（一般比赛通常不设记录员），比赛中根据裁判员的判决显示得分。

二、临场裁判员的配合

（一）裁判员与发球裁判员的配合

1. 发球时的配合：发球时，发球裁判员主要负责对发球方的发球违例作出判断，声音要清楚响亮，手势要准确及时，能让裁判员看得见、听得清，从而有利于作出迅速的裁决。如果裁判员没有看见、听清，发球裁判员可以站起来直至裁判员明白为止。裁判员则主要负责对接球方接球违例的判断，但同时还得顾及发球方，以便控制全场比赛。任何时候裁判员都应维护发球裁判员的宣判。

2. 比赛中的配合：发球裁判员要协助裁判员纠正发球时的方位和顺序错误；应管好比赛用球，当裁判员同意运动员换球时，进行换球。

（二）裁判员与司线裁判员的配合

1. 司线裁判员对球在自己负责的界线附近的落点，应迅速做出手势表示界内、界外球，并用目光注视裁判员，在裁判员裁决后，收回手势。如没有看清球的落点，应实事求是地用手势进行表示。

2. 裁判员应维护司线裁判员的裁决。如发现司线裁判员有明显错判时，可向裁判长报告，或要求撤换司线裁判员，但不能擅自改变司线裁判员的裁决。

（三）司线裁判员之间的配合

1. 司线裁判员应根据各自的分工职责进行工作，不是自己负责的界线无权判断。

2. 当球落在两名司线裁判员负责看管的界线交点处附近，这两名司线裁判员打出不同的手势时，则以“界外”为准。

（四）裁判员与记录员的配合

1. 记录员应在裁判员裁决后，才能记录和显示场上的比赛分数。裁判员应随时注意记录员所显示的分数，如发现有错，应立即提醒记录员纠正。

2. 裁判员自己记录记分表时，记录员在一场比赛结束后，应把记录草表提供给裁判员校对。

第三节　羽毛球比赛项目

一、团体赛

男子团体、女子团体、男女混合团体。团体比赛常用以下两种比赛方法：

（一）三场制：每队 2～4 人参加比赛。两名单打、一对双打（可由单打运动员兼），共进行三场比赛。比赛场序为：单、双、单（或单、单、双）。采用三场两胜制，亦可赛完三场后以获胜场数多者为胜队。

（二）五场制：每队 4～9 人参加比赛。男女团体由三名单打、两对双打（可由单打运动员兼），共进行五场比赛。比赛场序为：单、单、双、双、单（或单、单、单、双、双）。混合团体赛场序为：男单、女单、男双、女双、混双（也可根据双方出场队员的兼项情况商定）。比赛以赛完五场后获胜场数多者为胜队，男女团体亦可采用五场三胜制。

二、单项比赛

羽毛球比赛共设有男子单打、女子单打、男子双打、女子双打、混合双打共五个单项的比赛

第四节　羽毛球竞赛的基本方法

羽毛球比赛一般采用单淘汰赛和单循环赛两种比赛方法。有时也可综合这两种比赛方法的优点，采用阶段赛方法，即：第一阶段分组循环赛，第二阶段单淘汰赛。具体详见本

书的附录部分，以及由国家体委审定、人民体育出版社出版的《羽毛球竞赛规则》。

思考题

1. 何谓“再赛”，羽毛球比赛中对“再赛”有哪些规定？

2. 何谓“过腰”？

3. 何谓“过手”？

4. 如果发现队员发球或接发球顺序或方位错误应如何处理？

5. 羽毛球比赛有哪几个项目？

附　　录

球类运动竞赛的组织与编排工作

一、球类竞赛的组织

竞赛是体育工作的杠杆。竞赛的目的是为了推动球类运动的发展，检查教学成果，交流技术，培养人才，促进球类运动水平的提高。

由于球类运动竞赛的组织与编排有许多相同之处，为避免重复，故将这部分内容集中在附录中加以简要的介绍。

（一）制定竞赛规程

竞赛的一切工作以规程为主要依据。一般应在比赛开始前两至三个月发送各参赛单位，以便各单位有充分的时间来准备，保证竞赛质量和效果。竞赛规程的内容包括：

①竞赛名称。注明主办单位和承办单位。

②竞赛的目的与任务。

③比赛日期和地点。

④参加单位、参赛资格和人数。

⑤比赛项目与组别。

⑥报名及报到日期。

⑦竞赛办法、竞赛规则。

⑧录取名次及奖励办法。

⑨裁判长、裁判员名单。

⑩ 其他事项。

（二）比赛秩序编排时的注意事项

① 如竞赛采用淘汰制，则强队应合理地分配到不同的区内，以免在第一、二轮中相遇。

② 如竞赛采用分组循环制，则在第一阶段中也应将强队合理地分配到不同的组里，以免过早地相遇。

③ 合理安排各队的比赛场地、时间和服装颜色。

④ 采用循环制时，如竞赛日期较长，每队都有一场比赛时，可以在比赛进行三天后休息一天。

（三）裁判工作的组织

裁判工作直接关系到竞赛工作的质量和比赛能否顺利进行。要重视裁判工作。

组织裁判员学习、讨论研究竞赛规则和裁判法，并进行裁判分组、分工和实习，做好赛前思想和业务的准备工作。要将“严肃、认真、公正、准确”的八字方针贯彻到组织工作的始终。

二、球类竞赛的编排与成绩的计算

（一）循环制

循环制就是在一次竞赛过程中，参加比赛的队（人）互相都进行比赛的方法。比赛中相遇一次的是单循环，相遇两次的是双循环。这种方法使各队都能有互相比赛的机会，能较好地反映实力水平。其缺点是占用的时间较长。这种方法篮、排、足、乒乓球比赛中采用较多。

循环制分为单循环、双循环和分组循环三种。

1. 单循环

(1) 计算场数$=\frac{队数\times(队数-1)}{2}$

例如 8 个队参加比赛,比赛场数是:

$$\frac{8\times(8-1)}{2}=\frac{8\times7}{2}=28\text{ 场}$$

(2) 计算比赛的轮数:参加的队是单数,比赛队数即为轮数。如 9 个队比赛,就要进行 9 轮比赛。

参加比赛的队是双数,比赛队数减去 1 即为轮数。如 8 个队比赛 8－1＝7 轮。

(3) 比赛轮次表的编排

首先要将参加比赛的队用数字排出顺序。这个排列,可以按照上届比赛的名次或报名序列的顺序,也可以通过抽签排出顺序。如队数是双数,即可用轮转法编排;如是单数则需要在最后一个号数后面加零,在轮转编排时如遇到零的号数即为轮空。

例如:5 个队参加比赛,其循环方法如下:

轮　次	第一轮	第二轮	第三轮	第四轮	第五轮
比赛队	1—0 ↙ 2—5 ↓　↑ 3—4	1—5 ↙ 0—4 ↓　↑ 2—3	1—4 5—3 0—2	1—3 4—2 5—0	1—2 3—0 4—5

也可由轮空队固定,其余号数按顺时针方向移动一个位

置，如下表：

轮　次	第一轮	第二轮	第三轮	第四轮	第五轮
比赛队	1—0	2—0	3—0	4—0	5—0
	↘	↘			
	2—5	3—1	4—2	5—3	1—4
	↑　↓	↑　↓			
	3—4	4—5	5—1	1—2	2—3

排出轮次表后，将顺序号代表的各队名称填入轮次表，就可以排出比赛日程表。

2. 双循环

如时间充裕，参加比赛的队又较少，可采用双循环制进行比赛，它比单循环增加一倍的比赛机会。双循环比赛秩序的编排与单循环相同。在编排第二循环时，可将第一循环秩序重复比赛一遍，或重新抽签编排。

3. 分组循环

参加比赛的队较多而竞赛时间较短时，为了较合理地确定各队名次，可采用分组循环的比赛方法。把参加的队平均分成若干小组，在各组内进行单循环比赛。为了较合理地确定各队的名次，避免较强的队集中在一个小组，可根据分组情况，选出相应的几个种子队，然后再用抽签的方法确定其他各队所在组的位置。种子队每个小组设1～2名为宜。

分组循环的编排一般有两个阶段，第一阶段是所分的小组分别进行单循环比赛，决定每组名次。第二阶段有以下几种比赛方法：

第一种：将预赛各小组同名次的队划为一组，进行决赛。例如第一阶段分四组，将预赛各小组第一名划为一组，决定1～4名；将预赛各小组第二名划为一组，决定5～8名；将预赛各小组第三名划为一组，决定9～12名；将预赛各小组第四名划为一组，决定13～16名。

第二种：如预赛分四组，将预赛各小组1、2名划为一组，决定1～8名；将预赛各小组3、4名划为一组，决定9～16名。或者只进行1～8名的决赛，其他队不再继续比赛。

第三种：采用交叉法。当前一些大型国际比赛采用这种方法较多。如12个队参加比赛，第一阶段分为两个小组，每组6个队采用单循环制。第二阶段则采用交叉法。即第一组的第一名与第二组的第二名；第一组的第二名和第二组的第一名进行比赛。然后两个胜队进行比赛决定第一名和第二名；两个负队进行比赛决定第三和第四名。两组的第三、第四和第五、第六名，分别采用同样的方法决定第五至第八名和第九至第十二名。

第四种：采用佩奇制决赛

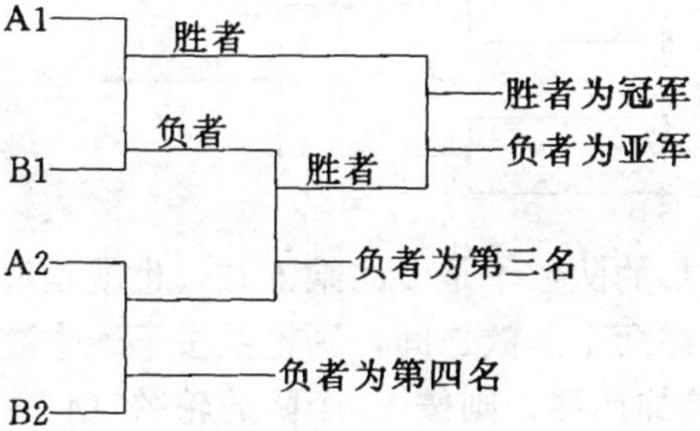

（二）淘汰制

淘汰制有单淘汰和双淘汰两种。单淘汰就是在比赛中失败一次即被淘汰。双淘汰就是在比赛中失败两次即被淘汰。获胜者继续比赛，直到最后决出冠亚军为止。

淘汰制，一般是参加队数或人数较多，而举行比赛期限较短时采用。

1. 单淘汰

（1）单淘汰比赛的轮次数和场数的计算：

① 比赛轮次数的计算：如果参加的队数是 2 的乘方数，则比赛轮次数正好是以 2 为底的幂的指数。

例如 8 个队参加比赛为 3 轮 因为 $8=2^3$

16 个队参加比赛为 4 轮 因为 $16=2^4$

8 个队参加比赛则需进行三轮，列表如下：

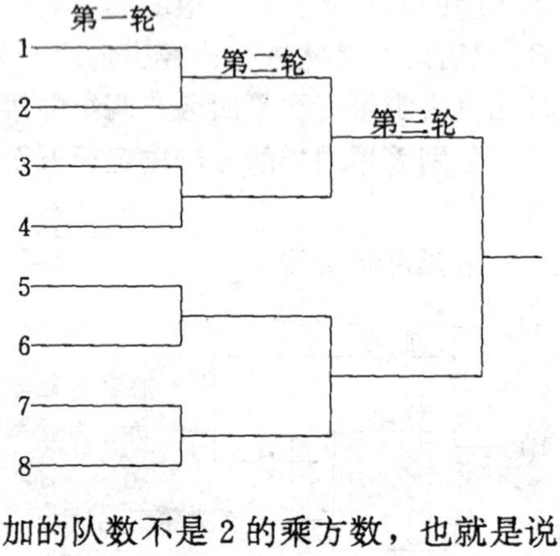

如果参加的队数不是 2 的乘方数，也就是说参加比赛的队数介于上述两个队数之间，则轮数按下一个数字计算。例如 14 个队参加比赛，则按 16 个队的轮数（4 轮）来计算。

② 比赛场数的计算：单淘汰比赛总场数等于参加队数减一，例如 8 个队参加比赛，共赛 7 场。

（2）单淘汰比赛秩序表的编排：

① 如果参加的队数是2的乘方数，开始比赛的第一天所有的队都进行比赛，没有轮空队。只要按照参加比赛的队数，每两队编排一组逐步进行淘汰即可。

抽签后，将队名填在秩序表中，第一轮比赛即1对2、3对4，依次类推。

② 如果参加比赛的队数不是2的乘方数，一部分队参加第一轮比赛，另一部分队轮空（从第二轮起开始比赛）。轮空只能在第一轮比赛中出现，不能在其他比赛轮次中出现。

为了不使强队首先相遇而被淘汰，可以把最强的两种子队排在两头，如1、8号位置上；次强的两队排在中间，如4、5号位置上。如有轮空的队，首先让强队轮空。

③ 抽签后，将队名填于表中即排出比赛秩序表；再填上日期、时间、场地则为日程表。

2. 双淘汰

双淘汰（两败淘汰）就是在比赛中失败两次才被淘汰。它可以弥补单淘汰的不足，给初次失败者增加了一次比赛机会。

采用双淘汰比赛，所产生的冠、亚军比单淘汰较合理。全胜者为冠军，失败一次者为亚军。如果前几轮的全胜者在最后一轮比赛中失败，则参加冠亚军决赛的两个队都只失败一次，需再加赛一场决定冠亚军。

（1）双淘汰比赛秩序的编排方法：双淘汰比赛秩序的编排方法和单淘汰相同，也是先排种子后抽签。

① 如果参加的队数是2的乘方数，每两队编排一组逐步进行双淘汰即可。例如：8个队参加双淘汰比赛，其比赛秩序编排如下所示。

② 如果参加比赛的队数不是2的乘方数，首先计算轮空数，然后从轮空位置表中，查出轮空的位置号码来，即可排

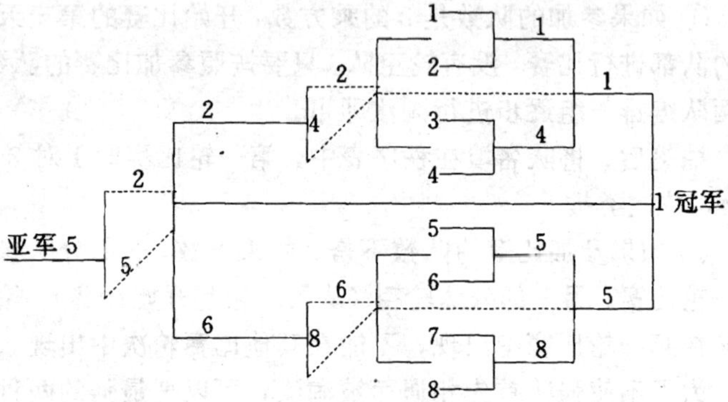

定比赛秩序表。

例如：7 个队参加双淘汰比赛，有一个队轮空（即 2 号位置轮空），其比赛秩序编排如下：

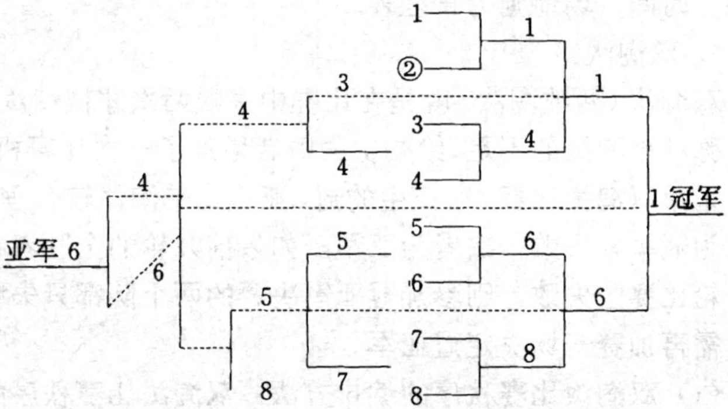

（2）计算双淘汰总场次的方法：（参加比赛队数－1）＋（参加比赛队数－2）＝比赛总场数。

例如：8 个队参加比赛，代入公式：

$$(8-1)+(8-2)=13\text{ 场}$$

3. 混合制

一次竞赛中同时采用循环制和淘汰制，叫混合制。

一般采用混合制，是把竞赛分为两个阶段进行。前一阶段采用分组单循环制，后一阶段采用单淘汰制进行决赛；或者相反。

采用先分组单循环后用单淘汰的混合法比赛时，最好分成 2 组、4 组、8 组、16 组进行分组单循环，以便于以后编排单淘汰的比赛秩序表。

（三）成绩计算方法

参照中国球类运动各单项协会颁布的最新竞赛规则执行。

图书在版编目（CIP）数据

球类运动 / 体育运动学校《球类运动》教材编写组编. -- 北京：人民体育出版社, 1998 (2025.2重印)
体育运动学校教材
ISBN 978-7-5009-1596-6

Ⅰ. ①球… Ⅱ. ①体… Ⅲ. ①球类运动-专业学校-教材 Ⅳ. ①G84

中国版本图书馆CIP数据核字(1998)第07706号

*
人民体育出版社出版发行
三河兴达印务有限公司印刷
新　华　书　店　经　销
*
787×1092　32开本　16.75印张　370千字
1998年4月第2版　　2025年2月第32次印刷
印数：455,961—457,960册
*
ISBN 978-7-5009-1596-6
定价：45.00元

社址：北京市东城区体育馆路8号（天坛公园东门）
电话：67151482（发行部）　　邮编：100061
传真：67151483　　邮购：67118491
网址：www.psphpress.com
（购买本社图书，如遇有缺损页可与邮购部联系）